大自然の休日

Nature Travel across Seven Continents

村松 喬 Takashi Muramatsu

あるむ

もくじ

Nature Travel across Seven Continents

Nature Travel

across Seven Continents

カラー写真の番号は上から下、また左から右でつけた。
本文中に口絵に対応する所をこの番号によって示した。

1 キングサーモンを釣る

2 マーリンを釣る

3 サケを捕るアラスカヒグマ

4 朝焼けのマッキンリーとワンダー湖　5 マッキンリーを背に立つムース

6 グリーンランドの氷海に日が暮れる

7, 8 オーストラリアの陽気なザトウクジラたち

9,10 南アフリカのマラマラで見たチーターの親子とヒョウ

11,12 ナミブ砂漠の大砂丘

13 オランウータンの親子　14 ストロンボリの噴火

15　ふざける子ゾウたち　　16　母親にしがみつくチンパンジーの赤ん坊

17,18 マサイマラでのヌーの大移動と川渡り

19 川を渡り、上陸していくヌー　　20 ライオンに立ち向かうハイエナたち

21, 22 ナクル湖に群れるフラミンゴ

23,24 ガラパゴス諸島のアホウドリとゾウガメ

25, 26 マダガスカルのシファカとネズミキツネザル

27 バオバブ林の日没

28, 29　ゾウに乗って見たベンガルトラ

30 アンナプルナの朝焼け　31 マウンテンフライトで見たエベレスト

32, 33 メキシコ、ロレート沖のシロナガスクジラ

34,35 ダイブするシロナガスクジラを真後ろから

36 夕暮れのサハラ砂漠　37 ドバイの保護区にいたアラビアオリックス

38,39 南極半島のネコハーバー

40, 41 ルメール海峡を目指して夕方の南極の海を行く

42, 43 日没を迎える南極半島

44, 45　南極圏を目指して氷海を行く

46, 47　クリスタル海峡には巨大なものからオブジェのようなものまで、様々な氷山がある

48, 49 絶景のルメール海峡

50,51 サウスジョージア島のキングペンギン

52,53 水に入り、日を浴び、様々に楽しむキングペンギンたち

54,55　30万羽以上のキングペンギンが集うセント・アンドリュース湾

56 こちらを見つめるハイガシラアホウドリのヒナ　57 船の上を優雅に飛ぶワタリアホウドリ

58, 59 ルワンダのマウンテンゴリラ

60,61　マウンテンゴリラの赤ん坊と家族

62, 63 ハドソン湾沿岸でスパーリングするホッキョクグマ

64,65 降雪を喜ぶホッキョクグマたち

66 危険な遊び　67 海は凍り始めている

インサイド・パッセイジ

アラスカへ

旅に出たい。アラスカの氷河とツンドラ、南太平洋のサンゴ礁、白夜とオーロラの北極圏、アフリカのサバンナ、すべてを見たい。そんな気持ちが湧きあがってきた。大学で仕事をしているから、夏休みの時くらいは無理が効くだろう。そう思っていたところに、きっかけができた。来年の夏、バンクーバーで開かれる会議に招待されたのだ。バンクーバーからアメリカ大陸の西岸を北上すればアラスカに達する。この際あこがれていたアラスカに行こうと決心した。

私たち夫婦は一九六〇年代の終わりから七〇年代の初めまでニューヨークで暮らし、夏休みに訪ねたアメリカ西部の大自然に感激した。アラスカやアフリカも視野に入ってきたが、日本に帰れば、アフリカどころか、アラスカも遠い場所になってしまった。

しかし、一九八〇年代の後半になって、状況は大きく変わった。円の力が信じられないように強くなったのだ。アラスカは夢の地ではなくなったのである。

アラスカで興味のある所は三つあった。マッキンリー山の麓にツンドラの大地が広がるデナリ国立公園。フィヨルドの奥に氷河が控え、クジラが泳いでいるというグレイシャー・ベイ国立公園。そしてアラスカ湾のコロンビア大氷河である。来年のアラスカの旅を夢見ていると、とんでもないニュースが飛び込んできた。一九八九年三月、バルディーズ沖でタンカーが座礁してアラスカ湾が汚染されたのだ。これでコロンビア大氷河の旅はだめになってしまった。

残るデナリとグレイシャー・ベイについて情報を集めようと東京にあるアラスカ州観光局を訪ねた。

「グレイシャー・ベイですか。現地の船会社が倒産しました。確実に行こうと思えば、大型クルーズ船しかありません。デナリ国立公園はとても混んでいます。ツアーバスをお勧めします」

がっかりする情報ばかりである。

しかし、無料で配られるアラスカの観光案内誌には美しい写真がたくさんあり、旅の発想が膨らんできた。連絡先の住所も記してある。特に心を惹かれたのはフィッシングロッジで、サケが釣れるという。グレイシャー・ベイに立ち寄るクルーズ船の会社も幾つか分かった。それぞれの船会社に手紙を出したところ、ホーランドアメリカラインから真っ先に返事がきた。ルートを決め、あちこちに予約して一〇月には来年の旅の計画が粗筋で出来てしまった。デナリも敬遠して、学会が開かれるバンクーバーに近い東南アラスカに絞ったのである。

アラスカの本体から突き出して、細長く海岸線を占めている部分が東南アラスカである。カナダ太平洋岸から東南アラスカにかけては、大陸とその外側の島の間に穏やかな内海が続く。航海に適していて、この内海はインサイド・パッセイジ（内海航路）と呼ばれている。海からのアプローチが良いため東南アラスカにはジュノー、ケチカン、シトカ、ピータースバーグなどアラスカにしては歴史のある町が点在する。東南アラスカは風光明媚でアラスカ観光の目玉の一つとされている。グレイシャー・ベイがその代表だ。

もう一つ集めたい情報があった。国際会議のパンフレットの表紙にシャチが数頭泳いでいる写真が載っていた。バンクーバーの近くはシャチで有名なのだ。新聞の日曜版に記事が出たこともある。シャチもぜひ見たいと思ったが、どうすればよいか分からない。今度は、カナダ観光局の隣にあるブリティッシュ・コロンビア州の観光事務所を訪ねた。うさん臭そうな顔で、英語なまりのある日本人係員が出てきたので、希望を告げた。

「テレビ局の人ですか」

「いえ個人です」

「クジラやシャチなど見に行くものではありません。一日中、海の上を走り回って、遠くに一頭いるかどうかです」

不安になったが、不幸な思い出をお持ちなのだと気を取りなおして食い下がった。

「新聞で見たのですが」

「記事が出ると、それを見たいなどという人がいるから困ります」

それでも根負けしたのか州の観光案内を見せてくれた。係員の前でページを繰っていると、必要な情報に出くわした。

一九九〇年七月一五日、私と妻の壽子はカナダのユーコン準州の州都ホワイトホースにいた。バンクーバーで乗り換えて、日本を出たその日のうちにユーコン河の上流域にまで入り込めるから便利なものだ。夜の一〇時を過ぎても外は明るく、北へ来たのだと実感させられた。大学進学のため子供たちが家を離れ、新しい時を迎えつつある私たちにとって、記念すべき旅の始まりである。

ホワイトホースには三泊してレンタカーで周囲を走った。一番、印象的だったのは、やはりユーコン河上流の風景だ。一〇メートルほどの幅の河が大地をすっぽりと切り取っていた。そこを埋め尽くして、青く澄んだ深い水が渦を巻いてひた押しに流れていた。

◀ユーコン河上流で渦を巻く清流

アラスカハイウェーを北上することも試みた。氷河に削られてできたカールを持つ山々が次々に現れた。カールの山肌にはびっしりと雪がついている。山々は大きく、陽光は心なしか淡い。北極地リスが立ち上がってピーピーと鳴いているが、ほかに動物は出てこない。景色に惹かれ、そしてひょっとして大型動物が出てこないかと心躍らせて、二〇〇キロ先のシープマウンテンのビジターセンターまで行ってしまった。この後ろの山には野生のヒツジ、ドールシープがいるというが、姿はなかった。

七月一八日。ホワイトホース発のバスに乗り、ホワイトパス近くのフレイザーへ向かった。ゴールドラッシュ時代の開拓者が奥地へ進んだ道を逆にたどってアラスカに入るのである。バスは海岸山脈へ分け入っていき、北アルプスの奥深くを行くかのようになる。

フレイザーで列車に乗り換えた。穂高を思わせるごつごつした岩山が太陽に照り輝き、地面には雲ノ平のような清流が流れている。列車はしばらく山上の楽園を走って下りにかかる。昔の開拓者が歩いた桟道や橋の残骸が所々に残っている。このような悪路を歩いて、どれほど多くの人が命を落としたことだろう。列車で行っ

ても崖の深さは目が回るほどなのだ。

　下りついたのはアラスカの町スキャッグウェイ。ここで泊まって、七月一九日、観光船でリンキャナルを州都ジュノーに向かった。東南アラスカには珍しい雲一つない好天である。暖かい日なので私たちは甲板の上で過ごした。リンキャナルはフィヨルドであるが幅が広く、のびやかな風景である。両側に現れる高い山々は氷河を伴っていて、氷河の白い色が空の青と見事なコントラストを作っている。海の色は氷河から流れ出る水のせいで緑色を帯びている。何もかもが明るくのんびりした航海であった。

　ジュノーに着いてもまだ晴れていた。ガイドが誇らしげにアナウンスした。

「今日は特別な日です。州知事は州庁の休みを宣言しました」

　長い雨と霧の後でやっと太陽が現れたのだ。待っていた観光バスに乗って、近くのメンデンホール氷河へ。高さ五〇メートルほどの氷壁が押し出している立派な氷河である。氷河はあくまでも白く陽光に輝き、崩れ落ちた氷が氷河湖を漂っている。大きな景色で、バスを降りた数十人の観光客が散らばってもどこに行ったのかというほどである。

　もう一日ジュノーに滞在してレンタカーであたりをまわった。といっても行く所は多くない。ジュノーは陸の孤島でじきに道は途切れてしまうのだから。昨日、サケがいることをバスの運転手が教えてくれたので、メンデンホール氷河を再び訪ねた。氷河の下に広がる浅い氷河湖は曲がりくねっていて、陸地と湖面が複雑に入り混じっていた。目を凝らして見ると、湖面の入りくんだところにたくさんのベニザケがいた。上半身を赤く染めたサケたちは、ゆっくりとヒレを動かし、ほとんど漂っているようだ。急にスピードを上げて泳ぎ、ピリピリと震えて湖底に身をすりつけるサケもいる。産卵のために穴を掘っているのだろうか。長いことサケを眺めてから、湖から流れ出す細流へ行った。

　橋の上から見ていると下流からサケがやってきた。細流には深さが一〇センチくらいの浅い所もある。しかし、サケはほとんど全身を露出させて、ひれと尾の力で水流に逆らって上がっていった。バシャバシャという水音が消え静かになると、また下流からサケがやってきて、同じようにもがいて上流に去っていく。

キングサーモンを釣る

　七月二一日。ジュノーからケチカンに飛び、迎えにきたサーモンフォール・リゾートの車に乗った。サケ釣りの始まりである。リゾートは静かな入り江に面し、木製の新しい建物が並んでいた。部屋数五〇はあるだろう。思いもかけず、数人の日本人に出会った。北海道、標津町の役場の人たちで、その後有名になったサーモンパークを作る準備の視察であった。

　ここで釣れるサケは大型のキングサーモン、中型のシルバーサーモンそして小型のピンクサーモンである。日本のサケは中型ということになろう。キングサーモンはサケ族の最大種で九〇ポンドクラスが釣れた記録がある。六〇ポンドを超せば生涯の記念、通常の成魚は二〇ポンド以下であると本にあるが、大型のキングはサケのイメージを越えている。開高健の『フィッシュオン』や『オーパ・オーパ』の名文がキングサーモン釣りの興奮をよく伝えている。しかしキングサーモンはめったに釣れないとガイドブックにあるので、これを釣るのは無理だとあきらめていた。一匹でよいからシルバーを釣りたいと願っていた。

海の幸をふんだんに使った夕食は素晴らしかった。八角形でガラス窓が大きなレストランからの眺めもよい。たとえ釣れなくともここに滞在するだけで楽しいリゾートである。

七月二二日。朝八時半発のクルーザーに乗った。四人の客で船が一艘、そこに船頭がつくシステムである。私たちの相方は退役軍人と奥さん。御主人は朝鮮戦争の時、日本にいたことがあるそうだ。頑丈な体でまだ元気いっぱいで、ハワイで二〇〇ポンドのカジキを釣ったことがご自慢だ。

今日の釣り方はトローリング。ニシンの餌をつけた針を大砲の玉のような錘の助けで深く沈めて、船をゆっくりと走らせるのである。魚がかかれば、くじで決めていた順番で挑戦することになる。退屈しない程度に魚はかかる。私たちは二人で五匹のシルバーを釣った。一番大きいのが五・五ポンド、約二・五キロである。一応引っ張ってくれたが、仕掛けが頑固すぎるのか、期待したほどの暴れ方ではない。

シルバーを釣って安心したものの、サケ釣りとはこんなものかという気持ちをぬぐえない。夜の食事の時、周囲の会話に耳を傾けた。リゾートというのに、家族づれやカップルの数は少ない。男数人のグループが多く、その点では日本に似ている。会話は圧倒的にサケに集中している。

「今日のポイントは」

「釣れた深さはねー」

「俺の釣った魚は」

仕事場の雰囲気に似た真面目さである。サケ釣りも奥が深いのだろうか。

七月二三日。船頭も相客も変わったことが、船着場の掲示板で分かった。船に行くとキャリーというまだ若い船頭が一生懸命に支度をしていた。キビキビとよく動く人でこれは良かったと思った。昨日の船頭は手よりも口が動いていた。しかし、相客が来ない。予定を一五分過ぎても、影も見えない。心配になって、キャリーに聞いた。

「大丈夫かい」

「もう、部屋を出ているよ」

また、かなり待っても現れない。朝の時間は釣りには貴重である。しびれがきれてきた。

「もう出かけたほうがよいのじゃないか」

「いや、あの人たちを見たらそうはいえないよ」

キャリーが妙な答えをした。不審に思いながら、さらに待っていると、遠くから二人の老人が現れた。お一人はまさに目の不自由な人で、もう一人の友人らしい年寄りが支えるようにして導いてきた。

今日の釣り方はムーチング。ニシンの頭を斜めに落とし、針を刺して海中に沈め、しゃくりあげてニシンが生きているかのように見せて、サケを誘うのである。トローリングに比べると、いかにも釣りをしている気分になれる。おまけに、ムーチングをすると幼いキングサーモンが次々に針にかかる。幼いといっても、かなり引っ張ってくれて少しは楽しめる。引き上げると、キャリーが六五センチほどの棒を持ってきて、サケにあてがう。大きさの制限があって、これ以上でなければ逃がすのである。四人が釣っては放し、釣っては放しでキャリーは大忙しである。ムーチングでは餌のつけ方にコツがあり、キャリーがやってくれるからだ。

どうなることかと思った老人たちも釣りを楽しんでいた。ことに目の悪い老人はかつては達人だったのではないか。視力はほとんどないと思われるのだが、魚がかかると嬉しそうに、慣れた手つきでリールを巻き、サオをあおるのである。不自由さをおして釣りに来る根性は感動ものだ。しばらくして、目を病んだ老人が釣り上げたキングサーモンはやや大きめだった。計測棒に一センチ足りないだけである。キャリーはしばらく迷ってから、敬老精神を発揮して

「オーケイだ」

と叫んだ。老人たちは手を取り合って踊って喜び、皆で拍手喝采。さらにサケを手に下げての記念撮影が始まった。騒ぎが収まると私は少し焦ってきた。何といっても一番大きいサケを釣ったのはあの老人なのだ。

壽子が大型のサケを掛けた。彼女は懸命に耐えたが、魚はサオをもぎ取るように引いて逃げてしまった。腕を傷めたのか妻は少し痛そうにしている。でも再挑戦。彼女は熱心に海を見つめて、ムーチングをしている。再び壽子に来た。今度も大きいようだ。

「大変、もうだめよ」

キャリーがサオを受け取り

「ウ、ウ」

といっている。

「俺にやらせてくれ」

と頼んだ。むろんだとすぐに、サオを渡してくれた。サオをしっかり構えているが糸はドンドン出ていく。何のリズムもない。ただ、ひたすらに出ていく。困ったな、このままでは糸がなくなると思ったが、あとわずかになって、やっと止まった。

早速、ポンピングにかかった。ポンピングとはサオを前に倒しながら糸を巻き、次にサオを立てる時には糸を巻かず、これを繰り返して魚を引き寄せるテクニックである。しばらくは巻けたが、突然、サケは怒ったのか、強引に引っ張っていく。しかたがない。サオを四五度に保っただけで糸を出させる。魚が右にゆれる。すると、ぼんやりしていた、爺さんたちの糸とからんでしまった。こういう時、糸を巻いておくルールだったが、不思議に焦る気にはならない。キャリーが飛んでいって、糸をはずしてくれた。

や！　サケがこちらに向かってくる。必死に巻いたが、魚は船底に潜ってしまった。スクリューの上のほうに少し糸がからんだ。今度は、キャリーはスクリューのシャフトに乗って糸をはずしてくれた。寒い北の海では勇気のいる行動だ。

「まだ、魚はいるか？」

とキャリー。私は全速力で巻いた。何も感じない。行ってしまったのだろうか。あまりがっかりもせずに、巻いた。突然、再び重苦しく、サケが引っ張っていく。

「ヤー、いるぜ」

嬉しくなって叫んだ。

それから、かなりの間、やったり、とったりの繰り返しをした。糸が細いので無理をせず、サオをのされないように、糸を出し過ぎないように気をつけ、少しでも引きがゆるむと、ポンピングで糸をかせいだ。だんだんリールの糸が増えたと思ったら、壽子が叫んだ。

「あ！　浮いた」

巨大なものが沖に浮いたのだそうだ。再び魚は潜った。ポンピング、我慢、ポンピング。

「ナイス・ファイト」

キャリーが声をかけた。しばらくして、やっと魚が大きく浮いた。でも、大型すぎるのか網に入らない。私は浮いた魚にあやすように話しかけ、静かに船に引き寄せた。キャリーがさっと再び網を入れ、キングサーモンは引き上げられた。

「やった！　ナイス・ファイト！　四〇ポンド！」

キャリーが叫んだ。私は嬉しくて座り込んで、コーラとビールでのどを潤した。

「こんなサケを釣るには、二週間かけて海の上を走り回るのが普通だぜ」

キャリーはいってくれた。


興奮が収まると、釣り人としては、やや残念な気もした。サケを掛けたのは妻である。糸がスクリューに絡んだのを救ったのはキャリーである。ま、短期間の釣りとしては出来すぎじゃないか。そう思いつつ、気がついたことがある。はじめに、ムーチングの仕方を詳しく聞いた。私は、過去の釣り経験を加えて適当にやり、壽子は真面目に、言われた通りにしたのではないか。しゃくり上げる回数を増やしてみた。

コンコン。何か来た。エイッと合わせる。グググッと魚が引っ張っていく。

「また来たぜ」

再びドンドンと糸が出ていく。さっきの繰り返しだ。サオを四五度に構えて待つ。しばらくしてポンピング。魚がゆれる。再び爺さんたちの糸にからむ。でも慌てない。キャリーがまた糸をはずしてくれた。魚は再び船に向かってきた。必死にリールを巻く。船底へ来そうだ。キャリーが叫ぶ。

「回れ、回れ」

そうか、そうだったのか。船の左舷から右舷へサオを持って移った。これでスクリューに絡まることなく、サケを右舷に誘い出すことができた。ポンピング。再び逃げる魚。この繰り返しだ。前に一度、格闘した後なので腕が痛くなり、リールを巻くのが苦しくなった。なんとか我慢して巻いていると、しばらくして魚は浮いた。再びゆっくりと魚に話かけ、船まで近づけた。キャリーは網を入れ、さっと魚を上げて
「三〇ポンド」

と叫んだ。前のより少し小さい。しかし、今度は技術的に完璧

であった。

もうよい。私は釣りを止めてビールにひたった。もっとも、これからがんばっても、キングサーモンを釣り上げることはできない。一日に二匹と限度が定められているからだ。

帰りの海は荒れた。ズシン、バタン。波頭を切って船は進んだ。クジラが波間に漂って潮を吹いているのを見た。俺はキングを釣ってしまった。二匹も。そう繰り返して、ぼんやりと荒れる海を眺めていた。


リゾートに帰ると、待っていた係りの人が早速、私たちのサーモンを計量にかけた（カラー写真1）。三八ポンドと二七ポンドであった。活き締めにして、血を流したから、少し減ったのだろうか。いや、ほんの少し大きめで正確に言い当てるキャリーが見事である。計量の後、別の係りの人がサーモンをさばいてくれた。冷凍して日本まで送ってくれるのである。一〇月に日本に着いたサケは何の手違いか、量が半分であった。これで良かったのだろう。あちこちに配った後でもキングサーモンは冷蔵庫の冷凍室を占領して、さらに溢れ出してしまったのだから。


七月二四日もキャリーと老人たちと組である。老人たちはまた遅れてきた。良いさ、彼らは福の神だ。

「昨日はあなた達がチャンピオンだったよ」

顔を合わせるなりキャリーはそう告げたのだ。この日、私は釣れなかった。少し大きいのが来ると、格闘しては逃がしてしまうのである。

「キャッチ・アンド・リリース屋だね」

からかうキャリーにもゆとりがある。後で本を読んで分かったのであるが、サケはゆっくり合わせるべきなのだ。好調に浮かれて、辛抱が足りなくなったのであろう。


動物を楽しんだ日でもあった。赤い大型のメバルのような魚を釣り上げて逃がしてやった。魚は浮き袋が膨れて潜れない。すると、一羽の白頭ワシが舞い降り、さっと魚をつかんだ。赤い魚の重みに懸命に耐えて羽を動かして、白頭ワシは海面すれすれに陸へ向かった。人工的ながら、白頭ワシの漁を見た気分である。昼休みの時、キャリーが
「シャチがいる」

といった。海を眺めると、こぶのある背中が波間に浮いている。

「あれか。あれはクジラじゃないか」

キャリーはそちらの方角は見ていなかったらしく
「あっちか、そうだ、カメラを持ってこいよ」

と返事した。私が船底でカメラを探していると、壽子が
「早く、早く」

と叫んだ。

「クジラが顔を上げて魚を食べたわ」

私が戻った時には、海は静まり返ってクジラやシャチの影もなかった。

ハリバットという大きなヒラメの釣りも試みた。私は小型座布団くらいのを釣った。大型のハリバットはベッドサイズだから、これはかなりの小型である。今日、船で一番釣ったのは壽子。最

高は一一ポンドすなわち五キロのキングサーモンであった。昨日のキングに比べれば小さいが、日本に帰れば大型である。

ケチカンにはもう一泊した。ツアーボートでミスティ・フィヨルド観光に出かけたのである。フィヨルドの岩壁の上部は霧に隠れ、水は静まり返り、神秘的な風景であった。

シャチのしぶき

ケチカンから飛行機を乗り継いでビクトリアに向かった。ビクトリアはバンクーバーの西に広がる巨大な島、バンクーバー島の中心地である。ここから、レンタカーで北上した。シャチを見に行くのである。シャチは七メートルくらいの体長を持ち、長い背びれ、黒と白のコントラストのはっきりした体が特徴である。魚を常食とするが、オットセイやクジラまで襲うという。私は水族館でシャチを見たことがあり、堂々とした姿に圧倒された。野生のシャチを近くで見られたら素晴らしいであろう。五〇〇キロ近くを走り、島の北側のポート・マックネイルに着いた。シャチ見物の船が出るテレグラフコーブはすぐ近くである。

七月二七日。早起きしてテレグラフコーブに着いた。目指すゴクミ号が桟橋で待っていた。定員は一五名。満員であり、飛び込んできてがっかりして帰る家族連れもあった。ちゃんと調べて予約しておいてよかった。九時に出発して、ゴクミ号は穏やかな海をジョンストン海峡へと進んだ。片方は大陸、片方はバンクーバー島に囲まれて、このあたりは完全な内海である。

そろそろシャチが集まるというロブソン・バイトの近くのはずであるが、何も見えない。双眼鏡を手にした男が

「今日はだめかな」

とつぶやいた。そんなばかな。東京での係員の言葉が不吉によみがえった。

乗客はイギリス人、ドイツ人、デンマーク人とヨーロッパからの人が多い。ナチュラリストどうしの情報交換で、ここがいいと聞いて来たのだそうだ。

「あなたの情報源は」

とイギリス人に聞かれ

「新聞に記事があったのだよ」

と答えると、びっくりされた。捕鯨に熱心な日本の悪名はとどろいている。

「なに、日本でもホエールウォッチングが興味を持たれるのか」

イギリス人は半信半疑の顔をした。

船は岸の近くを走ったり、沖へ出たりと全速力であちこちへ行く。どうやら船長も必死のようだ。にわかに

「おい、あれを見ろ！」

と叫び声があがった。はるか遠くに、長く突き出して弧を描いた特徴的な背びれが二つ見える。二頭のシャチだ。喜びが船中に広がった。早速、ゴクミ号はシャチのところへ駆けつけた。シャチは逃げなかった。むしろ近づいてきたようで、船から十数メートルの海を楽しげに泳いでいる。背びれが大きく長いのがオス、

小さいのがメスだそうだから、この二頭はカップルである。時々、呼吸するために頭を上げるので、頭から背びれまでが露出する。全身の一部に過ぎないが、これだけでとても大きく感じる。私は夢中でシャッターを切り続けた。

　しばらくすると、シャチの研究者がモーターボートでやってきた。シャチはボートから数メートルのところを、上体を出して泳いでいる。撮影した写真を見せて、シャチが小船の人を襲っているところだと説明したら、信用されるかもしれない。実際は、なじみの人の所に遊びに来ているのだそうだ。クジラやシャチなどは、人間に親しみを見せることがあり、その行動はフレンドリーと呼ばれている。

　シャチが右に左に出没する楽しい時間は三〇分以上も続いたろうか。遠くから別の観光船がやってきた。さらに、数艘のシーカヤックがシャチをめがけて漕ぎ寄せてきた。海上が明らかに混みあってきたと見て、船長はさっとこの海域を離脱した。しばらく進んで、錨を下ろして昼食である。船長の奥さんの手料理を味わいコーヒーを飲んで私たちはすっかり寛いだ。これで帰ることになっても文句を言う人は誰もいなかったであろう。

　ところが、昼休みのあと船長は再び船を進めた。今度は大陸側の岸を丹念に回っていく。黒クマが海岸に出て餌をあさっていた。獲物は貝なのだろうか。

　再び特徴的な背びれが現れた。今度は、岸の近くで、やはり二頭である。船はスピードを落とし、シャチと共にゆっくりと南下した。船上はまたもや活気に満ち、シャッターが立て続けに切られた。しばらくして、船は急に全速力となり、シャチを後に岸沿いに走った。私は、あ、これで帰るのだと思った。

　ところが二頭のシャチもスピードを上げて船に追いついた。そして、一頭が船の右舷から二、三メートルのところで、上半身を上げてジャンプした。皆、大騒ぎである。シャチは左舷に回り、

シャチはボートから数メートルのところを上体を出して泳いでいる

さらに二度ジャンプした。シャチの動きにつれて、右へ左へと人々は走り回り、船の上は叫び声で一杯だ。私たちはもう夢中であった。シャチの巨体が水に落ちる時のしぶきはすさまじい。船上の私たちにまで飛んできたに違いない。

この後、シャチたちのスピードは遅くなった。船もスピードを緩めたが、シャチたちはもっとゆっくり泳ぐ。だんだん、シャチの姿は遠く離れていった。さようなら。今度は本当にお別れである。

テレグラフコーブの桟橋に着いて御土産にクジラの本を二冊買った。帰国してから本を読んでみて、ゴクミ号の船長はシャチの保護活動に熱心であることを知った。シャチたちもこのことを分かっているのではないか。船と競争してジャンプするなどとはフレンドリーの極みである。

アラスカ・クルーズでグレイシャー・ベイへ

バンクーバーをとりまく山々の稜線が鮮やかだ。市の中心部の高層ビルは夕日を浴びて輝いている。私たちはノーダム号のデッキからこの平和な光景を眺めていた。甲板でブラスバンドの演奏が始まり、船は静かにカナダ桟橋を離れた。

八月二日。アラスカ・クルーズの始まりである。シャチを見た後、私たちは急いでバンクーバーに引き返した。

四日間の会議を無事に務め、心おきなく休暇を再開できたのだ。ノーダム号は三万数千トンの大型船で乗客は千人を超えている。大型クルーズ船に乗ること自体も楽しみであった。

出航するとじきにディナーとなった。席はあらかじめ決められていて、六〇代らしいアメリカ人夫妻二組と同席である。全般的に年配の人たちが多く、四〇代後半の私たちは若いほうである。皆、嬉しそうに会話を交わしていて、アメリカ中流階級の健全娯楽の雰囲気があふれている。当時のアメリカを暗く覆っていたエイズも都市の貧困もどこの国の出来事かと思わせる。私たちが滞在したころのアメリカに帰ったようだ。

豪華なコース料理の夕食の後、シャンパン・ミーティングがあるというので出かけた。クルーズ参加者の顔合わせの面もあるのだろう。司会者が該当する人を呼んでシャンパンをくれるのである。まず

「最年長の人」

と金婚式旅行の老夫妻が呼ばれた。皆、大喜びで大拍手。つぎに

「誕生日の人」

などと、七、八本のシャンパンが振舞われた。突然

「日本から来たカップル」

といわれ、びっくりして立ち上がると

「ようこそ」

とシャンパンをくれた。拍手の中で、シャンパンを持ち上げて喜びのポーズをした。まだ日本人客は少なく、私たち以外はご婦人一人だけである。このシャンパンは翌日のディナーの席に運んでもらい六人で楽しんだ。アメリカ人夫妻たちは大いに喜んで、後のディナーではワインでお返しをしてくれた。六人が仲良くな

るきっかけをシャンパンが作ってくれたようだ。

クルーズ船は大陸西岸をひたすら北上した。インサイド・パッセイジをグレイシャー・ベイまで行き、バンクーバーへ引き返す七泊八日の航程である。クルーズ二日目は終日、海の上で過ごしたが、退屈することはなかった。船内を探検し、デッキを歩き回り、疲れるとデッキチェアーでのんびりと過ごしたのである。夜にはダンスとコメディーのショウがあった。

八月四日。朝に配られた船内新聞を見て驚いた。サダム・フセインがクウェートに侵入したのである。しかし、世界の動乱もインサイド・パッセイジには達しない。今日はケチカンに寄航する。明日のジュノーと共に、もうなじみの所であるが、アドベンチャー・コースのツアーに参加して未経験の活動をすることにしていた。ケチカンではカヌーである。山中の湖をカヌーで行きその後でハイキングするのであるが、カヌーの時間が短く、まずまずというところであった。ケチカンの町を歩いていると若者がからんできた。

「日本は金持ちでいいな。いっそ、日本がアメリカ全部を買ってくれたらな」

これまでもアラスカの旅では、日本の経済力を話題にする人が何人かいた。その度に、私は

「日本の会社は豊かだが、政府は貧しいからこれから大変だ」

と説明していた。しかし、彼には説明しても無駄のようだった。

ケチカン出港後、クジラを見つけようと舳先に立ってみた。しばらくすると、遠くに潮吹きを発見した。潮を吹くクジラはゆっくりと海を横切っていった。残念ながら、クジラはあまりにも遠く、またジャンプもしなかった。

八月五日。ジュノーではラフティングに挑戦した。メンデンホール氷河から流れ出す川を下るのである。ゴムボートに十数人が乗り一人の逞しいオールマンが漕いでくれる。自分で漕がなくてよいので、最初は拍子抜けだと感じていた。やがて流れが速くなったが、なに球磨川下りのようなものだと思っていた。

そのうちに、流れは渦を巻き、ゴムボートが時々折れ曲がった。オールマンは必死に漕いで方向を正した。波しぶきは次々に襲い掛かり、ポンチョしか着なかった客は下半身ずぶ濡れになってしまった。これはただ事ではない。三〇分も激しい流れは続いたろうか。川は穏やかになり、私たちは上陸した。アップルジュースでシャンパンを割った飲み物がまず振舞われた。オールマンは

「すごかったぜ」

と岸で待っていた仲間にいっていた。やはりただ事ではなかったのだ。そしてサンドウィッチとコーヒーの昼食。温かくなった私たちは再びボートに戻った。それからはのんびりとした下りであった。時々霧が出て後ろのボートは見え隠れした。さらに下ると、川岸に白頭ワシが高く舞っていた。

夜になってジュノーを出港。いよいよグレイシャー・ベイである。私は朝食を急いで済ませ、甲板に出て舳先に陣取った。じきに、船はグレイシャー・ベイに入った。二股の分岐点をウェストアー

◀グレイシャー・ベイの輝く氷河

ムに進路を取ると海は狭くなり、典型的なフィヨルド地形となった。天気がすぐれず、心配したが、ウェストアームの入口あたりから霧が晴れて見通しが良くなった。海水は氷河からの流れ出しのせいで、緑を帯びた深い色で、エメラルド色という表現がぴったりだ。

氷河の切れ端が白く波間を漂っている。両岸は茶色の荒地で、そこをフィヨルドが垂直に深く切り取っている。この船のほかに人間の痕跡は何もない。向こう岸に氷河が流れ込んでいるが、船は速度を変えず滑るように進んでゆく。だんだん漂う氷の数が増えてきた。通り過ぎていく崖に数千羽の海鳥が群れている。

やがて、遥か遠くに氷河がフィヨルドを埋めているのが見えてきた。ウェストアームの行き止まり、グランド・パシフィック氷河である。船が近づいていくと、左側にも氷河が現れてきた。マージェリー氷河だ。グランド・パシフィック氷河には削り取った泥が入り込んだのか黒い縞模様が見える。しかしマージェリー氷河は純白だ。船はそちらに接近した。

氷壁の高さは五〇メートルあるだろう。巨大な水晶のような氷柱が集まって氷河の面を作っている。時折、大音響とともに氷柱の塊が海に崩れ落ちる。氷の破片がエメラルド色の滑らかな海面に大量に散らばっている。船はじっと停止している。私もひたすらに氷河を見つめた。一つ一つの氷柱の輝きを目に焼き付けようと。

三〇分以上も経っただろうか。船はゆっくりと向きを変え始めた。私もやっと舳先を離れる気になった。朝から三時間

くらい立っていただろう。急に寒さが身にしみて、ココアにウイスキーを混ぜた飲み物を手に入れた。そして、氷河をバックの記念撮影だ。

人々はもう甲板を去り始めていたが、部屋に帰るのが残念でもう一層上の甲板に行ってみた。エメラルド色の水がより深みを増し、捨てがたい味わいがあった。私たちはデッキチェアーに足を伸ばし、通り過ぎてゆくフィヨルドの岸壁と海をぼんやりと眺めた。そのうちに眠くなり、うとうととした。目を覚ました時、船はまだフィヨルドの中にいた。でももうウェストアームの出口である。恐ろしいまでに剥き出しの大自然であったグレイシャー・ベイを去ろうとしている。名残惜しいと共に、無事に見られたのだという安心感が広がった。

夜にはパーティー。インフォーマルであるから、背広とネクタイでよいが、皆こぎれいにして集まった。船長たちも制服で現れて乗客と話し込んだ。そして、八月七日朝には最後の寄港地シトカに着いた。現地の日系人がタコマ富士と呼ぶ形の良い火山が迎えてくれた。私たちアドヴェンチャーツアーの人たちはゾディアックで海へ出かけた。目指すクジラはいなかったが、驚いて海に飛び込んだ一〇頭ほどのアザラシが海坊主のように波間に浮いてこちらを見つめていた。

八月八日。船はインサイド・パッセイジを南下した。明日はバンクーバーに着く。すぐに帰国してあわただしい日常に戻らなければならない。

その日は天気が良く、甲板で過ごすにはもってこいであった。北上する時は夜だったところを進んでいて、景色は目新しい。やがて、シャチのいたジョンストン海峡に近づいて、気のせいかどこか見覚えのある風景となった。突然、乗客の一人が

「アー！」

と喜びの声を上げた。前方にシャチが背びれを立てて泳いでいる。大きな船の高い甲板から遠くに見るシャチの姿はとても小さく、ゴクミ号で見たのとは比べ物にならない。それでもシャチがはじめての人にとっては良いチャンスであろう。

「シャチが現れた」

とのアナウンスがあり、たちまち甲板には人だかりができた。

バンクーバー島沿いの穏やかな水路を船はさらに進んでいった。日が落ちてきて、両側の山々がシルエットとなっていた。私と壽子は静かに立っていた。そばに、同じテーブルのご婦人の姿があった。いつもニコニコしている、小太りのイタリア系アメリカ人である。六〇を超えているが元気で、コロラドの自宅で野菜も作っているという。彼女は私と壽子にささやきかけた。

「私たちは幸せですね」

「まったく」

私はクルーズの成功のことだと思い、異議なく同意した。

「この美しい景色を美しいと愛でる心をもっているのですから。そうでない人も多いのですよ」

私は老婦人の知恵に感銘して深くうなずいた。私たちは、さらにしばらく甲板に止まった。

オーストラリアの大自然

カカドゥ国立公園

赤と青の鮮やかな羽を持ったくさんのインコが公園の木の黄色い花に群がっている。海を見下ろす高台の公園で朝を迎えたのである。ここはダーウィン。オーストラリアの北端に近い。

一九九一年の旅はカカドゥ国立公園とグレートバリアリーフを中心としたオーストラリア三週間と決めた。八月一六日に日本を出発。香港で北京ダックと夜景を楽しみ、シンガポールも駆け足で観光し、夜行便でダーウィンに着いた。予約していたホテルは貧相で、ロビーというほどのものもなかったので、時間待ちに公園にやってきたのだ。晴れ渡った熱帯の朝はすがすがしく、オーストラリアの第一印象はとても良い。

ダーウィンはカカドゥ国立公園への基地でもある。カカドゥは世界一大きなワニである、オーストラリア・クロコダイルの棲息地として知られている。父の書斎にあったクラシックな世界旅行ガイドにはカカドゥが原始的な熱帯湿地として紹介されていた。数年前にその本を見て以来、カカドゥは私の中で未知の魅力を放っていた。最近ではヒット映画『クロコダイル・ダンディー』の舞台として名が売れてきた。

魚の餌づけ、インド洋の日没とダーウィンを適当に経験して、翌八月一九日、予約してあったオーストラリア・カカドゥ・ツアーの車に乗った。カカドゥは未開の地なので、現地のツアー会社に頼ることにしたのである。カカドゥ三泊四日の旅の始まりだ。

二時間以上走ってカカドゥ国立公園に入り、さらに進んでイエロー・ウォーターに着いた。岸にツアーボートが待っていた。

動き出すとすぐにクロコダイルが川岸に顎を上げているのに出会った。一艘のボートがとりついて観察している。しかし、私たちの船はこれを無視して進んでいった。クロコダイルが目玉なのに大丈夫だろうかと思ったが、よけいな心配であった。じつにたくさんのクロコダイルがいた。川岸でじっとしていることが多いが、大きいのは五メートルくらいあっただろう。ボートがすぐ近くにまで行くので、クロコダイルと一緒に記念撮影できた。また、おびただしい数の鳥がいた。白と黒の羽の大柄なコウノトリ、しゃがんだ姿のトキ、青い羽が輝くカワセミ、冠をつけたような白いオウムそしてカモの大群とまるで動物園の鳥小屋の中を行くようである。

しばらくたって、船は川幅三、四メートルの支流に入った。ここの風景は今でも忘れられない。溢れ出した水が見渡す限りの平原を薄く浸している。水草が広がり、たくさんの鳥がいる。ジャカナという小柄だが足の大きな鳥が餌をついばみつつ、睡蓮から睡蓮へと飛び歩く。カモが泳ぎ、サギが歩き、睡蓮がゆれ、クロコダイルが昼寝する。涅槃とはこのようなものかと思った。

再びミニバスに乗って荒野を行くと、切り立った崖が迫ってきた。小高い岩山、ノーランジー・ロックの中腹を歩いて、岩が大きく頭上に張り出したところに達した。数十人が雨宿りできるだろう。原住民であるアボリジニの見事な絵が岩壁に描かれていた。ここをアボリジニたちが旅したのは一万年前からなのか、もっと前からなのか。私は自分が太古の人間となって雨に打たれながら行軍し、この場で休んでいることを想像した。

アボリジニの絵の多くは骨格も描いた特徴的なもので、X線画と呼ばれている。頭が大きく、手足が流れていて火星人のような姿もあった。モダンアートでも通用しそうなのは女を惑わす悪霊の絵だ。しっかりした骨格で股を広げ、性器らしいものを垂れ下がらせていた。

アボリジニの岩絵

八月二〇日朝、まずビジターセンターまで移動した。途中で大型のカンガルーが車より速く疾走していくのを見た。そして、乗り換えた四輪駆動車で原野を横切った。ユーカリが目立つ、乾いた林で、所々に野火の跡がある。アボリジニが昔からの習慣で、部分的に焼いているのだそうだ。大火を防ぐためである。

たどり着いたツウィン・フォールの入り口からはエアーマットに乗り、手で漕いで池を横断した。さらに川を一キロほど遡り、目指す滝に達した。糸のように美しい二つの滝が、高い絶壁の上から岩盤を走り下りている。私たちはエアーマットをゆっくり漕いで、滝に近づいたり離れたりして、ただのんびりと過ごした。

八月二一日。イースト・アリゲーター・リバーに行き、昼食となった。鳥が昼食のチキンを狙って急降下してくるので、防戦におおわらわであった。これもアトラクションだったのかもしれない。アメリカ人が向こう岸のクロコダイルを探すのだと、川岸を歩いていった。後を追ったが、クロコダイルは見えなかった。よく考えると、危険な行動であった。クロコダイルは向こう岸にいるとは限らない。

昼食後、ウビルー・ロックへ。岩山に登ると、眼下に氾濫原が見渡せた。岩の近くは水が引いていたが、その向こうは緑に満ちた一面の浅い水で、ところどころに林があった。『クロコダイル・ダンディー』の撮影に使われたという景勝地である。

欲張って、泊まっているホテルの近くから出発するサンセットクルーズにも参加した。ツアーにはない計画であるが、時間的に十分間に合うと思っていた。しかしスケジュールが遅れてきたので、ガイドに事情を話した。

ガイドは

「オーカイ」

と気持ちよく引き受け、間に合うよう一生懸命に車を走らせてくれた。

ボートが行くのはサウス・アリゲーター・リバー。大きな川で濁った水が力強く流れている。始めのうちは、ワニの姿が見えず、無表情な川であった。ところが日が暮れてくると、次々にクロコダイルが登場した。クロコダイルは泳いでいることが多い。夕方に活発になるのだろうか。圧巻だったのは、二匹の大型のクロコダイルが開いた口を水面から突き出して、脅しあっていたことである。縄張り争いであろう。岸辺をチョロチョロと泳いでいる赤ん坊のクロコダイルにも出会った。

そのうちに日没となり空は真っ赤に燃え上がった。そして、巨大なバオバブの木の太い胴と、モジャモジャと空に伸びた枝が黒いシルエットになっていた。

八月二二日は、マリー・リバー支流のクルーズ。国立公園の外に位置するためか、観光客は私たちの一行だけであった。少し行くと、大コウモリが群がって木にぶらさがっていた。そして青緑色の小鳥が飛び回って、船を先導しているかのようだ。

いたる所にワニがいた。大きなクロコダイルに近づくと、ワニはいきなり水に飛び込み口を開けてボートに向かって泳いできた。船は急いでバックして危うく逃れた。さすがに、荒々しく人間のにおいがまったくしない大自然である。

帰りのバスは大型でエアコンが効いていた。途中で五メートルほどの高さのアリ塚が並ぶところに止まってくれた。往きには通り過ぎて残念だった所だ。記念撮影を終わってバスに帰った私は、リクライニングシートに埋まった。もうよい。クロコダイル・ダンディーの素晴らしい世界を十分に見せてもらったのだ。

エアーズロック、カンガルー島を経てケアンズへ

アリススプリングス経由でエアーズロックに向かった。高さ三四八メートルの巨大な一枚岩、エアーズロックはオーストラリア観光の象徴となっている。ここでも二泊三日の現地ツアーにした。

エアーズロックの売り物は日没時の美しさである。しかし、観光バスは寄り道ばかりしていて、エアーズロックに着いた時は日が沈む直前であった。あわてて見晴らしの良い所へ走ったが、エアーズロックは平凡に色褪せていくだけであった。燃え立つように夕焼けに染まる時は少ないとガイドブックにあるので、今日は並の日だったと思うことにした。

翌八月二五日、夜明けのエアーズロックを見てから、登頂を始めた。風が強く登りにくいので中腹で引き返した。果てしなく続く砂漠、そして遠くのオルガ山と、景色はしっかり見ているのだと理屈をつけた。

午後、オルガ山の風の谷に行くハイキングに参加した。オルガ山はエアーズロックよりも一回り大きい岩が風化して幾つかの岩山に分かれたものだ。おにぎり、ヘルメットそして角の取れた円柱を集めたような複雑な形は見飽きがしない。風の谷へは二つの岩山の間を行く。途中の砂漠で黄色いバラに似た花が咲いていた。風の谷に着くと前方は、はるか下の砂漠まで切れ落ちている。左右は、巨大な岩が迫ってきて高く空へ延びている。そして、砂漠の向こうにも同じような岩山がある。不思議な風景だ。ここでは空間が曲がっていて、前方に自分たちのいるところが見えるかのようだ。吹き上がってくる風が快い。

オルガ山の入り口に引き返すとサンセット・ディナーが始まった。カップルはそれぞれオーストラリア産のスパークリングワインを一本貫って、思い思いのところに座を占める。私と壽子もスパークリングワインに酔いながら、暮れていくオルガ山を見つめた。夜になると、見慣れぬ星空が鮮やかに広がった。南十字星もたしかに見つけることができた。

次の目的地は野生動物の楽園、カンガルー島。八月二七日、アデレードからの日帰りツアーを利用した。小型機でカンガルー島に向かい、迎えにきたミニバスに乗った。まず、シール・ベイに行った。たくさんのオーストラリア・アシカが寝そべっている砂浜を歩けるのだ。

一頭のオスがヒレ足を踏ん張って首をあげ、のそのそと歩き回りながら、首を上下して二頭のメスを脅していた。あっちへ行っては、いかん、といっているようだ。子供のアシカが木の枝をく

わえて遊んでいて微笑ましい。海の中では、数頭のアシカが泳ぎ回っていた。時々、波の上に体を乗り出した。そのうち、一頭のアシカが波を利用してサーッと砂浜に上がった。そして、にわかにヨタヨタした動作になり、砂浜を移動していった。

ケリー・ヒル・ケープで昼食となった。カンガルーが集まってきて、ちょこんと手を垂らして、物欲しそうにしていた。餌をやってはいけないことになっていて、誰もあげない。数頭のカンガルーはあきらめきれずに、悲しそうにじっとしている。子供が袋から顔を出しているカンガルーもいた。特に空腹なのだろう。

車は赤土の道をひたすら西へ向かった。フリンダーズ・チェース国立公園に入り、まず海岸線へ出た。崖が切り立ち、青黒いほどに澄んだ海が荒々しい。この南は南極大陸なのだ。波が削って空けた、巨大なギザギザした窓を持つ海蝕ブリッジもあった。

そして、国立公園の中心、ロッキー・リバーへ向かった。芝生に数十頭のカンガルーがたむろしてお出迎えだ。環境に恵まれているのか毛皮の色艶が良い。エミューもヒョコヒョコ歩いている。ユーカリの木が立ち並ぶ所へ行き、樹上にコアラを探した。いたいた。なんと一匹は子連れである。居眠りから覚めると、抱いていた子供を背中に移し、ゆっくりと枝の上を歩いていった。子供は必死にしがみついていた。

出発時間が近づいたので、入り口のカンガルー集団のところへ引き返した。ここには、カンガルー用に整えた餌を売っていて、これだけは食べさせてよい。壽子が餌を持って近づくと、カンガルーは全員が走り寄って、お祭りの雑踏のような騒ぎになった。カンガルーが伸び上り、壽子は見えなくなってしまった。餌がなくなると、カンガルーたちはまた、のんびりと寝転がり始めた。そのうち、数頭が立ち上がって、ボクシングを始めた。切迫感はなく遊んでいるように見えた。

アデレードからシドニーそしてブリスベンへと移動した。シドニーではハーバー・クルーズ、ブリスベンでは川をさかのぼってローン・パイン・コアラ保護区に行きコアラの抱っこと、お勧めのプログラムも経験した。いずれもちゃんとしたものであった。

八月三〇日。ついにケアンズに着いた。グレートバリアリーフの表玄関である。ホテルのロビーで寛いでいると広告のパンフレットが注意を引いた。やたらに目の大きいタヌキのような体のケダモノが木に登っている。見るからに夜行性のケダモノだ。これは見たいものだと、その日の午後のアサートン・テーブル・ランド行きツアーを申し込んだ。

パーティーは十数人。皆、良いカメラを下げた動物好きの連中だ。ケニアが、アラスカが、ザンベジ川のカヌーがと情報交換していた。まずロックワラビーという小型のカンガルーが棲む岩場に行った。ヒマワリの種をワラビーに与えた。子供を袋に入れた母親が神妙に餌を食べた。子供は首を伸ばして眺めていた。つづいて、野生の七面鳥、黒い白鳥、黒いツル、カーテン状に垂れ下がる絞め殺しのイチジクと見ものが続いた。

森の脇にある公園で夕食となった。薄暗くなると、おこぼれ頂戴とポッサム（フクロギツネ）が現れた。パンフレットにあったケダモノであろう。食後、ガイドと共に夜の森へ行った。入り口

餌を食べるワラビー

でガイドが友人という二匹のポッサムが待っていた。ガイドがヒマワリの種を差し出すと喜んで肩に乗った。壽子の肩にも乗って記念撮影させてくれた。でも、シッポはしっかりと木に巻きつけるのを忘れていない。遠くの森にキラキラと輝く二つの目があった。たぶん、人慣れしていないポッサムだろう。

帰りはミニバスがそれぞれのホテルまで送ってくれた。皆が、短期間に親しくなってしまい、知己と離れるように別れを惜しんだ。インターナショナルな動物愛好家の仲間になった気分である。

グレートバリアリーフの宝石

九月一日、ケアンズから小型機で北上すると、海は真っ青になった。うす白いところはサンゴ礁だ。さまざまな模様のサンゴ礁が現れては消えていく。やがて三角形にとがった緑の島が小島を二つ従えて、青い海から突き出しているのが見えてきた。リザード島だ！　何度も写真で見つめた島だ。間違えるはずがない。

グレートバリアリーフは二〇〇〇キロに渡って南北に延びている。どこへ行こうかと、『ロンリープラネット』のガイドブックを買って詳しく調べ、リザード島を選んだのだ。それから、リザード島の名前はネバーランドのように私の中に棲みつづけた。飛行機は高度を下げた。南海の夢の島にいよいよ降り立つのである。

二〇人ばかりの乗客は滑走路に迎えにきた車に運ばれて、レストランのダイニング・テラスに案内された。トロピカル・ドリンクと軽食が私たちを待っていた。テーブルは花で飾られている。いうまでもなく、ダイニング・テラスの前は真っ白なビーチ。そして青い海だ。
「よくいらっしゃいました」
健康そうなウェイトレスたちが微笑んでいた。完璧な演出だ。私たちはこの島が気に入った。

オーストラリア大陸とグレートバリアリーフにはさまれた内海に多数の島が散在する。その幾つかは開発されてリゾートになっている。一番、北に位置するのがリザード島である。最も熱帯的な地にあるが、屈指の高級リゾートで、ニックネームは「グレートバリアリーフの宝石」。リザード島にはホテルと海洋生物学の研究所があるだけで自然が良く保たれているという。

寛いだ客たちは、それぞれの部屋に案内された。広い敷地の中、数棟の平屋のゲストハウスが散在する。一つの建物に部屋は三から四。ほとんどが海に面している。入口には大きなシャコ貝の殻を置いた足洗いがある。部屋は広く清潔だ。テラスがついていて、飲み物を手に海を眺めることができる。

落ち着いた後、急いで支度して浜へ向かった。すぐ近くにサンゴ礁が広がっているとガイドブックにあったからだ。私はそれまでに、奄美大島や西表島のサンゴ礁をシュノーケルで潜った経験を持ち、サンゴの美しさに魅せられていた。もっと素晴らしいサンゴが見えるのだろうか。浜から岩場に歩き、シュノーケルをくわえて海に入った。

結果はまったく期待はずれだった。サンゴはヒトデにかまれたものが多く、全体に元気がない。あきらめきれず、海岸沿いに泳いだが、サンゴには変化がない。リゾートの排水のためだろうか。明日だ。違うところに行こうと引き上げた。

夕食を摂りに部屋を出ると隣室の人と出会った。ダイビング好きの日本人女性である。
「ここは魚が大きいです。とくにコッド・ホールがすごいです」
と説明してくれた。コッド・ホールには大きなハタが棲みついていて、世界的なダイビング・スポットだという。彼女は部屋からダイビング雑誌を持ってきて丸々と太ったハタの写真を見せた。コッド・ホールに行くには、このリザード島に泊まるか、何日か船で過ごすダイブ・クルーズに参加するかしかないとのことである。私もロンリープラネットでコッド・ホールのことを少し読んでいた。しかし、大洋の真ん中のサンゴ礁に潜ったことはないし、サメもいそうで逃げ腰であった。

彼女に勧められて少しばかり気が動いた。たしかにガイドブックにはシュノーケルでも楽しめると書いてある。

ダイニング・テラスのテーブルではロウソクの照明が揺れている。海からの風が心地よい。夕食はフランス料理のフルコース・ディナーだ。新鮮なシーフードを巧みに使った料理で、デザートも凝っていた。この絶海の孤島で一流レストラン並の味を提供するとはさすがである。

白ワインが効いて、うっとりしたころダイビング・インストラクターのメリンダがテーブルを回り明日の予定を聞き始めた。私たちのテーブルにも来た。一日おきにコッド・ホールに行き、明

グレートバリアリーフでのシュノーケリング

日はそうだとのことである。

「サメはどうですか」

「心配ありません」

いくつか質問しているうちに、だんだん釣り込まれてきた。でも、まだ少し迷いがある。

「三日後くらいがいいかな」

「いや風の問題があるわ。いま、貿易風が穏やかになっています。三日後は分からないわ。明日行ったら？」

とうとうその気になった。

「よし、そうしよう」

彼女は満足そうに、二人の名前を登録した。


九月二日。大型クルーザーに一〇人ほどの客を乗せて、ダイビング・ツアーは出発した。沖へ出ると、内海とも思えないうねりがあり、クルーザーはザンザンと波を切って東に走った。一時間ばかりしてグレートバリアリーフに着くと、とたんに波はなくなった。透き通った海水からほんの少し顔を出してウネウネとサンゴ礁が続いている。この切れ目近くのポイントがコッド・ホールだ。

私たちはあわてて支度をして飛び込んだ。ダイバーは半分。残りはシュノーケルの人たちである。海の中では十数匹のジャイアント・ポテト・コッドが悠々と泳いでいる。銀色の肌に黒い円形の模様。ユニークなハタである。大きさはまちまちだが、ダイバーより大きいハタもいる。二メートル近いだろう。水面近くまで餌を求めてハタが浮いてくるので、シュノーケルでも十分楽しめた。餌づけが始まると、ハタは底へ行ってしまった。でも、しばらくするとまた浮いてきたので、私は再び魚とゆったりと泳いだ。

ランチは茹でたロブスターの半切りやスモークサーモンなど食べ放題で豪勢である。ロブスターの殻は海に捨てる。驚いたが、魚の群れが湧いてきてすぐに片付けた。ダイビング・インストラクターはメリンダを含めて三人。細かく注意を払ってくれた。インストラクターの数が多いのは良心的であり、安全面で重要だ。実際、この後で急浮上して気絶した客がいたが、インストラクターがすぐにボートを出して事なきをえた。

リゾートに帰ってから、今度は西側の浜、ワトソン・ベイにシュノーケルに出かけた。岸近くではやはりサンゴは傷んでいたが、カイメンやソフトコーラルがはびこっていて、面白い光景であった。やや沖に出ると、かなりきれいなサンゴもあった。楽しくなって泳いでいると、待望のシャコ貝が現れた。大きさは一メートルくらい。貝殻にはさまれた肉の部分は青紫と緑のモザイクで美しく輝いていた。

翌日もシュノーケル・ツアーに参加した。目的地はすぐ近くの、バンクス・バンクス。サンゴの破片でできた白い砂の小島である。驚いたことにサンゴは本当にきれいだった。まったく無傷である。それぞれのサンゴは、気持ちよさそうに光を浴びて、歌を歌っているように見えた。奄美や西表で出会った景色であるが、枝サンゴもテーブルサンゴも、より大きくそして多様であった。ありとあらゆる形の石サンゴがあったと思う。小島に近づくにつれて、水深は浅くなり、サンゴと接触しないよう、気をつけねばならなかった。

ふと見ると、一メートル弱のやや透明な銀色で少し青みがかった魚がサンゴの陰からじっと私たちを見つめていた。ドロップオフに出ればテーブルサンゴが澄み切った青黒い海に大きく大きく張り出していた。ウミユリの黒い姿もあった。巨大なテーブルサンゴと枝サンゴの間を、私と壽子は一時間も回ったろうか。夢の中でダンスをする気分であった。

リゾートへ帰って昼食。

「私はもう満足したわ、明日はあなただけコッド・ホールに行ったら」

壽子がいってくれた。だんだん潜ることにのめりこんできた私を気遣ってである。もう一度コッド・ホールに行くとすると、やってみたいことがあった。スキューバの軽いトレーニングをすれば、コッド・ホールで潜らせるとダイブ・ツアーが宣伝していたのである。

さっそく、午後のコースを取った。講義では急に浮いてはいけないとか、息を止めてはいけないとかポイントだけを教えてくれた。そして浜で実習。四、五メートルの深さまで潜った。

「いいだろう。明日はタカシとジルを連れて俺が潜る」

とダイブ・マスターがいった。ジルはフランスのホテル会社の

幹部社員で、一緒に講習を受けたのだ。私の旅の予定が三週間と聞いて、

「おかしいな、日本人の休暇は一週間のはずだ」

と答えた。さすがに事情に詳しい。

九月四日。再びコッド・ホールへ。二回目の客は私だけだった。

「ダイブ！」

私も教わった手順で潜った。耳抜きが上手くいかず、苦しんだが何とか底にたどり着いた。水深一三メートルの砂地である。マスターの命令でジルと私は近くの岩にしがみついて浮かないようにした。

インストラクターが餌づけの魚を出すと、楕円形の大柄なハタたちが寄ってきた。ハタは私たちのすぐ横をすり抜けていき、巨大な口を開けて餌を貰った。シュノーケルの時よりも近くで見て、さらにハタの大きさに圧倒された。人間より大きいハタが何匹かいるのである。私たちはハタと一緒にビデオ撮影して貰って、ダイブの成功を祝った。

船に上がって寛いでいると、ケアンズからはるばるやって来たダイブ・クルーズの人たちが数人、飛び込んだとたんに潮に流された。救援に駆けつけたのはこちらのインストラクターであった。

九月五日。大型クルーザーに乗ってカジキ釣りに挑戦した。この付近は、巨大なシロカジキが釣れるので有名である。しかし、貿易風が強くなり、揺れがひどく引き返した。無理をせず、予約金も返すから良心的だ。そこで、タートル・ビーチに行く船に乗った。島の北岸のこのあたりは汚れが流れ込まないのか、サンゴは無傷であった。サンゴの大きさはやや小さいかもしれないが、バンクス・バンクスと同じ夢の世界であった。三〇分も二人で花園をさまよったであろうか。

午後、ワトソン・ベイに出かけた。今日はウミガメもやってきた。ウミガメのシッポがやたらに長い。よく見るとコバンザメが張り付いていたのである。ウミガメは無表情に私と平行に泳いだ。しばらく行って、方向は沖にひたすら向かっていることに気づいた。これはいかんと引き返し、ほんの少しして振り返ると、ウミガメの姿はどこにもなかった。

夕方、浜を歩いていると、一メートルほどのオオトカゲに出会った。リザード島の名前はこのオオトカゲが棲むことに由来する。人間を見ても騒がずパタパタと茂みに消えていった。

九月六日。楽園の旅も終わりに近づいた。リザード島五泊六日とゆったりしたスケジュールであったが時の経つのは早い。午後にはケアンズ行きの飛行機に乗る。朝のうちにクックの見晴台へ向かった。大航海家キャプテン・クックが外海への水路を探して登った山である。標高三〇〇メートルほどしかないが、気温が高いためか、結構な労力であった。はるか遠くに白くグレートバリアリーフが見えた。キャプテン・クックが通った水路を探すとリーフにわずかに切れ目があった。あまりにも遠く淡いリーフの姿であった。

北国の週末

ウィスラーの山頂へ

ウィスラー、このリゾートの名はスキー好きなら誰でも知っている。カナダのブリティッシュ・コロンビア州にあるウィスラー・ブラッコム・スキー場はアメリカのスキー雑誌が北米一とのランク付けをしたとのことだ。しかし、私には縁のない土地だった。スキーは大学院時代に一度しただけ。壽子は一度もない。ダンス好きの女の子だったので性に合っていたはずであるが。この二人が五〇前後になって、急にウィスラー詣でを始めた。

一九九二年の一一月中旬から三カ月、私たちの見つけたタンパク質についての共同研究で外国暮らしをすることになった。バンクーバーとヘルシンキでである。壽子が実験し、私は討論と論文書きの予定だ。この計画が決まった時、壽子が提案した。

「冬休みには子供たちを呼びましょうか」

私も賛成であったが、冬のバンクーバーで何ができるか考えてしまった。ふと目に止まったのが、日本の旅行代理店にあふれている、カナダ・スキーツアーのパンフレットだ。主な目的地はウィスラー。そしてバンクーバーからウィスラーまで車で二時間である。大学生である子供たちがスキー好きなのはいうまでもない。息子の晃はもうエキスパート、娘の由紀子は始めたばかりだが病みつきになりそうという。二人ともウィスラーのスキーは大歓迎である。こうして、それらしい計画が完成したが、不安もあった。私たちにスキーができるだろうか。

一二月になって、まず週末に二人で出かけることにした。買い込んだスキー用品をレンタカーに積み込んで出発。しばらく行くと、入り江の対岸は白銀の山々となった。予定どおり二時間のドライブでウィスラーに到着した。リゾートの中心地はウィスラー・ビレッジで、ここからウィスラー山の七合目、標高一八三二メートルへ高速ゴンドラが数珠つなぎに運行している。宿のデルタ・マウンテン・インはゴンドラに最も近い所にある。車は地下に駐車でき、雪に覆われる心配がない。こういった高級ホテル、レストラン、土産物屋、さらにスーパーが集まってビレッジを作っている。建物のスタイルは凝っていて、大半がヨーロッパ式のとんがり屋根である。ビレッジの中央は歩道で、車は入れない。石畳の道を歩いているとヨーロッパの古い町をしのばせる。娘が来たら喜ぶだろうなと思った。

一二時過ぎから、スキー教室が開かれるので参加した。クラスは一五人で、残念ながら待ち時間が多く、ろくに練習にならなかった。ところが、壽子が

「ほら、あそこの人はとても能率的よ」

といった。個人コーチに習っている人を見つけたのである。翌日、壽子は個人コーチにつくことにした。私はまだ集団レッスンにしがみついた。斜面を右、左と曲がれるようになったが、確実性がなくリフトに連れて行かれないうちに時間切れである。壽子のほうは、コーチの演説が多く、やっと右回りができるようになっただけという。前途多難である。

翌週、由紀子がやってきた。週末スキーは三人で出かけ、由紀子にも個人コーチを依頼した。コーチの名はホビー。口ひげを生やし、長身だがスリムで、人懐っこい目を持った男だ。それぞれに練習が進み始めた。もっとも、私は練習の後

「皆さん勝手に滑って降りてください」

といわれて、勇んで滑っているうちに中級コースに入り込み、震え上がってスキーをはずして這い降りる始末であった。

次の週末はクリスマス。三日間のスキー三昧である。私は由紀子に合流してホビーの指導を受けることにした。初日、ゴンドラの終点から途中駅のオリンピック・ステーションまで降りることができた。山は静かで、針葉樹の木々は雪をかぶって美しく、やっとスキーの喜びを味わえた。

翌日、ホビーは厳しかった。エッジの立て方、上体のねじり方を詳しく教えてくれた。ホビーはパラレル・スキーの完成体を由紀子に教え込もうとしているのだ。私にも同じことをしろという。一部でもできれば何か役に立つと考えてであろう。そして、中級者用のブルー・ランを走り回った。そのブルー・ランは斜面がきついものの、広いので実は練習に好都合なのだ。最後に連れていかれたブルー・ランの斜面はさらに急でかつ長く、下のほうは霧に隠れていた。私は必死にターンを繰り返して降りた。おかげで、急斜面に対する恐怖感はだいぶ薄らいだ。練習中、ホビーは私に語りかけた。

「教えたことが満足にできたら、ウィスラーの頂上に行こう。あそこは、本当にきれいだ。そして、広い白い谷を滑って戻ってくるのだ」

晃もやってきた。新年の週末だ。初日はブラッコム山に出かけた。二日目。快晴である。昨日は休んでいたホビーがまたコーチをしてくれる。思い切って、聞いてみた。

「少し練習した後で頂上へ行けますか」

「多分いいだろう」

むろん、私の滑りを見るつもりである。早速、中級者コースへ

行った。私は気を引き締めて急斜面を降りた。二度滑ると、ホビーがいった。
「オーケーだ、後一回滑って上へ行こう」
良かった、合格したのだ。

中級者コースを滑り降り、頂上へ行くリフト乗り場に着いた。リフトは岩と雪の世界を這うように上っていった。

頂上の展望台からの景色はすごい！ の一言である。ギザギザにとがった山々が幾重にも重なり、遥か南方へ続いている。山の上部の岩肌は、生き生きとした、青みを帯びるばかりの雪にほとんど覆い尽くされている。あまりにも急斜面の所だけ雪がはげている。

驚かされたのはブラック・タスクだ。山頂部と同じくらいの太さの溶岩柱が、山頂を断ち割って突き上げ、そびえ立っているのである。このような山があるのか、目の迷いではないかと疑ったほどだ。同じように感動的なのは、平らな大きな氷の塊として山々の間に横たわり、さっときれ落ちているチーカマス氷河である。全体として、人間の印は何もない。人間がこの地帯に現れる前の、神々しい恐ろしい世界がそのままに残っているのだ。

いつまでも眺めていたいがそうはいかない。山の写真を撮り、そして記念写真を撮りあって出発することにした。頂上の寒さは厳しい。最後のショットに至ってシャッターが凍りついた。

頂上から降りる道は細く、一歩誤れば崖下に落ちる。ということは景色が良いことであり、山々を眺めながらのスキーである。やがて、道は平らになり、歩くところが多い。そのうちに分岐点に来て、私たちは左手への道を採った。山々に囲まれたＵ字谷を滑り降りていくようになる。傾斜はゆるく、前を行く三人はカモメが弧を描くように大きく滑っている。この程度なら楽しめると、私も右へ左へとゆったりと回った。他に人はいない。全空間が私たちのものだ。

広い谷を下り、やや平らな道を行き、また広い谷を下り、これを繰り返して降りていった。このあたりをシンフォニーの谷というとホビーが教えてくれた。かなり下っても、アルペンな風景は変わらない。木が少なく、わずかに残っている木には、雪が厳しくとりつき樹氷となっている。さらに下ると見慣れた山が大きく迫ってきた。ブラッコムである。また平らな道をひとしきり行き、いきなりリフト乗り場に飛び出した。夢のような時間は終わったのであり、初心者にはこれ以上望めぬスキー体験だろう。

最終日。朝、子供たちはホビーに率いられてさらに特訓である。超エキスパート用のダブル・ブラック・ダイヤモンドのコースを行ったというから大したものだ。私は壽子のレッスンに軽く付き合うことにした。いつのまにか、壽子は見事なスキーヤーに変身していた。ほとんどパラレルの滑りで、中級者コースでも臆することなく、大きく弧を描いて降りてゆく。スピードもあり、追いつくのが大変である。

私は風邪気味なので、三本で滑り止め、体力の温存を計った。帰りの運転に備えたのである。ゴンドラ終点の七合目レストランでコーヒーを飲みながら、四方の山の景色を楽しんだり、写真を撮ったりした。四、五人の日本人パーティーが山頂を指して議論していた。頂上からシンフォニーの谷へのルートが見えないという。私は詳しく説明して感謝された。ベテランのスキーヤーに見えたかも知れない。滑っているのを見たら、別人と思うだろう。昼近くなると、細かい氷の結晶がキラキラと日に輝いて踊った。ダイヤモンド・ダストである。

昼食後、予定通り全員で滑った。コーチはホビーである。まず記念撮影だ。最後にホビーに撮ってもらった。

「ファミリー写真だな。ハッピー・ファミリーだ」

ホビーも上機嫌である。出発。なだらかな斜面をホビーが先導し、壽子、由紀子、晃と滑らかに降りていく。私ものんびりと続いた。頂上に行ったのとは違った意味で、幸せな瞬間なのだと思った。子供たちがまだ小さく、引き連れて近郊の山を歩いたころの、にぎやかな楽しさが我々の上を覆っていたのである。

しばらくして、私は帰りに備えて、ゴンドラに向かった。しかし、何とゴンドラが故障して人だかりしている。係員が叫んでいた。

「修復は何時になるか分かりません。滑れる人は、全員スキーで降りてください」

かなり待ったが、たしかに埒があかない。もう一滑りと降りることにした。中間点のオリンピック・ステーションを過ぎたころ、アイス・バーンで転倒し、スキーがはずれた。付け直していると、二人の若者がアイス・バーンの上を矢のように滑り降りていく。晃と由紀子である。大声を出して呼び止めた。彼らは「なぜお父さんがここにいるのか」と、驚いたそうだ。少し先に行っていた壽子も合流。フィナーレはファミリーでのビレッジ入場となった。私は嬉しくて手を上げて滑り止めた。

冬のフィンランド

バンクーバーからフランクフルト経由でヘルシンキに向かった。良い二カ月間であった。仕事も上手くいき、いくつかの論文が仕上がったのだ。

グリーンランド上空で外を見て驚いた。青白い幕がひだ状に下がっている。オーロラだ！　私は窓に顔を押し付けた。オーロラは帯状に姿を変えて天空を走っている。でも、光が淡い。雲ではないだろうか。そのうちに青白い帯からまた幕が下がってきた。幕の向こうには星が瞬いている。もうオーロラであることは間違いない。やがて、オーロラの光は次第に消えていった。初めてオーロラを見て喜んだものの、オーロラとはこんなものかという気持ちもぬぐえない。飛行機の窓越しに見たからだろうか。

ヘルシンキでも後半は週末旅行に出かける予定だ。日本を出発する前に、フィンランド航空のツアーを申し込んでおいたのである。オーロラを期待して北極圏にも行く計画であるが、もっと素晴らしいオーロラが見えるのだろうか。

週末旅行の最初の目的地はクオピオである。湖水地方の中心だ。夜の飛行機でクオピオに向かった。

「マイナス二〇度以下になる、風が強い時は凍傷に気をつけろ」

木は霧氷に覆われている

とヘルシンキ大学の仲間にさんざん脅されたので、耳が隠れる毛皮の帽子、寒地用の靴と身支度を整えてのクオピオ入りである。朝、ホテルからタクシーで出発した。まずサイマー湖へ。湖は硬く凍結していて、その上を車で走れる。しばらく湖上を行って、記念撮影。極地探検の気分である。そして目的地のプイヨの丘へ向かった。ここではクロスカントリースキーができるのだ。

丘の上のホテルで道具を借りた。道に迷うことが心配であったが、タクシーの運転手が主なルートは照明つきだと教えてくれたのが役立った。照明器具のあるルートだけを回ることにしたのである。クロスカントリー用の道具は小型で身軽に動けた。しかし最初は勝手が分からず、やたらに転んだ。そのうちに体重を前に掛けていなかったことに気がついて、楽に滑れるようになった。景色を見るには、クロスカントリースキーがよい。好きな時に立ち止まれる。

曇りの日ではあったが、雪景色はたとえようもない。針葉樹は寒さのため枝が垂れ下がり、雪を帯びた姿はウィスラーの時よりも荘重である。圧巻は落葉樹の枝にびっしりと張り付いた霧氷だ。一つ一つの枝に絡みついた雪の先にさらに粒状に氷と雪がつく。まったく同じ形を見たことを思い出した。サンゴ礁の枝サンゴである。ここでは無生物の雪と氷が高らかに冬の歌を歌っていた。

落葉樹の林の中を行くと、数十メートルはある木の先端の細い枝まで、すべて白い雪細工になっていて、これが空を覆っている。

雪の神殿にいるのだと思った。

昼食後、丘の上の塔に登った。展望台からの景色は評判通りであったが、やはり、じかに林の中を行ったほうがいい。遠くには凍る湖、近くには美しい林と雪原、そしてクロスカントリースキーをする人が見えた。クロスカントリースキーをしていなければ、恐ろしそうだが、何と素晴らしいことかと別世界のようにあこがれたに違いない。


次の週末はロヴァニエミへ。二月六日朝、ヘルシンキを出発した。このツアーはサンタクロース・フライトと名づけられていて、フィンランド航空の呼び物企画のはずであるが、客は私たち二人だけであった。それでもガイドは律儀にタラップまで迎えに来ていた。

まず、サンタクロース村を訪ねたが、サンタクロースは怠け者でソファーから動かない。かなりの年寄りらしい。この後、スノーモービルに乗って、原住民のサーメの牧場に行くことが目玉である。ところが、フランス人の大グループが来ていて、スノーモービルが出払っているという。しかたなく、サンタクロース村の土産物屋を冷やかしていた。空は曇りで時々、突風が吹いている。日暮れ近くになって、乗ったことのないスノーモービルでの旅は大丈夫かと不安になってきた。ここは北極圏の入口である。三時近く、やっとフランスの旅行団一八〇人が帰ったというので、空港に向かった。

乗り捨てられたスノーモービルに乗ってサーメ牧場へ向かった。スキーウェアの上に防風の上下のスーツを着て、ヘルメットをつけて物々しく出発。スノーモービルは小型オートバイに橇をつけたようなものである。オートバイに乗ったことがないので、ビクビクものでゆっくり進んだ。先頭を男のガイドが、そして後からは女性ガイドがというスノーモービル三台仕立ての丁寧な扱いである。林の中の道を四〇分も進んだろうか。道はでこぼこして、カーブも多く、初心者には苦行であった。でもこれで運転に慣れた。ついに凍った川に出ると、男のガイドは手を振って去っていった。

「これからは楽だよ」

とのことである。女性ガイドのスノーモービルが先頭に立ち、凍った川を気持ちよさそうに飛ばした。私も、遅れないように後に続いた。いつのまにか風がなくなり、空は晴れ渡ってきた。遅くなったのがかえって幸いして、天気についてきたようである。そして真っ赤な日没だ。日が落ちても太陽は地平線あたりをうろうろしているのか、結構明るい。

牧場では、サーメ式のテントに入って、青に赤や黄色の入った民族衣装を着たサーメ人の歓迎を受けた。まずトナカイのミルクを飲めという。甘い味だった。そして、邪気を払うのだと、サーメ式のナイフで首を切るまねをされた。観光化された儀式と分かっていてもあまり気持ちのいいものではない。つぎに、顔に墨をつけられた。サーメの人はトナカイに生まれ変わると信じているのだそうだ。彼は、私が生まれ変わった時、自分のトナカイであると主張するために印をつけたのだという。本当に信じているのか、ジョークなのかは分からないが、私は生まれ変わりたくないと思った。

トナカイの橇でラップランドを行く

最後にトナカイが引く橇に乗った。林の中を一回りという簡単なものだったが、橇のゆりかごのような形はユニークであった。

帰りは凍った川をスノーモービルで飛ばした。満月が上がり、落日の残照と雪明りに助けられて、ほどよい明るさが残っていた。青く澄んだ空間を切り裂いていく三〇分ほどのドライブであった。

二月一一日、帰国直前の週末に、フィンランド北極圏の中心地イヴァロに飛んだ。オーロラを期待したのである。オーロラは晩秋か初春がよいとの記事を読んだことがあり、また満月の前後も避けると、ぎりぎりのスケジュールとなってしまった。

イヴァロから迎えの車でリゾート地のサーリセルカへ向かい、林の中のログキャビン村に投宿した。部屋からすぐ外へ出ることができ、人工の照明が少なく、オーロラ観察には絶好の環境だ。しかし夜は曇り。これではオーロラが見えるはずはない。次の日は半日のトナカイ橇。サーメの衣装をつけ、静かな雪原を巡った。夜はまた曇り。

二月一三日、もう一つの楽しみである犬橇に挑戦した。ハスキー犬の牧場であるカミサワまでタクシーで行った。防寒服に着替えた後で、簡単な説明を受けた。

「右はジー、左はホーと命令しろ。止まれはストップ、行けはゴーでよい。ブレーキはしっかりかけろ。右、左に回る時は重心を傾けろ。そして、どんなことがあっても走っている橇から足を離すな」

かなりややこしそうだ。これで北極圏の原野を行くのかと心配になった。しかし、先頭に牧場主がスノーモービルで行き、私たちともう一組のパーティーの後に、さらに一台、ガイドの橇がつくことが分かって、まずは安心した。

犬達は早く出発したくて、叫び声を上げている。やがて、ゴー！　犬達は全速力で駆ける。しかし、五〇メートルも行くと、立ち止まって排泄作業を始めた。急いで出かけたがった理由の一つはこれである。

はじめは、起伏のない道なので、橇の操縦は楽だ。そのうちに急な下りになりブレーキをかける。次は登り。遅くなると、降りて橇をこいでやる。全体として橇のスピードは速い。ジョギング程度の速度だろう。丸い形の極地の山を一つ一つ越えてゆく。むろん、人影はまったくない。先に出発したスノーモービルが残した軌跡が見えなければ、どこへ行ったらいいか分からないだろう。

昨夜に雪が降ったので、新雪が柔らかく林を埋めている。所々にうっすらとした雪の盛り上がりがある。なぜ、あのようなものができるのだろうか。風のせいだろうか。やがて、空は晴れ上がり、日が射して来た。木々が新雪の上に鮮やかなシルエットをつけている。時々、待っていたスノーモービルに追いついて小休止をするものの、橇はひたすらに走る。

登りには、私がこがないと犬達は急に遅くなり、そして立ち止まって私を見ている。私がこいでゴーというと、犬達は走り出す。登りが急な時は両足で踏ん張って格闘しなければならない。犬達が敏感に反応するのでこちらも必死になる。ふと気がついたのだが、彼らは利口でこちらの使い方を知っているのかもしれない。

私達の後はアメリカ女性二人のパーティーだったが、女性に橇押しはきついらしく、大分遅れて息を切らせてついてきた。二時間も走って、私もそろそろ疲れてきたころ、大休止。焚き火をして食事の支度である。サーモンのクリームスープとサンドウィッチ、さらにコーヒーとケーキと原野の食事にしてはデラックスだ。犬達は腹ばいになって、ひたすら休んでいる。リーダー犬は特に疲れるのか、ウトウトしている。一時間ほど休んで、再び出発。

犬達は元気になって、素晴らしいスピードで飛ばした。やがて、凍った大きな池に新雪が積もったところに出た。新雪の柔らかさが一面を覆い、神々しい雰囲気である。この後、またひた走りに走って、ハスキー牧場に帰ってきた。昼の時間は短いので、もう太陽は沈まんばかりだ。

明日はヘルシンキに帰って最後の仕事をしなければならない。

今夜にオーロラを見られるだろうか。幸い夜になっても空は晴れていた。オーロラは昼が暖かく晴れ、夜に気温が下がる時に出やすいという。今日はまさにそうだと、勢い込んで観測を始めた。

寒さがきついので、一五分に一度、部屋に帰り、五分ほどしてまた外に出る、これを二時間くり返した。それにしても何も起こらない。空は晴れ上がって真っ暗で、星がチカチカ光っている。北極星が随分上に見える。さすがに、北極圏だ。

一〇時五分過ぎ、北の空に淡くアーク状に光るものを見つけ、目を凝らして見つめた。大変だ、オーロラだ。あわてて壽子を呼びにいった。二人で見ているうちに、アークは輝きを増してきた。青緑色で一番上はほんのりと赤い。地平線から四五度上を頂点として、大きく虹のようにかかっている。北西の地平線ではうねっていて、写真で見るオーロラにそっくりである。アークはじっとしていて、やがて光を失っていった。少し上のほうで、写真を撮っていた人が引き上げていった。

「あちらに行ってみましょう」

と壽子がいった。登ってみると、たしかに見晴らしが良い。

アークが再び光を増したようだ。気のせいだろうか。すると、アークが空を上っていった。そのうちに、アークがぼやけて、垂れ下がってくるものがある。オーロラの幕だ。所々、光が強くなり、幕は黄緑色に輝いた。光はさらに強くなった。黒い闇を背景に黄金のベールが下がっているように見える。

長く天空から伸びたベールは、次には、ゆらゆらと風にはためくカーテンのように揺れた。ベールの動きはどんどん速くなる。また、上へ向かって、無数の光の線が伸びていく。黄金の矢が、数限りなく天空を指して上っていくようだ。

別の方向でも光のベールが揺れている。いつのまにか、天の北半分全体が光のショーを繰り広げているのだ。こうなると、一つ一つの出来事を記憶することができなくなる。ひたすら、素晴らしいと心の中で叫びつつ、揺れるベールを見つめているだけだった。一五分ほどで光は淡くなり、また、北の空にかかるアークに戻った。

部屋へ帰って、一〇分だけ暖を取り、また外へ出た。じきに二度目のショーが始まった。光のベールが揺れるのが、再び見られた。ただ、ベールの輪郭が、前の時ほどシャープでなかった。そして、光はまた弱くなり、雲にしては輝いているという、ぼんやりした状態になった。一一時四五分、部屋に入って温かい紅茶を飲んだ。それから、二、三度外へ出てみたが、もう空は静まり返っていた。

タヒチ諸島からニュージーランドへ

ボラボラ島のマンタ

リザード島から帰っても、南の島への想いは消えなかった。今度は、環礁を見たいと願った。サンゴ礁が波穏やかなラグーンをぐるりと取り囲んだ島が環礁で、南の島の典型だ。さらにマンタを見たいとの大きな望みを持った。マンタとは英語のマンタ・レイの略で、日本語ではオニイトマキエイと呼ばれる。エイの中で一番大きなマンタはダイバーの憧れの魚で、ヒレを優雅に動かして海中を飛ぶように進むという。

夢をかなえようと、タヒチ諸島のボラボラ島とランギロア島へ出かける計画を立てた。一九九三年はちょうど銀婚式の年になる。美しいことで有名なボラボラ島、その水上バンガローに泊まることにしよう。ボラボラ島でマンタとダイブしているシーンをテレビで見たことがある。いっぽう、ランギロア島は世界で二番目に大きい環礁の島だそうだ。
「ニュージーランドも見たいわ」
壽子がいった。タヒチからニュージーランドへ直行便があるので、大きくループを描く旅が可能だ。

出発前に、しなければならないことがあった。正式のダイバーになることである。シュノーケルでマンタを見られるとは思えなかった。ついのびのびになっていたが、六月末になってから急いでＰＡＤＩのダイビングスクールに出かけた。何とかダイビング許可証を取り、一度、大学の仲間とダイブ旅行にも出かけ、ぎりぎりになって準備ができた。

八月一〇日、成田でタヒチ行きの飛行機を待っていると、後ろから先生と声をかけられた。ダイビングスクールの校長の岡田さんだ。このスクールでもタヒチ諸島のダイブ旅行に出かけるのである。私たちとは旅程が違うが、共にボラボラ島とランギロア島を目的地にしている。

エールフランスのフライトでタヒチ島のパペーテへ飛んだ。そして、乗り換えてボラボラ島へ。待っていた白いクルーザーに乗って青いラグーンを突っ走る。溶岩が突き上げてできた七〇〇メートルを超える山を眺めながら、島を回っていくのだ。始めからリゾート気分が盛り上がる。着いたのは、ボラボラ島で最も伝統がある、ホテル・ボラボラである。

ホテル・ボラボラからの眺め

楽しみにしていた水上バンガローは、しかし、場所が悪かった。バンガローの中で一番、岸に近く、満潮の時にやっと水が来るといった様子である。沖合いに展開した部分が修理中なのはしかたがないとして、岸から大きく張り出してラグーンを望んでいるバンガローがいくつもあるではないか。私は支配人に会いに行って、抗議した。

「去年の内に予約しています。五泊の予定で、良い客のはずですよ。どういう基準でバンガローを割り当てるのですか」

「たまたま今日は適当なバンガローが空いていませんでした。明日からは一番の所にいたします」

支配人は約束してくれた。

ダイビングを扱うデスクにも行った。のんびりしたタヒチ娘が出てきた。マンタを見たいと強調すると、首を振った。

「日によってマンタを見たり、他のポイントに行ったりするよ。明日はサメ見物だわ」

明日は寛ぐ日だと決めた。ディナーにはシャンパンを取って結婚二五年を祝った。

八月一一日。朝、念のためにダイビング・デスクに出かけた。今度はダイブ・マスターの奥さんがいた。

「今日はサメだね」

「いや、週に一度、マンタを見に行く日だよ」

「え！」

「でもね、マンタはプランクトンを食べる魚だから、マンタのいるところは、濁っていて、視界が悪いよ」

「それでもいい、マンタをぜひ見たいのだ」
「今なら急げばまだ間に合うわよ」
私は大慌てで支度して、桟橋に向かった。

ダイビング客は八人。私以外は健康的なフランス人の若者である。タヒチ諸島がフランス領だけのことはある。ダイブ・マスターのピエールもフランス人で、私が少しフランス語を理解すると分かると、にわかに好意的になった。ピエールが説明した。
「マンタは数匹いる。群れで現れることもある。触ってもいいけれど、乗っかってはいけない」
私はジョークだろうと思った。ちらとだけでも見たいマンタに触れるはずがない。

ボートは島を半周してマンタ・バレーに着いた。サンゴ礁に囲まれて、湖のように静まったポイントである。ピエールが一緒にダイブしてくれることになり、安心した。一五メートルほど潜って、ピエールが指差す方向を見ると、直径二〇～三〇センチの大ウツボが顔を出していた。しかし、マンタは見えない。本当にいるのだろうか。

次にピエールが指差したのは、マンタだ！ 数メートル先を悠然と泳いでいる。海はやや濁っているものの、こんなに近くに来れば問題ない。魚を咥えているのかと見間違いかけたのは、頭部の糸巻き状の突起である。マンタはゆっくりと泳いで視界から消えた。やったぜ、見たぜ、しかし、もうすこし長い間眺めたかったな、と思った。でも、これは今日のマンタ三昧の序幕であった。

今度、ピエールが指したマンタは真っ直ぐにやってきて、私の直前になって引き返してゆく。ダイバーの一人がそっと近づいて、マンタの白い腹に触った。マンタは騒がない。ピエールがいったのはジョークではなかったのだ。私も泳ぎ寄って手を伸ばし、ほんの少し、マンタに触った。マンタは悠々とヒレをあおっている。これはすごい。私はこのマンタの大きさを目測してみた。ヒレの端から端までダイバー二人くらいに相当するので、四メートル弱というところだろうか。

それから、次々にマンタが現れ、一緒に泳ぐことができた。頭部に付着した糸巻き状のヒレをクルクルと巻いたり伸ばしたりしているマンタもいた。糸巻きは左右に付いているので、正面から見ると双発のミサイルのようであった。

数匹目に現れたマンタは五メートルあっただろう。このマンタは私に向かってきて、わずか一、二メートルの所を通り過ぎていった。大きな目でじっと私を見て、まったく速度を変えず、ヒレを大きく上下させていた。その態度と目つきは、イエローストーン国立公園で出会った誇り高いオスの大鹿を思い出させた。これが、このマンタ一族の族長なのだろうか。触ろうとは夢にも思わなかった。真正面から泳いできた時には、マンタはプランクトンを食べていて、大型動物を襲うことはないと知っていても、恐怖を感じたくらいである。

マンタと過ごした時間は二〇分くらい続いた。これで終わりと思うと、また次のマンタが登場するのである。やってきたマンタの数は延べ十数匹になった。興奮することが何度も繰り返されると、すべてを記憶することができなくなってしまう。記憶容量の限界を今度も思い知らされた。でも、一番素晴らしいのは、やはり、両ヒレをゆっくりと動かして、鳥のように海を行く姿であった。

ピエールの指示でマンタと別れて、浅場に移った。ここでは一辺が三〇センチほどの巨大なイガイが半ば砂地に埋まっていた。驚いたことに、この浅場でも二、三度マンタに遭った。ここをシュノーケリングするだけで、マンタを見られるかもしれない。

帰りの船でピエールが大きな声を出して教えてくれた。マンタが数匹、海面に出て漂っているのだ。サービスに疲れたマンタ一族のお休みといった様子である。

船がホテル・ボラボラに近づくと、壽子がラグーンに突き出した水上バンガローのバルコニーにいるのが見えた。朝のうちに良い部屋に変えてくれたのだ。手を振ると、壽子も立ち上がって答えた。ピエールに妻だというと、そうかと、船をバルコニーの下につけてくれた。バルコニーには海へ出入りできる階段がついているのである。

急いで昼食をすませ、サメ観光に出かけた。ボートで海を渡って、島を大きく取り囲むサンゴ礁の内側に達した。まずシュノーケルであたりを泳いだ。サンゴは生き生きしていたが、テーブルサンゴがないなど、やや物足りなかった。しばらくすると、いよいよサメだとロープが張られ、私たちはロープにしがみついた。一いよいよサメだとロープが張られ、私たちはロープにしがみついた。

男がロープをくぐって中に入り、魚の切り身を撒いた。一メートルほどのサメが群れてやってきて、仕切りの内側をグルグルと泳ぎまわり、餌を食べた。私たちは水中眼鏡でサメの姿を見つめた。

そのうちに、泳ぐサメは大きくなってきて一・五メートル程度になった。このくらいの大きさになると、ヒトを襲わない種類だと聞かされていても不気味である。

翌八月一二日はホテルでのんびりと過ごした。ここの水上バンガローは凝っていて、屋根はヤシの葉で葺かれているし、広い部屋に置かれたベッドは天蓋で覆うことができる。海に突き出したベランダにもヤシ葺きの屋根があり、午前中は日が射さない。私たちはベランダに置かれた長椅子に寝転んで本を読んだ。目の前は、複雑な模様のサンゴ礁の海。潮風も心地よい。

「今までで最高のリゾートだわ」

壽子も大満足だ。昼近くになって、ベランダから海に降りた。水深一・五メートルくらいで、そのまま泳ぎだすことができる。エンゼルフィッシュ、チョウチョウウオなど、たくさんの熱帯魚がいた。午後は庭を散歩した。珍しい熱帯の果樹を眺め、ハンモックに揺られて、ヤシの木を仰ぎ見たのである。

夜の楽しみはポリネシア風のバーベキュー・ディナーである。ブタの丸焼き、バナナのお菓子、ヤシの若芽といった独特な料理に加えて、ニュージーランド産の生ガキ、さらに簡単なお寿司とごちそうである。

夜の闇が深くなったころ、アウトリガーつきの大型ヨットに乗って、タヒチの男二人、女二人が現れた。男たちは松明を高く掲げている。ヨットは真っ直ぐ砂浜に乗り上げ、海岸でのショーが始まった。海洋民族であるタヒチの人たちの誇りが示されている心憎い演出だ。タヒチダンスの踊り手は男四人、女四人である。ハワイのフラダンスに似ているが、腰の振り方が極めて激しく、野性的であった。

八月一三日。カジキ釣りに挑戦した。戦果はゼロ。外洋からボラボラ島の美しい姿を遠望したのが慰めであった。女神の島である。夜、食事の後で、着いたばかりの岡田さんの一行に出会った。「先生」と岡田さんに呼びかけて
「おかげさまでマンタを見られました」
と御礼をいった。

八月一四日。岡田さんに誘われて、ダイブ・ツアーの人たちと一緒に潜った。一行の希望地はマンタ・バレーだったが、濁りがひどいとのことで、他のポイントになった。マンタと泳げたのはやはり幸運だったのだ。しかし、マンタはいなくても縞のある大きな魚が現れたりして、まずまずであった。

夜、ディナーで案内された席は、浜に面し、周囲から隔離された特別席で、近くのかがり火が貿易風に揺れていた。再びシャンパンを注文してボラボラ島での銀婚旅行の成功を祝った。

ランギロアの環礁

八月一五日。ボラボラからランギロアに飛んだ。ランギロア島は楕円形の環礁だけでできた島だ。一方のサンゴ礁の上を飛ぶと、反対側のサンゴ礁はほんのりと白く霞んで見えるだけである。飛行機から降り立つと、反対側はまったく見えない。世界二位の環礁というだけのことはある。飛行場には、予約してあったキアオラ・ビレッジの人が迎えに来ていて、香りの良い花のレイをかけてくれた。

ランギロアの第一の魅力はパス、すなわちサンゴ礁の切れ目である。ここを潮に乗って流れながら潜るのだ。スキューバでもシュノーケルでもよい。チェックインしてすぐにデスクに聞きに行くと、シュノーケル・ツアーならまもなく出発するという。私は急いで参加した。

一行は総勢一〇人ほどで、アバトル・パスまで船で行った。その外海側で飛び込み、ゆったりとラグーンを目指すのである。水深は一五メートルくらいであろうか。明るい光を一杯に浴び、底まで澄み切った水に運ばれて行くと、光の中を漂っているようだ。上、中層にはたくさんの魚がいる。特に三〇匹ほどの、やや上顎の突き出したアジが群れてきたのは面白かった。

しばらくすると、水深が浅くなり、サンゴの岸が近づいてきた。サンゴは枝サンゴとテーブルサンゴが混ざり合い、生き生きとしている。私はサンゴに接近したり、離れたりして、熱帯魚と戯れながら流れ下った。そして、見渡す限り一面にサンゴのコーラル・ガーデンに出た。遠くにはサメの姿もあった。

八月一六日。ピンク・サンド・ビーチへのツアーに参加した。モーターボートに乗って環礁の東のはてまで、延々と二時間かけて行くのである。環礁にはヤシの木が密生している。ここは天然

のヤシの王国なのだ。ピンク・サンド・ビーチは確かにピンクと橙の中間の色をしていた。ピンク色はサンゴに由来し、波打ち際はピンクの波になっている。

八月一七日。ラグーンの反対側にあるキアオラ・ソバージュへのピクニックの日である。原始に近い暮らしをさせ、ロビンソンクルーソーを疑似体験させるというので、有名な所だ。しかし、ハリケーンの余波で波が高い。二メートルはあり、ラグーンの中としては、異常である。おまけにスコールだ。うんざりしていると、遠くにヤシの木が茂った小島が見えたようだ。目的地だろうか、幻だろうかと疑ったが、やはり目的地で、だんだん近づいてきた時は嬉しかった。

島では、バーベキューとシュノーケルでの海中散歩。沖を探すとたくさんの魚がいた。おまけに、ロウニンアジが一匹、悠然と通り過ぎるのを見た。その背中はモルフォ蝶の羽のように光っていた。

一応、収穫はあったと思ったが、帰る時になって、船のハンドルが壊れていることが分かった。荒海をちゃちなクルーザーで飛ばしたせいだろう。代わりの船を呼んで出発したのは、もう夕暮れであった。暗い海を小さな船でいくのは、良い気分でない。遠くに港の灯りが見えた時は、一同どっと喜びの声を上げた。なんのことはない、ロビンソンクルーソーの遭難を疑似体験するツアーであった。

八月一八日。まず、ダイビング。ラグーンの中であったが、水はまったく澄み切っていたし、フエフキダイの仲間の大群に取り囲まれるという予想外の経験をした。午後は壽子とホテルの前でシュノーケリング。サンゴも水もきれいで、珍しい熱帯魚がたくさんいた。

八月一九日。ブルー・ラグーンに出かけた。環礁の西の端だ。ラグーンの内側に、たくさんの小島に囲まれたもう一つのラグーンができている。底がサンゴの白砂なので、そのラグーンの中央部は信じられないように青い。同じ船で来たのはもう一カップルのみであった。別に小さい船が停泊していたが、その人たちは遠くの島にいるので、一つの島を一組のカップルが専有できる。ヤシの木が風にそよぎ、浜は白く、水は温かく、そしてラグーンは青い。カップルにはまったく最高の場だ。島には四時間滞在した。このくらいゆっくりしていると、二人きりで無人島で過ごした気分になれる。

夕方、サンゴ礁の外洋側を歩き、きれいなタカラ貝を見つけた。上ってきた三日月の光らないところが、ぼんやりと白く見える。空気が澄み切っているからだろう。明日はタヒチ本島へ移動する。南太平洋の夢はとりあえず終わりである。

アルバトロスとペンギン

タヒチ島のパペーテからニュージーランド北島のオークランドへ飛び、乗り換えて南島のダニーデンへ着いた。八月二二日である。ダニーデンの近くのオタゴ半島にアホウドリの繁殖地があるのだ。アホウドリは普通、絶海の孤島でヒナを育てるので、人里近くで見られるところは世界中でここだけらしい。

　しかし、日本からあらかじめ電話して様子を聞くと、八月の後半には、若鳥が巣立って、空っぽかもしれない。年によって違うので着いたら電話してくれといわれた。オタゴ半島にはペンギンの繁殖地もあるというが、これもはっきりしなかった。その時に様子を教えるとのことだ。

　ダニーデンへ向かう時、ニュージーランド航空の機内誌でこのペンギンについて読んだ。牧場主が自分の土地でペンギンを保護しているのである。ここのペンギンはキガシラペンギンといい、希少種でしかも体高七六センチとかなり大型である。しかし、八月は繁殖期なので一般公開されないそうだ。なんとタイミングが悪いことかと、がっかりした。

　ダニーデンに着いて、空港から電話した。

「アホウドリの様子はどうでしょうか」

「まだアホウドリの若鳥が残っています。詳しく教えますので、観光センターにいらっしゃい」

　親鳥は既に大海原へ出発したが、立派に成長した若鳥が門出の時を待っているのだろう。私は急いで、町中のオフィスへ駆けつけた。

「明日の二時にアホウドリ見学のツアーが出ます。しかもそのツアーは特別にペンギンの繁殖地に入れてもらえますよ」

　係員の説明に驚いた。極めてラッキーである。

　アホウドリとは格好良くない名前であるが、英語のアルバトロスには悪い意味はなく、アルバは白を連想させるので、ここではこの呼び名を使うことにしよう。ここにいるのはロイヤル・アルバトロス。和名はシロアホウドリだ。羽の両端の距離が三メートルほどもある、大きな鳥である。

　八月二三日。ツアーの一行、一七人は船に乗って、繁殖地の岬へ向かった。船長が崖の上に一羽の若鳥がいると教えてくれた。たしかに、図体の大きい鳥がいる。突然その鳥が羽ばたいた。びっくりするほど大きい羽である。しかしアルバトロスは飛び立たない。船はゆっくり岬の先端へ進んだ。アルバトロスはまだ飛ばない。気になっていた黒雲は去り、天気の良い午後で、飛ぶのには絶好の条件のはずであるが。船はゆっくりと岬の先端から反転し、繁殖地の脇を通って引き返して行く。これでお終いなのだろうか。そんなばかな。しかし、しばらくすると、船は再び方向を変え、また繁殖地へ向かった。よかった、チャンスを待っているのだ。

　しばらく進んでいくと、誰かが

「アルバトロスだ」

と叫んだ。そうだアルバトロスが飛んでいる。鳥はゆっくりと旋回し、私たちの近くにも来た。羽と鳥の体はきれいな十字を作っている。下から見ると、羽の先端以外はすべてが白色だ。羽を上下せず、ゆっくりと滑空する様子は他の海鳥と異なっている。船長が死ぬと魂がアルバトロスになって海に残るという伝説がよく分かる気高さだ。私たちは惚れ惚れとアルバトロスの高貴な舞を見ていた。
七、八回旋回してから、アルバトロスは繁殖地の小高い所へ向かった。そして、足を伸ばし、羽を大きく上下させて着陸を試みた。二、三歩歩いたが勢いが止まらなかったのか、また飛び立って滑空し、今度はちゃんと着陸した。アルバトロスは数分休むと羽を上下に激しくあおり、前へ歩き出し、再び空へ舞った。若鳥は飛ぶことを喜んでいるようだ。満足した人たちを乗せて船はゆっくりと引き返していった。

バスに乗り換えて、キガシラペンギンの繁殖地に向かった。牧場の入り口で待っていたオーナーのバンで、緩やかな起伏を越えて、ガタガタ道を進んだ。バンを降りて海側への道をたどると、遠くの海岸の砂浜を立った姿で歩いているものが見えた。ペンギンだろうか。双眼鏡で見ると、たしかにペンギンで、ユーモラスな姿である。オーナーに
「ペンギンだ！」

と叫んだが、彼はうなずいただけで足を止めない。

寒い風に逆らって丘の上を行くと観察小屋があった。木製の物置のような小屋である。目の位置の板が外れていて、ここから、それぞれ双眼鏡を突き出して観察するのである。近くの山道をペンギンが登ってくる。双眼鏡を使わなくてもよく見える。ピンク色の足をパタパタと動かしている。黄色い目と頬もはっきりしている。時々休んで口ばしで羽を身づくろいしていた。

今度は、遠くの波打ち際で泳いでいたペンギンたちが砂浜へ上がって歩き始めた。四羽の一団だ。ヒョコヒョコと砂浜を横断して崖の下に達して、姿が見えなくなった。あの崖をどう登るのかと気にしていたら、しばらくして、崖の上の道を四羽が歩いていた。どこかに通り道があるらしい。近くの砂浜にも一羽のペンギンがアタフタと駆け上がって、崖道にとりついた。こうやって、こころゆくまでペンギンの歩きを眺めた。白い腹や黒い羽が膨らみを持っていて、いかにもペンギンらしい。

三〇分ほどして、オーナーが、さあ凍りつかないうちに、と皆をうながして、帰り始めた。小屋を出ると、すぐ近くに二羽のペンギンがいて私たちを見送ってくれた。オーナーは私たちがペンギンにさらに近づかないように、少し離れて見張っていた。

フィヨルドランド

八月二四日。ダニーデンを朝に出発して、レンタカーでクイーンズタウンを目指した。今度の旅行も全体で三週間の計画である。ダニーデンに二泊したので、今日の予定は駆け足だ。途中で移動中のヒツジの大群に道をふさがれた。毛がモコモコしてかわいらしい。しばらくして通れるようになった。

「もっと見ていたいほどだわ」

壽子がいった。

正午近くにクイーンズタウンに着いて、湖をクルーズする船に飛び乗った。湖面から立ち上がる山々は二〇〇〇メートル級なのだがゴツゴツして、雪を戴いているので三〇〇〇メートル級の迫

力があった。
船を降りたらすぐにロープウェイだ。八〇〇メートルくらいの山頂から見下ろす湖は絵になる風景である。周囲を山々が取り囲み典型的な氷河谷の地形である。ロープウェイの建物さえなければ至上の光景の一つであろうが、ロープウェイがなければ、ここまで来なかっただろうから、しかたがない。
三時にクイーンズタウンを出発してさらにテアナウに向かった。道は氷河谷の中を行き、雪山と湖が美しく、これだけで一級の観光コースである。

八月二五日。ミルフォード・サウンドへの観光バスに乗った。レンタカーで行こうかと迷ったのだが、道が悪そうでバスにしたのである。ミルフォード・サウンドに近づくと、氷河谷に入った。崖の高さは一〇〇〇メートルに達するだろう。恐ろしい迫力である。特に印象的なのは流れ下ってくる滝である。小雨がぱらついているし、雪解けでもあるし、水に勢いがある。

ミルフォード・サウンドの海岸から遊覧船に乗った。船はゆっくりとフィヨルドの湾を周った。高さ一六九五メートルの鋭くがったマイター・ピークの全貌が見える確率は二〇パーセントというが、やはり先端はわずかに雲に隠れていた。でも、霧がないので視界は良く、流れ落ちる滝が相変わらず印象的であった。大きな滝では水が落下を楽しんでいた。一層の水が薄いカーテンとして落ちると、次の水の集まりは違った落ち方をするのだ。湾口に達して引き返す途中で、壽子が岩の上にいるペンギンを見つけた。頭に黄色と白色の毛を戴いていた。フィヨルドランドペンギンである。壽子が
「ペンギンだ」
と叫んだので、船員が聞きつけペンギンがいるとアナウンスした。クルーズ中にペンギンを見ることは珍しいとのことだ。

バスで引き返す途中、三度も止まってハイキングコースを歩かせてくれた。どこでも、シダとコケが発達していた。ここミルフォード・サウンドは低地としては世界一、雨が多い所だそうだ。温帯雨林の美しさを初めて知った。最後に歩いたガン湖のコースでは緑のコケが地表、倒木そして立ち木の下のほうを覆い尽くしていた。天然の苔寺というべきか、あるいはそれ以上というべきなのか、幻想的な景色であった。
高さ三、四メートルの木性シダの大群もあった。ニュージーランドの旅の大きな印象の一つはシダ類の元気良さである。ひょっとすると、南半球の巨大大陸であったゴンドアナ大陸から、哺乳類が繁栄する前にニュージーランドが分かれていったためかもしれない。恐竜がのし歩いていた頃の巨大シダの世界、その一部がニュージーランドに残っているのだろうか。

夜にはツチボタルを見にいった。洞窟の中に棲むガガンボのような虫の幼虫が光るというので、大したことはあるまいと思っていたが、これは大間違いであった。小船に乗り洞窟の最奥部に達すると、一切の灯りを消して、静かに上を見上げる。洞窟の天井にいる幼虫の放つ光は大きなホタルの光の数倍はあるだろう。丸く

巨大なサファイアのように輝いているのである。これが天井全体に数百個ちりばめられているから、わざわざ訪れる価値がある。

八月二六日。朝食を摂っていると隣はバスの運転手で、話が弾んだ。ロイヤル・アルバトロスとキガシラペンギンを見たといったら、喜んだ。

「それはよかった。日本人のツアーはあわただしい。クイーンズタウン、ミルフォード・サウンド、マウントクックそしてブーッと帰る。あなたたちはユニークだ」

今日はクイーンズタウンに向かうと聞いて

「良い時を」

という。

「いや、さらにマウントクックに飛ぶんだ」

「え！　クイーンズタウンに泊まらないのか」

「来る時に三時間だけいたよ」

「クイーンズタウンに三時間とは悲しい」

「でも、クルーズもロープウェイも楽しんだよ」

彼は私たちもやはり忙しい日本人だと思ったに違いない。

クイーンズタウンからの飛行機はサザンアルプスの近くを飛んだ。そのうち、前方にひときわ高い山が現れた。ニュージーランドの最高峰マウントクックである。飛行機は真っ直ぐその方向へ向かった。空は晴れ渡っていて、飛行場からも、宿泊地のハーミテージへ行くバスの中からも、マウントクックの全体像が見えた。ハーミテージではマウントクックにより近づいたものの、前山が立ちはだかって、マウントクックの大きさはむしろ減った感じである。しかし、ピークの様子はよく分かる。ピラミッド状で三つの峰に分かれている。中腹の氷河は荒々しく、上部のピラミッド部分にもビッシリと雪がついている。

天気の良いうちにと、タスマン氷河見物のツアーを依頼した。六五歳の、しかし元気な老人の運転する四輪駆動車で荒れた道を行き、そして山道を歩いて、氷河を見下ろす地点に達した。巨大な氷河が数十メートル下に横たわっていた。ガイドが子供の頃には氷河はこの道の脇まであったというから、その後退はすさまじい。地球温暖化のためだろうか。

八月二七日。朝、目が覚めて驚いた。雪が五センチほど積もり、まだ降り続いている。昨日のうちに観光を済ませてよかった。飛行機は飛ぶのかと心配していると、じきに連絡が入った。

「キャンセルいたします。飛行機代は払い戻して、目的地だったクライストチャーチまでは無料バスを運行します」

てきぱきした対応に感謝し、かつ得をした気分である。

八月二八日。クライストチャーチを散歩した。公園ではスズランが満開であり、ピンク色のモクレンが珍しかった。旅はもう終わるのである。

カジキを追って

ブルー・マーリンに惹かれる

カジキ。世界中の釣り人にとって憧れの魚である。突き出した剣のような口ばし、巨大な魚体、すさまじいファイト、どれをとっても一級品だ。カジキにも幾つかの種類があるが、代表的なのは、クロカジキ、英名ブルー・マーリンとシロカジキ、英名ブラック・マーリンである。英語と日本語で色が違うのは、英語は生きた魚の色、日本語は死んだ魚の色に基づくからだ。

どちらも、一〇〇〇ポンドを超える大物が釣れる。もっとも、普通に釣れるのは、それほどは大きくなく、ブルー・マーリンの場合一五〇ポンドから四〇〇ポンドという。通常サイズのカジキでも、迫力のある大きさだ。

日本ではまだカジキ釣りは一般的でなく、カジキというと、「あ、『老人と海』の話ですね」とか、「芸能人の世界ですね」となってしまう。ところが、カジキ、そのなかでもブルー・マーリンを釣りたいとの野望を持ってしまった。

私は特に大物狙いではない。キス、アジ、サバ、フナをたまに釣りに行って満足している普通の釣り人であった。ところが、鹿児島で数年を過ごすうちに、タイ釣りが好きになった。

特に素晴らしいのは、薩摩半島の指宿から船に乗って、黒潮の只中へ、産卵のためにやってくる大ダイを狙いに行くことである。生きエビを餌にして流すと、運がよければ三キロを超すタイがかかる。キンキンとした引きに耐えて手繰り上げると、ピンク色のタイが真っ青な海を割って浮き上がる。

タイ釣りが、やや日常的行事となったころ、天草島でシイラが釣れると聞き込んで、まだ高校生になったばかりの晃を連れて乗り込んだ。一九八〇年代の後半である。船は遥か沖の漁礁の周りをトローリングした。二、三キロのシイラが面白いように釣れた。ところが、しばらくすると、重苦しい引きがあり、少しも上がってこない。私は漁礁に引っかかったと思ってはずそうとすると、船頭が飛んできて叫んだ。

「まて、これは稀にかかる大物のシイラだ。二〇キロはある、さあがんばれ！」

今までに、経験したことがない引き方に面食らいながら、三人がかりで引き上げにかかった。ところが、針が外れたのか、急に軽くなった。船頭はどっかり座り込んでつぶやいた。

「惜しいことをした。ちょうど、大物が来るころで期待していたのに」

大物の魚がにわかに身近になったので、休憩の時、船頭に聞いてみた。

「カジキがくる時もあるかい」

「そうだ、一〇〇キロを超えるやつもいるさ。でも、あんなものは、狙うもんじゃない。二週間海に出て、やっと一匹かかるかどうかだ。針にかかっても、釣り上げられるとは限らないし」

船頭は冷たかったが、カジキを釣りたいとの願いがかすかに浮かんできた。


一年半後の二月、ハワイのオアフ島で「日米ガン会議」があり、出席した。あわただしい日程の間に、半日の自由時間があった。多くの人はゴルフに出かけたが、ホテルの掲示板に半日のトローリング三〇〇ドルと書いてあったので、カジキの夢をかけて小遣いを投資した。

港で待っていると、クルーザーがやってきた。チョビヒゲの船長一人が乗っている。船は一応、正式のトローリング装備をしていた。船尾に取り付けられたファイティング・チェアー、そしてルアーのついた釣り糸を船の外側に張り出すアウトリガー。いずれも、ここで初めて見るものである。

四本のルアーを引いて、クルーザーはひた走った。そのうちに海鳥が群れているところに来た。魚の群れを鳥たちが襲っているのだ。ギャー、リールの糸が吐き出された。

「それ！」

船長の命令で私はファイティング・チェアーに駆け上り、リールと体を結びつけるハーネスを身につけた。何もかも新しい経験だ。

「それ巻け、ポンピングだ」

船長は叫ぶが、悲しいことにその時は、ポンピングの技術すら知らなかった。しかたがないから、手の力に頼って巻いた。糸はピーンと張っていて、ちょうど二〇キロのシイラの時と同じである。

「引いているな、マーリンだ」

船長は叫んだ。

「そうか、マーリンか、こいつは一生に一度のチャンスだぜ」

嬉しくなって私も叫び返した。実際、この魚はマーリンだろう。巻いているうちに手の感覚がなくなってきた。それでも必死に巻き上げた。魚が近づくと、船長が引き上げてくれた。砲弾型の魚で、横縞が走っている。マーリンではない。

「これはツナだ」

マグロのことである。

「大きさはどのくらいですか」

「二〇ポンドだな」

一〇キロ弱とは、当時の私としては最高記録で、大喜びした。それから、立て続けにツナをさらに三匹釣り上げた。いずれも、同じような大きさである。だんだん、ポンピングの意味が分かり、楽に釣れるようになったものの、四匹目を上げた時には、疲労困憊して、頭が痛くなった。それで、アイスボックスからビールを出してかぶりついた。

「さあ、もう一回行こう、今度は本当にマーリンだ」

船長は叫ぶものの、体がいうことをきかない。

「もういいよ、マグロが四本、立派なものだぜ」

「そうか」

船長は残念そうだったが、船は夕方の港を目指した。船を降りるとき、船長がいった。

「魚の正式な名前を教えておこう」

「ツナだろ」

「ツナにもいろいろある。こいつは、スキップジャック・ツナだ」

「有難う、今日は良い日だった」

チップを多めに渡すと、船長はきまり悪げだった。

スキップジャック・ツナとはどんなマグロだろうかと、帰国して英和辞典を引いて驚いた。カツオのことである。船長がいかがわしいことをいったのではない。カツオも大型に成長し、記録魚は二〇キロを超えている。一〇キロ級のカツオの群れに出会うことは、ハワイでは不思議でないだろう。

とはいっても、日本語では、マグロとカツオではえらい違いがある。やはりマーリンか、せめて本当のマグロを釣りたいと思った。この日のカツオ釣りの経験は、アラスカでのキングサーモン釣りに役立ったが、キングサーモンを釣るとますますマーリンを釣りたくなった。釣り魚の番付では、大型サーモンが西の横綱で、東の横綱がマーリンだろう。こうなれば、ぜひ東の横綱を釣るべきだ。

マーリンを釣るのは容易ではない。オーストラリアのリザード島では風が強くて断念。翌年、夏は海外旅行に出かけなかったので、トローリング竿を買い込んで、沖縄の久米島に向かった。三日間、トローリングに励んだが、一〇キロ級のサワラが釣れただけであった。しかも、三本釣って寄せたのに、二本は船頭が引き上げに失敗する始末であった。どうも、スポーツ式のトローリングに慣れていないらしい。おまけに、大きなマーリンが顔を出して泳いでいったが、船頭は他の船に「カジキがいるぞ」と知らせるだけであった。次の年、ボラボラ島でも空振り。私も少し真剣になってきた。

アメリカ出張の時に、大きな釣りの本を二冊買ってきて調べた。すると、北米では一八日マーリン釣りに出かけて、一匹のブルー・マーリンを釣るという統計であると分かった。天草の船頭がいったことは、正しかったのだ。そして、ブルー・マーリンを釣るのに、最も適した場所の一つはハワイ島であると知った。深海から突き上げた火山島なので、大型回遊魚が岸の近くまで寄ってくるのである。

一九九四年の夏休みは再びアラスカに出かけることに決めていた。そこで、ハワイ経由でアラスカへと考えた。思い切って三日間マーリンに挑戦しよう。

船の選択には、当時、発刊されていたスポーツ・アングラー誌に出ていた宣伝が役立った。ホリデイというトローリング・ボートが気に入り、ハワイまで電話してすぐに予約を取ることができた。一日五五〇ドルなので、一ドル一〇〇円以下の当時なら、何とかなる金額であった。

ハワイ島

七月二四日、ホノルル行きの飛行機に乗り、乗り換えてハワイ島のコナに着いた。翌日にレンタカーで島を一周した。キラウェア火山の火口に達したのは夕方であった。それまで隠れていたマウナケア山が姿を現し、その縁に夕日が沈もうとしていた。そして、深く沈みこんだ広い火口の一部には霧が立ち、虹が見えた。時刻が遅いため観光客は数人いるだけであった。訪れたタイミングが良く、このような景色にめぐり合えたのは幸運で、明日からの釣りも、ついているかも知れないと思った。

もっとも、ホテルに帰りついた時刻は遅く、ディナーにありつけない始末であった。必ずしも、ついているとは限らないようだ。

朝早く、コナの町近くのホノコハウ港へ向かった。数十艘のマーリン釣りの船がひしめく港である。約束の七時少し前、ホリデイの前に車を止めた。

「やあよく来た」

電話で打ち合わせて、声に馴染みのある船長ダグ・パテンギルが笑顔で迎えてくれた。大柄で少し太って親しみやすい男である。介添え役のデッキ・ハンドはエディ。色黒でひげをたくわえ、腕には刺青をしている。

全長四四フィートのホリデイは実物を見ると、巨大なクルーザーである。キャビンはリビングルームとベッドルームに分かれ、何日も船に泊まって釣をすることができる。私は早速エディから釣の基本を習った。驚いたことに本格的なトローリング・ボートであるホリデイでは使うハーネスの種類が違い、シート・ハーネスである。そのためポンピングの要領も違う。足を使えと言われるのだが、体が思うように動かない。

ダグとエディは実にキビキビと働く。最初はルアーでトローリングをしたが、あたりがないと見ると、すぐにカツオを釣って、これを餌にしてのトローリングに切り替えた。プロのトローリング・ボートとはこういうものか。本場は違うと感心して彼らの動きを見ていた。

これで釣れなければ腕か運が悪いのだ。そうはいっても、腕に自信はないし、三日でマーリンが来るという運も保証されていない。いくら彼らがキビキビ動いても、また気だるく帰港することを繰り返し、ハワイ島を去るのではないか。いや、きっとそうに違いない。だんだんそんな気になってきた。

かたん。道糸をアウトリガーにつないでいたクリップが外れた。エディがリール竿に飛びつき、ダグはエンジンを急回転し、船をダッシュさせた。モウモウと煙が立つ。エディは竿を激しくあおってから、私がとりついたファイティング・チェアーの下に差し込んだ。私は慌てて、リールにフックをかけた。リールはギーギーとうなって、糸を出していく。とりあえず、私のすることはない。マーリンがかかったのだろうか。カツオだって引っ張ったのだから、すぐにマーリンということはできない。でも、今までで一番大きい魚のようだ。

糸が全量の四分の一ほど出たところで、引きが弱くなり、すかさず巻きにかかった。重い。これまで経験しなかった重さだ。さらに、フォームを直された後なので、ぎごちなくしか巻けない。ヘトヘトになって格闘していると、「みろ！」とエディが叫んだ。ダグも壽子も歓声を上げげた。マーリンが飛んでいる。五〇メートルくらい沖だろうか。長い口ばし、青光りする胴体、飛行機の中で見せられるビデオ番組でおなじみのシーンだ。現実のマーリンはやや遠いものの、いやにはっきり見える。しかも魚が輝いている。マーリンなのだ、やっとマーリンがかかったのだ。しかし、これが釣り上げられるかどうかは、まだ分からないと考えた。

ポンピングの勝手は違うものの、ひたすら我慢してリールを巻いた。マーリンは潜ったままだ。さらに我慢して巻いていると、再びマーリンが飛んだ。今度は三〇メートルか、もっと近い距離だろう。青白い魚体が現実のものとも思えないように美しい。魚が飛ぶ時が一番外れやすい時である。でも、魚が海に見えなくなっても、糸の張りは続いている。しめた、魚はまだ逃げていないようだ。ダグが「巻け、巻け！」と叫んでいる。

じつは、この頃、右腕のリールを巻く力が弱くなっていた。そして、大カツオを四匹釣った時のような疲労感と頭痛が襲ってきた。これはいかん。私は足を使うのをあきらめて、今までのような手を使ったポンピングに切り替えた。慣れたやり方はやはり楽で、見る間にといっていいくらいに、糸を稼いだ。「ナイス」エディが手を精一杯伸ばしている。道糸の最終部分であるリーダーをつかもうというのだ。一度は手が届いたが、魚が暴れてまた離すことになった。

私は、さらに二、三回ポンピングしてマーリンを近づけた。今度はゆっくりとリーダーに手が届いた。リーダーには二重の太い糸が使ってあって、ちゃんとしたデッキ・ハンドがリーダーを握

マーリンが引き寄せられる▶

れば勝負は終わったようなものだ。それでもまだ事態が信じられなくて、私はファイティング・チェアーに座り、竿を持って、マーリンが逃げた時に備えていた。むろん、心配することもなくギャフが打ち込まれ、続いて金属バットで二打ち、三打ちされて、マーリンはしとめられた。
三、四分はそのままになっていたが、やおら船尾のトランサム・ゲートが開けられ、マーリンは引きずりこまれた。魚体は既に青白い美しさを失って褐色となり、胸ヒレだけがピクピクと動いている。魚はさすがに大きく、二メートルを超えている。
時間はまだ二時、帰港まではたっぷりゆとりがある。私は釣れたマーリンの大きさを概算したりしてのんびり過ごすつもりであった。最低五〇キログラムはあるだろう、立派なものだぜと思った。


三時ごろ、再び魚がヒットした。今度は、一気にリールから糸を引き出して行く。すぐにファイトを始めた。手を使うポンピングで始めから通したので、十数分で魚を寄せることができた。この間、一度もジャンプしていない。なんだろうか、マグロだろうか。数メートルの距離に近づいた時、魚が表面に現れた。茶褐色の肌をし、マーリン特有のとがった角状の口ばしを持っている。不思議な魚だと眺めているとダグが叫んだ。

「ブラック・マーリンだ！」

上げられたブラックはブルーとほぼ同じ大きさで、兄弟のようだ。しかし、そのはずはない。種が違うのだ。ダグはお祈りの真似をしてふざけた。

「大地を崇拝しよう」

ハワイではブラック・マーリンが少なく、同じ日にブラックとブルーが釣れるというのは珍事だそうだ。

「俺の船は七年前に二匹釣って、それから今日までこんなことはなかったぜ」


四時ごろになって帰港だ。エディはキャビンの引き出しから青い旗を取り出した。マーリンの絵が描いてあり、マーリン・フラッグと呼ばれている。マーリンが釣れると、これを掲げるのだ。ホリデイは二枚のマーリン・フラッグを誇らしげになびかせて、ホノコー港に帰った。そして計量所に横づけした。先着の船のマーリンがぶら下がっていて、一六七ポンドと書かれた紙が貼ってある。これは私のマーリンと同じ大きさなので、予想より魚は大きいようだと嬉しくなった。次に私のマーリンが計量にかけられ、ブルー・マーリンは一七七・五ポンド、ブラック・マーリンは一七〇ポンドと決まった。

計量が終わるとカメラマンがやってきて写真を撮ってくれた。私はトローリング竿を持ってポーズさせられ、壽子は隣でにこにこし、後ろではエディが従者のように魚を支え、そしてダグはずっと後ろで笑っている。なにやら猛獣狩りに行って獲物をしとめた夫婦という構図である（カラー写真2）。

帰国してから届いたこの写真を見て驚いた。マーリンは角の先から尾びれまで三メートル近くあった。マーリンはつるしたほうが本当の大きさが分かるようだ。写真撮影が終わるとマーリンは移動させられ奥へ消えていった。そこは缶詰工場になっている。マーリンの肉が無駄にならないのは結構なことだ。

目的を達した後なので、二日目は約束したからという心境で出かけた。当たりを待つ間にキャビンに備え付けられた釣りの本を読んで、やっとシート・ハーネスの使い方が分かった。早速、エディを相手に練習した。もし、またマーリンがかかったら、これでやろうと考えたのである。

しかし、魚は来ない。昼頃になって、ボートの屋根の上に作られたツナ・タワーに登った。ここが運転席になっている。さらにソファーまで置いてあるから立派なものだ。私は海を見下ろしながらダグと話し込んだ。

「今日は魚がいない日だな」

とダグ。

「そうだな、日によってまったく違う。困るのは釣りに行くと、いつも昨日は良かったと言われることさ」

ダグは大笑いである。

「さて、当たりを待つことにしよう」

下に降りてしばらくすると、魚が来た。今度も、魚は一気に糸を持っていった。私は覚えたばかりの足を使うポンピングをした。魚の引きは強いのだが、楽に巻き上げていくことができた。

「そうだ、実にいい調子だぜ」

とダグが叫んだ。一〇メートルくらいの距離に近づいた時、魚は大きく頭を上げた。ブルー・マーリンだ。上げられる時、魚体に美しい縦縞があるのを確認するゆとりもあった。

「お前は甘やかしてマーリンを骨抜きにした。奴のほうからボートへ向かって泳いできたぜ」

ダグがジョークをいうほどのスムースさだった。マーリンの重さは二〇七ポンド、すなわち九四キロであった。

人間は次第に欲張りになる。三日目は五〇〇ポンドを超えるマーリンを夢見た。このくらいの大きさになると、この港でも毎日、上がるわけではなく、大物を釣ったといえるのだ。日本で釣れば、当時なら新記録に近い大きさだ。

しかし、その日は、まったく魚が来なかった。活躍したのはイルカであり、餌のカツオを狙ってやってくる。イルカの背びれが見えると、「それ！」とカツオを引き上げ、全速力で場所を変わるのである。その間、エディはポンプでくみ上げた海水をホースでカツオの口に流し込んで、カツオが死なないようにしている。苦労して場所を変わっても、いつのまにかイルカは忍び寄ってくる。こうなると、イルカはかわいい生き物ではなく、我々をあざ笑う悪意あるケダモノに見えてくる。

港へ向かいながら、ビールを飲んでダグやエディと別れを惜しんだ。

「最後の日に釣れなくて残念だったな」

とダグ。

「うん、でもこれでまた帰ってくる理由ができたよ」

「そうだ、帰って来いよ。そして五〇〇ポンドを超えるマーリンを釣るのさ」

私の心を読んだようにエディがいった。

「そうしよう、でもこれは本当に夢だぜ、試みてみるけど」

釣り上げられたマーリン

そうだ、マーリンを釣るのは夢ではなく、目標に近いものだった。だから、いろいろと計画したのだ。五〇〇ポンドを超えるマーリンはまったくの夢である。またお金と時間ができたら、ホリデイに乗り込もう、五年後か、その時が来ないかも分からないけど。そして、五〇〇ポンドを超えるマーリンが釣れなくても、笑ってビールを飲んで帰ればよい。三匹ものマーリンを釣り上げた幸せをかみしめながら、ツナ・タワーの上からコナの海に別れを告げた。

アラスカの只中へ

クジラの来る海

二度目のアラスカ旅行では三つの大きな目標を立てた。まず、ザトウクジラをしっかり見たい。ザトウクジラは長さ一二メートル、重さ四〇トンに達するというから近くで見れば迫力があるだろう。グレイシャー・ベイ国立公園の近くによい所があると聞き、公園のロッジに泊まってホエールウォッチングに出かけることにした。グレイシャー・ベイ・ロッジに予約の電話をすると不思議がられた。

「氷河は見に行かないのですか」

「もうクルーズ船で行きました」

「あんなものは、見たことになりません。ぜひ我々の観光船に乗ってください」

一九八九年には倒産していた会社が再建されたのである。それで、一日目と三日目にクジラ、二日目は氷河というプランにした。

次にデナリ国立公園の観光である。国立公園の奥のほうにロッジがあることが分かり、そこに泊まるプランにした。そしてクマ見物である。計画を立てている途中で、壽子は「クマを見ないの」といった。たしかに、ヒグマがサケを捕りに現れる所がある。やや心配であったが、怖いもの見たさで、クマで有名なカトマイ国立公園のロッジを予約した。ハワイを含めて三週間の計画である。

一九九四年七月二八日、クルーザーを下りて、急いで空港に向かった。ホノルルで乗り換えてユナイテッド航空のサンフランシスコ便に搭乗。疲れが出てじきに寝込んでしまったが、目を覚ますと飛行機はもう着陸しようとしている。早いものだ、それにしてもサンフランシスコの夜景はホノルルと似ているなと思った。ところが、降り立ったのはホノルルであった。エンジントラブルで西太平洋上から引き返したのだという。空港のカウンターにとんでいって予約の変更をした。

「乗り継ぎ四回とは凄いですねー」

係員にあきれられてしまった。コナから乗り継ぎを繰り返して一気にグレイシャー・ベイに入ろうとしたのだが、やはり無理筋だったようだ。ワイキキのビーチとサンフランシスコに泊まることになり、ちょうど一日遅れてグレイシャー・ベイに着いた。

ロッジにいた日本人客に話しかけられた。

「いやークジラがビュンビュン飛んでいますよ、クジラにはもう飽きた」

贅沢な話である。クジラは空中に飛び上がることがあり、これはブリーチと呼ばれている。この日は、ついている日だったようだが、ユナイテッド航空のおかげでブリーチはおあずけとなってしまった。

七月三一日、朝七時、二五〇人乗りの観光船で氷河見物に出かけた。岩だらけの小島に近づくとトドが群れていて、巨体をイモムシのようにくねらせていた。そしてパフィンがいた。パフィンは黒い身体、赤いオオムのような口ばし、赤い足の愛嬌のある鳥で、アラスカのキャラクターとしてしばしば登場する。そのパフィンが岩場に固まったり、海面をパタパタ飛んだりしていた。さらに少し行くとヒグマが対岸に見えると、船内が騒然とした。たしかに、二〇〇メートルほど向こうの岸にヒグマがいて、船が気に入らないらしく、こちらを見たり、岩に登ったり降りたりしている。その動きは凄みがあり、威圧された。カトマイ国立公園にヒグマを見に行くのだが大丈夫だろうかと改めて心配になった。

やがて船は見覚えのあるマージェリー氷河の前面に着いた。ノーダム号の時より近づいてくれ、おまけに氷河の面をゆっくりとクルーズした。氷の上にアザラシがいることも分かった。動物が見えるし、氷河に接近するし、この船が優れているというロッジの人の主張ももっともである。しかし、ノーダム号の高いデッキから見た大きな景色も素晴らしい。そして、前回は薄日が射していたが、今日は曇りである。両方併せてグレイシャー・ベイが完全になったと思った。

帰り道、バーレット入り江で船は速度を緩めた。クジラが多い所だという。たしかに何頭かのクジラが沖を行った。アシカも潮に乗って流れていった。波が立たず平和な海である。その静寂を破ってクジラがブリーチした。その瞬間は見ていない。しかし、三〇〇メートルほど先で、すごい水しぶきが上がり、水音がしたのである。明日はクジラ達とゆっくり会えるのだ。

八月一日、目が覚めると何と霧が出ている。霧があってはホエールウォチングどころではない。しかし、上空を見ると霧が薄い所がある。そのうちに晴れるかもしれないと希望を持つことにした。

出港時間の九時になると、霧はだんだん上がってきた。それでも船が動く様子はない。霧のため、向かっている飛行機が着陸できず、それに乗っている観光団を待っているのだそうだ。一〇時半になってやっとバスに乗って十数人の客がやってきた。七〇歳前後のドイツ人で、ドイツ語しか分からない人が多い。船はやっと出港した。ドイツの観光も進んだものだ、ホエールウォッチングを取り入れるとは、と思っていると、一人の老人が口をあけてぼんやりとしている。おかしいな、痴呆が始まったのだろうか。

にわかに、全体が騒ぎになった。なんとこの客たちはロッジへ行く人たちで、別のグループとバスが入れ替わってしまったのだそうだ。船は港へ引き返すことになった。ドイツ人たちはどうしてもクジラ見物はいやだと主張したらしい。様子を知らない他の客が「何事だ」と私に聞いた。

「あそこに大きなクジラがいるのさ」

私は出てきたばかりの港を指した。

こんなドタバタで船が七人だけを乗せて再出発したのは一一時過ぎ。ロッジに連れていかれた人たちはキャンセルになってしまった。インテリ風の女性が子供に話しかけている。

「ごらん、あの人は笑っているよ、あなたも見習いなさい」

私のことらしいが、あまりのばかばかしい成り行きにあきれていただけである。

港から離れると海上には霧が残っている。しかも進むにつれて霧が濃くなる。不安を感じ始めた時に、左舷すぐ近くにラッコが現れた。今度の旅でぜひ見たいと思っていた動物の一つだ。一メートルくらいあって意外に大きい。仰向けになって後ろ足をチョコチョコ動かしている。しばらくすると潜水し、浮上するとまた仰向けになった。全員がラッコで機嫌が直り船は霧の中をゆっくりと進んだ。

船が減速し始めた。進行方向は相変わらず白い霧だが、小山の上部だけが霧から顔を出している。その小山が近くに見えてきた。ここがホエールウォッチングで有名なアドルファス岬であろう。船が停止し、機関長が双眼鏡であちこち探すが何も見えない。待つこと数分。霧が薄くなった。すると一〇〇メートルほど向こうに四頭のザトウクジラが集まって潮を吹いているのが見えた。

海面は鏡のように静かであり、クジラの噴気孔からの水煙も穏やかに上がっていく。船のエンジンが止まると潮吹きの呼吸音がはっきりと聞こえてくる。平和なひと時である。私たちは双眼鏡でクジラの細部の姿に見とれたり、双眼鏡をはずして全体の姿を味わったりして喜びに浸った。数分後にクジラは大きく尾を上げて海中に没した。

気がつけば霧は完全に晴れ渡っていた。私たちは雪を戴いた山々に囲まれた海面の只中にいるのだった。生まれたばかりの世界にいる最初の人間たち、そんな印象である。

再びクジラたちが浮上した。さきほどと同じような所で岸から五〇メートルほど離れている。そのあたりは餌が多くクジラたちは朝食に熱中しているのだろう。見えるのは背中のコブ、そして潜る時の大きなシッポだけであるが、私たちは完全に満足した。この神々しい世界をクジラたちと共有している感覚、それが一番良いことだった。

この調和を乱すことが起こった。遠くから漁船がやってきた。別の方向からはモーターボートが、いずれもクジラの方向を指している。クジラたちは急に向きを変えて私たちの方向へ泳ぎ出した。そして、船の脇を通り過ぎていった。船との間は三メートルくらいしかなかったに違いない。私にはクジラの全体像が見えた。楕円形の形、長い胸ビレ、そして優しい目が印象的であった。驚いたことに親子クジラがいた。長さが母親の半分ほどの子クジラが母親のヒレに守られるようにして、同じような格好で泳いでいった。クジラたちはキャプテン・コーナーという名のこの船が安全なことを知っているのであろう。船の上は大騒ぎである。船長まで
「これ以上近いことは不可能だ」
と興奮していた。

ザトウクジラの群れ

ザトウクジラが遠くでブリーチしたようだ。大きな水しぶきが見える。一度ブリーチすると、何度も繰り返すことがあるというので、船長はそっとその方向へ船を進めた。といっても、取り決めで一〇〇ヤード、すなわち約一〇〇メートル以内に近づいてはいけない。再びブリーチがあった。そこに双眼鏡を当てていると、見事にクジラが飛んだ。全身ブリーチではないが、体の大半を真っ直ぐ海上に突き上げるのである。白い腹のうねがはっきり見え、荘厳である。アラスカ政府観光局のパンフレットにあった写真とそっくりだ。双眼鏡の視野の中なので、現実のものなのか、映像なのか分からない不思議な気がしてくる。クジラはさらに三回飛んだ。

べつの方向ではクジラが胸ビレで水面をたたいている。フラッピングという行動だ。船を近づけると、クジラのほうから泳ぎ寄ってきて、三〇メートルくらいの距離でフラッピングを繰り返した。バチャン、バチャンという音が大きく響く。しばらくすると、今度はクジラが尾を上げて空中で振っている。やがて、小さなシッポも出てきて、二つが一緒に振られている。さっきの親子クジラであろう。子クジラにシッポ振りを教えているのだろうか。

クジラショーのプログラムでもこんなに完全にはいかないという半日だった。私たちは酔ったような気分で港を目指した。朝は険しい顔だった人が緩んだ顔をしている。

「あなたの忍耐が報われましたね。私たちもお陰をこう

むりましたよ」

インテリ女性が話しかけてきた。買いかぶられたままらしい。船は二時過ぎに港に着いた。出港が遅れた分だけ、ゆっくりといってくれたのだ。私たちは、午後もクジラ見物なので船に残った。そしてお詫びの印にと差し入れられたサンドウィッチをぱくついた。どこで昼食にしようかと考えていたので、結局、幸運な霧だったと思えてきた。


午後の船には二五人ほどの客が乗った。海にはさざなみが立ち、他の船が多いので神々しい雰囲気はない。クジラも近寄ってこない。こちらからは一〇〇ヤード以内に近づくことはできず、クジラが寄って来るのを待たなければいけないのだが、明らかに異常接近してクジラを追っかけている船がある。

「あれが一〇〇ヤードか、アラスカ・ヤードだ」

この船が紳士的なだけに客たちは不満の声を上げた。それでもクジラはブリーチしてくれた。一〇〇メートルほどの距離だろうか。魚が飛ぶように平らになって頭とシッポを少し上にした姿を肉眼で捉えることができた。

もう港へ帰る時間が近づいた時、二頭のクジラがやってきた。二〇メートルほどの距離で船と平行に泳いだ。人々は興奮して写真を撮りまくった。突然、クジラが向きを変えて、浮上したまま船に向かって泳いできた。背中のコブが見る見る迫ってくる。潜水艦が近づいてくるという表現がぴったりだ。コブが数メートルの距離まで来た時、先頭のクジラは高々と尾を上げて潜水して、船の下を通って去った。二頭目のクジラも同じように尾を上げた。その時フィルムの残っていた客はほとんどいなかったに違いない。船は再び騒がしくて幸福に浸った客たちを乗せて港を目指した。

サケを捕るヒグマ

八月二日、アンカレッジを飛び立った飛行機は南西を目指し、アラスカ半島の付け根、キングサーモンで高度を下げた。このあたりはアラスカの中でも未開の地で、ツンドラと針葉樹林が入り混じって一面に広がっている。ツンドラは緑のじゅうたんのようで、池や蛇行する川の模様がついている。

ここで一泊して、八月三日にカトマイ国立公園のブルックス・キャンプに飛んだ。雨が激しく欠航や事故を心配したが杞憂だった。水上飛行機で湖の上を低く飛ぶので、これなら大したことにはならないだろう。

飛行機を降りた私たちはレンジャーの説明を聞いた。

「ヒグマはいたるところにいます。自由に見物してください。滝のところには何頭もいますよ。くれぐれも気をつけてください。クマに接近しすぎてはいけません。一〇〇ヤードの距離をとってください。一人では行動せず、グループを作ってください」

予想どおり、自己責任でクマの王国を歩くことになるのだ。宿となるブルックス・ロッジに荷物を置き、隣室の、子供を一人連れたイタリア人夫妻と一緒に滝へ向かうことにした。滝のところで、遡上するサケがせき止められ、これを狙ってヒグマが集まってくるのである。

　ロッジを出発して、ワイワイと話しながら湖に沿った道を進んだ。騒々しくしてヒグマを遠ざけようとしたのである。ほんの五〇メートルも行ったところで驚いた。道の左側わずか数メートルの距離で、巨大なヒグマが四足を踏ん張ってこちらを見ているではないか。黒褐色の毛はつやがよく、まるでぬいぐるみのようだ。クマはじっとしていて、私たちに敵意はない様子である。むしろ、突然、騒々しい人間どもが現れて驚いているようだ。それにしても、クマを見たいと思ったが、こんなに近い必要はない。一〇〇ヤードの距離どころではない。とっさに引き返そうかと思ったが、かえってクマを刺激する。前進するしかなかろうと判断した。後ろを振り返って、壽子とイタリア人たちに合図してそっと進んだ。やはりクマは襲ってこなかった。

　最初からこの調子では、二キロ先の滝に着くまでに何頭のクマに会うか分からないと、代わる代わる歌を歌ったり、大声で叫んだりしながら歩いていった。滝が近づくと、あちこちに畳二枚分くらい草がなぎ倒された跡がある。あきらかに、夜にクマが寝た所である。巨大なクマの糞も道の脇にある。通常であれば、こんなクマのサインを見ればすぐにその場を去らなければならない。しかし、ここは特別だと、薄気味悪いのを我慢して進んでいった。歌の効果か、クマと鉢合わせすることはなく、ブルックス滝と滝見台が見えてきた。滝見台は頑丈な木で作ってあり、中にクマは入れない。私たちは滝見台に飛び込んだ。

　この滝見台は通常とても混んでいるのだそうだが、小雨がパラついているせいか、昼食時間のためか、数人の人がいるだけであった。私たちはすぐに手すりに取り付いて観察を始めた。滝が近くに見える。滝の高さは二メートルくらいだろう。川幅は三〇メートルといったところか。たしかにクマがいる。こちら岸にはやや小柄な黄褐色のクマ。これは母グマで乳房が張っている。岸沿いの木のそばに一匹の黒っぽい毛のコグマが見え隠れしている。川の真ん中、滝の下にはウシほどの大きさの黒っぽいオスグマが陣取り、向こう岸にはやや若いオスグマがうろうろしている。

　サケ捕りが上手いのはメスグマである。滝の上から首を伸ばして、飛ぶサケを狙っている。三〇分の間に四匹を捕まえた。彼女はバタバタするサケをくわえて、急いで待っている子供のところへ行く。一緒に食べるのだろう。向こう岸のクマも二匹のサケを捕った。まず皮をむいてから、少しずつ身をかじっている。真ん中の巨大グマは上ってくるサケを捕まえようとするのだが、しくじってばかりいる。そのうちに、サケを食べているメスグマに近づいた。メスグマはさっと飛び出してきてうなり声を上げて追い返した。母親は強い。オスグマは横取りをあきらめ、サケ捕りを再開した。やっと、一匹捕まえると後ろ足で立ち、前足で岩の上に体を支えると共にサケを握って頭からかじりはじめた（カラー写真3）。迫力のあるポーズである。つづいて、第三のオスが現れた。巨大オスとにらみ合いになり、両者が激しく声を上げて渡り合ったが、やがて第三のオスは引き上げた。

　今度は下流から小型のメスがやってきた。岸の上を二匹のコグマが駆けてくる。すると前からいたメスが新顔のメスと子供の方へ近づき、吠えかかった。新顔のメスも負けずに応戦する。新顔の二匹のコグマは寄り添って、動かずにいる。前からいたメスは

コグマを連れて歩いていくヒグマ

気が変わり、もう十分食べたと思ったのか、コグマを引き連れて帰っていった。滝見台のすぐ近くを通り、私たちがやってきた道を歩いていったのである。近くで見ると、やや小型かと思ったメスでもばったり出会ったら震え上がるヒグマの相貌をしていた。一時間ほどクマのサケ捕りを飽きずに見つめて、私たちはロッジに帰った。

八月四日。案内するレンジャーが「今日は珍しい」と驚くほどの晴れ渡った日となった。ツアーの目的地は「一万本の煙の谷」である。一九一二年、カトマイ国立公園で火山の大噴火が起こった。その時の火山灰が積もってできたのがこの谷である。荒涼とした火山地形を眺めながら昼食となり、ロサンゼルスから来たという男に話しかけられた。

「ヨセミテは行ったか」

「むろんだ、セコイアが素晴らしかった」

と答えたら喜ばれた。隣にいる彼の友達は来年エベレストに登るという。観光エベレスト登山が始まったと聞いていたが、こんなに身近になっているとは思わなかった。たしかに、この男は立派な体格である。

一休みの後、川のほとりまで降りて行くと、一億五千万年前の貝の化石が転がっていた。元の高台に戻り、火山灰の台地が削られて生じた渓谷を眺めた。深さ数十メートルはあるだろう。この台地が一九一二年の噴火ででき、それから、わずかの間の侵食でこの渓谷が生まれたなんて信じられない。一億五千万年前の貝は今の貝にそっくりだし、私は時間の感覚を失ってしまった。しばらくすると、ロスの男がやってきた。

「どうだい」

「いや、実に凄い」

「この景色を一言でいったらどうなる」

「えーと」

「まず、日本語でいってみろよ」

「ソーゴンだな」

「ソーゴンか良い響きだ、レンジャーにいってこよう。英語ではどうだ」

そんな高級な英語は知らない。おまけに、森羅万象に神仏を見る日本文明とキリスト教文明のずれもある。しかたなく、キリスト教文明に飛び移って返事をした。

「創造だな」

「うーん、それだ。何時までも続く創造だ」

ロスの男は納得してくれたようだ。


ツアーから帰って、再びイタリア人たちと滝へ向かった。見覚えのある巨大オスが一頭、川の中央にいるだけである。今日は上手になっていて、四〇分くらいの間に六匹のサケを捕らえた。このオスグマはウロウロしているだけかと思ったが、そうではなく、水面を右、左と注意していて、サケが通りかかると、上から手を下ろしてつかみかかるのだった。

そのうちに、昨日、最後に登場したメスグマが子連れでやってきた。オスグマを警戒してか、ちょっと水に入ってはすぐに岸に上がる。しかし、オスグマがサケ捕りに失敗して川の中ではねている一瞬の間に、さっと川に入り前足を伸ばし跳びかかるようにして、たちまち一匹のサケを捕った。クマによってサケの捕り方はずいぶん違う。

夕食の時間が迫ったので私たちは滝を後にした。帰る途中で、着いたばかりの中年の夫妻とすれ違った。

「様子はどうですか」

訊ねられてイタリア人はのんびりと答えた。

「いや大したことはないな。オスグマ一頭、子連れのメスグマ一頭がいるだけさ」

昨日に比べればクマが少ないので私もうなずいた。

「クマはいてもサケを捕らないのですか」

相手は不審そうな顔である。

「いやー、サケはどんどん捕っているよ」

「それそれ、それを見るためにはるばるやってきたのですよ」

クマがサケを捕っているのに感激しない変な人たちに話し掛けて時間を無駄にしたとばかりに、中年夫婦は双眼鏡をぶらさげて、あたふたと滝へ向かった。


夕食後、イタリア人の子供、エリック君が「クマが来るよ」と叫んでいるので、外を見て驚いた。湖から上がったクマが私たちの部屋の斜め前一五メートルくらいを歩いている。人々はいっせいにカメラをつかんで飛び出したが、クマは悠然と立ち去っていった。それにしてもここに来る人たちは筋金入りだ。その後も家族のうち、だれかは双眼鏡で湖の方を観察している。二人とも寛いでいるのは私たちだけかもしれない。

八月五日朝。イタリア人たちは遅れて出かけるというので、通りかかったドイツ人のハイカーと滝に向かった。彼はグループでデナリ国立公園などを回ったが、どうしてもカトマイを見たくて、仲間と別れてやってきたのだそうだ。一万本の煙の谷で、数日間一人でキャンプしたそうだから、相当な剛の者である。もっとも、

「昨日はここでキャンプをしたが、クマがテントの周りを歩き回っていて落ち着かなかった」

とこぼしていた。川に着いて浮橋を渡ろうとすると、三〇メートルほど先の向こう岸にクマがいる。クマは立ち上がってこちらを見ている。橋を渡りたいが人間がいるなといった様子である。ドイツ人はコツコツと杖で橋をたたいて注意を促した。なんども立ち上がってから、クマは岸沿いに泳いで残念そうに上流に去っていった。

滝にはなじみのオスグマ一頭しかいない。水量が増えて難しくなったのか、一時間ねばったが一匹のサケも捕らなかった。さすがにクマも疲れたのかアクビばかりしている。ガイドブックによれば、カトマイがクマ見物に適するのは七月から八月の第一週にかけてとのことだ。どうやら、クマ見物のピークが終わったようである。そして、到着した日はまだピーク時だったのでラッキーである。

昼食後にレンジャーの案内で太古のイヌイットの住居跡を見に行った。サケを捕りベリーを集め、クマを倒して生き延びた彼らの心境になってみた。原始的生活に憧れる時がある私だが、このような一生を送りたいとは思わない。形作られる心象風景は純粋だが狭く恐怖に満ちたものだろうからだ。

レンジャー・ステーションのビデオで改めてクマについて勉強した。ここ、カトマイではクマによる死亡事故はないそうだ。素晴らしいことだ。この情報を持っていなかったので、必要以上に恐れたともいえよう。それにしても、巨大なヘラジカを倒すヒグマがどうしてヒトを襲わないのだろうか。ひょっとすると、ヒグマはインディアンやイヌイットによって狩られる対象だったためかもしれない。長い時間の間に、ヒグマは、ヒトは餌ではなく、警戒すべき生き物だと教育されたのかもしれない。

出発を待つ間に、ロッジのゲストブックを眺めた。日本人も一〇人ほどメッセージを残している。明らかにプロの人もいる。「来年はシベリアの原野をさ迷っているでしょう」とか、「日本で三〇年間ヒグマの写真を撮ったが、ここでは三時間で同じことができ、感激すると共にがっかりした」と記してあった。英語のメモの多くがクマと共にここの大自然を称えていた。生涯で最高の経験の一つといった文も目に付いた。私も同感であった。

アンカレッジに引き返し、すぐにキナイ・フィヨルドに向かった。アラスカ州政府観光局の人が「海の動物ならぜひ行ってごらんなさい」と勧めるからだ。そういわれるだけあって、ザトウクジラ、シャチ、トド、パフィンと一通りの動物を見ることができた。最初にここに来ていれば、もっと感動したかもしれない。アンカレッジへ帰る時はアラスカ鉄道を利用した。氷河の眺めが良いルートであった。

マッキンリーを望んで

さあ、いよいよデナリ国立公園である。八月八日、アラスカ観光のバスでアンカレッジを出発した。デナリでの楽しみの一つはマッキンリー山を眺めることである。マッキンリー山は標高六〇〇〇メートルを超え北米の最高峰だ。夏は雲に隠れることが多く、短い旅でマッキンリーを望める確率は高くないそうだが、その日は好天で、チャンスがあると期待していた。しかし、観光バスは例によって、あちこちに寄り道を繰り返している。ついには、訓練中のハスキー犬とじゃれて、写真を撮りまくっている客のためにじっくりと腰を据えた。やっと満足した客がバスに帰り、バスはひた走った。遠くにマッキンリーらしい山がそびえている。しかし、見晴台に着いて、バスを降りると、どこから湧いたか、雲が山頂部を隠してしまった。雲はだんだん勢いを増してきた。犬のためにチャンスを逃してしまったのだろうか。

バスの運転手がアナウンスした。

「今から二人の客を降ろすために、デナリの鉄道駅に向かう、彼らはこれから国立公園の奥深く九〇マイルの位置にあるノースフェイス・ロッジに行くのだ」

駅に着いて、私が荷物を取るために立ち上がったら

「貴方がたか」

とびっくりされた。バスの人たちは公園の入口で一夜を明かすことになる。すぐに、デナリの只中に入る乗客がいると聞かされ、うらやましく思ったら、それが東洋人の夫婦で驚いたというところであろう。

「グッド・ラック」

何人かの人が声をかけてくれた。

鉄道駅で待っていた、ロッジの車に乗り換えた。客は三〇人くらいで、経営者が同じであるキャンプ・デナリへ行く人たちも含まれている。運転手は手塚治虫の漫画に出てくる鬼検事といった様子の、大きな眼鏡の男である。これから、動物を見ながら、ロッジへ向かうのだ。出発してすぐに子連れのヘラジカと二頭のカリブー、すなわちトナカイに出会った。カリブーはゆっくり見たい動物であったが、運転手は

「カリブーはたくさんいる」

とあわただしく車を発進させてしまった。

進むにつれ、広々とした草地が広がった。やがて地形は険しくなり、壮大なツンドラの山地となった。途中で早めの夕食をとり、休憩後、ポリクローム・パスへ向かった。赤や褐色の山肌が露出し、緑のツンドラと複雑な模様を作っている。アイルソン・ビジターセンターのあたりでツンドラの見事さはさらに増してきた。アルペンツンドラを歩くことも夢の一つだが、明日、それがかなえられるのだろうか。

ビジターセンターの近くに三頭の立派なカリブーがいた。ちょうど車の休憩中だったので、ゆっくりと写真を撮ることができた。このあたりからマッキンリーが見えるはずであるが、その方

向は雲があるだけである。

ビジターセンターからワンダー湖に向けて出発した。客の一人が運転手に、冗談混じりにクレームをつけた。

「おい、後ろのバスの客は数頭のクマを見たといっているぜ」

「そうか」

「動物を見つけるのはあんたの仕事じゃないのかい」

「いや違う。俺の仕事は、道の上で車を走らせることだ」

それはそうだ。ポリクローム・パスからしばらくの間は崖道で、道が狭い。おまけに、運転手は
「今日は頭痛がする」

とこめかみを揉んでいる。私はとにかく無事に着けばいいよと声をかけたかった。ワンダー湖の近くで再び数頭のカリブーに会った。距離も近い。たしかにカリブーはいっぱいいる。今日一日で二〇頭のカリブーに出会った。


ワンダー湖を過ぎてしばらく進み、八時にノースフェイス・ロッジに着いた。六時間かけてやってきたことになる。ロッジを所有するコール家の奥さんが、一昔前のアメリカのホームドラマに出てくるような、すてきな笑顔で迎えてくれた。おいしいケーキと果物が待っていた。部屋数は一五しかなく、我々はコール家の客といった扱いをされるのだ。幸運な客と呼ぶべきなのだろう。デナリ国立公園の宿はほとんどが公園の外にあり、ワンダー湖の近くにある三つのロッジのどれかに泊まるためには、相当前から予約しなければならないのだ。三月に連絡した私たちは、運良く二泊の空きを確保できたのである。


マッキンリーは見えないが、空が西のほうから次第に晴れてきた。通りかかった従業員にマッキンリーはどちらの方向かと聞いた。

「あの山すそのこぶのあたりだ」

「そうか、あちらを見ていればいいのだな」

「今日は多分だめさ」

一〇時になって日が沈んでもまだ外は明るい。アラスカ連山を眺めていると、雲が切れてきた。マッキンリーの方向にまで雲の切れ目が続いていく。こんどは山を覆っていた雲が少しずつ上がっていく。さっきの男が通りかかり
「始まったな」

といった。一五分くらいでマッキンリーから雲が去った。前山がマッキンリーの下部を隠しているので、私は急いでロッジの背後の台地に駆け上った。夕暮れの空に、大きく青白い山があった。やれやれ、これでマッキンリーを十分に見たことになると思った。

八月九日。朝、目を覚まして驚いた。マッキンリーに雲は一つもない。大変だ。朝焼けのマッキンリーを眺めようと急いで支度して出発した。行く先はワンダー湖。昨日、奥さんに
「マッキンリーが一番きれいに見えるところは」
と質問したら
「それはワンダー湖ですよ。ここから一・六マイルですよ」
との返事を得たからだ。昨日やってきた車道を走ったり歩いたりして進んだ。クマが怖いので大声を出していった。五時三〇分、

ワンダー湖の北端に達した。

湖面からかすかに水蒸気が上がり、あたり一面を神秘的にしている。マッキンリーは大きく湖の向こうに立ちはだかっている。前山が隠すのはマッキンリーの三分の一ほどに減っている。マッキンリーは雪と氷河に覆われ純白である。日が昇り、朝日を浴びると山はピンクに染まった。巨大なモルゲンロートである（カラー写真４）。おまけにピンクのマッキンリーは静かなワンダー湖に見事な鏡像を描いているのだった。他に観客がいないのがもったいないようである。

朝八時、好天は続いている。客たちは希望するプランごとにグループに分かれた。私たちは、もちろん、ワンダー湖のハイキングを選択した。出発する時、ガイドの一人が聞いた。

「ミティオ・ホッシーノを知っているか」

一瞬とまどったが、すぐに星野道夫だと分かった。写真といい、やや哀愁のある文章といい、私の好きな男である。星野の「風のような物語」は繰り返し読んだ。アラスカへの憧れが具体化する時、星野道夫の影響もあったに違いない。

「当然さ。彼は写真だけではなく、文章もすごいぜ」

「そうか、彼はキャンプ・デナリにしばらく滞在したよ」

姉妹ロッジのキャンプ・デナリは向こうの高台にある。星野がにわかに身近に感ぜられた。

レフレクション池のあたりから、一行一〇人は小山を登り始めた。このあたりは、完全なアルペンツンドラで植物の丈はごく低く、コケやブルーベリーなどの潅木が主体である。道はフカフカとして気持ちよい。アルペンツンドラをハイキングしたいとの望みがかなえられたのだ。

一面にブルーベリーが稔っている。多いところはブルーベリーの畑を行くようである。ガイドのディブに勧められて、皆、初めは恐る恐る、次第に大胆に摘み取って口に入れた。栽培したブルーベリーと同じような、あるいはそれ以上の甘さと酸っぱさだった。

「たくさん食べたら、クマが困らないかい」

客の一人が尋ねた。

「大丈夫。ここには一杯ある」

見渡す限りの山にブルーベリーがあり、訪れる人はごく少ない。ディブのいうとおりである。無尽蔵な自然に接する喜びを本当に久しぶりに味わった。

ツンドラの小山のピークに登ればマッキンリーはいよいよ近い。晴れ渡った暖かい日で、山は全体像を現し、気が向けば一番大きいブルーベリーを選んで口に入れる。完全だ。何も欠けることはない。私たちはワンダー湖の南端近くを眼前にして、小山の稜線をゆっくり、ゆっくり歩いていった。

ディブは客が求めているのは自然との一体感だということを知っていた。だから、ゆったり行動し、全員が飽きるまで一箇所に留まった。彼は生物に詳しいが、今の遺伝子中心の生物学を嫌っていた。

「利己的な遺伝子に動かされるロボット。自分やここの生き物たちがそうだなんて信じられない」と一人の客に語りかけていた。私は、自分も妻も分子生物学の領域で働いているが、あなたの意見に賛成であるとはいわなかった。そんなことをすれば、この夢の時間を放棄して彼と突き詰めた話をしなければならない。

ワンダー湖のほとりで昼食を摂り、今度はキャンプ場の入口から小山に登っていった。ここが、マッキンリーに最も接近できる所なのだ。目の下にはマッキンリー川の川床と複雑に分かれた川筋が広がっている。その向こうはもうマッキンリーだ。マッキンリーの全貌と共に両側に連なるアラスカ連山もはっきり見える。私はまたゆっくりとマッキンリーを眺めた。全体のドーム型を、そして切り立った斜面の部分や氷河を目に焼き付けようと。暖かい日を浴びて私たちはただひっそりと座っていた。

顔の緩みきった客を乗せて、車がワンダー湖北端にさしかかると、なんとそこに巨大な角のムース、すなわちヘラジカがいてマッキンリーを背景に水草を食べているではないか。ムースはシカ族の最大種で角の長さは二メートルに達する。ムースがじっとしているので、私たちは、角の張り出しやアゴヒゲの立派さを詳しく観察することができた。そのうちに写真グループも駆けつけてきた。ガイド役はロッジのご主人で、彼は写真がタイム誌に載ったというプロの写真家である。そのご主人が、おっとり刀でカメラを構えたから、相当なシャッターチャンスだったに違いない。

八月一〇日。朝七時にロッジを出発してアンカレッジを目指した。マッキンリーはさすがにちらほらと雲を帯びていたが、いぜんとして、はっきりと見えていた。ワンダー湖北端にはまだムースがいた。朝の光は撮影に適していると、私はたくさんの写真を撮った（カラー写真5）。ビジターセンターの近くでは七頭のカリブーがマッキンリーを背景にゴシゴシと草を食べていた。これまた、絶好の被写体である。

私たちにとっては、本当にこの上もない二泊三日の旅だったが、他の客たちは一つだけ不満があった。クマが出なかったのである。ガイドによれば、これは珍しいことらしい。私たちも協力して一生懸命クマを探したが、出会う動物はカリブーかムースであった。なんだ、ムースか、ではムースに気の毒である。

公園の入口に泊まり、八月一一日、早朝出発のワイルドドライフ・ツアーに参加した。ノースフェイス・ロッジで天気が悪かった時に備えた保険の計画であった。幸い運転手は動物好きの男でじっくり説明してくれた。ムース、カリブー、ドールシープ、そしてクマと呼び物を見ることができて、デナリを初めて経験する客達は大満足であった。ここのクマはハイイログマと呼ばれているが、ヒグマそのものか、その亜種である。サケの多い海岸部に棲むヒグマに比べて、山間部に棲むハイイログマはやや小型で、より凶暴とされている。ハイイログマを見つけたのは壽子である。「ベア」との叫びに運転手はあわててブレーキを踏んだ。クマはブルーベリーを口でむしりつつ前進していた。

「何時もは帰り道でクマが出るんだが、今日は行きに出てよかった」

運転手はほっとしていた。このバス・ツアーは多くの人に野生動物を見せようとの善意が感ぜられて、悪くない企画である。しかし、ほとんどの時間をバスの中で過ごすので、これだけでデナリを去る事になれば、宝の山を目前にと悔やんだと思う。

午後、アラスカ観光のバスでアンカレッジに帰った。バスの中で、備えつけられていたアラスカのクマの話という本を読んだ。人里離れた所でキャンプしてヒグマに食い殺されたというような恐ろしい話がいくつか載っていた。この本を読んでいたらカトマイには行かなかっただろう。それにしても、なぜカトマイでクマによる死者が出なかったのかと再び疑問を持った。人間に異常な興味を示すクマは奥地に追放するなど、目に見えないところで厳しい管理がされているのかもしれない。星野道夫がカムチャッカで取材中ヒグマに襲われて死亡したという悲報がもたらされたのは、それからしばらく経ってからだった。

アラスカ最後の目的地はコロンビア大氷河である。原油汚染から五年経ち、かなり回復してきたと報道されるようになっていた。八月一三日、バルディーズから観光船に乗った。コロンビア大氷河は崩壊が激しくなり氷河の面には近づけない。進むにつれて氷塊の数が増え、おまけに砕けた氷が海を覆っている。氷はだんだん大きくなり、ついには高さ数メートルとなった。こうなるともう氷山である。氷山はグレイシャー・ブルーの美しいものもあれば、白と茶色の氷の塊に過ぎないものもある。船は執拗に氷山を迂回して前に進む。ガリガリと音がする。

「おいおい、一体どこまで進むんだい」

客が驚いて恐れるくらいである。空は晴れ渡って、氷山のあちこちのグレイシャー・ブルーは空よりも青い。

船はコロンビア大氷河を後にしてカレッジフィヨルドのバリー氷河に向かった。バリー氷河は十分に大きく、快晴の日に海岸氷河に接近したのはこれが初めてであり、私たちは幸運を祝った。バリー氷河は崩落を繰り返していて、すさまじい砲声のような崩壊音が数分ごとに沈黙を破った。

ゆったりと帰路につく船で、乗組員とおしゃべりした。アルバイトの女子大生である。氷河の後退が激しく、観光業者は心配しているそうだ。つづいて、アラスカのクマの話になった。

「今年の夏にクマに襲われた客は一人だけだよ。襲ったのはシロクマさ」

アラスカではシロクマの数は少ない。

「珍しい話だね」

「場所はアンカレッジよ」

「冗談だろ」

「動物園で観光客が写真を撮ろうと柵を乗り越えたのさ」

クマによる事故がごく少なくなっていることは確かだろう。

降り立ったウィッティアの港からアラスカ観光の車でアンカレッジを目指した。アンカレッジに入る直前、「見ろ」とガイドがいった。晴れた空になんとマッキンリーが小さく浮かんでいた。

グリーンランドの大氷山

グリーンランド。遠い、遠い北の島だ。北極回りのヨーロッパ便の飛行機で上を飛んで、すさまじい氷の広がりを見たことがある。その時はここに降り立ってみようとは思わなかった。しばらくして、いずれ訪れる予定の北欧についてデータを集めようと、スカンジナビア政府観光局へ行った。そこにグリーンランド紹介の小冊子があった。それから、次第にグリーンランドを旅したいと願うようになった。

ロンリープラネットのガイドブックには、グリーンランドがアイスランドと組になって詳しく紹介されている。イルリサットという西海岸の町のすぐ近くに氷山に満ち溢れた海があるという。本当に大きい氷山を見ようとすれば、ここに行くべきなのだ。むろん、南極にはたくさんの氷山があるであろうが、南極観光のシーズンは日本の冬に当たり、長い休暇旅行は今のところ難しい。

グリーンランドはデンマーク領なのでコペンハーゲンからグリーンランドのカンゲルルスアークまで直行便が飛んでいる。一九九五年八月五日、勇んでコペンハーゲンを出発した。カンゲルルスアークで乗り換えて一時間も飛ぶと、もうイルリサットだ。イルリサットの近くにフィヨルドがあり、ここにグリーンランドを覆う氷床から崩れ落ちた氷山が押し出しているのである。

飛行機はフィヨルドの上を低く飛んだ。海面は溶けていて、氷山の周りはサファイアのように輝いている。海面下に氷山が広がっているからだ。あちこちのサファイアを愛でているうちに、飛行機は静かにイルリサットに降り立った。空港には予約してあった、ホテル・アークティックの車が待っていた。ホテルは町外れの小高い丘の上にあり、巨大な氷山が遠くに漂っている海に面している。

イルリサット観光の人に来てもらい、明日からの計画を立てた。話しが終わっても、まだ午後三時前である。朝、コペンハーゲンを出発したのだから時差を考えても効率的だ。これからブラブラしていても、しかたがないと氷山を見に出かけることにした。ホテルの車に送ってもらって、町外れのヘリポートまで行った。そこから歩き始めて、セルメルミュートの海岸に出た。前方

海岸から眺める氷山群

に岩の岬が突き出している。

この岩山に登ると、目の前に氷山の海が広がった。小山のような氷山がごろごろしている。氷山の高さは、大きいものは五〇メートルを超えているだろう。四角のもの、三角形のもの、氷河からちぎれてきたばかりのようなギザギザのもの、実に様々な氷山がある。藍色の水がゆっくりと氷山の周りを回り、小さな氷のかけらが渦に巻かれている。歩いてくる時ぱらついていた小雨もやんだ。温かい。気温が一〇度はある。慎重に岩山を降りて海面に近づいて座り込んだ。

しばらくして、右側の岩山に二人組みのパーティーが現れた。お互いに景色が嬉しくて挨拶した。私も右側の岩山に行ってみることにした。湾口まで見渡せて、たしかにここからが一番良い眺望である。右手には三角形の断面で堤のように延びた氷山がある。正面は箱型の卓状氷山でスパッとした切り口が鮮やかだ。そのクレパスは青く輝いている。卓状氷山から流れ落ちる水が小さな滝になっていて、光の具合で、青い滝に見える。左手は三角錐状の氷山で、表面にカンナで削ったような模様がついている。この周りは水が動かず、海は鏡のようだ。そこに、三角錐の氷山が見事な倒立像を作っている。もう十分だというまで楽しんで岩山を後にして、ヘリポートに帰り着いた。急に風が冷たくなったが、迎えの車は約束の六時ジャストにやって来てくれた。

八月六日。朝は再び氷山を見にセルメルミュートへ出かけた。昨日と同じ景色だが、氷山群が見えたときの感激は変わらない。天気はやはりぐずついていて、時折、小雨模様となる。それでも、引き上げる頃になって薄日が射してきた。

午後、氷山の近くを行くという、呼び物のクルーズに参加した。がっしりした漁船に乗って出発だ。港を出て氷山をめがけて進んだが、氷山から五〇〇メートルくらい離れて停止した。随分と慎重な船だ。これなら、陸から見たほうが氷山は近い。しかし、私たち以外の五人の客は興奮して写真を撮りまくっていた。中年のドイツ人が話しかけてきた。

「いやーすごい、ドイツでは摂氏三六度だった、今こんな氷山の近くにいるなんて信じられないよ」

「そうですね」

私は冷淡に相槌を打った。

「でも、今朝、私たちはあそこにいたんですよ」

「あんな所にですか」

氷山のすぐ近くの丘を指差されてドイツ人は驚いていた。やがて、アナウンスがあった。

「船の冷却管が故障です、代わりの船が来るのでお待ちください」

なんだ、そういうことだったのか。

今度は、船はフィヨルド湾口の氷山にためらうことなく近づいていった。そして、私たちのいた岬と氷山の間の水面に侵入し、一つ、一つの氷山の周りを回ってくれた。刃物で切ったような氷山の断面が鈍く光っている。つぎに、船は湾口を横切り始めた。船の左側には氷山が連なっているが、右の外海側には氷山が少ない。この線で湾が浅くなり、氷山が引っかかっているのだ。船はスピードを上げて氷山の脇を過ぎていく。三角形、卓状、ギザギザ、氷山の見本市だ。

「まるで南氷洋ね」

と壽子がいった。湾口の中央で巨大氷山の脇を抜けて、船は氷山群の只中に突入した。いつのまにか、また小雨が降り始め、海面からうっすらと霧が立ち上る。氷山の下部に霧が渦巻き、景色は幻想的になった。

いくつかの氷山を過ぎて、氷山に囲まれて海面が空いているところに出た。ここで、小休止。私たちはコーヒーを飲んで体を温めた。突然、右手の大きな氷山の側面が轟音と共に崩れた。船長は操縦席に飛び込み、すぐに船を数百メートル移動させた。氷山が崩れる時の高波はとても危険だそうだ。

次第に濃くなる霧の中を船は帰路についた。荒涼とした雰囲気になり、北極探検の気分である。すると、赤に白十字のデンマークの旗をなびかせて、三艘の小船がエンジン音も軽快にやってきた。それぞれ三、四人のイヌイットの少年たちが乗っている。私たちの船とすれ違う時、彼らは立ち上がり、背筋を伸ばし、片手を上げて挨拶した。船は氷山の角を回って見えなくなった。氷山群の中に釣りに行くのだろう。この霧と氷の海を小さな船で進むことに危険を感じないのであろうか。感じているとしたら、あの快活さは何なのだろうか。

八月七日。午前中はやはり、セルメルミュートの崖の上で過ごした。幸いなことに、天気は回復してきて、ずっと薄日が射していた。日の当たる所と陰の部分のコントラストが増し、氷山はより美しく見えた。しかし日が照らない時のほうが氷山の詳細が分かる気もした。

午後、ガイドつきのハイキングに出発した。客は私たち二人だけである。ガイドはピーター。デンマーク人で、ガイドで稼いだあとはヒマラヤへ行くのだという。昨年は五〇〇〇メートル級のピークに登ったので今年は六〇〇〇メートル級を目指すのだそうだ。

セルメルミュートまでは通い慣れた道だ。セルメルミュートには三五〇〇年前の遺跡がある。今までそれがどこか分からなかったが、ピーターはすぐに探し出してくれた。日本でいえば貝塚にあたるのだろうが、貝殻の代わりにアザラシの骨が多いのは食生活の違いを反映している。

空は完全に晴れ渡った。岬の岩山からの氷山群は見慣れた景色であるが、氷山群が光り輝いていた。私たちはここでゆっくりして、たくさんの写真を撮った。そして、丘の上をフィヨルド沿いに上流へ歩いていった。氷山ばかりか足元のツンドラの植物まで輝いている。デナリでのハイキングを思い出す至上のひと時である。そういえば、ブルーベリーも実っている。しばらく丘を行くと古いイヌイットの墓があった。ピーターの案内で覗き込むと数人分の人骨が散乱していた。小さい頭蓋骨が二つあり、子供も葬られていたと分かった。美しい氷山群を眺める柔らかなツンドラの丘。葬られる場所としては悪くない。

私たちはピーターに率いられて登頂を開始した。ひときわ高い岩山である。後で調べると、標高二〇〇メートル強に過ぎないが、この極北の地にあると、北アルプスのピークよりも急峻な印象を与えていた。頂上に達すると氷山に満ち溢れたフィヨルドとその湾口までが一望の下である。沖にもチラホラと氷山があり、その一つは大型客船にそっくりな形である。ピーターが入れてくれた紅茶を飲みながら時を過ごした。

「この地上で最も美しいところがここイルリサットのフィヨルドだという人がいるけれど、どう思うかい」

とピーター。

私は旅してきた多くの場所を思い浮かべた。

「地上に美しいところは多い。日没のグランドキャニオン、グレイシャー・ベイ、デナリ、アルプス。でも一つを取れといわれたら、今はお前のいうことに同意しようか。まてよ、ヒマラヤはどうだい」

「そうだなー。ヒマラヤも一番美しいところかしれない」

そうさ、どこが地上で一番美しいところかなんて、考えるのは止めよう。ここは、地上で一番美しいところの一つなのさ。そこに、晴れた日にいることができる。それで十分である。

夜一〇時からの深夜クルーズにも参加した。深夜といってもこの極地では夕方である。七月上旬までは日が沈まないほどなのだ。残念なことに、再び雲が出始め、夕日に映える氷山は拝めなかった。しかし、氷山に囲まれた海面に達したところでクライマックスがやってきた。太陽は沈む直前に黒雲から顔を出し、オ

グリーンランドの氷床から氷河が流れ出す

レンジ色と黄色の夕映えが凪いだ海を覆った。アザラシを捕るイヌイットの船がただ一艘、この錦の海をひっそりと去って行った（カラー写真6）。氷山は夕日に立ちはだかり、複雑なシルエットを錦の海に落とした。その形は氷山のものとは思えず、教会の建物のようであった。船は静かに進み、一つ一つ違った建物が過ぎていった。聖なるものここにあり。キリスト教徒でなくてもそういいたかった。

八月八日。氷床へのヘリコプター・ツアーに参加した。私はヘリコプター観光を好きになれない。安全性に疑問があるし、騒音を撒き散らす。しかし、今回は内陸の氷床を見ることができる唯一のチャンスなので、参加してみることにした。二五人乗りの大型ヘリコプターで安全そうだったし、騒音で迷惑をかける他の客などいなかったという理由もある。

氷山を見下ろしつつ、四〇キロほ

どもアイス・フィヨルドをさかのぼった。ついに氷河の面が見えてきた。高さは一〇〇メートル近く、幅は五キロという巨大さである。ここで氷河が切り裂かれたように崩壊して、氷山と変わるのだ。ヘリコプターは氷河の面に沿って飛んでくれた。鋭く尖り、巨大な水晶のように輝く氷が集まった氷河の面は、間近に見ると恐ろしいほどである。

そしてヘリは氷河の面を見下ろす丘に着陸した。そこからは氷河だけでなく、上方に広がる氷床も望むことができる。ただ果てしなく続く、白と茶色のデコボコした氷である。

夕食時にはイヌイットの人たちが盛装して現われ歌を歌ってくれた。「アイアイアー」という掛け声は沖縄の民謡を思わせ、同じモンゴロイドとして共感を誘うものであった。グリーンランド最後の夜なので、特に感慨深かったのかもしれない。このホテルは氷山を望む宿にしては食事がちゃんとしていた。メドックの赤ワインもそれなりの物で、外国の要人が泊まることを自慢するホテルだけのことはある。

八月九日朝。霧が出ている。飛行機の出発を心配したが、少し遅れただけであった。カンゲルルスアークの空港ではスカンジナビア航空の大型ジェット機が待っていた。さようなら、グリーンランド。良いところだと信じながらも一抹の不安があったが、最良の場所の一つであった。四泊とはやや短く、もっと居たいほどである。現地に来れば、さらに色々なプランが浮かんだのである。しかし、もうグリーンランドに来ることはないであろう。グリーンランドで最高と思うところは行ってしまった。次に訪ねて、混みあっていたら幻滅するだろう。今年は夏に抜けられない用事が入ったので夏休みを分割した。イギリスの湖水地方に立ち寄ったら帰国である。

アルプスを歩く

グリンデルワルト

ユングフラウ、メンヒ、アイガーの三山がラウターブルンネンの谷から一気に立ち上がっていた。その壁の高度差は三〇〇〇メートル近くあるのではないか。シルトホルンの頂上からやや下った地点からの眺めは恐ろしいほどである。ただ、少し残念なのは登ってきたロープウェイがわずかに目に入ることだった。一九九六年の夏休みはスイスアルプスと決め、まずベルナーオーバーラントを目指した。七月二六日朝、チューリッヒを出発し、晴天なので一気にシルトホルンに達したのである。

私たちにとって、アルプスは二度目である。一九七七年、パリのパスツール研究所に共同研究に出かけた。その夏、家族でシャモニとツェルマットを訪ねたが、夢のように楽しい時であった。アルプスは大きい。今年、もう一度出かけて、経験を広げようと考えのだ。色々な所を歩けるようにと、革の登山靴を買い込んで二人で足慣らしもした。しかし、アラスカのカトマイ国立公園で会ったドイツ人は「もうアルプスは大自然ではない、開発されすぎた」といっていた。約二〇年経ってのアルプスはどうなっているのかと、やや不安でもあった。

ベルナーオーバーラントの中心、グリンデルワルトには四泊した。二七日の朝、ユングフラウヨッホへの登山電車に乗った。雲が次第に広がってくるのを気にしていたが、心配したとおり、山頂に着くと完全な曇天となった。展望台からの景色は、人工物が目に入り今一つなので、外へ出て少し雪の上を歩いた。しばらく行くと、雪が降り始めた。にわかに風が起こって、吹きつけてくる雪が顔に当たって痛い。夏に吹雪に会うとはさすがにアルプスだと早々に逃げ帰った。しかし、途中駅のクライネシャイデックで下車してのハイキングは期待どおりであった。アルペンローゼの群生と、凄まじく切り立っているアイガーの北壁を眺めたのである。

アレッチ氷河が流れ下る

七月二八日、バッハアルプゼーまで歩き、さらにファウルホルンに達した。午前中は、何とか日が射していて、谷底の山村風景、その向こうのユングフラウ、アイガーといった景観に接することができた。足元には藍色のエンツィアンの群落もあった。ファウルホルンからさらにシーニゲプラッテを目指すと、天気は急速に崩れ、やがて雨になり、しかも霧が出てきた。ホテルに帰った二人は疲れ切っていた。夕方には豪雨となったので、その前に山から下りたのが慰めである。

七月二九日、今日も天気はだめであろうと外を見て驚いた。雲一つない晴天である。勇んで再びユングフラウヨッホに向かった。そして、展望台から外へ出て、ゆっくり雪原を歩き、ヨッホのヒュッテに達した。一番良い景色はヒュッテの少し前であった。大雪田が新雪に輝き、正面にアレッチホルンが三角形の山体を突き上げていた。そして大雪田から流れ落ちるアレッチ氷河がはるか下まで続いていた。

山上で三時間も過ごし、下りの電車に乗った。アイガーグレッチャーの駅で、下車している人がいる。

「降りましょうか」

「そうしよう」

すぐに話が決まって私たちも飛び降りた。クライネシャイデックまでの下りである。少し行って、氷河のモレーンを越えて、緑の山腹を歩いた。このあたりの景色は、ベルナーオーバーラントの良さが凝集したものだった。

ユングフラウを盟主とする三山が谷底から頂上まで巨大な壁として立ち上がっていた。氷河と三山とこちら側の山腹で結界が作られている。聞こえるのは、氷が溶けてあちこちに出来た小さな滝の音だけである。何人かのハイカーが思い思いの道を行っているが、この大きな景色の中では余りにも小さい。空は晴れ渡り、ユングフラウの雪もメンヒの氷河も光り輝いている。私たちは草の上に腰を下ろし、ゆったりと時を過ごした。

サースフェー

次の目的地はバリスアルプスのサースフェーである。バリザーホフというリゾートホテルに投宿した。白木造りの堂々たる建物で、部屋から氷河を望むこともできる。

翌七月三一日朝、ロープウェイと地下のケーブルカーを乗り継いで標高三五〇〇メートル近くのミッテルアラリンに達した。晴れた空を背景に、ミシャベル連山が一望の下だ。しかし、ここは基本的には氷河スキー場で、雪上車が動いていて落ち着かない。フェルスキンまで戻り、標高三〇〇〇メートル地点から水平にブリタニア小屋を目指した。途中から氷河の横断となるが、昨日買った登山用杖が威力を発揮して、大きな苦労もなく進んでいくことができた。雄大な氷河の斜面を、山々を眺めつつ横切ってゆくのである。

ブリタニア小屋に着くとさらに視界が開けた。小屋の背後の岩山に登ると絶景である。アラリンホルン、アルプフーベルといったミシャベル連山がすぐ近い。山腹氷河、溶けた氷河の作る滝、雪田、これらが輝きつつ絶妙な模様を造っている。しかし、やや問題もあった。ブリタニア小屋は修理中で機材を運ぶヘリコプターが時々騒音と共にやってくるのだ。

しばらくして下りにかかった。少し行くと、サース谷を見下ろしての水平移動である。谷底は一〇〇〇メートル下であろう。谷向こうでひときわ高いのは四〇〇〇メートルを超えるヴァイスミスだ。北アルプスの縦走より迫力がある。おまけに、雲母が多く岩がキラキラ光っていた。


八月一日。スイスの独立記念日だ。私たちはミシャベル・ヒュッテを目指し、カールの壁を、ジグザグを繰り返して登っていった。カールは花にあふれ、花の香りが押し寄せてくる。三〇〇〇メートル地点に達したところで、上方に雲が湧いてきた。帰りのロープウェイの時間も気になり、ここで引き返した。夕食は独立記念日を祝って豪華であった。メインには子牛の背肉を柔らかく煮たもの、デザートはスイスの形をしたメレンゲにベリーをあしらったものを選択した。町は住民と観光客で遅くまでにぎわった。

八月二日。朝、テレビの天気予報で前線がやってきていることを知った。幸いサースフェーは晴れているが、長くは持たないだろう。急いで、もう一箇所出かけることにした。サースフェーはことにスキーリフトが多い。リフトの位置まで載っている詳しい地図で調べて、短時間で行くことができ、しかもリフトに眺望を邪魔されない所を選んだ。

シュピールボーデンまでロープウェイを利用し、そこから氷河沿いに登り始めた。そして、リフトの出発点となる小屋を越えてさらに氷河に近づいた。予想通り、目覚しい景色が広がっていた。真正面に標高四五〇〇メートルのドームが立ちはだかる。ドームを盟主とするミシャベル連山の山腹をえぐるカール、その下部に私たちはいるのである。ドームの頂上からの標高差は二〇〇〇メートルあるだろうか。頂上の少し下から始まった氷河は大きく広がり、うねりながら下りてきて、私たちの眼前で収斂して下へ消えていった。左手、アルプフーベルのあたりは、四角や三角の氷塔が乱立している。ここは氷の劇場だ。バックグランドミュージックは氷河から落ちる多くの滝の水音である。

登りきったレングフルーでビールを飲みながら、また氷河を眺めた。下りはテレキャビンを利用するつもりであった。ところが昼休みでテレキャビンは止まっていた。しかたなく、おっかなびっくり、ビールの効いた足を踏みしめて下りて行った。シュピールボーデンが近づいた頃、ドイツ人夫妻が前方の崖を注目している。登る時出会ったマーモットだろうと思ったが、見つめてみて驚いた。もっと大型である。しかも数頭いる。ドイツ人が双眼鏡を貸してくれた。焦点を合わせると頭から後ろへすっと伸びた大型の角が目に入った。アルプスの高貴な住民、アイベックスである。

アイベックスはヤギの仲間で、一メートルを超える巨大な角とがっしりした体を持っている。一時は絶滅を心配されたが、動物園で飼っていたのも野性に戻し、懸命に保護した甲斐があって、個体数が回復してきたといわれている。野生動物が少ない中央ヨーロッパでは最も見栄えがするケダモノであろう。

見ているうちにアイベックスの数は増えて、一二頭になった。立派な角のオスが三頭、メスが五頭、そして四頭は子供だ。子供たちは、岩山を駆け上がったり、降りたりして遊んでいる。アイベックスたちは草を食べながらだんだん私たちに近づいてきた。一時間もアイベックスに見惚れてしまったが、ついに降りだした雨に促されて帰路に着いた。

翌日は天気がさらに悪化して、窓から見える氷河の上半分は霧に隠れている。これでは山はだめである。そこで、双眼鏡を買い込んで再びシュピールボーデンに向かった。昨日の崖地に近づくと、やはり一頭のアイベックスがいた。角が立派なオスで、しかもドンドン私たちに近づいてきた。ついには一〇メートルくらいの距離となった。雨が激しくなったので、小屋で雨宿り。しばらくして外へ出ると、もうアイベックスは消えていた。しかし、崖の上のほうにアイベックスがいるのを壽子が見つけた。気のせいか、さっきのよりも、一回り大きいようだ。アイベックスは大きな角を振りかざして岩場を越えていった。

ツェルマット

八月四日、ツェルマットへ移動した。一一時少し前、晴天に輝くマッターホルンが迎えてくれた。すぐに、標高三八〇〇メートルのクライン・マッターホルンへ行くロープウェイに乗った。前回の旅の時にはなかったロープウェイである。トロッケナー・シュテークからテオドル氷河を越えていく。一九年前、トロッケナー・シュテークには、テオドル氷河へ続く純白の雪渓があり、その下の青い池には氷の塊が漂っていた。私たちは子供たちと一緒に雪渓を滑り、そして雪渓の向こうのマッターホルンを仰ぎ見た。色あせることのない、幸せな記憶である。しかし、今やトロッケナー・シュテークは泥地になっていた。ロープウェイ建設のためだろうか。地球温暖化のせいだろうか。到着した頂上展望台には、工事の完成を記念したのか、磔のキリスト像があった。私には、それが亡んでしまったトロッケナー・シュテークの雪渓を象徴するように思えた。

展望台からの眺望は悲しみを和らげてくれた。当然のことだが、マッターホルンがすぐ近くにある。もっとも、マッターホルンは横顔を見せていて、さほどの美しさではない。特筆すべきことは、バリスの山群に加えて、モンブラン、グランドジョラス、ユングフラウ、メンヒと遠くの山々まではっきり見えることだ。

展望台からトンネルをくぐってプラトー・ローザへ出て、雪原をブライトホルンに向かって少し歩いた。クレバスが隠れているので、ザイルで体を結んだほうがよいとされる場所である。しかし、晴れ渡って風もない日だし、踏み跡がはっきりしているので、危険はないと判断した。純白の雪の広がり、ブライトホルンの柔らかな雪と、荒々しい山岳氷河、尖ったリスカムの稜線。これらを視野に入れて、私たちはゆっくりと歩き、立ち止まり、写真を撮った。

八月五日朝、薄雲はあるものの、まずまずの天気なので、ウンターロートホルンからオーバーロートホルンを目指した。三四一四メートルの頂上からはバリス山群の全貌が見渡せた。北西にはマッターホルン、ダンデュブランシュ、ヴァイスホルンの三角形がほどよく並んでいる。北東にはドーム、アルプフーベル、アラリンホルンとなじみのミシャベル連山が壁を作る。南には、登高中ずっと見えたモンテローザとリスカムが突き上げている。アルプスの巨峰に登ったかのような眺めである。

八月六日。まずゴルナーグラートからシュトックホルンに行き、さらにそのピークを目指した。雪が深いので途中で引き返したが、バリス山群に取り囲まれて歩くと、山の霊気が押し寄せてくるようだった。

登山電車でローテンボーデンまで帰り、そこからモンテローザ小屋への道を少したどってみた。眼下のゴルナー氷河、そこへ流れ落ちる四本の氷河、前方のモンテローザ、右手のリスカム。全てが堂々としている。この景色に惹かれて山腹をいくと、壽子が「あら、あなた」と叫んだ。エーデルワイスを見つけたのである。三本が固まって生え、まだ花が開く途中のものもあった。白い花弁をピッと尖らせ、崖へ向かって精一杯背を伸ばしていて、純潔な乙女の風情がある。

喜んで歩くうちに、氷河へ下る地点のガドメンの近くまで来てしまった。正面に迫るモンテローザの頂は柔らかな線で形作られ、純白の雪をふんわりと載せている。モンテローザを取り巻く二つの氷河、すなわちゴルナー氷河とモンテローザ氷河は柔らかな雪原から始まり、トラクターのキャタピラー跡のような模様をつけて激しく雪崩落ち、モンテローザの山腹を削り取っている。そして、緩やかな流れとなった二つの氷河は私たちの眼前で合流するのだ。右へ視線を向けると、リスカムの稜線から下りてくる氷河は最後まで荒々しい。空は青く、雪と氷河が光っている。またしても、地球的な大景観に出会ったのである。構図的にはゴルナーグラートからの風景に似ているが、比較にならない。私たちは暖かい日を浴びて座り込み、持参したクッキーを食べ、ミネラルウォーターを飲んだ。

氷河を歩く

氷河急行で一日かけてサンモリッツまで移動した。あいにくの雨模様の日であったが、食堂車での昼食がアクセントになった。

翌八月八日、ベルニナ山群の展望台であるディアヴォレッツァに出かけた。展望台から少し氷河に向けて下ると、ピッツベルニナを始めとする高峰とペルス氷河が大きく迫ってきた。しばらくして下ろうとすると氷河トレッキングの宣伝が目に入った。アイゼンやピッケルは要らず、登山用杖があればよいという。不安ではあったが、穏やかな晴天の日なので思い切って参加してみることにした。

二〇人のパーティーは一二時に出発した。いかにも実直なスイスのガイドといった男がピッケルを持って先頭に立って、私たちを案内してくれた。まず、ペルス氷河に下り、これを横切っていく。一面の氷と雪のルートで、所々にクレパスがある。やがて、一〇〇メートルはあろうという、氷丘が近づいてきた。円柱状の氷が集まって氷丘となっているのだ。上から注ぐ太陽の光が濃い陰を作り、白と黒とのコントラストが鮮やかだ。私達は氷丘のすぐ近くを黙々と歩いた。ガイドは歩を止めない。立ち止まって眺めるほどの安全な場ではないのかもしれない。私は振り返り、振り返り氷丘の姿を脳裏に刻み込んだ。

一時間ばかりの氷河歩きの後、氷河を離れて、小さな丘を登った。これで終わったと思ったが、丘の上に着いて驚いた。前方にはピッツベルニナから流れ落ちるモルテラッチ氷河が一面に広がっている。この丘は氷河に取り囲まれた島なのだ。ここで二〇分の休憩で、皆が軽食を摂った。これからが、本当の氷河トレッキングであった。

氷河へ下り、ガイドがピッケルで切ってくれた足場を使ってクレパスを越えた。そして、氷河の斜面を慎重に歩いて、氷河の本流に出た。右手には数十の巨大な氷塔が鋭角で天に突き上げて、視界を覆っている。振り返ればモルテラッチ氷河がゴロゴロとした氷塔の塊として雪田から駆け下りている。前方は一面の氷河。緩やかな下りだが、氷は硬く滑りやすい。私は右を見、後ろを見、足元を見とあわただしく下っていった。しばらく行くと広いクレパスだ。ガイドに助けられて急流を越え、また氷河を旅し、クレパスを横断する。驚いたことに、ガイドはモルテラッチ氷河を横切るのではなく、真っすぐに下っていくのである。午後四時過ぎ、氷河の末端に出た。傾斜がきついので、水が流れて氷が緩くなっている所を選んで慎重に下りた。岩を踏んだ時はほっとした。

八月九日、ロープウェイでコルヴァッチに達した。眼下に幾つかの湖が見える。ひときわ冴えているのは、シルスマリア湖。このほとりにニーチェが滞在したのだ。ムルテルまで引き返しロゼックの谷へ抜けたが、途中の峠ではベルニナ山群の雄大な姿が再び眼前に広がった。ロゼックからポントレジナの駅までは馬車である。エンガディンらしいのんびりした一日であった。

この後、ベルリンに立ち寄った。ベルリンは大工事の最中で、ヨーロッパ合衆国が誕生すれば、その中心になると思わせた。

さあ帰国である。アルプスの旅はやはり期待を裏切らなかった。人工物が増えているとはいえ、汚されない大自然がまだまだ残っている。日本で待ち受けている山積した仕事を考えるとあきれるほどであるが、これだけの経験をすれば、また一年を生き延びることができるだろう。

南太平洋、大富豪の夢

ロザラ島のザ・ウォール

一九九七年八月一日。フィジーのナンディ国際空港を飛立った年代物の飛行機はひたすら北東に飛んで、小島の小高い所にある滑走路に着陸した。看板にはロザラ国際空港と書いてある。

ここは、フィジー諸島のはずれ、ロザラ島である。著名な経済誌である「フォーブスマガジン」の経営者、故マルコム・フォーブス氏が島を買い取って別荘としていた。この別荘がリゾートとしての商売を始めた。基本コンセプトはフォーブス家の客になった気分の休暇を過ごさせようというものである。一人二五〇〇ドルを払うと、七泊八日の間、食事、アルコールはおろか、ダイビング、釣りをはじめ、何を依頼しても追加料金なしで、しかもVIPとして扱ってくれるとの宣伝である。

フィジーの北東部は、栄養に富んだ潮流の只中に位置し、ダイビングの目的地として定評がある。「スキンダイバー」誌によれば、ロザラ島も近くに良いダイビング・スポットがあり、そこにはサメ、マンタ、イソマグロ、バラクーダが回遊してくるという。サメ、マンタは見たが、イソマグロ、バラクーダはまだなので出かけてみる気になった。むろん、大富豪であるフォーブス家が経営するリゾートはどのようなものかと好奇心もあった。一九九七年の夏休みはロザラ島から、オーストラリアに回る三週間の計画とした。

一緒に飛行機を降りたのは、同じ年頃のアメリカ人夫妻で、ご主人のビルは石油会社の幹部である。ビルは三〇〇本近く、奥さんも八〇本潜っているそうだから、大ベテランである。勤め先の関係で、ホームグランドは紅海とモルディブだそうだ。

「おたくはどちらで潜っているんだい」

とビル。

「日本以外では、リザード島、ボラボラ島、ランギロア島、フィジーのマナ島だ」

と答えた。最初から足手まといとは思われたくなかったのであ

る。ビルは
「随分良いところに行っているじゃないか」
と引き取ってくれた。

マナ島には一九九五年の夏休みの後半部分として、一週間出かけた。ダイビングを覚えたばかりの由紀子を加えて三人の旅であった。マナ島でのダイビングで一番良かったのはシャーク・ダイブである。鉄製の籠に大きな魚の頭を数個入れて、海に投げ込む。これでサメを誘うのである。沈降中にサメが到着しては大変と慌てて潜った。全員が底に着いて、待つこと数分、二匹の立派なサメがやってきた。二メートルほどのメジロザメで、流線形の胴体は上部が薄緑、下部が白に色分けされている。サンゴ礁にいるサメとは別種で、現地ではブロンズ・ウェーラーと呼ばれている。

逞しい身体のフィジー人が籠から頭を一つ取り出し、棒に突き刺し、片ひざをついて高く掲げた。戦いのポーズのようでもある。二匹のサメは頭の周りをグルグル回る。そのうちに、一匹が意を決したように、頭に向かって直進し、さっと口に入れた。続いてもう一匹も棒に向かったが、頭はない。そのサメは明らかに怒って、身体をくねらせて泳いだ。フィジー人はもう一つの頭を取り出して、また高く掲げた。待ってました、とサメは頭に食いついた。満足したサメたちは私たちの上を旋回した。サメの裂けた口が上を通るたびに、私は身体を低くした。この二匹が去った後、また三匹のサメが現れた。彼らは警戒心が強く、一匹が餌を取っただけだった。

マナ島ではアンドゥーハ・ピナクルズのオオイソバナの森も迫力があった。形は様々で、枝振りのよい松を思わせるもの、藻のようなもの、そして細い線でできたものがあった。見上げれば上もオオイソバナ、そして下もオオイソバナであった。水平に泳いで一〇分もオオイソバナの森をさ迷った。なお、オオイソバナは平らに広がったサンゴの仲間で、ウミウチワもその親戚である。種の区別は難しいのでまとめてオオイソバナと呼んでおく。マナ島でサメだ、オオイソバナだとダイビングに凝ったので、ロザラ島ではもう一歩、ダイビング体験を深めるつもりであった。

フォーブスリゾートのブレ

ロザラ空港に迎えに来た支配人のリック夫妻に案内されてリゾートに向かった。ヤシの木が一面に生えた広い敷地に客用の七つの建物、現地語ではブレがある。ブレの間は五〇メートルくらい離れている。私たちのブレは四号。二〇畳ほどのリビングルームにベッドルーム、キッチン、バスルームがついている。リビングルームの壁は編んだ籐で覆われ、太い木の柱には飾りのため丸い穴が空けられている。フィジー風の、レベルが高いものだ。海を見渡すテラスも広々としている。宣伝どおりの夢の休日が始まったと思った。

午後に早速、近場のポイント、ボニースで一潜りである。ビル夫妻と私に、フィジー人のガイドが四人つくから、たしかに豪勢だ。ジョーがクルーザーを運転し、チチとバレイが一緒に潜り、ウェインは船上で見張りをする構成である。ボニースにはたくさんのサンゴがあった。壊れているものも散在するが、枝サンゴの枝も、テーブルサンゴの張り出しも大きかった。そして、壁には白、赤、紫と様々な色のソフトコーラルがついている。茎が緑、葉のような部分が白のオオイソバナ、さらには全体が黄色のオオイソバナもあった。細い水路には、網目模様の繊細なオオイソバナが張り出していた。このダイブは顔合わせ、すなわち、ガイドが客の力量を測る意味もあるはずだ。しかし、どうやら馬脚を現わすことはなかったようだ。

夕食は週に一度のフィジー式パーティーであった。まず、ダイブ・ガイドが車座になってカバという現地の飲料を飲んでいるのに招かれた。コンニャク粉のようなものを水に放り込み、かきまぜてあるところから、お椀で掬ってくれる。パンと手をたたいてお碗を受け取り、一寸飲むとなにやら漢方薬のような味がした。それでも、ぐいっと飲み干して、パンパンと手をたたくと、どっと歓声を上げて喜んでくれた。座っていると、二杯目を飲むことになった。これ以上はかなわないと、途中で脱出した。

料理はバナナの葉をかぶせての伝統的な蒸し焼きである。長老風のフィジー人が説明してくれた。

「昔は人間の蒸し焼きで美味かったが、今はニワトリが代用品だ」

たしかに、丸裸のニワトリが蒸しあがっている。

「これはグレープフルーツだ」

次に彼が指差した丸いものはイモだったので、全体に冗談のようだ。

八月二日。朝早くから、部屋つきのメイドであるメリーがやってきて朝食を作ってくれた。専属のフィジー人のメイド、ここではブレ・ガールが世話をしてくれることも売りだ。

「卵はどうしましょうか」

「オムレツを頼みます」

メリーは消えてしまって、しばらくして援軍を連れてきた。次の日、メリーが一人で挑戦したオムレツはクロ焦げであった。全体に料理の腕は、いまいちである。しかたがない。私たちは、アメリカ人の大富豪の客になっているのであって、フランス人の客ではないのだ。

さあ本格的なダイビングである。ポイントはファイア・ウォーク。沈降中にマンタがゆっくりと通り過ぎていった。これはなかなかの所である。しばらくゆくと、ガイドのバレイがカンカン

ダイビングに出発

とタンクをたたいた。彼の指差す方を見て驚いた。斜め後方一五メートルほどの所に、頭にこぶをつけた、一メートルくらいの黒褐色の魚が数十匹群れて壁を作っている。私たちが見つめても、魚はいっこうに驚かない。壁はジリジリと前に進んできた。なんだ、ありえないものが見える。そんな印象である。熱帯の海の底力だ。この魚は後で調べて、カンムリブダイであることが分かった。しばらくして、またバレイがタンクをたたいた。細長く半ば透き通った身体。バラクーダだ。数百匹の魚がゆっくりと円を描いて泳いでいる。そのうちに私たちを警戒したのか、垂直の壁になった。

二本目は再びボニースへ。ここも広いのか、昨日とは景色が違う。今度はやたらにカイメンが目についた。緑の棒のようなもの、パイプオルガンのようなもの、ひだになったものがある。こわれたサンゴの上にカイメンがとりついて棒を立てている。混沌とした生命力の発散だ。進化とは何かと思わせる。多細胞動物の中で一番下等とされるカイメンがここではこんなに元気に暮らしているではないか。
昼食はチャイナ・ビーチで摂った。貝拾いに良いと聞いたからだ。たしかに、ビーチの端でイモガイ、タカラガイ、珍しい楕円形の貝などを拾った。
午後、壽子と二人でシュノーケリングに出かけた。バレイが船を操ってくれて、ロザラ島とガメア島が近づいている所まで行った。サンゴは生き生きしているし、熱帯魚は多いし、おまけに様々なカイメンがある。私たちは一時間も泳ぎ回った。ついに、バレイが時間を持て余して、船を走らせて遊び始めたので、引き上げることにした。

八月三日。朝のダイビングはいよいよ、ザ・ウォールを目指す。フィジー北東部の売りは、海中で深く切れ落ちたウォールである。そこにはソフトコーラルが茂り大型回遊魚が泳いでくるという。ロザラ島周辺で一番のウォールは単にザ・ウォールと呼ばれている。三〇分くらい大洋を走って、ポイントに着いた。水深一〇メートルほどの所にサンゴ礁がある。いちどそこまで潜って、それから垂直の壁に沿ってひっそりと落ちていった。三〇メートルを超えた所で、水平に移動していく。チチが指差すほうを見ると、私のやや後方に巨大な魚体がある。楕円形の胴体で明らかにイソマグロである。イソマグロは悠々と泳いで青い深みに消えた。もう少し長く見たかったなと思っていると、今度は前方からイソマグロがやってきた。これもしばらくすると濃い闇に消えた。

二本目も壁である。モツイというポイントだ。壁に黄色いソフトコーラルがたくさんついている。しばらくいくと、またイソマグロに出会った。銀色の魚体がジュラルミンのように輝いている。魚は私たちをまったく恐れず、今までていちばん近い六、七メートルの距離で悠然と通り過ぎていった。つぎにはウミガメがいぶかしそうに首を曲げて、こちらを見てすれ違っていく。浅場に向かうと子連れのクマノミのカップルがいた。上がる直前、数百のウメイロモドキの大群が私たちの下を通り、海面に向かった。この青い帯の内側には赤紫の小さな魚の大群が帯を作った。そして、ウメイロモドキの帯の外側では、黄色に青筋の魚が第三の帯として泳ぎ去った。大交響楽のフィナーレのようである。

午後はトローリングに出かけたが、船頭はいたずらに船を走らせるだけで、収穫はカツオ二匹であった。明後日に今度は一日かけて再挑戦することにした。

八月四日。朝、バラクーダ・ピナクルスに出かけた。今度はサワラの仲間のキングフィッシュが二匹、近くを通りすぎた。その大きさはイソマグロほどだが、ほっそりしている。魚体はやはり、ジュラルミンのように輝いていた。
二本目はロングビーチ。入ったところには、かなりのオオイソバナがあった。しかし、流れがきついのでオオイソバナを楽しむゆとりはなかった。ビル夫妻はさすがにベテランでジリジリと流れに逆らって進んでいったが、私はほとんど停止しているようだった。たまりかねたバレイが引っ張ってくれたほどである。オオイソバナは何時も茶色に見える。写真のオオイソバナは赤い色をしているが、海の深いところでは茶色に見えるのだろう。ただ、浅い所で明らかに褐色のオオイソバナを見たことがあるので、この場合はどうなのかと気になった。

午後、ガメア島のリーフまで遠征してシュノーケリング。ドロップオフにはたくさんの魚がいた。バレイは待っている間に、壽子に大きなタカラ貝の貝殻を見つけてくれた。休み時間にバレイが話しかけてきた。

「ロザラ島は売りに出ているよ」

「え!」

「買う交渉に来たのはスコットランド人だ」

昨日到着し、カクテルだけ飲んで部屋に引き上げた三〇代の夫婦である。長身の御主人はチャールズ皇太子に似ているので、私たちは密かにチャールズと呼んでいた。今朝、チャールズとは再び桟橋で出会った。ダイビング支度の私に、「こんなところで潜るとは勇敢だ」と声をかけた。本当に彼にこの島を買う気があるのか。疑わしそうな顔の私にバレイは畳み掛けた。

「今日は、ビッグボスのライアンも交渉に来る」

ライアンはフォーブス・グループの幹部でこの島については最高責任者らしい。

夕食はいつものとおり、プランテーション・ハウスと呼ばれる建物のダイニングルームで摂った。客たちと支配人夫妻が同じテーブルを囲むのである。何時もは、ダイビングの予定が話し合われる以外は、たわいないジョークに笑いがはじけている。ところがその日は沈黙が支配していた。チャールズの隣にライアンが座ってひそひそ話しているもののライアンの顔色は優れない。従業員の噂話が本当かどうかは分からないが、本当とすれば交渉は不成立のようだ。ビル夫妻も多分同じように思っているだろう。チャールズとライアンの話の内容は推測できるものの、誰もおおっぴらに確かめることはできないのだ。この際と、私は疑問に思っていたオオイソバナの色を取り上げた。皆、飛びついて議論に参加したが、結論は得られなかった。

「流れの強いところのオオイソバナは茶色いことが多いわ」

とビル夫人。しかし、本当のことは水中ライトの光を当ててみなければ分からないそうだ。

八月五日。釣りの一日である。バラクーダとキハダマグロが目標だ。まず、餌を釣ろうと七時半から九時まで海上を走り回って、カツオ一匹も来ない。さすがに呆れ果てて、船頭が持ってきた、魚の切り身を使おうと提案した。船頭が乗ってこないので、自分でフカセ釣りの支度をした。

「お前は釣りをするのか」

と船頭。釣りをするから、ここにいるのじゃないかと思ったが

「あたりまえよ、マーリンだって釣ったことがある」

と力んだ。一〇分もすると、来た。七〇センチほどの、ヒラアジである。船頭は、にわかに元気になった。

「さあバラクーダのトローリングをしよう」

不思議に思っていると

「ずいぶん立派な餌がいるじゃないか」

とヒラアジを指した。惜しいと思ったが、マーリンを釣ったと力んだ以上、ヒラアジに執着できない。ヒラアジの半身はそがれて針につけられた。しかし、いくら走ってもバラクーダのバの字も来ない。

船頭は

「ハタ釣りをしよう」

という。魚の切り身を餌にして底をねらう。しばらくして、私の所にアタリがあり、あわせるとギュッと引き込んだ。すこしこらえているとハタが上がってきた。三、四キロのブクブク太ったハタが上がってきた。寿子、船頭にも来て、一時間ばかりで七匹のハタを引き上げた。退屈はしないが、外海で船の揺れが激しい。マーリンやマグロ狙いなら、揺れも我慢するが、中級のハタを相手ではもういいという気になった。港へ帰ってクーラーを覗くと、いつのまにかヒラアジのもう半身も船頭の餌に使われていた。骨と頭だけのヒラアジを見て、大げさに言えば釣った大魚をサメに食べられた、「老人と海」の船長のような気分になった。

夜になって、桟橋からバレイと潜った。ちょうど、満ち潮でソフトコーラルが満開である。水中ライトの光の中に赤とピンクの中間色のソフトコーラルが気持ちよさそうに触手を伸ばしていた。ミノカサゴもゆっくりとヒゲを動かしていた。種類がやや違ったものを含めて、全部で七匹のミノカサゴが現れた。

遅めの時間となったので、ディナーは私たちのブレで摂った。メリーが支度してくれるのだが、ワインを開ける時、コルクをほじり始めたので急いで止めさせた。

タカシ・ウォール

八月六日。朝のダイビング客は私一人である。ビル夫妻は今日の便で出発だ。それでも、ジョー、チチ、ウェインの三人が付き添って、大型クルーザーを出してくれるから、これは大富豪のダイブである。

「どんなところにいきたいかい」

とジョー。

「きれいなオオイソバナがあるウォールがいいな」

と希望した。マナ島でオオイソバナは十分に見たが、実力のあるこの海で最高のところではどうなっているか、と思ったのである。

沈降すると、チチは一寸したサンゴの峰を越えて、ついて来いと手招きした。峰を越えると垂直の壁だ。静かに、静かにチチと私は壁に沿って落ちていった。チラチラとソフトコーラルが見えるがそれほどの眺めではない。しかし、藍色の海の濃さが次第につのってくる頃、下方に姿の良いオオイソバナが見えた。斜め下にもある。そうだ、前方にもある。いつしか私たちは数メートルから一〇メートルの間隔で立ち並ぶオオイソバナの林に入っていた。深い黒いような海底の側のオオイソバナはより大きい気がする。そちらへ行ってみようと思ったが、チチはもう沈まない。はっとして、水深を調べると四二メートル、レクレーションダイブの限界を超えている。私は急いで一けりして、少しだけ浮いた。

二人は四〇メートルラインを保って、ゆっくりと壁を回った。オオイソバナが現れては消えた。葉にあたる部分が細い繊細なタイプで心なしか赤みを帯びている。大きさは、少なくとも一・五メートルはあり、壁から大きく張り出して、海にネットを張ったようだ。網目の向こうには藍色の海が良く見える。マナ島の時のように密集してはいないが、形のよさと神秘感ではこちらが上である。満ち足りた数分間が終わり、私たちは浮上を開始した。チはダイブコンピュータを眺めては少しずつ表面へ近づいた。水深五メートルでの安全停止もやたら長い時間をかけた。そう、あれはもうディープダイブの世界だったのだ。二本目はこの壁の別の所を潜った。黄色いソフトコーラルが一面に花開いていた。

八月七日のダイブは好天ならザ・ウォール、悪天候ならスチルウォーターと決めていた。

「潮のいい時のザ・ウォールはあんなものじゃない、もっと魚がいっぱいくる」

といわれたからだ。夜に大雨が降り、朝になっても霧模様で、スチルウォーターとなった。といっても、スチルウォーターも人気ポイントで、潮が流れている時のドリフトダイブは最高だとされている。今日はまさにドリフトダイブとなるので、私は水中ライトを用意した。オオイソバナの色を知るためであったが、万一流されて霧の中で浮上しても位置を教えられると思ったのである。もっとも、行方不明になるという心配は杞憂であろう。今日も私一人に三人のガイドがつく大富豪ダイブである。

途中で、舵をとるジョーが話しかけてきた。

「昨日の壁は新しいスポットで名前がついていない。客として潜ったのはお前が最初だ。お前の名前をつけよう。タカシ・ウォールだ。日本に帰ったら、俺のウォールで潜れといってみろ」

私はとても喜んで返事した。

「俺は遺伝子の狩人だ。見つけた新しい遺伝子に幾つか名前をつけたが、自分の名前をつけたことはない。地上に俺の名前の場所があるとは素晴らしいことだ」

彼らのサービスで次はジェームス・ウォールになるかもしれないが、一つの遺伝子に複数の名前がつくことは、よくあることじゃないか。少なくとも私は、青黒い深さの中でオオイソバナが枝を張っていたあの壁をタカシ・ウォールとして一生覚えておこうと思った。狩人同士のディナーのジョークとしても適当であろう。

ダイブ！　潜ったとたんにアジの大群に取り囲まれた。乱舞するアジを通して見えるのは一〇匹ほどの大きなバラクーダである。バラクーダはゆっくり泳いでアジを狙っていた。ドリフトダイブといっても、心配することは何もなかった。ゆったりと流れに身を任せていればよい。色とりどりの魚やソフトコーラルが視界に入って消えて行く。紫の長いブラシのようなヤギもあった。

オオイソバナも豊富である。葉が厚いものと、細い網状のものが共にある。流れに乗って近づいた時にライトを当ててみた。オオイソバナは、光が届くと深い赤色に輝いた。美しいサンゴの色だ。水中ライトの光が赤いのではないかと一瞬疑ったほどの見事な色だ。数十のオオイソバナを調べたが、いつも暗赤色に輝いてくれた。深度を一〇メートルにすると、明らかに褐色のオオイソバナが登場し、光を当てても褐色であった。こうしてロザラ島のオオイソバナは深場では赤色であると結論した。ライトがなくてもオオイソバナの林が赤く見えたら、その素晴らしさは想像を絶する。暗褐色のままで、こんなに趣があるのだから。

二本目は近くのムロムロ。これもドリフトダイブである。後半は再びオオイソバナの林となった。岩と砂の底から、高さ一・五メートルほどのオオイソバナが、数メートルの間隔で立ち上がっている。細い網状で、向こうが透け、曲がった根の部分も見事なものが多い。オオイソバナは潮に向かって枝を張るのか、私たちは見渡す限り立ち並ぶオオイソバナを正面から眺めて流れていくことができた。大きく張り出したオオイソバナと記念撮影したら見映えが良いだろう。日本でならひっきりなしにダイバーが訪れるだろうが、ここではオオイソバナはひっそりと枝を広げ、そしてひっそりと命を終わるのだ。

上がる直前、バレイが見ろとばかりに、斜め下方の深みを指差した。三匹のエイがゆっくりとヒレを動かしている。マンタにしてはヒレが小さいと思ったが、後で聞くとイーグルレイ、すなわちマダラトビエイとのことであった。マンタの次に大きいエイである。

昼食はツリーハウスで摂った。大木にハシゴが懸かっていて、木の上で過ごせるのだ。木に取り付いた黄色のランが満開であった。

食後にオレンジ・バトを探しに出かけた。フィジー北部の固有種で、オスは頭が緑、胴体がオレンジという、信じがたい美しさだそうだ。バレイの弟が運転してくれるバンで、周辺にオレンジ・バトが棲んでいるという見晴台に出かけたが、ハトはいない。それらしいカッカッという鳴き声が聞こえるだけであった。

「帰り道にもう一箇所ポイントがある、そこを探そう」

半信半疑であったが、彼は見事に見つけてくれた。ジャングルの中で、木の上から三分の一位のところに止まっている。私たちは鮮やかなオレンジ色をゆっくりと眺めた。心満たされてブレに帰ると、壽子の指輪がなくなっていた。大富豪の使用人に盗人がいるのだろうか。

サンフランシスコとロサンゼルスからの二組の夫婦がディナーの席に加わった。三〇代の元気な人たちである。話が弾む中で、支配人のリックが四〇も半ばを超えたことを嘆いていた。私はリックにいった。

「俺にとっては四〇代より五〇代がいいよ」

「何、四〇代は抑圧されていたのか」

「いや、四〇代もよかったが、五〇代はもっといいってことさ。スキューバダイビングを始めたのも五〇代だし」

「そうか、何か新しいことをしなくっちゃな。でも何をするかな、スキューバダイビングは十分やったし、スカイダイビングは余りに機械的で好かんし」

ビッグボスのライアンにとっても五〇代でスキューバを始めたことは興味あるらしく、理由を聞かれた。

「マンタを見たくてね」

「そうか」

　ライアンは二〇年前のスキューバ初心者時代のことを懐かしげに話してくれた。ライアンはすっかり寛いでいた。リゾートを売る話が消えて憑き物が落ちたのかもしれない。そこへリックが割り込んだ。

「ところでね。新しいダイビング・スポットが発見された。その名前を言ってみろ、タカシ」

「タカシ・ウォールさ」

「チチとタカシが潜っていてオオイソバナの茂るウォールを発見した。ジョーはタカシ・ウォールにしたいといっている」

　リックの説明はやや不正確である。私は発見の物語はしばしば不正確だと、報告者ジョーのためにも訂正しないことにした。とにかく、ジョーが私に告げたことはサービスではなかったのだ。

「すごい、俺をそこに連れて行け」

　とサンフランシスコの男。

「いや、ここで何回か潜らなければ、あの深場はだめだ」

　とリック。

「一体どれだけあるのだ」

　とライアン。

「四〇メートル」

「ふー、長くはいられないな」

　国際会議で、名付けた名前の遺伝子について議論が続けられている時の気分である。


　翌朝、むだと思いつつメリーに指輪のことを尋ねた。

「知らない」

　との答えだ。予想通りである。ところが、しばらくしてメリーがやってきた。

「下働きの子におかしな挙動があった。笑って部屋から走り出ていった。私はブレ・ガールである。何かあったら私の責任だからこれからあの子を問い詰める」

「いやそれほど大げさにする気はない」

「これは私とあの子の問題だ」

　メリーは目を見張って答えて、大またに芝生を歩いていった。三〇分後、奇跡のように、なくなった指輪を持ってメリーが帰ってきた。

「私はあの子を三度問い詰めた。笑ってばかりいるから、じゃーこれから一緒にボスの所へ行こう」

　といったら、さっと出したのだそうだ。メリーは首都のスバからやってきて一月ほどという。気立ては良いが、料理が冴えないので、どうして雇ったのかと思っていた。良い家庭の子なのだろう。すっかりメリーを見直した。


　八月八日。午後の出発便を待つ間に、マルコム・フォーブスの家を見に行くことにした。小高い丘の上の家は見晴らしが良いものの、それほど豪華ではない。フォーブスは学校、教会、住民の家を作るのにお金を使ったのだ。家の中を案内してくれる老人は、最初のパーティーの時、説明役だった長老風の人物である。フォーブスに仕えた人であろう。

「フォーブス様は偉い方だった。学校を作るだけでなく、費用もただにして下さった」

と回想した。フォーブスは第二次大戦を太平洋で戦った海軍士官であった。成功してからは、レーガンや本物のチャールズと写った写真もある。エリザベス・テーラーと思われる写真も飾られている。

「フォーブス様はこの御婦人とこの島で暮らそうと離婚された。でも、結婚を待たず、七〇歳で心臓麻痺のために亡くなられた。フォーブス様は世界中に城や宮殿や牧場を持っていらっしゃったが、ロザラ島が一番お好きだった。だから、フォーブス様のお墓はこの島にある。それなのに、お子様たちは島を売ろうとされたのだ」

老人は悔しそうだった。

フォーブスの墓には、"When alive, he lived"と書いてあった。生命ある限り、生き抜いた、とでも訳せようか。共感できる生き方であるが、それにしてもすさまじい。七〇歳でロマンスを追い求めたのだから。子供たちが、島を売ろうとしたとすれば、その背景には色々の葛藤があったのであろう。

飛行場へ送ってもらう前にプランテーション・ハウスに立ち寄った。釣りから帰ったライアンがポラロイド写真を見せてくれた。一・五メートルほどのカマスサワラが写っている。ビッグボス相手では船頭も、がんばったのだろう。

メリーがオレンジ、紫、白の花と木の葉で作った複雑な花輪を二つ持って駆けつけ、私たちに掛けてくれた。サルサルといい、一つ作るのに四五分かかる力作でやっと間に合ったそうだ。空港ではライアン、リック夫妻、メリー、さらに他の従業員三人と盛大に見送ってくれた。メリーは足を開いて、手を開いたり閉じたりしている。たしかに大富豪の客になった大富豪の夢を見させてくれた一週間であった。いくつか興味深い現実はあったけれど。そして、私は大人のダイバーになることができたのだ。

飛行機はタベウニで新しい客を乗せてナンディへ向かった。乗り込んできたアメリカ人らしい人たちが話している。

「新婚客が乗っている」

他に客はいないから、盛大な花輪をつけた私たちのことらしい。後部座席の人たちだから、私の頭を見れば間違うはずはないのに、軽率なことだと考えた。しかし、すぐに、そうだここはフォーブスの島の近くだと思い直した。

再びオーストラリアへ

ワイルドフラワー

一九九七年八月九日。フィジーのナンディから、オークランド、シドニーをへてメルボルンに着いた。ペンギンパレードを見物するためである。

八月一〇日。朝のうちに、クック提督の育った家を見にいった。イギリスから移したものだ。大探検家の生家にしてはあまりに小さく、部屋も質素であった。植民地時代以前のヨーロッパの貧しさを改めて認識した。ペンギンツアーの一行はインコの餌づけ、ヒツジの毛刈りといったアトラクションのあとフィリップ島の海岸に向かった。駐車場には既に大型観光バスが二〇台以上止まっていた。海岸にスタジアムの観客席のようなものができていて、たくさんの人が座っていた。ざっと見渡すと一〇〇〇人くらいの客がいるであろう。これはもうペンギン・ショーである。

日没から少したって数羽のペンギンが上陸した。自分たちしか浜にいないと知ると慌てて海に戻った。十数羽となったところで巣へ帰るためパレードを開始。ペンギンの中では最も小型のコビトペンギンで、ヨチヨチと必死に歩いている。

「いろんな種類のペンギンが来るんじゃろうか」

日本語が聞こえる。ここにいるペンギンはこの一種類であるが、情報不足らしい。

「ペンギンの目を傷めるからフラッシュは厳禁です」

アナウンスが繰り返された。しかし、フラッシュは止まない。ついに中国語、そして日本語のアナウンスがあった。日本語のものは厳しく

「違反者のカメラは没収する」

と叫んだ。フラッシュはピタリと止まった。どちらかの言葉を理解する何人かの人がフラッシュをたいていたのだろう。

ペンギンが一番恐れるのはカモメである。カモメのほうが大きいくらいだからである。闇が迫ってくるにつれて、上がってくるペンギンの数も増えた。ユーモラスなペンギンの姿は、やはり、一見の価値がある。

八月一一日。西オーストラリアの中心、パースに飛んだ。翌日、ザ・ピナクルスへのツアーに参加した。最初の呼び物は砂丘である。砂丘は氷山に似ていると思った。遠くから、つながって見えている時も、近くで複雑な側面を見せる時も。残念なことに、四輪駆動車で上を走るため、砂丘は荒れていた。何時か無傷の砂丘を本格的に見たいと思った。

昼食はインド洋沿いの美しいビーチで摂った。近くの磯を七〇センチほどのアジの群れが背びれを立てて泳いでいた。ここで釣りをすれば、釣りほうだいであろう。

また、ひた走りに走って、ザ・ピナクルスに着いた。ザ・ピナクルスは木の根などの侵食を免れて残った石灰岩の塔であるという。砂漠の中に、一メートルから五メートルくらいの塔が立ち並んでいる。不思議な風景だ。夕方にここを歩いたら神秘的だろう。

塔を眺めていくと、明らかに日本人と見える青年が塔によじ登っていた。もろい塔なのに、けしからん同胞だ、と思ったが聞こえてきたのは日本語ではなかった。しばらく歩くと、また塔に取り付いている東洋人の青年がいた。まったく無作法な連中だと思ったら、今度は日本語が聞こえてきた。

八月一三日、旅の目的地の一つであるモンキーマイアを目指した。早朝の便でジェラルトンまで飛び、そこからレンタカーで北上した。西オーストラリアはワイルドフラワーでも有名である。シーズンは九月と思っていたが道端にけっこう花が咲いている。進むにつれて花が増えてきた、と壽子がいう。予定を変更して、花見物のためにカルバリ国立公園に寄り道することにした。

国立公園に入ると黄色いマリのような花をつけたアカシアの潅木が続くようになった。より大きな木で細長い赤い花をつけたものも目立つ。これは当たりである。私たちは駐車場に車を止め、近くのブッシュで花を探した。ありとあらゆる花がある。おもちゃ売り場にほうりこまれた幼児のような心境だ。

走っては車を止めて、近くを探すこと三度、数え切れないほどの種類の花を見た。緑色で複雑な形をしたカンガルーポウ、ブラシの木、そして小型のパイナップルのようなバンクシア。これらは西オーストラリアの花の代表だ。小さな水仙、尖った星状の青紫の花、マメのような花もある。赤、黄、白、紫と花の色は様々だ。葉が細く、糸状の花が多いことは、ここが乾燥地であることを反映している。

私たちは酔ったようになって引き返した。気がつくと丘全体が花で黄色くなっている所もある。見惚れていて、ハンドルがおろそかになり、車が蛇行してしまった。公園の出口にはピンクのサクラソウの群落がある。近くの牧場は黄色いデイジーで覆われている。

モンキーマイアを目指して北上し、シャーク・ベイに入った。今度は道の両側で、そして続く林の中まで、黄色いマリ状の花が満開である。タンポポのような草がつける花だ。黄色いじゅうたんは果てしなく続き、その上は青い空である。

シャーク・ベイの入口でハメリン・プールに立ち寄った。複雑にうねった黒い岩が少しばかり海面から顔を出して、いくつも、いくつも続いていた。原始時代の地球に、はびこった藍藻が作

藍藻が広がるハメリン・プール

る岩である。その表面では藍藻がまだ生きているという。原始の地球ではこのような景観が広がっていたのであろうか。つづいてシェル・ビーチへ。海岸はすべて貝殻で覆われていた。サクラの花びらより少し大きい程度の白い貝殻だ。手で掬うとサラサラと下に落ちた。

夕方にモンキーマイアに到着。そこのリゾートに泊まった。八月一四日朝、呼び物のイルカの餌づけに出かけると、浜には一〇〇人ほどの人が群れていた。イルカは二頭やってきて、鼻先を水から上げて、早く餌を頂戴とねだった。レンジャーが持ってきた魚は三匹だから、これは自分で餌づけするのは無理だとあきらめた。ところが、二匹目の魚を持ったレンジャーが真っ直ぐ壽子を指している。

「どうしようか」

「いいじゃないか」

喜んで好意を受けることにした。イルカは嬉しそうに口を開けて餌を貰った。いつも大事な時にフィルムがなくなるので、フィルムを二枚残しておいてよかった。

午後になって、ジュゴン見物のクルーズに

モンキーマイアのイルカ

参加した。ジュゴンは人魚のモデルとなった生き物だが、数が激減し絶滅の危機にある。ここシャーク・ベイはジュゴンを高い確率で観察できる稀な場所なのだ。ショット・オーバー号という双胴ヨットに乗り組み、海草が茂った浅場をゆっくりと探して行く。ジュゴンの食物は海草だそうだ。最初の、港に近いポイントには何もいない。次のポイントはかなり沖のほうだ。水がきれいになってきたが、やはり海草が茂っている。期待していると、船員が双眼鏡で見渡して何も見えないという。しかし、遠くに水しぶきを上げている生き物がいる。あれは、イルカだろうか。

船が近づいてやはりジュゴンであると分かった。船の前方一〇〜一五メートルのところで、二頭のジュゴンはゆっくりと海草を食べながら前進した。息をするとき鼻を上げるが、それ以外は背中を見せているだけである。それでも私たちは満足だった。すると、一頭のジュゴンが次第に船に寄ってきた。船に気がつかないらしい。あと数メートルの所になって、突然に向きを変え、大きく尾を振って海の深みに消えた。ジュゴンの力強い尾の動きで、海面にうねりが生じ、また、ジュゴンの全身をはっきり見ることができた。巨大な魚のようでもある。
「クライマックスだ！」
誰かが叫んだ。そのとおりで、この後には、遠くからジュゴンの背中を見ているだけだった。

八月一五日。帰り道に、再びカルバリ国立公園に立ち寄った。気のせいか、さらに花の数が増えたようだ。ゴクラクチョウの羽のような房状の花もある。カンガルーポウの仲間で、赤と緑の花も見つけた。公園を出てジェラルトンへの道では牧場に紫のじゅうたんが広がっていた。

陽気なザトウクジラたち

八月一六日。パースから東海岸へ戻り、乗り継いでハービー・ベイに達し、さらにフェリーでフレーザー島のキングフィッシャー・ベイ・リゾートに着いた。目的はクジラである。ここは、ザトウクジラの移動ルートにあたり、たくさんのクジラを見ることができるという。アラスカでクジラを満喫したはずだが、南半球で評判の高いここはどうなっているか、知りたかったのである。

しかし、ハービー・ベイの港に着いた時はがっかりした。アラスカ・クルーズにでも出かけそうな巨大な船がホエールウォッチングと看板を掲げて何艘も停まっているのである。私は満員の船の乗客となって海を行き、巨船に取り囲まれる一頭のクジラを眺めることを予想した。

八月一七日。朝、リゾートの桟橋から、ホエールウォッチングに出発した。中型の船で、乗客は五〇人くらい。それほど混みあった印象はなく、ほっとした。しかし、一時間進んでも、イルカが見えるだけである。そろそろ心配になった頃、やっと三頭のクジラに出会った。規則通り一〇〇メートルの距離をとって観察するが、潮吹き、背中のコブ、潜る時のシッポと定番の行動である。しばらくして場所を移るとまた二頭のクジラがいた。同じことの繰り返し。
「このクジラも協力的ではありません」
アナウンスがあって、船はさらに先へ進んだ。

次に出会った四頭のザトウクジラはヒレでバタバタ水面を叩いたり、頭を水面から出して様子を窺がうスパイホップをしたりと楽しませてくれた。しかも、クジラのほうからジワジワと近づいてきたようだ。距離が四〇メートルほどになった時、一頭のクジラが船を目がけて泳ぎ始めた。もう一頭は横泳ぎして、ヒレで水面を叩きながら寄ってきた。あっという間に四頭のクジラが船を取り巻いてしまった。

一頭は船に向かってさらに泳いできて、二、三メートルの距離になって頭を上げて大きく呼吸した。頭や口についている大仏の頭にあるようなコブが良く見える。二頭は一〇メートルくらい先でスパイホップしている。今度は、船の前面、三メートルほどでスパイホップが始まった。フジツボのついた首が印象的だ。一頭は仰向けになって船の近くを泳ぐ。腹部の白いウネの全体像が分かる。軽く潜って逆立ちし、大きな尾を水上に突き立てて振る奴

船の近くを泳ぐザトウクジラ

もいる。二頭が背中のコブを突き出して船から数メートルの距離でユウユウと泳いでいる。

「後はブリーチだけだわ」

興奮したご婦人が叫んだがこれは無理であろう。少し間違えれば船に飛び込んでしまう。私はそれまでセーブしていたフィルムを使い切ってしまって、ちょっとクジラが見えなくなったすきに詰め替えた。

クジラはまたやってきた。さっきの繰り返しだ。船にぶつかりそうな距離で泳ぐ奴。ご対面という近さでスパイホップする奴。船に向かってきて直前で潜る奴。クジラ四頭と船一艘の乱痴気騒ぎである。

私は上のデッキにいたが、下のデッキにも降りてみた。本当に目の前をクジラの背中が通り過ぎていく。しかし全体像を見るには上が良いと、再び上部デッキに帰った。

「クジラの鼻の形はカバの鼻に似ているわ」

壽子がいった。系統樹では離れているはずだが、水中生活をすると似た形になるのだろうと思った。遺伝子の解析からそれまでの定説が覆り、クジラとカバは親戚だとのニュースがもたらされたのは、しばらく経ってからだった。

私たちの船から一〇〇メートルくらい離れていた船がたまらなくなったのか、にじり寄るように近づいてきた。しかし、クジラたちは私たちの船の底を潜って反対側に出て相変わらずこちらの船と遊び続けた。二頭は並んで船のほうに頭を向けた。誰かがはい、ポーズといった。

近づいてきた船は遠慮がちに方向を変え、やっとクジラに接近できた。三〇分以上もクジラと遊んで、満足しきった乗客を乗せて船は帰路についた。ハービー・ベイの宣伝にクジラが私たちを見物に来るとあり、船のすぐ近くでスパイホップしている写真があった。ごく珍しいことだろうと思っていたが、これが現実のものとなったのだ。


午後はリゾートの散策路を歩いた。デザート・ピーという、赤いホタルイカのような大きなマメの花があった。夕食後、ナイト・ウォークについて行った。ライトで高い木の上を照らすと、数匹のフクロモモンガが見つかった。でも飛ばない。海岸へ行って引き返してくると、今度は飛んだ。茶色い、四角な布のようになって、木から木へ二〇メートルくらい飛んだ。


翌八月一八日も、午前中はクジラ見物だ。しかし、クジラは少しも友好的でなかった。あとから来た船のほうに行ってしまうクジラもいる。

「あー、あちらの船は良いな」

後ろで乗客が嘆いている。といっても向こうの船と平行に少し泳ぐだけである。午後は四輪駆動車による探検に参加した。この島は、砂地でできている島としては世界最大だそうだ。澄み切った流れに沿ってヤシの原生林を歩いた。


八月一九日。ホエールウォッチングの最終日である。レンジャーの説明によると、船にクジラが寄り付いている時は、船は動いてはいけないそうだ。

「港へ帰れなくて困る時は、他の船に近づいてもらって、クジラが遊ぶ対象を別に作って脱出します。今シーズンにそういうことが二回ありました」

これで、一昨日の、近づいてきた船の行動が理解できた。私たちはこの幸運に出くわしたのである。レンジャーの説明が終わったとたん、前方一〇〇メートルにクジラが見えた。私がカメラを出そうとバッグをかき回していると、ドッと声が上がった。クジラがブリーチしたのだそうだ。慌てて顔を上げた私には水しぶきしか見えなかった。カメラとの関係では、あまり幸運ではない。カメラにかかわっている時に、クジラは何かする。

でも、今日は再び良い日だった。三頭のクジラがやってきて、船とたわむれた。スパイホップ、船に向かっての記念撮影。一昨日と同じ光景が、一五分ほど続いた。二度目のゆとりで、私はアングルを選んで写真を撮ったり、かぶりつきの所でクジラを眺めたりして過ごした。そして、クジラの全体像（カラー写真7）や手を振る人に接近する姿（カラー写真8）を撮影できた。今回は救援を頼むことなく脱出できたが、オーストラリアらしい底抜けに陽気なクジラの振る舞いは驚くべきである。

ブリスベンへ戻って、ケアンズに向かった。すでに訪れた所だが、カモノハシを見ようとしたのである。カモノハシは卵から産まれる、珍しい哺乳類だ。動物園でもめったにお目にかかれない。このカモノハシをツアーで見物できると、『地球の歩き方』に書いてあったので、計画に組み入れた。何と、日本人対象のツアーである。行程は六年前の熱帯雨林のツアーと似ているが、カモノハシの棲むバロン川上流への立ち寄りが追加されている。しかし、トイレ休憩がやたらに多くてスケジュールは遅れていった。何度バスを止めても、それなりに需要があり、時間がかかるから不思議である。

それでも、日没直前に目的地に達することができた。川岸に立っている人たちの間に飛び込むと、サンショウウオに似たケダモノが水面に浮いているのが見えた。クチバシがあることを双眼鏡で確かめた。カモノハシである。胴体は黒褐色で、幅広い手足で水をかいている。じきに潜ってしまうが、しばらくすると浮上する。これを三回繰り返した。原始的な哺乳類にしては動きがすばやい。カモノハシが現れなくなると、あたりは薄暗くなった。

夢のサファリはマラマラで

初めてのゲーム・ドライブ

ついにアフリカに行けることになった。ニューヨークでの研究員時代から、憧れていた所である。

「サバンナをサファリして、ライオンやゾウを見よう」

当時の『ニューヨークタイムズ』の日曜版には、ケニア・サファリ、タンザニア・サファリの広告が満ち溢れていた。極東の祖国へ帰って消えた夢が九〇年代になって復活した。でも、情報を集め、そして状況が許すのを待っているうちに、東アフリカの情勢が悪化した。一九九七年、ケニアでは暴動まで勃発したのである。

あわてて南アフリカに目的地を変更した。ターゲットはクルーガー国立公園の近くの私営動物保護区である。国立公園との間に柵はなく、動物は自由に動き回っている。そして、私営であるために、規制が緩くサービスが良いのである。中でもマラマラ保護区などは定評がある。そこでは、ビッグ・ファイブ、すなわちライオン、ゾウ、サイ、ヒョウ、バッファローのすべてを、高い確率で見ることができるという。ケニアでヒョウを見ることは容易でない。目的地を変更することがプラスに働くかもしれない。ついでに、ビクトリア滝、喜望峰、チョベ国立公園も訪ねてしまおうと思った。

アフリカ旅行の準備は大変である。まず、せっせと予防注射に通った。マラリアの予防薬の入手、ツェツェバエを避けるための地味な長袖シャツと忘れてはならないことが多い。ツェツェバエは眠り病を媒介するのだが、訪れるザンベジ川流域では活躍している可能性がある。いっぽう、壽子はビデオ・カメラを買い込んだ。

一九九八年八月七日。期待に胸を躍らせ、少しばかりの不安を抱えて、南アフリカ航空に乗った。中継地のヨハネスブルグは治安が最悪であるというので、郊外の高級ホテルに宿をとり、送迎車を依頼した。八月九日。お陰で無事に、クルーガー国立公園のあるスククーザ行きの飛行機に乗り込むことができた。

スククーザの空港には、様々なロッジの車が迎えに来ている。ひときわ、がっしりして立派なのが、私たちのマラマラの車である。十数人の興奮した客を乗せて出発。空港を出たとたんに、小型のシカのようなケダモノに出会った。スティーンボックとのことだ。つづいて褐色の胴体で黒々とした角が立派な、中型のレイヨウが数匹。インパラだ。インパラが意外に大きいのにビックリした。インパラはそれからもしばしば現れた。優雅にジャンプしている姿もある。

少し行くと林の中にキリンがいた。木が邪魔して、全体像が分からないが、キリンであることは確かだ。次は数頭のシマウマ。乗客たちは歓声を上げた。縞が鮮やかで距離も十数メートルなのだ。再び一同が騒然とした。ゾウたちがやってきたからである。大きいゾウは少し離れてこちらを見ていた。しかし、耳をバタバタあおり、オチンチンをブラブラさせた少年ゾウは車のすぐ近くを通った。

ほぼ一時間走って、マラマラのメイン・キャンプに着いた。セントラルロッジには広いテラスがあって、サンド川へ続く斜面を見下ろしている。昼食はこの気持ちの良いテラスで摂ることになる。よく見ると、サンド川の向こう岸に数頭のキリンがいる。私は双眼鏡を取り出して、川岸の木の葉を食べているキリンを眺めた。天気が良く、平和そのものの風景だ。

ブーゲンビリアが咲き乱れる道を通って、宿泊ロッジに案内された。ロッジの前はウォーター・ホールすなわち水場になっている。

「ケダモノが来るよ」

とのことだ。室内は広く、エアコンも効いている。洗面台やバスルームが二つ付いていて、朝の準備が素早くできるようになっているなど、至れり尽せりだ。ゲーム・ドライブまでにはたっぷり時間がある。私たちはウォーター・ホールとその後ろのサバンナを眺めて過ごすことにした。

まず、ヒヒの群れがやってきた。つづいて、クドゥーのメスが来た。茶色の胴に白い帯のあるレイヨウである。おや、あの茶色の奴はイボイノシシではないか。お！　遠くをシママングースの群れが走っている。たしかに、結構、退屈しない。

三時過ぎ、私たちは身支度してセントラルロッジに向かった。お茶の時間である。

「やあ！」

私たちを担当するレンジャーであるリオンが機嫌よく迎えてくれた。リオンはヒゲもじゃで、ややはげた大男。どこか作家のニコルに似ている。運転し、説明するのはリオンだが、ケダモノを見つける役のトラッカーは現地人のジャン。細身の物静かな男である。相客はアメリカの大学に勤めるグレック夫婦である。私たちと同じ日に到着し、共に五泊の予定なので、一緒の車にしたのだそうだ。一台の車に乗る客は六人であり、四人だけとは特別である。そして、次第に分かってくることだが、リオンとジャンはマラマラの中でも優れた人たちであった。通常の客は三泊なので、五泊の客は大切にされたのであろう。

コーヒーを飲みながらリオンと話した。

「イボイノシシを見られて嬉しかった。目標のケダモノの一つだ」

といったら、リオンは不思議そうな顔をした。


四時ジャスト、私たちが乗った大型のランドローバーは動き出した。屋根も、側面の壁もないから、動物を見るには最適だ。おまけに、三段の高低差がついた座席があり、好きな所に陣取ってゆったりできる。

すぐに、スティーンボック、クドゥー、そしてクドゥーよりやや小さいニヤラが見えた。キリンが葉っぱを食べ、川岸に下りるとゾウが葦のたぐいを食べていた。川を越えてひた走ると、親子のゾウに出会った。母親はバオーと叫んで怒っていた。

滝木が立ち並ぶサバンナの高原を走りながら
「よし、今日はチーターを探そう」

とリオン。チーターは見たい動物であったが、数が少ないので、簡単ではないと思っていた。

「このあたりにチーターがいるはずだ」

リオンはいうが、チーターは見えない。

「うん、あれはサルのシッポか」

どうも特徴的なシッポを目印にして探しているらしい。そのうちに、他の車がチーターを見つけたとの連絡が入った。駆けつけると、いた。一台のランドローバーが止まっていて、一〇メートルほど先に、チーターの親子が見える。私たちの車も並んで見物を始めた。

子供は母親の七割くらいの大きさである。二頭は寝そべっていて首だけ上げ、時々、顔をなめあってじゃれている。そのうち、子供が座るポーズになった。これはいいと私はたくさんの写真を撮った（カラー写真9）。しばらくして、二頭とも立ち上がって歩き始めた。子供は木に登ったりして寄り道している。

突然、親子はブッシュの中をはねるように進み、そして、小さな盛り土のような所に立ち止まり座り込んだ。追跡した私たちは再びチーターを目の前に見ることができた。母親は時々、キッと首を回して、周囲を見廻していた。夕方が迫ってきたので、ライオンやハイエナを警戒しているのだそうだ。


西の空が赤くなってきた。夕暮のドライブである。左手一〇メートルくらいのところにキリンが現れた。夕日を浴びて穏やかな足並みで走っている。見たかったシーンで、夢の中から現実になったようだ。そこに車を止めて、キリン、シマウマ、ヌーを眺めながら、日没を愛でてシェリーを飲んだ。良い一日だったと思った。


もうあたりは薄暗い。ランドローバーは四輪駆動車用の細道をトコトコと走っていった。すると、前方に何かがいて、その目が輝いている。近くに、一台のランドローバーが止まっている。ライオンだ！　よく見ると、その先にもライオンがいる。ライオンたちは一〇頭ほどで、細道を行進しているのだ。

「前の三頭は大人だ。しかし、後の連中は、身体は大きいがまだ子供なのだ。狩りの時には、とんでもないタイミングで飛び出したりして役に立たん」

とリオン。行進を後ろからつけていくと、ライオンの後ろ姿を見ることになる。腰までの高さは一メートル余りで、意外に小さいという印象を持つ。前方のライオンたちはひたむきに歩いている。後に続く子供たちはそうでもない。歩くのを止めて伏せていて、やってくる仲間に飛び掛かるのがいる。遠足に行く子供たちといった様子である。

リオンは道の脇のブッシュに車を乗り入れた。そして、四駆の威力を発揮して潅木をなぎ倒しながら、ライオンたちと平行に進み、大人のメスライオンの横に出た。いつのまにか、車はライトをつけ、そしてジャンがサーチライトを手で持って目標を照らし始めた。

横から見るライオンは迫力がある。顎ががっしり張った顔を前方に向け、ひたすら歩く。ごくたまに、うるさそうに私たちを見るが、ほとんど注意を払わない。ライオンと私たちの距離は数メートル。一飛びで首に喰いつける。リオンはライフルを持っているが、突発事態には対応できないだろう。

「奴らは狩りに行く途中だ」

とリオン。手近に適当な獲物がいると考えないのだろうか。

私たちを含めて三台の車がライオンと一緒に行進した。

「マラマラでは、一カ所に集まってよい車の数は三台までだ」

リオンが説明してくれた。賢明なルールである。車は適当に離れているので、お互いに邪魔には感じない。いや、一〇頭のライオンを一台のオープンカーでつけるとしたら、より恐ろしいだろう。

ランドローバーは道なき道を行くのだから、いつも順調というわけではない。大きな木に行く手を阻まれたり、越える事ができない溝にぶつかったりして、しばしば進路を変える。ハードな追跡は三〇分くらい続いた。私は立派なライオンの姿をひたすら眺めていた。壽子はビデオの威力を発揮して撮影に夢中だ。狩りが行われるかとかすかに期待したが、獲物のインパラに出くわすことはなかった。ついにリオンもあきらめた。

「奴らの目的地は遠いようだ、マラマラの境界を過ぎてしまう。引き返そう」

ロッジまでは三〇分以上かかった。真っ暗な道を飛ばしていくのであるが、退屈することはなかった。ジャンがライトを高く掲げ、左右に動かして、動物を探してくれるからだ。巨大なゾウの黒い姿に圧倒されたと思ったら、次は黒と白のまだらのタヌキに似た動物が道の脇に現れた。ジャコウネコの一種、シベットである。極め付きはヒョウであった。やはり道の脇に、ライトがかがんだヒョウの姿を捉えた。ヒョウはしばらく明るさに戸惑っていたが、やがてサッとブッシュに飛び込んだ。リオンは
「ヒョウがいた」

と無線で報せながら、ランドローバーをブッシュに乗り入れた。当然ヒョウは逃げたろうと思っていたが、一〇メートルも進むと、いた。なんだ、ついてきたのか、しょうがないなー、というような迷惑そうな顔をしていたが、特におびえずゆっくり歩いてやがて立ち止まった。

私たちは数メートルの距離から、ヒョウを見ることができた。美しい斑点、長くてしなやかに動いている尾。動物園だってこんなにはっきり見えやしない。数分後、私たちはその場を後にした。ブッシュの入口で駆けつけてきた二台のランドローバーとすれ違った。

第一日の夜からヒョウに会うとは、ただ事ではない。ビッグ・ファイブの中で見ることが最も難しいのはヒョウである。夜行性で、用心深いからだ。

「ママラのヒョウは有名だけれど、それにしてもビックリしたぜ。そうだ、『ナショナル・ジオグラフィック・マガジン』にマラマラのヒョウの写真が載っていたな」

私はリオンに話し掛けた。

「夜中にロッジのプールで水を飲んでいるヒョウや、ブッシュで寛いでいるヒョウだよ」

「そうかい、あれを見たかい。あの写真家を案内したのは俺だよ」

夕食は星空を見上げて摂ることになる。ディナー会場は細い竹のようなもので囲われ、真ん中に大きな焚き火、その周りにテーブルが配置されている。ビュッフェ方式だが、ほど良い焼き具合のローストビーフを始め、料理の水準は高い。ワインも良い味である。食事が終わると、リオンが私たちをロッジまで送ってくれた。

「こうするのが義務でね」

たしかに、ハイエナにでも、いやひょっとするとライオンにだって出くわしかねない。ゾウ、ライオン、ヒョウ、チーター、キリン、シマウマ、イボイノシシ。今日の午後からだけで実にたくさんの動物を見た。マラマラの素晴らしさは想像を超えていた。

ビッグ・ファイブ

八月一〇日。朝食後、七時三〇分にモーニング・ドライブに出発。明るい、穏やかな朝だ。すぐにキリン一〇頭の群れにぶつかった。キリンたちは木の葉の朝食に忙しい。しばらく見物してから、そっとかき分けて進んだ。サンド川に降り、反対側に渡るとバッファローに出会った。二〇頭ほどが土手を上がろうとしている。そして、遅れた数頭が後ろから駆けてきた。角を振り廻したバッファローが車の脇を走り抜けた時は緊張した。

「これは群れの最後尾だ」

リオンは車を走らせて先回りをした。いるいる。なんと数百頭の群れである。バッファローたちは草を食べながら、悠然と私たちの車の両横を通り過ぎていった。まだ茶色っぽい子供が母親の乳房を求めている。モーという声が聞こえるところは、やはりウシの仲間である。

バッファローと別れて草原を行くと、まずジャッカルがいた。続いてシッポを立てたイボイノシシ。ごく小さいコビトマングースの次には、巨大なゾウ三頭である。落葉した木々から新芽が出始めている。季節が急速に春に向かっているのだ。

無線でセーブル・アンテロープが出ているとの情報が入った。セーブル・アンテロープは大型のすらりとしたレイヨウで、弧を描いた立派な角を持っている。ライオンと戦うという勇猛な気性でも知られている。

「ここから三〇分かかるが、行こう」

とリオン。それからは、インパラ、ニヤラ、ウォーター・バックといったレイヨウ、さらにゾウ、シマウマには目もくれずに走った。いくら行ってもセーブル・アンテロープは見えない。

「見失ったかな」

とリオンがぼやき始めた時、とうとう目的の群れに会った。オスは黒い身体で、顔には白い筋がある。ゆっくりと歩くオスの姿は気品に満ちていた。

つぎは、ウォーキング・サファリだ。見通しのよい草地の道を歩くのである。キリン、シマウマ、インパラ、ウォーター・バックと出会ったが、車の時とは違って警戒された。ケダモノたちは、じっとこちらを見ていて、一定の距離に近づくと、すわと逃げ出すのである。こちらも狩りをしているような気分になる。ケダモノにすれば、ランドローバーは見慣れていても、歩いている人間は珍しいのであろう。おまけに先頭の大男はライフルを持っているのだ。

帰り道にまたキリン八頭とぶつかった。舌を巧みに使った食事の摂り方にあらためて感心した。サンド川の向こう岸では二頭のキリンが振り廻した首をぶつけあって争っていた。

午後のドライブを始めると、すぐにチーターがいるとの連絡が入った。あちこち探し回ってやっと三頭のチーターを見つけた。親離れしたばかりの三人組だそうだ。狩りが下手なのか痩せている。しばらくすると、三頭は別れてそっと歩き去った。狩が始まるのだろうか。少し待ったが何事も起こらないので、近くのゾウを見ていた。突然、たくさんのインパラが全速力で駆けてきた。つづいて、チーターがこれも全速力でやってきた。早めに気づかれて狩りは失敗したらしいが、チーターの疾走はさすがに迫力がある。

サンド川には一〇頭ほどのゾウの群れがいた。遠くには川岸の岩に座り込んだヒョウの姿がある。川を渡ると再びバッファローの群れだ。まさに角突き合わせて争っているオスたちもいた。つぎは子連れのキリン。

そして、寝そべっている一頭のメスライオンがいた。あちこち見廻して、ウォーと吼えている。

「若い三頭の群れの一員だ」

とリオンがいう。はぐれたに違いない。餌を摂っていないのかおなかがへこんでいる。

ナイトドライブになって、オス、メス二頭のライオンに会った。向こうからは二頭のオスライオンが近づいてきた。

「おかしいな、同じ群れではないのだが」

とリオン。たしかにオスライオンたちは毛を膨らませて身体を大きく見せて近寄ってきた。しかし、臭いを嗅ぎあった後、四頭は混じりあってなめあい、そしてまた別れた。近所付き合いというところであろうか。

「オス、メスの二頭はさっきのはぐれの仲間だよ。これは再会シーンを見られるかもしれん」

引き返していくと、はぐれライオンがトボトボとやって来た。時々、立ち止まってうなだれている。空腹のはずであるが、近くにインパラがいても見向きもしない。そのうちに、座り込んで、しかも仲間のいる方向とは反対を向いてしまった。何ということか。ライオンを手助けしたくなった。すると、向こうにいた車から連絡が入った。

「ライオンたちが向かったぞ!」

しばらく待っていると、二頭がやってきた。三〇メートルくらいの距離になって、こちらのライオンは首を上げ、そちらを見て、サッと立ち上がった。向こうのライオンは小走りにやってくる。あっという間に三頭は一緒になり、お互いに首をこすりつけている。よかったな、心配したぜ、といった様子である。それから三頭ははねるように走って闇に消えた。迷子ライオンの心細い歩き方とは大違いである。


八月一一日。朝七時に出発した。朝食をブッシュで摂る計画である。ライオン、ゾウの次はカップルのキリンと出会った。オスはメスの背後に回って交尾の準備のようだ。メスは気を許しているが、オスはどうも私たちの車が気になるのかモジモジしている。邪魔を止めて進むとヒョウが遠くにいた。そこへ無線が入った。

「ライオンがバッファローを倒したそうだ。もう、食べ終わって寝ているかもしれんが、どうするかい」

「行こう!」

私は叫んだ。

「朝飯を食ってからにするかい」

「いや、すぐ行こう」


三〇分、ひた走りに進むと、二台の車が止まっている。近くに大きなオスライオン一頭、メスライオン二頭が寝転がって、満腹の腹をゆらせている。そして、ネコのようにかわいらしい子ライオンが二匹、チョコチョコとあたりを歩いている。オスライオンの頬には真新しい切り傷がある。

「バッファローを倒す時はオスの力が必要だ。その時の傷だよ」

とリオン。

このライオン一家から十数メートル離れて、バッファローが横たわっていた。肉は大部分なくなっていたが、骨格はしっかり残り、あばら骨のあたりには肉もある。大きなメスライオン三頭がとりついて食事中である。一頭は肉がついた所にかじりついているが、後の二頭は鼻をかじったり、皮を引っ張ったり、骨に喰いついたりと忙しい。もう一頭のメスライオンがやってきて足を取り外そうとしている。ゴリ、ゴリ、バリ! ライオンが骨をかじる音がひっきりなしに聞こえてくる。いかにもアフリカらしいと、私はたくさんの写真を撮った。壽子のビデオも大活躍である。

「しまった、カメラを忘れた」

リオンが叫んでビデオだけを取り出したから、予想外に良いシ

警戒するサイの親子

ーンだったに違いない。ライオンの饗宴は長く続いた。そのうちに、最後にきたメスは何か無作法なことをしたのか、牙を剥いた他のメスたちに追い出されてしまった。

さあ、我々も朝食だ。ライオンたちを後にして、見晴らしの良い草原に出た。十数頭のヌー、二頭のシマウマ、そしてその向こうのイボイノシシ。典型的なアフリカの景色の中で、コーヒー、マフィン、リンゴと爽快な朝食である。

ロッジの近くまで帰ったところで、巨大なオスゾウに出くわした。キバが大きく突き出していて、五〇歳を超えているという。

「やつは、さかりがついている。気をつけよう」

とリオン。ゾウは鼻で木を引っ張りさらにキバも使って木を解体し、ムシャムシャと枝や葉を食べていた。木を壊すことでエネルギーを発散しているようだった。

午後のドライブではまず、ニヤラのオスに会った。立派にカーブした角、つぶらな瞳。これも高貴なレイヨウである。つづいて、朝の巨大ゾウ。見ていると、サンド川沿いの丈の高い草に分け入っていき、すっかり気配を消してしまった。さらにライオンたち、そして、シロサイを見つけた。これでビッグ・ファイブを見たことになる。しばらくしてサイはトコトコと歩いていって、大きな糞をした。そこは糞溜りになっているのだ。

車を走らせていると、ジャンの口笛。何かを見つけた合図である。なんと、しゃがみこんで草に隠れていたシロサイの親子である。車が止まっても、私には分からなかった。ジャンの視力はすごい。やがて、サイたちは立ち上がって、あわてた様子でドタドタと歩いてから、尻を付け合って右と左を向いた。防御の態勢だそうだ。私たちを警戒しているのだろう。撮影には絶好のポーズである。草原には私たちの車しかいない。もったいないようである。リオンは無線で他の車を呼んだ。なかなかやってこないので、草原への入り口に折った木の枝を目印に置いて去ろうとすると、一台が駆けつけてきた。

「ありがとう。」

「なーに、イボイノシシだよ、君」

さらに行くと、再びジャンの口笛。草むらにセンザンコウが隠れていたのである。松かさのような、うろこ状の皮膚を持つセンザンコウは夜行性でめったに見られない珍獣である。私たちは車を降りて、ジッとしているセンザンコウをゆっくり観察した。

ナイトドライブになると、懐中電灯を持った人が歩いているのかと思ったほどの明るい光がやってきた。三頭のライオンの目であった。さっそく後をつけたが、今日のライオンの顔は特に怖い。時々頭を上げて臭いを嗅いでいる。何を狙っているのだろうか。やはり狩りとはならず、諦めて帰る道で、ブッシュ・ベイビーを間近に見ることができた。ブッシュ・ベイビーは丸い顔と、とても大きな目を持った原猿である。いかにも、熱帯の闇の生き物といった様子だ。

八月一二日。朝のドライブではまた、たくさんのレイヨウと出会った。クドゥーのオスも近くで見れば、立派な角、引き締まった顔と存在感がある。次は、年老いたオスばかりの、三頭の巨大なバッファロー。

「こういう、はぐれた奴が危ないんだ」

とリオン。ビッグ・ファイブの中で最も怖いのは、実はバッファローだとの話を聞いたことがある。カメラのシャッター音、エンジンのかかる音に一々反応して、首を振り、鼻をならすので恐ろしい。

リオンがライオンの足跡を見つけ、追跡していくと、大きなキリンの死体があるところに出た。病死したキリンだとのことで、食われていない。近くに二頭のオスライオンがいた。もう馴染みになった若手二人組である。臭気がひどく、長居したくない気分で、そうそうにこの場を離れた。しばらく走ると、堂々たるオスライオンに出会った。この一帯でのボスだそうだ。ボスライオンはキリンの死体の方向へ向かっていた。これは、若手ライオンと争いが起こるかなと後をつけた。しばらく行って、ボスは方向を変えた。臭いが気に入らなかったのであろう。

サンド川が淀んでできたヒッポプールに向かった。一〇頭くらいのカバが遠くにいて、時々、ブウォーと叫んでいた。岸にはクロコダイルが三匹。車に戻り、一寸、寄ってみよう、と昨日見たバッファローの死体のところを通った。しかし、骨の一かけらも残っていなかった。サバンナでは時が速く過ぎる。朝食は岩山の上で摂った。眼下に早春の木々と緑のサボテン。ここがアフリカであることが信じられない、のんびりとした景色である。

午後のドライブでは、バッファローを狙う一頭のメスライオンを見た。じっと眺め、忍び寄るかっこうをしたが、結局、あきらめた。そのライオンは、今度はこちらへやってきて、車の脇、数メートルに近づいた。一頭でバッファローを襲おうなどという無謀なことを考えるライオンなので、急に人間に飛びかかろうとするかもしれない。そう思うと、無気味であった。

ナイトドライブになって、またこのライオンと会った。ライオンは激しく咆哮した。ライオンの吼え声は腹に響く。ライオンはロッジへ続く道を進んでいった。風変わりなライオンが敷地内をうろついたら迷惑であろう。

ドライブを続けると、ヒョウがいた。山道を歩きながら、時々下の方を見て、獲物を探している。そのうちに下のブッシュに降りていった。よし、先回りしよう。リオンはその先のサンド川の川岸に車を止め、ライトを消した。リオンの読みはピタリと当たった。ピンと張った優美な斑点が私たちの脇を流れるように通り過ぎていった。

八月一三日。朝のドライブでは、穴掘りをしているイボイノシシ、十数頭のヌーの群れ、一〇頭ばかりのゾウの群れと眺めて、朝食。ヒョウがバッファローの群れを見つめているとのニュースが入り、そちらへ向かった。途中で、ゾウの群れが丘から降りてくるのに出会った。子ゾウたちは遅れないように必死に駆け下りている。喜んで撮影していると、リオンが

「や、最後尾は片キバだ。とても気性が悪い奴だ。気をつけよう」

といった。片キバはこちらの車を見た。

「いかん」

リオンはエンジンをかけて車をスタートさせた。にわかに、片キバは鼻を持ち上げると、スタスタとこちらへ走り始めた。そして、バウォーと叫んだ。リオンは車のスピードを上げた。それでも、ゾウは車の後ろ、数メートルに迫ってきた。私は映画のシーンを見るような気分だった。でも、これは現実のことだ、かなりヤバイのではないか。ゾウを従えて、ランドローバーはしばらくトコトコ走った。やっと、ゾウは走るのを止めて、こちらをにらんでいる。

「まだ、脅しの段階だから大丈夫だ」

とリオン。止まったから脅しで、止まらなければ本気ということになったのではないか、と思わせる迫力であった。

ジャンが

「向こうにライオンかヒョウがいる」

といった。他の人には分からない。リオンも

「岩じゃないか」

しかし、車を進めると、道にライオン二頭が飛び出してきた。

「それ！」とリオンの後をつけた。広い草原をライオンが横切っていく。キリンはあわてて走って遠ざかり、じっと様子を見ている。インパラは全速力で逃げ去る。しかし、ライオンは周囲には無関心に歩き続けた。草原を外れて少し下っていくと、穴があり、ライオンはそこに飛び込んだ。水が溜まって、天然のウォーター・ホールになっているのだ。ライオンはうまそうに水を飲んで、それから寝転がってしまった。

ヒョウはバッファローを襲うことをあきらめたが、まだ逃げて

セーブル・アンテロープの群れ

いないとの情報である。駆けつけると、常緑の高木の張り出した枝に、ヒョウがまたがっている。丸々とよく太った若いオスだ。もう母親より大きいそうだ。親離れしたばかりで、何を獲物とするか分かっていないのであろう。昨日のライオンもそうであったのかもしれない。

木に登っているヒョウは様になると写真を撮ろうとしたが、眠り込んでいるのが残念であった。しばらくすると、目を覚ましてくれた（カラー写真10）。キッとこちらを見ているのは迫力がある。前からいた車は去ってしまい、広いサバンナに車は一台だけ、目の前の木にはヒョウ、こんな贅沢があっていいものか。私はたくさんの写真をものにした。その内に、もう十分だろう、とヒョウはまた眠り込んだ。

セーブル・スウィートという別棟で昼食となった。サンド川とウォーター・ホールを共に見渡す眺めの良いテラスがついている。室内のインテリアも一クラス上である。グループの宿泊と賓客の食事のための設備らしい。五泊の客たちが摂る最後の昼食なので、大サービスしてくれたのだ。サッチャー元首相も客のリストにあったが、やはりここで食事したのであろう。

いつもどおり、四時にドライブに出発。ゾウやキリンはもうおなじみであり、しばらくは大したことは起きない。にわかに、ジャンの口笛。十数頭のセーブル・アンテロープが山から下ってきた。リオンは車を進め、このあたりだと停止した。またもリオンの読みは当たり、セーブル・アンテロープは車のすぐ脇

を通っていった。熱狂する私たちを見ながら、

「俺にはクドゥーのオスがいいけどな」

とリオンがつぶやいた。数が多いクドゥーが珍重されないのは不満らしい。リオンが連絡したので、おっとり刀で、他の車が駆けつけてきた。

「ありがとう」

「なーに、シマウマだよ、君」

セーブル・アンテロープと別れて走っていくとまた、ジャンの口笛。二頭のライオンがいた。近くにニャラの角と胃袋が転がり、ライオンはじっとしていた。

車を進めると、ゾウの大群である。三〇頭ばかりのうち、半分は子ゾウで、随分と成功した群れのようだ。サンド川へ水を飲みに行くのであろう。私たちは、二〇メートルくらいの距離をとり、そっと観察した。


日が沈みナイトドライブになると、昼間に見たライオンたちが動き出していた。首を前に突き出し、身をかがめ、時々臭いを嗅いでいる。そして、流れるように進んでいく。私たちの車も四駆の威力を発揮してブッシュの中を追跡した。しかし、インパラやクドゥーはいても狩りにならなかった。微妙なタイミングがずれたのであろう。


八月一四日。最終日のモーニングドライブである。リオンがヒョウの足跡を見つけた。辿っていくと、岩山の麓にヒョウがいた。一台の車が既に到着している。しばらくしてヒョウは歩き出し、追跡となった。リオンは先回りした。リオンの勘は冴えていて、ヒョウは車の前、数メートルを悠然と通っていった。美しい斑点、しなやかな動き。ヒョウは最も見事な動物の一つだ。ヒョウという時間を止めたいと思っても止まらない。シャッターを押し続けても、目を見開いて眺めていても。

つづいて、ヒョウは私たちの前の岩山を登っていった。あの頂上は朝食を摂った所である。もう一台の車は去っていったが、リオンは岩山の下を回って、反対側に出た。再び彼の読みは当たった。ヒョウは動き出し、車の脇一、二メートルのところを通った。急にヒョウの気が変わったらと、恐ろしくなり、身を引いたくらいである。ヒョウはゆっくりと去っていった。


「もう一度キリンの死体の所に行こう」

とリオン。気が進まなかったが、特に反対もできない。着いてみて驚いた。死体の上に巨大なハイエナがよじ登って、地獄の帝王よろしく、あたりをにらみ廻していた。周囲には二〇羽くらいのハゲワシが群がって食事中である。そのうちに、ハイエナはキリンの腹部に潜り込み、ゴシゴシと解体作業を始めた。適当に腐って、食料に適してきたのだろうか。

ヒッポプールに行き、朝食。今度はカバが近くに見えた。距離は二〇メートルくらいだろうか。相変わらず、目と鼻だけ出して、時々、バオーといっている奴が多い。しかし、一番大きいカバは背中を出していて、巨大さがよく分かった。

ロッジに引き上げると、リオンが

「一寸、待ってくれ」

と事務所から荘重な書類を持ってきた。ビッグ・ファイブを見たとの証明書だ。

「これが決まりでね」

リオンは照れていた。それはそうだろう、ヒョウを毎日見せるようなリオンにとっては、ビッグ・ファイブは当たり前なのであろう。

ガイドブックによれば、マラマラは客がビッグ・ファイブを見られるように最大限努力するという。しかし、私には、マラマラへ来るまではこれが逆に心配の種であった。ビッグ・ファイブ以外の動物はゆっくり見られないのではないか。それヒョウだ、今度はサイだと走り回るのではないか。無線で連絡しあうのはいいが、サイがそっちへ行ったぞ、オーケイ、これから向かう、と騒々しいのでないかと、疑っていた。実際はまるで違った。無線の連絡も、小声で話し、受信はヘッドホンを使うので、まったく気にならなかったのである。ブッシュの中の高級リゾート、このコンセプトが細部にまで貫かれていた。

オフィスの前で、握手してリオンと別れた。

「また来いよ、今度はライオンが獲物を捕る所を見られるといいな」

何となく、五〇〇ポンドを超えるマーリンのような気がしたが、いずれ再訪したい気になったのはたしかである。

ビクトリアの滝、ケープの花

ザンベジ川に沿って

ジンバブエとザンビアの国境に位置するビクトリア滝はアフリカを代表する景観である。南部アフリカの最奥の地で、ザンベジ川が大地の裂け目に雪崩落ちるのだ。私たちはマラマラから一度ヨハネスブルグに引き返して、八月一五日にビクトリア滝へ飛んだ。ビクトリアフォールズ・ホテルに投宿してすぐに滝へ向かった。

国立公園に入り、リビングストンの像があるところから眺めると、メイン滝が堂々と渓谷に落ち二重の虹が懸かっていた。ここが一番のポイントかもしれないと長い時間をかけたが、奥へ進むと景色はより目覚しかった。悪魔の滝では巨大な水塊の先頭はいくつかに分かれ、それぞれ獅子の頭のようになって舞い落ちるのだ。午後三時という時間が幸いしたのか、見物人は少なく、恐れていたヘリコプターもやってこない。正面から望むメイン滝も立派である。ナイアガラの滝のような広がりを持ち、高さはナイアガラの倍あるのだ。メイン滝から立ち上る水煙は、風に乗って降り注いでくる。私たちはさらに東へ歩いていった。

一〇〇メートルすっぱりと切り取られた谷底をザンベジ川がひた押しに流れ下っていた。崖の縁に出て対岸を望んだ。黒く濡れた岩壁に二〇余りの滝が懸かり静かに落ちていた。白糸の滝といった風情の滝もある。日本的な簡素の美とアフリカ的力強さが共存した世界だ。

目を下流に転ずると岩壁から東の滝が落下している。水量は豊かで、巨大な水柱となり、滝壷から上がる水しぶきは雲と化している。雲はとても静かに動き、天女の白い衣が揺れるようだ。東の滝にも二重の虹が懸かり、下の明るい虹は白い雲の七色の帯となっている。どんなに巧みに設計してもこの景色を作ることはできないだろう。リビングストンが「天使が飛んでいる」といったのが分かる気がした。

八月一六日朝、UTCというジンバブエを代表する旅行社のミニバスで一路西へ向かった。国境を越えて、ボツワナに入り、さらに進んでチョベ国立公園の入口、チョベ・サファリ・ロッジに到着。四輪駆動車に乗り換え、砂が深い悪路を行った。

しばらくして、チョベ川と、その緑の氾濫原が眼前に広がった。数頭のゾウ、一〇〇頭ほどのインパラの群れ。このアフリカらしい雄大さもなかなかのものだ。チョベ川はザンベジ川の支流であり、ここの水はビクトリア滝に流れ落ちる。到着したところはチョベ・ゲーム・ロッジ。チョベ川に面した高級ロッジである。チョベ国立公園は七万頭という、世界一のゾウの数を誇っている。ゾウの大群を期待してやってきたのである。

さっそく、一〇時三〇分からのゲーム・ドライブに参加した。やはりオープンカーであったが、乗客の数は多く、やや庶民的な雰囲気である。それでも、ゾウ、ライオン、セーブル・アンテロープ、ローン・アンテロープさらに珍しいレイヨウであるプクを見つけることができた。

四時三〇分からは呼び物のサンセットクルーズだ。早めに出かけたが客も船頭もいないので、一度部屋に帰り頃合を見計らって再出発した。ところが途中で大きなイボイノシシに出くわしてしまった。イボイノシシは道に立ちふさがって、鼻を鳴らす。やっとすり抜けて走りこんだのは出港直前。最後尾の見晴らしの悪い席となった。

船はユラユラとチョベ川を下っていった。岸で四〇頭ばかりのゾウの群れが水を飲んでいた。子ゾウは懸命に鼻を伸ばしていた。良い眺めであるが、私たちの船は遠い位置にある。他の船は近づいているのに。やっと接近した時は群れが散り始めた。ところが、近くの中洲に大きなゾウ三頭がいる。写真に適当だが、逆光である。船頭に

「逆光だな」

と、注意しても、船頭は

「あのゾウたちは渡らないよ」

とのんびり返事をした。船頭の言葉が終わってすぐに、ゾウたちは水に入った。そして鼻を上げ一列になり、前のゾウのシッポを持って川を進んでいた。これが話に聞いたゾウの川渡りである。良いものを見たと喜ぶものの、逆光でゾウはシルエットになっていて、不完全燃焼であった。マラマラであまりに良い待遇でありすぎたのかもしれない。

八月一七日、朝のゲーム・ドライブ。二〇頭ばかりのゾウの群れに乗り入れた。ゾウは砂浴びしたり、歩いたり、草を食べたりと思い思いの行動をとっていた。ゾウが寛いでいて、この点ではマラマラ以上である。マラマラの隣のクルーガー国立公園では、ゾウが増えすぎないようにと、間引きをしている。そのため、マラマラでは、クルーガーと行き来しているゾウが人間を警戒しているのであろう。

次に三頭のライオンを見つけた。しばらくつけていくと、後ろに一ダースの車がついてきた。「見ろ」とガイドが得意げである。最後に数百頭のバッファローの群れに乗り入れた。バッファローはじっとこちらを見つめていた。まだ人なれしていない群れらし

水辺で遊ぶゾウの群れ

い。

朝食後、小さなボートでのクルーズ。ガイドは現地の少年ジョンだ。頭の良い子で昨日の船頭と違って一生懸命である。おまけに、客は私たち二人だけでのんびりとしたものだ。水鳥やワニを見ながら進み、カカドウを思い出した。羽が見事なハチクイの巣もある。立ち上がっているカバも初めて見た。そして、遠くにセーブル・アンテロープの群れがいた。

さらに下っていくと、川岸に数十頭のゾウが見えた。水を飲んでいたらしいが、船が近づくと群れが散り始めた。またか、と残念がった。しかし、しばらくすると、二〇頭ほどのゾウは再び川に向かった。水辺に大きなくぼみがあり、ゾウたちはそこに集まった。半分くらいは子ゾウである。大きなゾウ一頭がジッと立って様子を見ている。見張りであろう。大半のゾウたちはゆっくりと鼻を伸ばして水を飲んでいる。泥を跳ね上げて泥遊びをしたり、泥の中を転げ回ったりしている子ゾウもいる。平和な景色である。チョベに来た甲斐があったと思った。

午後のクルーズでは、再びジョンの船に乗った。まず、川のほとりで十数頭のゾウが草を食べるのを眺めた。ゾウたちはむしった草を鼻で何度も振って砂を払ってから食べていた。子ゾウたちはふざけてけんかをしている。なごやかな一時である。しかし、夕方になっても船はのんびりしている。下流の川渡りの所へ行かないのであろうか。たまりかねてジョンに聞いてみた。

「いや、ごめんなさい、今日は下流には行かない日です」

とジョン。かなりがっかりしたが、これで良かったのだろう。平原のジョンが見せる日没の風景はまさに絵になったのである。平原のかなたに沈む夕日をバックに数頭のゾウがのどかに草を食べていた。引き返していくと、川原には、ゾウが満ち溢れていた。水を飲むもの、川原を歩くもの。夕闇が迫る中、残された光を惜しむように、ゾウたちは動き回っていた。


八月一八日。朝のゲーム・ドライブには子ライオンを含めて八頭のライオンが登場した。私には見慣れた光景でも、多くの客にとっては絶好のシャッターチャンスであったに違いない。何と、一五台の車が集まり、ラッシュアワーの交差点のようなガソリン臭がした。一台に九人と詰め込まれた客たちは皆、長大なレンズを突き出していた。その光景を写真に撮っている人は、私たちのようにたくさんのライオンを見てきた人であろう。旅人としてのサファリは飽和してきた。さあ、文明社会へ帰るのだ。

四輪駆動車に送ってもらい、国立公園の入口にあるチョベ・サファリ・ロッジに引き返した。ビクトリアフォールズ行きのUTCのバスが一〇時に迎えに来るはずであるが、予定を三〇分過ぎてもバスは現れない。心配になってロッジのガイドに相談した。往きに四輪駆動車を運転してくれた男で、チョベで出会った唯一の白人ガイドである。


「バスは近くのカサネ空港で客待ちしているのさ、大丈夫だよ」

という。

一一時近くなった。ガイドも
「さすがにおかしい」

と空港に電話した。バスが待っているオカバンゴからの飛行機は欠航だそうだ。バスの運転手に頭はついているのであろうか。ガイドはさっとランドクルーザーに飛び乗って空港へ行きバスを連れてきた。

「ありがとう。貴方がいなければ飛行機に乗り遅れるところだった」

それどころか、バスは翌日までオカバンゴからの飛行機を忠実に待つであろう。私たちが乗る南アフリカ航空の飛行機はビクトリアフォールズを一時半に出発する。私ともう一組のカップルはしっかりドル札でガイドにお礼した。

「さあ急いでくれ」

近くのホテルの客も拾ってバスは混んできた。

運転手は目を見据えてスピードを上げ、ビクトリアフォールズを目がけて車を突進させた。悪い男ではないらしい。


どうやら間に合いそうな時間にビクトリアフォールズの町に着いた。さあ空港だと思っていると一人の客があずけた荷物を取るのだと、バスはホテルに立ち寄った。かなり待たせた後、客と運転手が帰ってきた。ボーッとしている。私はイライラして聞いた。

「どうしたんだい」

「荷物がない」

「どうするんだ」

「探すしかない」

冗談ではない。完全に乗り遅れてしまう。ＵＴＣは事前に私の飛行機の時間を確認して引き受けたのに。

「俺はタクシーで行く」

「分かった」

運転手は荷物をなくした客を放り出してタクシーを拾いに駆け出した。しばらくしてタクシーがやってきた。バスの運転手はタクシーに乗らずに遠くで走っている。私は荷物をバスの荷物入れから引き出して、タクシーに飛び乗った。


「急いでくれ」

一緒にチョベでバスを待っていたイギリス人カップルは二時のジンバブエ航空の便で、私たちよりゆっくりしている。他に急ぐ客がいるかもしれないが、二人だけて突っ走って行動することにした。人数が増えればまた余計な時間がかかるだろう。

「それ行け、飛ばしてくれ」

こういう時に限って、遅い車がいる。私たちの前を走るのは、藁を積んだ作業車だ。

ヨハネスブルグとビクトリアフォールズを結ぶ飛行機は便数が少なく常に満席である。ビクトリアフォールズのちゃんとしたホテルには空室が少ないという情報も入っている。この飛行機に乗り遅れたらどうなるか、見当がつかない。良いホテルに泊まっているから、アフリカの現実を避けて通れたのだ。宿がなくて、野宿してライオンに食い殺される。まさかそんなことはないであろう。しかし、いかがわしい宿に転がり込んで、犯罪に巻き込まれるとか、病気にかかることは大いにあり得る。スーツケースを引っ張った中高年がいるべき世界を飛び出してしまうのだ。

運転手はすごい勢いで走り、遅い車をごぼう抜きに抜いて、一時五分前に空港に着いた。

「いくらだい」

「何のお金で払う」

「南アフリカのランドだ」

「じゃ一〇〇ランド」

「良心的だな。君に感謝して二〇〇ランド払うよ」


ラフなスタイルの若者が二人寄ってきた。

「あいつらに頼むといいよ、速いよ」

と運転手。

「そうか、やってくれ」

運転手は若者たちに何か叫んだ。彼らは軽々とトランクを持って航空会社のカウンターに近づいた。

「ありがとう」

後は自分でするつもりで、チップを払った。彼らは大いに喜んだ。チップは十分な額だったらしい。

「俺たちに任せてくれ」

彼らはこのお金で、すべてを請け負った気になったのだ。

もう南アフリカ航空のカウンターは開いていなかった。隣の、ブリティッシュ航空のカウンターが代行するらしいが、後の便をチェックインしていて人だかりがすごい。ポーター二人はジンバブエ航空のカウンターに荷物を持ち込んだ。ここにも二時の飛行機を待ってたくさんの人が群れている。

「切符を貸してくれ」

「よし」

彼らはその切符を持って列の先頭に行き、奥の係員に切符を渡した。そして、私たちの荷物をドンと秤にかけた。

「この荷物は誰のだ」

カウンターの人は興奮している。

「いや、俺のじゃない」

列の先頭の人もあっけに取られている。

「すまん、乗り遅れそうなのだ、切符はもう向こうにいっている」

なにやら、日本人が現地人二人を連れて、乱入してきたように見える。それでも、あっという間に手続きが終わった。

「よかったな。あとはこっちだ」

出国税を払うところまで連れて行ってくれた。

「元気でな」

「ありがとう世話になった」

やれやれと、係員に向き合った。

「一人二〇米ドルです」

「お釣をください」

と一〇〇ドル札を出した。

「いや、お釣はありません、二〇ドル札でください」

客が一人ずつ二〇ドル払うのだから、二〇ドル札がたまっているだろう、お釣がないなどと、そんなばかなことはあるまいと押し問答したが係員はテコでも動かない。時間があれば両替に行ける。腹巻の中には二〇ドル札もあるだろうが、お手洗いを探さなければならない。

「かまわん、お釣は要らん」

「それもできません」

「いいよ、取ってくれ」

と押し付けた。係員のおばちゃんは思わぬ幸運に嬉しそうだった。UTCに感謝しろとつぶやいて、待合室に向かった。バスを運行するUTCへの料金支払いはビクトリアフォールズに帰ってからとなっていた。まだお金は払っていない。帰国してからのやり取りになろうが、帰りのバス代を払う気はなかった。実際、片道分を払って決着したのである。

待合室に入ると、アナウンスがあったのかもう搭乗口に客が並んでいた。じきに搭乗となり、一時一五分には扉が閉まり、消毒が始まった。定刻の一時半より早い出発である。ビクトリアフォールズへ飛ぶ時は遅れたのに、何とあわただしいことかと驚いた。ギリギリのところで間に合ったのである。

壽子は往きと同じ1Aの席。ところが私は背後の席に追いやられた。1Bに座ったのはVIPの女性であったと壽子がいった。ヨハネスブルグでは滑走路に車が来ていて、彼女はそれに乗って去ったそうだ。VIPを重視して早く飛立ったのであろう。

喜望峰

ヨハネスブルグで一泊して、八月一九日朝の便でケープタウンに飛んだ。大型のジェット機でビジネス客が多い。降り立ってタクシーを拾うと、運転手は初老の白人で「イエス、サー」と丁寧に挨拶した。ピンクの巨大な門をくぐって、マウント・ネルソンホテルに入った。出迎えはここでもイギリス式である。アフリカの混沌は終わったと思った。もっとも、下痢腹をかかえてしまい、そこだけはアフリカである。昨夜のレストランで当たったと思えるが、抗生物質を飲んでも丸二日かかるしつこいもので、チョベで拾った可能性もある。

急いでテーブルマウンテンに向かった。ケープタウンの背後にそびえる一〇〇〇メートルの岩山は頂上部が平らでテーブルマウンテンと呼ばれている。ロープウェイを降りて、遊歩道をたどって山頂部を回った。ところどころで崖に接近するが、下までさっと切れ落ちていて恐いようである。晴れた日で遠く喜望峰も見えた。ハイラックスというマーモットに似た動物がチョロチョロしていた。これがゾウの親戚とは不思議である。帰ると午後のお茶の時間だ。きれいな庭を眺めながら、英国調の充実した軽食とケーキを味わった。

八月二〇日。ガイドのクリスが立派なワゴンで迎えにきた。観光バスを避けて、個人ガイドを雇ったのである。すぐに、アフリカ大陸最南端に近い喜望峰を目がけて出発した。途中で、ボルダーズ・ビーチに立ち寄った。ケープペンギンが数十羽いた。中型で目の周りがピンク色のペンギンである。波打ち際を歩いたり、海で泳いだりしていた。まだ灰色のヒナもいた。観光客はペンギンのすぐ近くに行くことができる。客の数はペンギンより少なくのんびりしたものだ。クリスに

「メルボルンでのペンギン見物には一〇〇〇人の観光客が集まるから、スタジアムのようなものができているぜ」

といったら、恐ろしいことだと、おっとり返事した。私のいうことをジョークと思っているようだった。

喜望峰の保護区に入り、ケープ・ポイントに達した。その先端から少し下がると、海に突き出した喜望峰を人工物に邪魔されずに眺めることができる。切り立った断崖とその手前の白い砂、岸近くのエメラルドの海とその向こうの藍色の海。完璧ではないか。クリスに

「今まで見た中で一番美しい岬だ」

というと

「そりゃー、そうでしょう」

と悠然たるものである。ケープ・ポイントから喜望峰へ移動する時、エランド、ボンテボックというレイヨウそしてダチョウを見た。喜望峰は風が強い日が多いというが、穏やかな日で海も凪いでいた。

喜望峰

ケープタウンに帰る途中、海の近くに豪邸が並ぶ別荘地を通った。豊かな自然の中の豊かな暮らしである。往きに近くを通った貧民街は気になったが

「ここは世界で一番美しい都市の一つだね」

とクリスにいった。

「そういう人が多いよ」

クリスは再び落ち着いていた。

八月二一日は西海岸をドライブしてワイルドフラワーを見る予定であった。ところがクリスからホテルに伝言。

「遅れてくる、車がブロウクン・イン」

とのことだ。よく分からないが故障したのだろうと思った。やってきたクリスは見るからに沈んでいる。心配して話しかけた。

「車は直ったかい」

「ホテルから伝言は聞いたのか」

「車が壊れたのだろ」

「違う、ブロウクン・インだ、押し入られたのだ」

クリスの車に私は双眼鏡のケースを置き忘れた。それが引き金だったかもしれない。クリスは出発準備のために、ワゴンに現金とクレジットカードの入った財布、カメラ、双眼鏡を置いた。ちょっと部屋に帰った隙にすべてなくなったのであ

る。クリスはそれまで犯罪にあったことはないそうだ。

「とても安全な地域なのに」

　信じていたケープタウンに裏切られた、その思いがクリスをより沈ませているのかもしれない。これでは、西海岸を遠出することは無理である。相談の結果、東海岸のハマナスに予定を変更した。セミクジラという、ザトウクジラよりやや大型のクジラが岸近くへ寄ってくるので有名な所である。

　ハマナスへ着いて、レストランでお茶を飲んでいるうちにクリスは元気になってきた。

「何、明日はもう帰るのか。二週間とは短いな」

　彼は若い頃、三週間のアジア旅行に出かけ、日本にも立ち寄ったそうだ。その頃の思い出話に花が咲いた。しかし、クジラが気になる。話が途切れたところで浜に飛び出した。

　いた。磯の近くを一頭が泳いでいる。あわてて近寄ってリュックを下ろし、カメラを取り出しにかかった。壽子が叫んだ。

「あなた、急いで」

　クジラが頭を上げたという。そうだ、カメラをいじっているとクジラがなにかするのだ。

　そう思って、肉眼で見ていると、また頭が現れた。二〇メートルほどの距離である。黒い頭はぬっ

プロテア・レペンスの花

と海中から突き上げた。次に、ゴツゴツとした身体が露出していき、そびえ立った。クジラは尾で身体を支えているようだったが、じきにドッと倒れこんだ。すさまじい水しぶきが上がる。やった。思いがけなくも、クジラのブリーチを至近距離から眺められたのである。クジラはもう一度跳んでくれた。ハマナスの湾内にクジラは七頭ほどいたが、決定的なシーンはこの時だけであった。一五分くらい後で、来たばかりの観光客にクリスが説明していた。

「少し前にこの近くでクジラがブリーチした。稀な出来事だよ」

人々は半信半疑の顔をしていた。

ハマナスの町の背後にあるフェルンクルーフ自然保護区に向かった。花を見るためである。ケープタウンの周辺は珍しい植物が多いので有名である。世界に六つある植物区系の一つは、なんとケープタウン一帯なのだ。ケープ植物区系を代表するのがプロテアの仲間だ。テーブルマウンテン、喜望峰そしてドライブの途中で何種かのプロテアを見た。しかし、フェルンクルーフのプロテアが一番印象的であった。

入口近くでは、橙色で菊のようにたくさんの雌しべが突き出したピンクッションが咲き乱れていた。圧巻は直径一〇センチほどのプロテア・レペンスの花だ。ヒマワリの花に似た形だが、花弁はピンクでしかも長く、やや内側に曲がっている。野生の花とは思えない華やかさだ。花は節くれだった長い茎で高く持ち上げられていた。ブッシュの中から数十のプロテアの花が突き上げていた。夕方の空へ向けて人々が願いの手を差し伸べているようだった。

ヨーロッパの世紀末、太陽が消える

ラップランドからブダペストへ

一九九九年の夏休みはヨーロッパに行くことにした。昨年のアフリカではサファリを満喫したが車に乗りっぱなしだった。今年はラップランドとシャモニで大いに歩こうと考えた。壽子はサンクトペテルブルグとブダペストも見たいという。たしかに、どちらも輝きのある町だ。

これだけではやや平凡になるかもしれないが、隠し味がある。日食だ。一九九九年の八月半ば、ヨーロッパで皆既日食が起こるとどこかで読んだ記憶がある。これを旅に取り入れよう。しかし、九八年の間には皆既日食はマスコミに登場しなかった。しかたがないので理科年表を買ってきて調べ、日食は八月一一日に起こると知った。

ややあやふやだが皆既日食が起こる地域も分かった。イギリスの西部からハンガリー南部へ続いている。皆既日食が通る日食線を手探りで引いてみると、その上にザルツブルグが乗った。モーツァルトの町で一度行きたかった所だ。二〇〇〇年代に入る直前にヨーロッパの真ん中を皆既日食が通過していく。素晴らしいではないか。いかにもヨーロッパらしい町で幸運を期待しようと思った。

七月二六日。飛行機は緑のツンドラと木々の混じった所を飛び、キールナに降り立った。スウェーデンの北端近く、ラップランドの只中である。レンタカーでしばらく走り、アビスコ国立公園に達した。ここのアビスコツーリストに六泊して周囲を歩く予定である。

北極圏に位置するだけあって、夏というのに寒い。部屋の外の寒暖計は六度を指している。一休みした後、チェアリフトに乗り、標高一二〇〇メートルほどのニューラ山の八合目に達した。さらに極端に寒い。これが第一印象である。雨模様の悪天候のせいかもしれない。ゴアテックスの雨具に身を固めて二〇分歩いたが、まだ頂上は遠い。あきらめて引き返した。

七月二七日、トレッキング・ツアーに参加した。一行は三〇人ほど。バスでノルウェーとの国境まで一〇キロの地点へ行き、氷河谷を遡り始めた。谷の真ん中には数メートルはある岩が散乱している。妖精目がけて巨人が岩を投げつけたという伝説があると、若い女性のガイドが教えてくれた。

登っていくにつれて岩はなくなっていき、氷河谷全体がツンドラに覆われるようになった。コケモモなどの潅木を主体とした柔らかな緑だ。そして清流が流れ、ミヤマキンポウゲによく似た花も咲き乱れている。これはラップランドに特徴的な花だとガイドが白い花を指した。キタダケソウによく似ていた。

花を愛で、細流をまたいでゆったりと登っていくと氷河谷の終点が見えてきた。五〇〇メートルほどの切り立った岩壁があり、その下に湖ができていた。摩周湖につぐ透明度だそうだ。湖をとりまく岩壁の最上部を雲が渦巻いて通り過ぎていく。

「素晴らしい湖だ。登ってきた甲斐があった」

そういうとガイドも嬉しそうだった。

七月二八日もツアーに参加した。今度は旧道歩きである。キールナとナルビックの間の鉄道建設に使った補給路だそうだ。人気コースで参加者は五〇人ほど。女性ガイドが二人来て、参加者も二組に分かれた。国境を越えてノルウェーに入ったところでバスを降りて歩き始めた。私たちのガイドは説明好きだ。目印の柱があるたびに立ち止まって講演を始める。これは休憩所の跡でとか、ここで馬車の事故があってとかどうでもいいことを採り上げるのである。話が長いからその間に蚊が寄ってきて活躍する。柱が見えると、今度は見落してくれと念ずるのだが、彼女は話ができるチャンスを逃さないのである。私たちはこの柱を恐怖の蚊集め柱と命名した。

しばらくして深い谷に臨む壮大な景色となったが、もう一組のグループは、はるか先を行っている。私たちは、結局、駆け足で通り抜けることになった。

昼食休憩の後、さらに下っていくと一〇〇〇メートル近い崖がそびえる、荒々しい地形となった。フィヨルドが近づいてきたのだ。フィヨルドの最奥部から船でナルビックに抜ける予定である。先に着いて待っていたグループは賢そうなガイドに率いられている。彼女はやってきた船を見て、何かいった。

「先に行って、私たちは後の船にするわ」

ということらしい。不思議なことだと思いつつ乗り込んだ。

船はすぐに出発したが、フィヨルドの中ほどになってほとんど進まなくなった。エンジンが弱いのか、潮流と風に逆らえないのである。揺れもひどく、このオンボロ漁船はほんとに大丈夫かと心配になった。フィヨルドの中で遭難する可能性があるとは夢にも思わなかった。隣のスウェーデン人は

「救命ボートはどこか」

と冗談をいっているが、実は救命具も見当たらないのである。一時間の予定を二時間以上かけて船はやっとナルビックにたどり着いた。

「あら遅かったわね」

賢そうなガイドはとっくに着いてバスの窓から首を出していた。客が多いので臨時にボロ船が駆り出され、彼女はそれを見破

ったというところであろう。

二回ツアーに参加して様子も分かったので、翌日からは勝手に歩くことにした。しかし、天気がすぐれない。まずは王様の散歩道というトレッキングコースをしばらく行き、それから自然散策路を回った。ヒースの原では水辺に黄色の小さな花が群れ咲いていた。それぞれの花が水に向かって花弁を精一杯伸ばしていて健気である。

七月三〇日はラッポルテンの巨大なU字谷を目指して十数キロを歩いた。ラッポルテンはここを通って先住民のラップ人たちがやってきたそうで、ラップの門という意味で名づけられたらしい。山脈の中央部をU字谷がえぐる特異な地形は一度見たら忘れられない。

七月三一日。待った甲斐があり最終日に天気は回復した。ニューラ山から稜線を越えてKarsavaggeの谷へ出るというコースに挑戦した。今度は楽にニューラの山頂に達した。山頂からの景色は立派なものだ。前方には上部に雲を戴いたラッポルテンの山脈が大きく、後方は所々雪を被ったノルウェー国境の山々だ。

ニューラからの下りの道を途中で巻いてビヨルクリーデンへの道をたどった。途中でKarsavaggeへの分岐があるはずだ。それらしい位置になってもよく分からずウロウロしていると、スウェーデン人三人のパーティーがやってきた。道を尋ねると、自分たちもそこに行くとのことで、すっかり安心した。そして、X印の道標が頼りであると教えてくれた。たしかに、しばらく行くと道標がそれらしい方向に向かっていた。ゆるやかな氷河谷をゆっくりと下り、また上がっていくこの道は実に良い雰囲気であった。のびやかに緑が広がり、赤いサクラソウを始め、いたるところに花があった。

Karsavaggeを示す指示板を過ぎた後、X印の板はにわかに少なくなった。それまでは一〇〇メートル間隔に並んでいたのに。それでも、スウェーデン人たちは、なんとかX印の道標を探し出し、私たちにも合図してくれた。しかし、あまりにも長く、氷河谷を登っていくので不安になった。そろそろ、稜線に向かうべきではないか。私たちが地図を見ていると、スウェーデン人たちも不安になったのか、立ち止まって相談している。

「道を間違えた。この道標は違う所へ向かっている。これから直登して稜線に向かうよ」

大声で叫んで報せてくれた。山の鉄則の一つは道を間違えたら引き返すことである。彼らの行動はとんでもないことだ。

「そうか、俺たちはバックするぜ」

そう別れを告げた。

氷河谷の広い空間を二人だけで引き返すのは心細い。それでも何とか迷い始めた所へたどりついた。

「あら、こっちだわ」

と壽子。すぐそばに稜線に行く分岐路があったのだ。時刻はもう二時近い。日本の常識ならすぐロッジへ帰るべきだ。しかし、ここは日没が一一時、その後も暗くならない白夜である。思い切って登っていくことにした。稜線を越えてしばらく下がると、目覚しい景色が待っていた。

目の前にラッポルテンの連山がずらりと連なっている。雪の白、地肌の黒、薄い緑、濃い緑と連山は上から順に染め分けられている。道に迷ったことが、かえって良かったのか、雲は去って山々は全貌を現わしていた。右手には山に囲まれた湖があり、そこからKarsavaggeの川が流れ出している。湖も川も水が勝手に広がったり縮んだりしているのが魅力的だ。

私たちはラッポルテン連山を眺めながら、花が咲き乱れ、清流が流れる山をのんびりと下りた。Karsavaggeの谷沿いの道は疲れた足にはきつかったが、六時半にホテルに帰り着いた。二〇キロを歩いたことになる。三人のパーティーと別れてからアビスコ近くに来るまで、誰にも会わなかった。最後の日に一番ラップランドらしい経験をしたと思った。

ヘルシンキに飛んで、サンクトペテルブルグを目指すクルーズ船に乗った。サンクトペテルブルグを始めとするロシアの都市は治安の悪化が問題となっていた。ホテルの部屋に強盗が押し入った話もある。安全な旅の方法を探し、フィンランドの船であるクリスチーナ・レギナ号によるクルーズにたどり着いたのだ。夕方ヘルシンキを出港し早朝にサンクトペテルブルグに着く。二日間観光して、今度は深夜に出港、朝にヘルシンキに帰る航程である。宿泊と食事はすべて船の上であり、さらにツアーでの団体行動で、強盗もつけいる隙はなかろう。ビザを取らなくてもよい利点もある。

イサク聖堂、エルミタージュ、ペテルゴフの夏の宮殿と、サンクトペテルブルグの文化遺産は期待以上であった。夜のバレーそしてフォークダンスのショーも鍛え抜かれたものであった。港にロイヤル・プリンセスなどの巨大なクルーズ船が来ていて、繁華街は観光客でごった返しているのにも驚いた。

「私たちは打たれ強いのよ。自由の代償は高くていいわ」

とガイドがいった。ロシアがヨーロッパに復帰するのは意外に早いかもしれない。マイナス面ばかり目立つロシアだが、ナチスの背骨を砕いたのはロシアだ。負けを覚悟の自爆戦で第三次世界大戦を引き起こさなかったのもロシアだ。二〇世紀が終わろうとする時、ロシアの旧都を訪ねたのは意義深いことだ。

帰って来たヘルシンキではシベリウスの家を訪ね、季節のザリガニを味わい、さらにシルバー・ラインのクルーズに出かけた。

そしてブダペストへ向かった。インターコンチネンタル・ホテルを宿にしたが、与えられた部屋は眺めが良くない。そこで、割増料金を払ってドナウ川沿いの部屋に変えてもらった。これは当たりであった。窓から臨むドナウ川には名所の鎖橋が架かり、その向こうにはブダの丘の上に王宮が聳えていた。私は窓際にカメラを構え、昼、夕方、そしてライトアップされた夜と写真を撮りまくった。

ブダの丘の上から臨む対岸のペストの町も絵になった。景色を眺めていると、一人旅の日本人に出会った。ハンガリーに滞在したことがあり、懐かしくてまたやってきたそうだ。

「最大の目的は日食ですよ」

鎖橋と王宮を望むブタペストの夜景

彼が付け加えた。私もハンガリーを意識したことはある。しかし、ブダペストよりかなり南を日食線が走っていて、そのあたりの様子が分からないので敬遠したのだ。彼はその南部のバラトン湖へ行くそうだ。

「西欧とは晴天になる確率が違いますよ」

そうか、そこまで考えなかったと少し後悔した。

翌日、ハンガリー大平原へのツアーに参加した。広々とした牧場で、牧童たちの妙技が披露された。馬二頭の背の上に片足ずつを乗せて立ち、五頭の馬を操って走らせるのである。平原には見たこともない花も咲いていた。

皆既日食

八月九日。ブダペストからミュンヘンに飛んでレンタカーを借りた。いよいよ日食だ。白鳥の城、さらにチロルと日本の観光旅行団も驚くであろうスピードで走り抜け、夜にザルツブルグに着いた。レンタカーにしたのは、自製の日食線に自信がなかったためで、ずれていたら車で駆けつけようと思ったからである。しかし、翌日の新聞で日食線はまさにザルツブルグを通ることが確認でき、ほっとした。

ホテルの売店でアルミ箔の眼鏡を二つ買った。太陽を見るためだが、とてもチャチである。ないよりはましであろう。その日の朝は雨模様。モーツァルトの家を見学してから、ザルツカンマングートのドライブに出かけた。夕方になると少し晴れてきた。明日の日食は期待できるのであろうか。

ディナーは僧院の広い部屋での室内楽つきとした。音楽祭は切符が一枚しか手に入らず、諦めたからである。しかしやたらに混んでいる。

「昨日の四倍のお客さんです」

とボーイが驚いていた。やはり日食を見に人々が集まってきたのだろうか。そういえば、ニュースを見てもただごとではない。英国南部の海岸は野宿する人で溢れかえっているという。帰り道、空を見上げると星の数が減っている。また雲が広がってきたのであろう。不安である。

八月一一日。朝の空は完全な曇りである。新聞の天気図を見ると、前線がザルツブルグのあたりにある。それだけなら、西方のミュンヘン方向に車を走らせればよい。しかし、もう一つの前線がミュンヘンの西にある。もう、しかたがないと、ジタバタしないことにした。これで、晴れを期待するのはどうかしている。しかし、万一に備えて日食観測の場所を確保しようと考えた。昨日、ディナーの席で隣り合わせたイタリア人はホーエンザルツブルグ城に登るといった。たしかに見晴らしが良さそうだ。観光をかねて私たちも城を目指した。

城内を一回りした後で、南方が開けている場所を探した。しかし、これだという所はすでに若者たちが取り付いている。キョロキョロしていると、カフェレストランが目に入った。南方の谷を見下ろす位置にあり、谷に面した席が空いている。さっそく席に着いてビールを注文した。目の下には緑の谷と散在するチロル風の家、遠くには形の良い岩山。けっこうな景色ではないか。

一〇時四五分には谷側の席は塞がってしまった。そこへ二組の夫婦が入ってきた。年をとった男性は巨大な望遠鏡を持っている。良い席がないと知って明らかに落胆して不機嫌そうであったが、すぐに私たちの近くにやってきた。

「隣に座っていいですか」

「もちろんです」

彼はいそいそと望遠鏡の足を伸ばし、テーブルの脇にしっかりと設定した。イタリア人だそうだが、私の父に似ている。日食の詳しい本も持っていて、今日に賭ける意気込みは私とは比べ物にならない。私はビールが効いてのんびりした気分になってきた。時々、雲に切れ間ができる。ひょっとすると晴れるのであろうか。イタリアの父の奥さんはにこにこしている。

「後は神様に頼むわ」

しかし、また雲が広がった。

奥さんは空を仰いだ。イタリアの父は席を立ち難しげに下を向いて歩いている。

「風がなくなった」

北西と北の空に晴れ間が現れた。風は北西から吹いてきて、晴れ間が次第に近づいてくる。一二時四〇分の皆既日食の時は晴れているかもしれない。時々アルミ眼鏡で雲から出たり入ったりしている太陽を眺めた。やや上方が欠けてきた。ボーイがやってき

皆既日食を待つ

た。

「追加注文は」

「コーヒー二つ」

一一時半を過ぎるとカフェーは超満員。その外側は雑踏。しかし、私たちはイタリア人四人と大望遠鏡に守られてゆったりしたものだ。望遠鏡の足を引っ掛けないようにだけ気をつければよい。太陽が細くなるにつれて、晴れ間が広がっていき、皆、成功を確信した。

若いほうのイタリア人の男が話しかけてきた。

「ラッキーだとは日本語で何というんだ」

「運が良いさ」

「ウンガヨイ」

彼は繰り返したが、響きがよくないらしい。

「他にないか」

「幸運だ」

「コーウンダ」

今度は気にいったらしい。彼は何度も繰り返した。


北側の青空が押し寄せてきた。白い雲の層が離れた所までいってしまうと、太陽は青空の只中にあった。アルミ眼鏡を通して見ると細い三日月状だ。でも肉眼では明るくて、とてもまだ正視できない。待っていると、少し景色が翳ってきた。アルミ眼鏡が忙しくなる。太陽は細い半円だ。その輪がなかなか消えない。イタリアの父は「シー」と言って静寂を期待した。しかし、しゃべっているのは彼の奥さんだ。

いよいよクライマックス。輪がさらに細くなり、一点だけから光が漏れ、輝く玉となった。ダイヤモンド・リングだ。私は眼鏡をかなぐり捨てた。ついにダイヤモンド・リングも消えた。皆既日食だ。その瞬間、「ウォー」と声が上がり、盛大な拍手となった。「ブラボー」との掛け声も聞こえる。

太陽から放射される青白いコロナがはっきり見える。長い所では太陽の直径ほど延びている。見事なのはコロナに囲まれた黒い太陽だ。見つめていると黒い太陽が空を飛んでいく。空は真夜中になった。明るいのは金星か。奇妙なことに西の空は明るく、夕焼け雲まである。日食にならない地方の空が見えているのであろうか。

見下ろせば谷間の村の家々に電灯がついている。青白く縁取られた黒い太陽。上と下に広がる不思議な夜。喜びを共にする多くの国の人たち。この素晴らしい時は二分ほどと教えられていたが、もっと長く続いているように感じた。一生忘れられない時だ。

ついにダイヤモンド・リングが再び現れた。まぶしい太陽の光が戻ってきて、はっきり見えるようになった人々の顔は喜びに輝いていた。後ろのカップルは激しく抱擁し、そして長いキスが始まった。そう、誓いたまえ。千年紀をはるかに超えて行く愛を。

我に返った人々は様々な行動を取り始めた。シャンパンで乾杯する人が多いが、私には無理だ。運転を控えて、ビールの酔いを醒ましているのだから。それでスパゲッティーの昼食を摂った。

一時半に車をピックアップして走り出したが、天気はにわかに悪化し二時半には激しい夕立となった。もう一つの前線がやってきたのだ。ミュンヘンへの高速道路はごった返していた。やはり日食帰りの人が多いのであろう。ぎりぎりにジュネーブ行きの飛行機に飛び込み、機内でシャンパンのグラスを上げた。

翌日の新聞を見ると日食運はフランスが吉、イギリスとドイツは凶であったらしい。例えば、ミュンヘンでは直前まで晴れていたが、大切な時に曇りになったそうだ。私たちが恵まれた幸運は相当なものである。いっぽう、ハンガリーは晴れのようで、大観衆が歓声を上げたという。その中にはブダペストで会った日本人が入っていたに違いない。

一泊したジュネーブからレンタカーでシャモニに入った。シャモニはパスツール研究所に滞在中、家族で訪ねたことがある。もう二〇年以上前だ。ロープウェイから見下ろしたバレブランシュの景色は忘れることができない。今回はとにかく歩くことが目的だ。

宿はアルベルト・プルミエ。レストランはミシュランの一ツ星が付いている。最初の夕食はオードブルがトリフ入りの生ハム、メインはカモの足つき肉で、いずれも納得できる味であった。朝食もリンゴの実る庭を眺めながら自家製ヨーグルト、選ばれた桃とアンズ、半熟卵、乾燥肉、絞りたてのオレンジジュース、様々なパン、カフェオレと満ち足りていた。

ここに四泊したが、天気には必ずしも恵まれなかった。最終日にはあられも降ってきた。ザルツブルグでほとんどの天気運を使ってしまったのだろう。

八月一五日のブレヴァンがハイライトであった。ロープウェイを降りた時は晴れていた。シャモニの谷越しにモンブラン山群が全貌を現わしている。エギュイディ・ミディの針葉峰の上に、雪を主体の山体がゴツゴツと段のように高くなり、その上に、白くたおやかなモンブランのピークがある。そして大きな氷河が二つ山腹を駆け下りている。

景色を満喫していると霧が出てきた。縦走路を歩いているうちに霧が深くなって引き返した。しかし、ロープウェイで中間駅まで下りると、再び晴れとなった。山の上部にだけ霧があるのだ。この霧は晴れると判断して、またブレヴァンに向かった。

縦走路を西に進んでいると、だんだん霧が薄くなった。そして、モンブランを正面に見る崖に達した時、霧は消えていた。モンブランには部分的に雲がかかっていたが、私たちは温かい日を浴びてゆっくり過ごした。

氷河谷を引き返し、ロープウェイの駅目がけて登っていくと、行きには霧に隠れていた景色が目覚しかった。私たちは急斜面の途中で登りを止めてまた座り込んだ。

谷への傾斜は厳しく、谷へ下りていく鳥は落ちていくように見える。眼下に緑の氷河谷が広がり、その向こうにモンブラン山群がある。空は晴れているが、西から途切れ途切れに小さな雲がやってくる。その雲はモンブランの近くで膨れ上がり、獅子や双頭の竜のような形となり、山頂や山腹を隠した。

飽きずに雲の動きを見ていると風が変わり、雲はほとんどなくなり、モンブランは全貌を現した。午後三時という時刻も幸いして、山は陰影を帯びた。白く輝く雪の面。上を行くイワシ雲の作る影。稜線が雪の面に作る影。私たちはひっそりと山に向きあっていた。

砂漠からジャングルへ

ナミビアの大砂丘

アフリカ南西部の片隅にナミビア共和国がある。そこにナミブ砂漠が横たわる。地球上で最も古い砂漠で、中心部には、赤っぽい砂でできた砂丘が連なっているという。その高さは二〇〇メートルをはるかに超え、世界最大級だそうだ。本格的な砂丘を見ようとすればここが第一の選択肢となるであろう。ガイドブックで眺める写真はことのほか美しく、どうしても訪ねてみたくなった。

ところが、計画を立てる段階になって苦労した。ナミブ砂漠の中心までのよい交通手段がないのである。いろいろ迷ったあげく、四輪駆動車を借りて、首都のウィントフックから走っていくことにしたが、アフリカの荒野を旅するのでやや不安であった。

シンガポール航空でヨハネスブルグまで飛び、乗り継いでウィントフックへ入る予定である。砂漠だけでは退屈かもしれないと、シンガポールから寄り道してボルネオも訪問することにした。熱帯雨林の本場を見ようと考えたのだ。フランス時代の友人と仕事で会った時に、夏休みの計画を話した。フランス人は顔をしかめた。

「それにしても壽子は、よく一緒に行くな。ナミブ砂漠より俺にはボルネオが怖いぜ」

たしかにボルネオではゲリラによる誘拐事件が起きたばかりである。目的地とその現場は少し離れているが、遠いフランスから見れば、同じ所に思えるのであろう。

出発が迫ったころ、遅ればせながらインターネットで情報を取った。「ナミブ砂漠」で検索していると、ナミビア政府の観光ガイドに飛び込んだ。なんと、八月には来るなと書いてある。砂嵐のシーズンで、一度、嵐になると数日続くそうだ。そういわれても、いまさら変更できない。長めに滞在する予定なので、全期間、砂嵐になることはあるまいと判断して決行することにした。

二〇〇〇年八月四日、シンガポール航空のエコノミー席に乗り込んだ時はグッタリした。仕事がめちゃくちゃに忙しい一年間であった。息子の結婚、そして娘の婚約というイベントもあった。私たちは山の頂上にいるのだろうか。これからは、もう下るだけなのだろうか、とふと思った。

ウィントフックではカラハリ・サンド・ホテルに三泊した。仕事と長時間のフライトの疲れを取り、レンタカーの四輪駆動車に慣れるためである。ホテルは部屋も食事も良く、満足できるものであった。地下がスーパーマーケットとなっていて、大量のミネラルウォーターを始めとする旅行用の買い物にも便利だ。

調子を狂わされたのはレンタカーだ。検査が終わっていないとかで、貸し出した翌日、一、二時間だけ追加検査をするという。ところが、約束の時間になっても車を取りに来ない。催促のはてに、やっと車を持っていったら、今度は返しに来ない。ウィントフック二日目は、レンタカー屋への電話連絡で大半を過ごした気がする。そういえば、この車は、図体は馬鹿でかいが、いやに古い。不安材料が増えてきた。

四輪駆動車には乗ったことがなかったので、日本の自動車学校で一日コースの練習をしてきた。その甲斐あって、近くの公営ゲーム・パークへのドライブでは何事も起こらなかった。ゲームとは狩猟対象のケダモノのことだが、むろん猟をせずに保護することになっている。現実にはケダモノが極度に少なかった。密猟が盛んだったらしい。

私営のゲーム・パークであるゲスト・ファームも二カ所に出かけた。肉食獣と草食獣の棲みかが分けられているなど、いずれもサファリパークに似たところがあった。それでも、最初に出かけたオカプク・ファームは、敷地がマラマラの半分はあろうかという広大さで、景色も伸び伸びしていた。山の上に登り、日没を眺めるとロマンチックな気分になる。

「アフリカに帰ってきたのね、この風がたまらないわ」

壽子も喜んでいる。

八月八日。いよいよナミブ砂漠だ。中心部のソススフレイを目指して、朝食もそこそこに出発した。前日、ソススフレイのロッジに電話すると、天候は今のところ良いというので、急いで到着して、夕方に見物しようと考えたのである。しかし、しばらく走ると再び、カラハリ・サンド・ホテルの前に来てしまった。同じことを三度繰り返した。さすがに、壽子にあきれられつつ、やっと南下ルートを見つけて、ひた走った。

はじめのうちは舗装された立派な国道であったが、ナミブ砂漠へ向かう枝道に入ると、舗装は消えた。車のわだちの跡が深くえぐられていて運転しにくい。おまけに、ほとんど人家がなく、すれ違う車も稀である。岩も転がっている。慎重に運転していくと、両側に五〇〇メートルほど断崖が切り立っている爽快な道となった。小型のグランドキャニオンの谷底を行く気分である。

下り着いたソリテールでガソリンを入れるはずであったが、売り切れという。ソススフレイまでガソリンがもつかと不安になった。気がはやって、スピードを上げげた。砂利道だが、道は大分良くなっているし、車の数も増えた。観光のメインルートに出たのだ。

　車はパチパチと砂利をはねていた。やがて、その音が激しくなった。

「大丈夫かしら、一寸ヘンよ」

「なーに、砂利が多いからさ」

　しかし、車の揺れも激しくなった気がする。路肩へ寄せて降りてみて、ガッカリした。後輪がパンクしてぼろきれのようになっている。ジャッキの位置などはあらかじめ聞いていたので、何とかなるだろうが、慣れない、しかも大型の車なので、相当に苦労するであろうと思った。

　後ろから走ってきた車が私たちの車を抜いて、すぐに止まった。

「大丈夫か、手助けしようか」

「頼む、慣れない車なのだ」

　私はプライドを投げ捨てて頼んだ。

「よし」

　ワゴンからすぐに、屈強な男たち数人が降りてきた。ドイツからの観光団だそうだ。手分けして、テキパキと作業を進めてくれて、一五分ほどでタイヤは無事に交換された。私だけでは何時間かかっても、とても出来なかったろう、と分かった。まず、ナットが極度に固く締めてあって、大男が渾身の力を振り絞ってやっと回ったのである。そして、砂地にジャッキがめり込んでいった。素早く、平らな石が探し出されて、ジャッキの下に当てられて潜り込まなくなった。私にはとてもそんな知恵はない。

「これで、ビールでも飲んでくれ」

　私の差し出すお礼を、笑って振り切り、ドイツ人達は去っていった。

　じきにセスリウムに着いた。ナミブ・ナウクルフト国立公園の入り口で、ここにソススフレイ・ロッジがある。あらかじめ、四泊の予約をしておいた。部屋はベトミン風のテントであるが、背後に付属するバスルームと玄関は頑固なコンクリート造りである。注意書きに、砂嵐になったらコンクリート部分に避難して、ジッとしているようにとある。やはり、砂嵐は相当に凶暴なようだ。

　ナミブ・ナウクルフト国立公園は日の出から日没までしか開いていない。午後三時にロッジに着いたので、少しだけ国立公園に入ってみることにした。じきに写真で見慣れた、薄赤い色の砂丘が広がった。しかし、雨が多かったのか、まばらに草が生えている。砂丘に足を踏み入れると、足の長い甲虫に出会った。足で霧から露を集めて飲んでいることで有名な虫だ。トカゲもいた。砂が熱いと、片足を上げるユーモラスな生き物だ。しかし、この草が生えている、恵まれた環境では、普通にガサゴソと動いていて、甲虫もトカゲも少しも感動的ではなかった。

　やはり、砂漠の中心に行かなければだめだ、明日に期待しようと引きあげた。入口から中心のソススフレイまでは車で一時間ほどとのことだが、最後の数キロメートルは砂地を行くそうだ。すっかり運転に自信を失ったので、明日はロッジ発のツアーを利用することにした。

八月九日。穏やかな朝である。ガイドは六時半ぴったりにやってきた。他の客はスペイン人夫婦だけだ。朝の光を浴びて砂丘は濃いオレンジ色に輝いていた。そして、光の当たらない所は黒く、コントラストが鮮やかだ。スプリングボックという小型のレイヨウの姿もある。進むにつれて、草はなくなり、砂丘は高くなっていった。

ソススフレイの少し手前で、ガイドが遠くにいるオリックスを見つけた。オリックスは角が長く真っ直ぐに伸びた、大型のレイヨウである。横から見ると、角が一本に見え、一角獣伝説の原因になったという。乾燥地を好み、ナミブ砂漠を代表するケダモノである。

近寄ってみよう、とガイドに促されて歩き始めた。私は双眼鏡だけ握って出発したのだが、オリックスに二〇メートルほどまで接近できた。砂丘をバックのオリックスは、まさに絵になる。スペイン人が望遠レンズを駆使して写真を撮りまくっているのを、悔しく待っていた。

さあ、いよいよソススフレイに着いた。ここに、砂丘に囲まれた池がある。水が溜まっていることは珍しいそうだが、緑を帯びた水が豊かであった。今年は水がなだれこんだ特別の年だったのだろう。私たちは早速、砂丘を登り始めた。かなり進んだところで、トカゲが砂の上を走った。足跡がはっきり残っている。やはり、乾いた砂丘での生き物は様になる。

小さなピークに着いてみると、前方にはさらに大きな砂丘が立ち上がり、四方に波打った稜線を延ばしている。右前方にも複雑な形の砂丘がある。ゆっくりとピークで時を過ごしてから、下りはじめた。

足を踏み出すと、砂はあくまで優しく足を包み込んだ。そして、稜線が少し崩れ、砂が波紋のように落ちて止まった。やってきて良かったな。一年間の苦しかったこと、ここに来るまでのドタバタ。その全てを砂が飲みこんで、波紋に変えているようだった。

午前のツアーで様子が分かったので、午後に再び砂漠を目指した。通常の道が終わり、砂地となる所に、大きな駐車場がある。多くの人はここに車を止め、トラックを使ったシャトルに乗ってソススフレイに行くのである。私たちは駐車場から、すぐに歩きだした。ソススフレイへ向かって流れる、枯れた川の川床を進むことにしたのである。稀な大雨の時は、ここを通って濁流がソススフレイに達するのだ。川床にはまばらに木が生えていた。さらに、ナラメロンという小型のスイカのような果物が転がっていた。

しばらく歩いてから、川底を外れて、砂丘の方へ近づいていった。すぐに、平らで、滑らかな砂原となった。神社の白砂のようだ。広い砂原の向こうに、大砂丘が静かに横たわる。日が落ちてきたので、砂丘の影の部分は再び深いシルエットとなっている。この壮大な空間を私たちは二人だけで歩いていった。

帰りのドライブ中に、二羽のダチョウに会った。ダチョウは砂丘をバックに走っていったが、身体を上下させるので踊っているように見えた。

砂丘を背景にダチョウが走る

八月一〇日。再び好天である。日の出と共にゲートをくぐってひた走った。駐車場で、トラックのシャトルに乗り、再びソススフレイを目指した。観光客が登り、昨日私たちも立った砂丘は砂丘群の前衛である。その後ろにある巨大な砂丘に登ろうと考えたのだ。私たちは、昨日の砂丘から一度下り、また一登りした。着いた砂丘のピークを越え、左手にカーブする長大な稜線をさらに登っていった（カラー写真11・12）。砂丘の斜面に二人の影が長く伸びている。左側の斜面は斜めにスッパリと切れていて、日が当たらないので、深い赤色をしている。

左側からやってきた別の稜線と合わさると、稜線のルートは、今度は右に大きく曲がった。右手にも左手にも別の砂丘が広がり、景色はこの上もない。しかし、進むにつれて砂が崩れやすくなり、頂上の一角に取り付くと疲れきった。さらに少し先にやや小高い所がある気もしたが、もう十分だと座り込んで、ゆっくり景色を眺めることにした。

この砂丘の山腹はきれいな風紋に飾られている。そして、谷間に近い所には、女性の肌のように、滑らかに起伏したひだが付いている。その向こうに再び大砂丘が立ち上がる。ウネウネと続く稜線は波の線のようであるし、万里の長城のようでもある。大砂丘群は地平線に至るまで続いていた。数十キロ先に大西洋があると知らなければ、ここは世界の果てだと思うであろう。視線を向けることのできる全範囲に、この雄大な景色が広がっていた。そして、他には誰もいなかった。私たちは約束の地にいる、と思った。

八月一一日。トラックのシャトルバスを途中下車して、デッドフレイを目指した。大砂丘の谷間を行くルートで、柔らかな曲線の小砂丘が目についた。デッドフレイは枯れ果てた池で、死んで黒くなった木がまばらに立っていた。帰り道、前方に広がるのはソススフレイの大砂丘群だ。昨日歩いたルートがよく見える。しかし、稜線から砂が巻き上がっている。風が出てきたのだろうか。

夜、テントの屋根がガサゴソする。ケダモノでもいるのかと疑ったが、いや風だと思い直した。夜中に目が覚めると、風が強くなっている。テントはバタバタと音を立てるし、ヒューと風の音も聞こえる。砂嵐かと外へ出てみたが、何事もないように、澄みきった星空が広がっていた。

八月一二日。出発の日であるが、急いで砂漠を走って、トラックシャトルの乗り場まで行ってみることにした。オリックスの写真を撮らなかったことが残念で、もう一度チャンスをと考えたのである。道半ばで、壽子が叫んだ。

「あなた、オリックスよ」

道の右手すぐ近くにオリックスがいるではないか。車を止めてカメラを取り出していると、オリックスはスタスタと道を横切り、左手に移った。足早に去っていこうとしたが、私がカメラを構えると、そうですか写真ですかとばかりに立ち止まりポーズをしてくれた。

目的を果たして、リラックスして車を走らせていると、ソススフレイの方角にモヤが立ちこめている。砂嵐であろうか。実際にそうで、車は砂のモヤの中を行くようになった。オリックスがまた一頭、道の脇にいたが、吹きつける砂で迷惑そうだった。シャトル乗り場に着くと、モヤは一層濃くなった。風も強い。急いで引き返そう、帰れなくなる。砂嵐は勢いを増してきた。砂は道の上を這うように進んでいる。時には濃霧のようになり、何も見えなくなる。ライトを点けてノロノロ運転を繰り返し、やっと砂嵐から脱した。

ロッジのあたりも、薄いモヤがかかったようになっていた。チェックアウトの手続きをしていると、マネージャーのブリトンさんがやってきた。

「ヤー、あなたの出発に合わせて始まりましたよ」

この先どのようになるのか、想像すると怖い。これまでの好天に感謝して慌てて出発した。

帰り道は速度を落としてゆっくりと進んだ。人気のない所で、パンクや故障になったらと、改めて恐ろしくなったのである。最初の計画では第二の都市であるスワコプムンドを拠点にしてソススフレイへ往復するつもりであった。しかし、このルートが水害にあったとの情報があり、首都からのルートに変更したのである。実際に走ってみて、メインルートはスワコプムンドからのであると、はっきり分かり、計画を変更したことを後悔していた。幸い何事もなく、舗装された国道に飛び出すことができた。

ウィントフックからヨハネスブルグに飛び、時間待ちに一泊した。このさいと、黒人の居住地区であるソウェトを訪ねるツアーに参加した。運転手もガイドも黒人で、目立たないワゴン車に乗っての出発である。ソウェトには見るからに貧弱な家が並ぶスラムと、小さいながら人間の棲家といえる家が集まったところが混在していた。ちょうど小学生の下校時間であった。こざっぱりした服を着た子供たちの瞳は輝いていた。この国の前途に、ほんの少しだけど光明を見た気がした。

ボルネオの熱帯雨林

東マレーシアと呼ばれるボルネオ島北部には魅力的な所が多い。しかし、病気、毒蛇、治安と心配なことも、たくさんある。熱帯雨林のメッカというべきダナン・バレーには興味があったが、そこへの中継地となるラハ・ダトゥに海賊が出ると『ロンリープラネット』のガイドブックに書いてあった。ボルネオを扱う日本の観光業者に電話して聞くと、「そんなことは初耳です」という。どうも疑わしい。ダイバーとしては魚が溢れているというシパダン島にも心惹かれた。しかし、これもラハ・ダトゥに近い。結局、両方とも今回は敬遠して、焦点を絞った一週間の計画とした。予約が全部終わった四月になって、事件が勃発した。シパダン島をゲリラが襲って、観光客を人質として連れ去ったのだ。ゲリラは海から来たので、明らかに海賊がのさばっていることと関係がある。予感が当たったともいえるが、今度の旅も本当に安全なのか、少しばかり不安である。

八月一六日。シンガポールからボルネオのコタキナバルへ飛んだ。シャングリラが経営するラサ・リア・リゾートが宿である。廊下は吹き抜け構造で風が通り、さほど熱さを感じない。自前の自然保護区があり、そこにはオランウータンの子供までいる。オランウータンの食事時間にはさっそく、見物に出かけた。四頭のオランウータンは手を巧みに使って木から木へ移っていった。

リゾートに二泊して、寛いだ後で、キナバル国立公園のロッジに移動した。キナバル山登山の計画である。標高四〇〇〇メートルを超えるキナバル山は東南アジアの最高峰である。登りきることができるかどうかは分からないが、途中の熱帯雨林にも興味があった。

夜中に強い雨が降り風も激しい。これは無理かなと思った。八月一九日朝。外へ出てみると、山の半分は姿を現わしていた。降りるべきか、登るべきか。

「やはり諦めて降りよう」

「登りたいのでしょう、行きましょうよ」

壽子はケロッといった。元気づいて登ることにした。出発地点に行くと、現地の旅行業者を通して手配したガイドが待っていた。小柄な機敏そうな男だ。さらに、荷物を持ってくれるポーターを雇うことになる。がっしりした男が揉み手をしてやってきた。

「私がポーター」

しかし、ガイドは荷物を持ってみて、いい放った。

「軽い、私はガイドであり、ポーターでもある」

巨大なウツボカズラ

彼は私たちの荷物を右と左の肩にかけて、スタスタと歩きだした。少しでも多くの報酬を得ようという根性は立派なものである。今日は標高三二五〇メートルのラバン・ラタ・レストハウスまでの高度差一四〇〇メートルの登りである。

道は山地性熱帯雨林の只中を行く。想像以上に深い森だ。山肌の木は頭上高くそびえ、谷底の木が目の高さにある。茂った木につる性の竹、そしてつる性のヤシが取り付いていて、ジャングルそのものである。筒状の赤い鮮やかな花が道に落ちていた。見上げるとシャクナゲの花が道に覆い被さっていた。二〇センチはある世界最大のコケにも出会った。

キナバル山は巨大なウツボカズラが育つことでも有名である。ガイドに案内してくれるように頼んでおいた。三〇〇〇メートル地点が近づいたころ「こっちだよ」とガイドは踏み跡を下りていった。急いで後に続いた。

あった。三〇センチはあろうという大きな筒がいくつか見えた。筒は黄色で、赤っぽく縁取られていて鮮やかだ。ウツボカズラは食虫植物でこの筒に落ち込んだ虫を食べるのだ。何か死んでいるかと筒の中を覗き込んだが雨水が溜まっているだけだった。それにしても不思議な植物だ。葉の先からツルが出て、その先にこの筒があるのだ。

三〇〇〇メートルを超えると稜線歩きとなる。風がもろに吹きつけるようになり、寒い。我慢して進んで、昼過ぎにレストハウスに飛び込んだ。着替えて、パネルヒーターをつけてもなかなか温まらない。外の風は、ますます強くなり、霧も出てきた。頂上を目指すとすれば、夜中に出発しなければならない。ガイドと相談して、とても無理だと諦めることにした。

八月二〇日。朝、ゆっくりと下りにかかった。大輪のダリアのような黄色いシャクナゲを見つけたり、筒状のランがあったりと退屈しない道であった。無事に下り着いて

「思い切って行ってよかった、壽子のお陰だよ」

とお礼をいった。

「戦友だからね」

彼女が答えた。

空港の近くのタンジュン・アル・リゾートで寛ぎ、翌二一日サンダカンへ飛んだ。一泊二日のディスカバリー・ツアーに参加したのである。

まず、セピロックのオランウータン・リハビリテーション・センターに行った。親を失ったオランウータンの子供を保護し、育ったら野性に返している所である。ここは典型的な低地熱帯雨林で、フタバガキ科の高木が茂っているという。たしかに高い木が多く、根元はせり上がった板根で支えられている。高木の枝は主に高い所に残っている。そして、低層には潅木やつる草が茂って緑の壁となっている。しかし、中層が空いているので、遊歩道を歩くと意外に明るく感じた。

野生に戻ったオランウータンの餌づけがここの売り物である。ホテルで一度見ているので、似たようなものかと思ったが、やはり本場は違った。オランウータンは八頭も登場し、そのなかには二組の母子がいた。しがみついている子供をかばいながら、つる草につかまって、やってくる母親の表情は真剣そのものだ（カラー写真13）。今日はバナナを食べさせてあげるからね、といっているようだ。もう一頭の母親の背中につかまった赤ん坊は、母の威を借りて近くの少年ザルをからかっていた。少年が怒って口を開けると、赤ん坊も口を開けて応戦するのである。

午後にスカウに向けて出発した。何と、客は私たちだけである。この道は山地を横切っていき最終的には、ラハ・ダトゥに達するもので、やや緊張した。しかし、行き交う車も多く、何事もなくスカウに着いた。

スカウはキナバタンガン河に面した小集落である。ロッジに案内されたが、小屋といったほうがよい代物であった。気温は高いが、むろん冷房はないし、冷水シャワーはどこにあるのか分からない。中高年のバケーションとしては世界の果てに来てしまった。私たちは黙って、濁って力強く流れる河を見ていた。

「今夜は眠れるかしら」

壽子がポツンといった。

気を取り直して、夕方のクルーズに出発した。目的はテングザルである。大型のサルで、オスは天狗のように長い鼻を垂れ下がらせているという。

「そしてね、ご婦人の前ではいいにくいが、大切な所はいつも立っているよ」

ガイドはにたりと笑った。キナバタンガン河の本流から支流に入ると、両岸の川岸性熱帯雨林が迫ってきた。木の高さは低地性熱帯雨林より低いが、植物相はより多様で、うっそうとしている。しばらく進むと、テングザルの群れに出会った。しかし、岸から離れているし、メスばかりで目指すオスの姿はない。

次に小型のカニクイザルの群れが出てきた。上流に進むと、イノシシの死骸に三匹のオオトカゲが喰いついていた。木の葉の上に緑のヘビ、そして枝の分かれ目には黒と黄色の縞のヘビがとぐろを巻いていた。やや大柄なブタオザルの群れとも遭遇した。

目指すテングザルの群れがいないので、下流へ引き返した。最初に出会った群れと再会したが、相変わらずオスが見えない。さらに下ると、川岸に出てきたテングザルの群れがいた。もう寝る支度が終わったのか、それぞれ木の高い所に陣取っていた。今度はオスのボスザルもいて、デンと座って下流に目を向けている。船の位置からは顔がよく見えない。焦っているとガイドがゆったりとつぶやいた。

「そのうち、向きを変えるよ」

実際、しばらくするとサルは正面を向いた。顔の真ん中に、ややひしゃげた赤いヘチマのような鼻が垂れ下がっている。でっぷりとしたお腹の下では、たしかに、一物がピンと立っていた。ボスの威厳を保つのも大変である。

テングザルを見ることができて喜んだが、夜になるとやはり治安が気になってきた。ここの宿泊施設は小さな小屋に分散している。泊まり客は私たちだけで、メインロッジからは遠い、河沿いの小屋をあてがわれた。シパダン島のようなことが起きればひとたまりもない。ちゃちな強盗がやってきても、簡単に目的を達せられるだろう。河を船が往復しているが、海から河をさかのぼって賊がやってくることもできると考えて、気味が悪くなった。私たちは気配を殺して寝についた。

ウトウトした後、私は目を醒まし、しばらく起きていた。なにかやってくるとすれば、真夜中であろう。船はひっきりなしに通っていくが、スピードを落とさないから、安心だ。車が走ってきて止まる時は緊張した。しかし、その時、ロッジの三頭の飼い犬が一斉にほえた。この犬達はやたらに人懐こく、うるさく思っていたが、大切な役を果たしているのだ。これなら、大掛かりな襲撃以外は大丈夫だと、まずは安心した。朝、目が覚めて、小屋を出ると、戸の両脇に犬達が寝て、シッポを振っていた。ちゃんと番をしましたよ、といいたげであった。

ガラスの格子戸を少し開けて、風を入れることができると、朝になって分かった。こうすれば、河に近いから涼しい。良い部屋に入れてくれたのだ。

「夜一〇時頃、誰かが戸をノックしたけど、返事をしなかったわ。戸をゆすって去ったので怖かったけれど」

壽子がつぶやいた。私がウトウトしていたころだ。二人で大笑いをした。格子戸を開けるようにとロッジの人が来たのだが、意思を伝えられなかったのであろう。

朝に出発してゴマントン・ケイブに向かった。この洞窟は高さ一〇〇メートルあろうかという巨大なもので、両端が空いている。中にツバメの巣があり、これは中華料理の材料として珍重されるのだ。たくさんのコウモリも棲んでいる。閉口したのは、コウモリとツバメのフンの堆積だ。これを餌にするゴキブリやその仲間が洞窟の床に敷き詰めたように群がってうごめいていた。そして、この虫たちを襲うムカデが通路の手すりや洞窟の壁に張りついていた。

「毒が強いから触らないでくれ」

といわれたが、うっかり滑ったらどうなるのだと思った。インディージョーンズの映画のシーンを思い出した。ここも世界の果て、いや迷路の行き止まりである。

無事にコタキナバルのリゾートに帰って寛いだ。明日二三日に帰国のため出発である。ボルネオも良かったなと思った。コノハムシの擬態、ラフレシアの花と見逃したものが心残りなくらいである。ラフレシアは世界一大きな花だ。

「いくらお金を積んでも、ラフレシアを良い状態で見ることはできないよ。運が必要だよ」

とガイドがいっていた。花が開いてから、二、三日しか美しくないそうだ。

「一週間前に一つ咲いたが、もうきれいではない。腐った臭いがするよ」

ボルネオがもっと安全になったら、シパダン島で潜り、咲いたばかりのラフレシアの花を探そうと思った。でも、近いうちにその日が来るだろうか。

北の海、南の滝

クレヨコット湾と温帯雨林

二〇〇一年、新しい世紀の始まりだ。同時に、私は還暦を迎えた。早いものだ。今年の夏休み旅行の主題はアルゼンチンである。壽子は

「ブエノスアイレスは見たい都市の一つよ」

という。私も残した大陸である南米には行ってみたい。思いきって計画したのであるが、良いタイミングであった。後から考えれば、アルゼンチンが経済危機に陥る寸前に訪問できたのである。ついでに、ブラジルのパンタナールやアマゾンにも行こうかと迷ったが、治安が不安で、こちらは先に延ばした。その代わりに、行きと帰りにカナダに立ち寄ることにした。

七月二七日、名古屋から直行便でバンクーバーへ。乗り換えてトフィーノへ向かう予定である。トフィーノはバンクーバー島の太平洋岸にある。このあたりからワシントン州にかけては、温帯雨林が発達している。そして、トフィーノの北側のクレヨコット湾は環境保護のシンボルとなった。伐採が進むのに抗議して、エコロジストが座りこんで計画を中止させたのだ。この湾の奥に新しいリゾートが誕生した。ここに四泊し、温帯雨林を歩いてリフレッシュしてからラテン世界に向かおうと考えた。

バンクーバー発トフィーノ行きの飛行機は六人乗りの小型機である。こんな小さな飛行機で大丈夫かとの不安を抱えて、トフィーノまで飛んだ。しかし、悪天候で着陸できず、ナナイモへ引き返した。ナナイモは島の反対側にある。小型機で霧の中を山越えして帰るのは不気味であった。

降り立ったナナイモからバスでトフィーノまで送ってくれるというが、バスの来る時間は遅く、その日の内にリゾートに入れない。思いきってタクシーでトフィーノまで飛ばした。リゾートが特別に出してくれた船が港に待っていた。船も急いでくれて、九時少し前、リゾートに飛びこむことができた。ギリギリにディ

ナーに間に合ったのである。メインには、二人ともダンジネスガニを注文した。ケガニより大きなカニを一人で一匹ずつ食べるのだ。肉に甘味があって美味しい。

「どうだい」

ウェイターが尋ねた。

「いやー、最高だぜ」

「そうだろう、今まで生きていたんだ」

無理してタクシーでやってきただけのことはある。

このクレヨコット・ウィルダネス・リゾートはフロート式の建物である。巨大な船のように、湾の奥に浮いているのだ。料理と共に色々なアクティビティーでも評判が良い。

七月二八日朝、さっそくシーカヤックに挑戦した。クレヨコット湾は波が静かで、シーカヤックには最適であるとされている。壽子と二人乗りのカヤックに乗った。インストラクターは別のカヤックから指導してくれる。

「さあ、前進。そうそう。よし、行こう」

簡単なものだ。細かくフォームを指導するより、実際にやって慣れればよい、とのやり方である。そのまま、岸伝いに進んだ。いくつかの入り江を回って、三キロほど行くと、前方に家が見えてきた。

「ここがお隣だよ」

岸辺でご主人が手を振っている。

「上がってみるかい」

そろそろ手も疲れたころで、喜んで同意した。

この家も、リゾートと同じフロート式である。庭までもフロートで、そこでたくさんの野菜を作っている。ニワトリもいるし、当然サカナは捕れる。現金収入は、ご主人が作ったクジラの骨の彫り物や、奥さんが描いた絵を売って得ているそうだ。

「良い暮らしじゃないか」

心の底からそういって、カヤックに乗りこもうとすると、御主人は私の顔をのぞきこんだ。

「ところであんたは何で暮らしてるんだい」

「俺は、生命科学者だよ。大学に勤めている」

「そうか、俺も大学での専攻は生物学だったよ。三〇年以上前さ」

ご主人はベトナム戦争時のヒッピー世代の一人だった。彼は別れてきたもう一つの人生に思いをはせたのか遠い目になった。私も遠い目をしていたのかもしれない。

午後はハイキング。リゾートの人が対岸に作ったコースを行く。地図と携帯電話を借りて出発した。クマよけにラジオも借りようとした。

「大丈夫、イヌが一緒に行くよ」

人懐っこくつきまとっていた黒いイヌに声をかけたけれど、シッポを振るだけで動こうとしない。諦めて出かけると、白いイヌがついてきた。先を行き、ヤブの中を逆行し、後ろから吠え声をあげて、やってくる。これなら、クマやピューマも敬遠するだろう。後で聞いたところでは、黒いイヌはリゾート近くに現れたクロクマに吠えかかり、打ち倒されて重傷を負ったのだそうだ。まだ回復したばかりで、しりごみしたのは無理もない。

ハイキングコースは張ってあるロープを伝ったりするハードなものだったが、針葉樹の原生林を行くのでコケを楽しめた。糸のようなコケが集まって、緑褐色のじゅうたんを作っていた。厚い所では二〇センチはある。コケは木の枝にもとりついていて、木の上にコグマがいるかと思ったほどである。

リゾートに帰って寛いだ。ベランダには赤い筒状の花の鉢植えがつるしてある。うれしいことに、ここにウグイス色をしたハチドリがやってきた。ハチドリは一番小さな鳥で、新大陸特産である。といっても、今まで北米で見たことはなく、アルゼンチンで出会うのを楽しみにしていた。思いがけず、目的の一つを達したのだ。ハチドリは激しくツバサを動かしてホバリングし、長いクチバシを花に突っこんで、蜜を吸っていた。それにしても忙しい鳥だ。花から花へ飛び回っているが、もう一羽のハチドリが見えると、チーという声を上げる。そして、侵入者を追っかけて、視界から消えるのである。

七月二九日。起きてみると雨が降っている。ハイライトである、ワイルド・サイド・トレイルを歩く日なので、がっかりした。しかし、じきに雨は止み、薄曇の絶好のハイキング日和となった。リゾートの船で、フローレス島のカウ湾へ向かった。コククジラが棲みついている所だ。たしかに、三頭のクジラが岸の近くで潮を噴き上げている。食事中なのであろう。船はそのうちの一頭に近づいた。ユウユウと泳ぎながら潮を吹き、そして背中を丸めて潜る。もう見慣れた光景だが、クジラの存在感が心を落ち着かせた。

カウ湾のビーチに上陸してトレイルを歩き始めた。ガイドのディクソンが私たちとオハイオから来た夫婦を案内してくれた。この道は先住民が整備していて、歩く人は先住民へ料金を払うという、エコツーリズムのスタイルを採っている。ここでは、先住民はインディアンではなく、ファースト・ネイションズ、すなわち最初の国民という尊称で呼ばれていた。

一〇キロ余りのトレイルは浜歩きと原生林歩きを繰り返すものである。浜は白砂で長く続いている。ちょうど引き潮で、露出したばかりの砂地を横切っていくことができる。極めて細かい湿った砂の広がりで、鏡のようなという表現がピッタリだ。

針葉樹の原生林はアメリカツガやスギの仲間を主体としている。ヤクスギの様に太く、しかも高くそびえているのもある。一本の木が裂けて、それぞれが巨木になったもの、逆に二本の木が一緒になったもの、そして倒れた木から伸びた枝が大木となったものと、木の生命力のすさまじさを見せつけられた。

もちろん、温帯雨林のもう一つの主役はコケだ。巨木が多く暗い森では、薄緑色の地衣が枯れ枝を厚く覆い、そして糸状にフワフワと垂れ下がっていた。星状の緑のコケ、さらに小さなシダの形をとり、そこから枝を伸ばし小さな葉をつけたコケもあった。少し明るくなると昨日の緑褐色のコケも登場した。

七月三〇日には海岸温泉へ行った。船で一時間ばかり北上し、さらに小道を二キロほど歩いた。ここでも多様なコケにお目にかかることができた。目的地では五〇度ほどの湯が勢いよく湧き出し、川となって海に流れ込んでいた。海と川が接する所はくぼ地になっている。私たちは水着を着けて、くぼ地の湯に入った。良い湯加減である。海に近い所では、波が来ると海水が入ってくる。温かいのと、冷たいのが繰り返し、不思議な体験であった。

七月三一日。午前中は再びカヤック。ガイドが指差すほうを見ると、巨大なヒトデがいた。橙色で、たくさんの足があって、太陽ヒトデと呼ばれているそうだ。この海は巨大なタコなど、大きな海洋生物が棲む所としても有名である。そういえば、桟橋の近くを漂っているクラゲもやたらに大きい。

リゾートの人に送ってもらって空港に向かった。

「これから日本に帰るのか」

「いや休暇の第二幕でアルゼンチンへ行くのだ」

びっくりした彼だったが、別れの言葉は

「ベネズエラで良い時を」

カナダでも南米は遠い所らしい。今日は穏やかに晴れた日で、離陸した飛行機からクレヨコット湾の島々が見えた。夢のように美しい島々であった。

イグアスの滝

バンクーバーで一泊して、シカゴへ飛び、ここで夜九時に出発するユナイテッド航空のブエノスアイレス便を待った。しかし、機体の整備不良で出発が延びるという。たしかに、エンジン部分が開けられて、数人の作業員が取り付いている。夜の作業で大丈

地衣類が目立つ温帯雨林

夫かと不安になっていると、出発は明朝まで延期とのアナウンスがあった。私たちが休暇旅行でユナイテッド航空を使ったのは二回に過ぎない。ハワイからサンフランシスコの便と今回である。そのいずれもエンジン不調で翌日の便になるから相当なものだ。

行列してユナイテッド航空のホテル券と食事券を手に入れた。ホテルは立派そうな名前だがどう行けばよいか何の案内もない。やっとホテルバスでたどり着いた。フロントには同じ運命の人たちが行列を作っていた。我慢して待っていると、私の二人前で止まってしまった。アルゼンチンに帰るご婦人である。言葉が通じないので、後ろのアルゼンチンの若い女性が通訳している。フロントのおばさんは、保証のためにクレジットカードを出せといっている。

「クレジットカードなどありません」

「じゃ、保証金五〇ドル」

「そんな、帰るところだったので持ってません。このホテル券で十分でしょ」

「そうはいきません、何とかしなさい」

「ないと言っているでしょ。パスポートと搭乗券が保証よ」

「こんなものは何の役にも立ちません。五〇ドル」

「ありません」

「じゃ、空港に帰って下さい」

「おお、神様お助けを」

「お帰り下さい」

私も腹が立って割り込んだ。

「やはり、あなたは受けるべきだ。ユナイテッドは五〇ドルとかいう条件はつけていない。何かあったら、ユナイテッドに請求するべきだ」

「あなたは黙って下さい。お金がないのだから、すぐに空港に帰りなさい。タクシーはあそこに待っています」

臨時の客がたくさん来て儲かるはずなのに、と私もけんか腰になった。

「よく分かった。新聞に投書してやるよ。あんたの社長に手紙を書いてやるよ。信心深いご婦人を真夜中のシカゴに放り出したって」

やや古臭い難癖をつけた。後ろでイライラして待っていた人たちも声を上げ始めた。

少し偉そうな人がやって来て、目配せをしてから、カウンターをもう一つ空けた。「どうぞ」と私を手招きする。チェックインが終わって横を見ると、さっきのおばさんは仏頂面でパスポートのコピーを取っていた。どうやら、無事に進んだらしい。

それにしても、ここのホテルは高い。いや、少しの間にアメリカはインフレになったのかもしれない。ブエノスアイレスのホテルに電話して到着が延びると報せただけで、二五ドルかかった。夕食にサンドウィッチそして朝食を摂っただけで食事券の倍の支払いとなった。おばさんが五〇ドルにこだわったのも訳があったのかもしれない。

翌日のシカゴは雷雨。またもやゴタゴタして、結局一日遅れて、八月三日にブエノスアイレスに着いた。二日間でブエノスアイレスを観光した。公園は美しく、高級住宅地の立派さは日本とは比べものにならず、経済危機が忍び寄っている国とは思えなかった。

ペロン大統領夫人エビータの墓には山のような花が飾られていた。ペロンを助けたエビータは今でも国民的英雄である。マドンナ主演の映画もある。アルゼンチンの国力は次第に傾いていき、ペロンの後は、一流国であることはなかった。アルゼンチンの最後の栄光とエビータが重なって見えるのだろうか。

郊外のラプラタ河デルタ地帯のティグレにも出かけた。ここは、ブエノスアイレス市民の別荘地となっている。雨の後なのか、河の水量は多く、別荘の庭先まで水に浸かっていた。

夜はいつもタンゴ・ショーを見にいった。その中で、エル・ビエホ・アルマセンのショーが一番であった。酒場の女と移民してきた港の労働者の激しくも哀しい踊りといったタンゴの原点がしっかり残っていた。

八月五日。ブエノスアイレスからイグアスの滝を目指した。国内線の空港はラプラタ河の川岸にある。時間待ちに川岸を散歩した。向こう岸はまったく見えない。海のようである。休日なので釣りをしている人が多かった。獲物は何かと見ていたが、キスしか上がらなかった。河が大きければ魚が大きいわけでもないようだ。

飛行機は定時運行してイグアスに着いた。飛行機のトラブルが続いたので、アルゼンチン航空は模範的という気がするから不思議だ。イグアスでの宿はシェラトンホテル。イグアス国立公園の中にあり、滝を遠望できる。ここに四泊してじっくりと滝を眺めるつもりだ。

ビクトリア滝と世界最大の滝の座を争っているイグアスの滝は、細長いU字型に配置された二〇〇ほどの滝の集合体である。U字の内側に向けて滝は様々な姿で落ち込んでいくのだ。

最初に、滝を廻る遊歩道に向かった。とりあえず全体像をつかんでおこうと思ったのである。所々に人工物が見えるのが難点であったが、滝のスケールの大きさはさすがである。多くの滝は二段になっている。圧巻はサンマルティン滝だ。上段の滝はナイアガラの滝のように堂々と落ちている。下段の滝は幾つかの滝の水を集めるので、より勢いがある。水はひしめき、突っ張り、争いながらひたすら下を目指すのだ。滝壷では絶え間ない爆発が起こっているように、水が弾き飛ばされていた。

八月六日。まず、滝に取り囲まれた川中島であるサンマルティン島へ行った。右手に歩いていくと、サンマルティン滝を正面から眺める展望台に出た。水しぶきが凄まじく、眼鏡を拭きながらの見物だ。展望台は二段滝のちょうど中間にあり、落ちてくる滝と駆け下る滝にはさまれるようだ。

公園の入口に引き返して、迎えに来たジープで川の下流へ向かった。ここで、ツアーのモーターボートに乗って、滝まで遡った。再びサンマルティン滝が見えてきた。船はスピードを緩めず、滝に向かって直進した。目の上に滝が迫ってきた。滝の上部の水が落ちる運命を知って、決別するかのようにはね飛んで、しぶきになるのを見た。船はサンマルティン滝の外縁に突入し、私たちはずぶ濡れになった。

ボートは岸に着き、私たちは再び公園入口に向けて、遊歩道を登っていくことになった。先ほど通った道で、やれやれ繰り返しだなと思った。ところが、途中で一人の男が写真を撮っている。なんだろうと覗き込むと、何とアルマジロである。よろいに覆われた身体、ピクピクと動く耳、間違いない。アルマジロは人目を気にせず、鼻で地面をほじって獲物を探していた。

午後は一番大きな滝である「悪魔ののど笛」を見物に行った。汽車、バス、ボートと乗り継いで、滝が落ち始める地点を目指すのである。たどり着いた展望台は悪魔ののど笛の上部に向かって張り出していた。正面の水は軽く一段落ちた後、分厚い急流となる。そして数十の白いタイヤが激しく回転するような姿で再び落ち始め、奈落の底へ吸い込まれて行く。左側と右側に張り出してくる滝はナイアガラの滝のように直線的な姿だ。滝に囲まれた滝壷は、水しぶきのために見えないから、空間の穴に向かって世界が崩壊していくイメージがある。いっぽう、湧き上がる雲とそこに懸かる虹は再生を象徴しているようだ。ここがイグアスの滝の核心部分である。

八月七日はブラジル側に行く予定だった。しかし、両国関係が緊張し国境にデモ隊がいて国境閉鎖の可能性が高いとのニュースが入った。しかたがないので、イグアス川上流のゴムボートツアーに参加した。見世物は、一頭だけ現れたワニであり、私たちもお付き合いに歓声を上げた。じつはワニには飽きていた。

八月八日。デモも収まり、ブラジル側に行けることになった。タクシーを雇って往復することにした。六〇ドルという約束で大した値段ではない。ブラジル側からはアルゼンチン側に広がる滝の全体像を見渡すことができた。人工物があまり目に入らず、ジャングルの中の滝といった印象が強い。流れ落ちる滝と滝の間には緑が充満しているのだ。

遊歩道を歩いていると、数匹のハナグマが出てきた。タヌキほどの大きさで、鼻先はタヌキよりも尖っている。少し前まで餌をやってよかったとかで、餌を求めてまつわりついてきた。遊歩道の終点は悪魔ののど笛だ。三方向から雪崩落ちる滝の滝壷に向かい合うことになる。水煙で、詳しいことは分からないが、音と水の勢いが恐ろしい。もっと接近して、上から滝壷を覗き込んだアルゼンチン側と相補的な体験である。

アルゼンチン側に帰り、夕方、再び遊歩道を歩いた。数羽のオオハシが止まっている木があった。オオハシはバナナのように大きなクチバシを持ち、南アメリカを代表する鳥の一つだ。それまで、チラとしか見られなかったオオハシを今度は双眼鏡でじっくりと眺めることができた。上のクチバシは黄、下のクチバシは橙、頭の下半分は白、身体は黒と、絵になる鳥である。

八月九日。飛行機は午後の便なので、再び遊歩道に向かい、また数羽のオオハシに会った。人が少ないためか、オオハシ達は寛

いで、グーグーと鳴き交わしていた。木の皮をはいで虫を食べたり、木の実を咥えたりといった行動も見られた。落ち着いているオオハシの顔はユーモラスで笑っているようにも見えた。

いよいよ滝とお別れとホテルに引き返す途中でハナグマ数匹の群れに会った。褐色の小型の二匹は子供であろう。皆、シッポを立てて、長い鼻で土をほじって獲物を探していた。ブラジル側のハナグマとは違って餌をねだることはなかった。餌をやらない規則が徹底されているのだろう。

八月一〇日。ブエノスアイレス発の飛行機は夜九時の便である。もう一稼ぎと、一日コースの観光バスでパンパスの牧場を訪問した。季節は違うものの、景色や牧場の様子はハンガリー大平原に似ていた。

セントローレンス川のクジラたち

ユナイテッド航空の夜行便は、初めて定時運行し、私たちは無事にマイアミに着いた。そして乗り換えてケベックに到着。ケベックへはセントローレンス川を訪ねるために立ち寄った。この河口部の汽水域はクジラで有名である。最大のクジラであるシロナガスクジラもやってくる。ただし、八月の後半が最適だそうだ。八月一六日に日本で用事があり、その直前までに帰国しなければならない。それでも、ぎりぎりがんばって八月一二、一三日にホエールウォッチングを計画した。運が良ければシロナガスクジラに会えるかもしれないし、そうでなくてもシロイルカやナガスクジラがいるそうだ。

ケベックではヒルトンホテルに宿を取った。旧市街の城壁がすぐそこだ。私たちは新婚の頃、六〇〇ドルで買った中古のビュイックを駆って、夏休み旅行に出かけた。ケベックはその時に見物している。あの時歩いた城壁にまた行ってみることにした。私たちは昔を思い出して、手をつないで歩いた。

「三二年経ったのね、お陰で良い年月だったわ」

ずっと順風満帆だったわけではない。苦しかった時を忘れていられるのは幸せなことだ。三二年前はエネルギーがあった。今やエネルギーは弱くなったけれど、ヒルトンに泊まることはできる。昔どこに泊まって何を食べたかは思い出せない。その時、素通りしたレストラン街に足を向け、いくつか物色してフランス風の店に入った。メインはやはりロブスターの丸ゆでにした。生きていたエビにかなう料理は少ないだろう。

八月一二日。朝、レンタカーでセントローレンス川に沿って下り、タドゥサックに着いた。ここがホエールウォッチングの中心地だ。早速、午後のウォッチングに参加した。船は三〇分も河口に向けて飛ばした。いた。シロイルカである。数頭が白い背中を出して泳いでいる。時には丸い白い頭も見える。シロイルカは北方性で分布が限られているし、イルカの仲間では身体が大きいので珍重されている。しかし、やや距離が遠いためか、結局イルカだなという気がした。

しばらくして何か報せが入ったのか、船は別の方向へ全速力で走った。他の船も走った。二〇分くらいで、すでに数艘の船が集まっている所に着いた。皆、何かを待っている。大型のクジラが潜ったのだろうか。しばらくして、浮上しないと見て、船はシロイルカの所へ戻った。港へ帰る時、ミンククジラに会った。クジラとしては小型の種である。

八月一三日の朝。船はシロイルカには目もくれずに進んだ。もっと大きい目標があるようだ。三〇分ほどして、一艘の船に会った。その少し先に二頭のクジラがいる。黒く、大きくスマートな身体。尖った背びれが後ろに流れている。説明を聞く前からナガスクジラと分かった。

ナガスクジラはシロナガスクジラに続いて大きなクジラで体長は二〇メートルほどという。二頭のナガスクジラのうち、一頭はすぐどこかへ行ってしまったが、もう一頭はずっと止まってくれた。クジラは顔を出すとまず息を吐く。そして少し沈み、一、二分後に大きく浮上する。この時、頭から背びれまで露出する。背びれはシッポの近くなので、かなりの長さが海上にある。浮上して一、二分後に大きく潜り、一〇分位するとまた浮かぶのである。

待っている間は、皆、あちらに渦があるとか、進行方向からみてこちらであるとか勝手に推測する。しかし、たいていは外れて、クジラが出た途端にアッチだと騒ぎになる。私たちは左舷に座っていたが、最初クジラは右舷に浮上することが多く、人の肩越しの観察だった。しかし、後半は左舷に浮上してくれて、ゆっくりと眺め、写真を撮ることができた。細長い身体が浅く浮いているのは図体がでかいだけに、見ものである。船から二〇メートルほどの所に浮いた時は、構えていたカメラのフレームからクジラがはみ出してしまうほどの、大きさだった。

午後もホエールウォッチング。今度の船は大型で三〇〇人乗りという。ケベックから観光バスが三台やってきた。これは混みあうと、一人二〇カナダドルを追加して、VIPルームにした。見晴らしの良い上部甲板にガラス張りの部屋が作られている。広い部屋なのに、私たち以外にもう一カップルしかいない。寛いで海を見ていると雨が降り始めた。甲板の人たちは冷たい雨に追われて船室へ向かった。しかし、途中で見上げるとVIPルームがある。

「何だ、あそこは暖かそうだな」

と革命前の人民のような目で私たちをにらんでいた。王侯気分も長くは続かなかった。雨でガラスが曇ってきて、私たちは窓拭き人夫に転落してしまった。

船は午前中と同じ方向に走った。そして、なじみのナガスクジラに会った。甲板に戻った人々は歓声を上げ、雨に耐えてクジラを眺めた。私たちはVIPルームに留まった。窓が少し曇っていても、クジラの全体像を見下ろせる良さがあるからだ。結局シロナガスクジラは出なかった。今回は、これで満足するべきだろう。

帰り道、港に入る直前、近くに二頭のシロイルカが浮いていた。青黒い水に漂う白いまぼろし。シロイルカが一番きれいに見えた時だった。

再び南半球の海へ

ニューカレドニア

二〇〇二年の夏はマダガスカルに行くつもりだった。ユーモラスな原猿を始め、変わった動植物が多いからだ。予約が終わって楽しみにしていると、マダガスカルの首都のアンタナナリボで二人の大統領が争う事態が勃発した。選挙がこじれたのである。これでは観光旅行どころではない。マダガスカルに対しては旅行延期勧告が出されてしまった。

今年は北海道の山に登ろうかと思ったが、やはりある期間、海外でゆっくりしようと考え直した。妙に疲れて体調がすぐれない日が続いた。そろそろ、身体にガタがきているのかもしれない。南の島でひたすら寛ごうと決心した。六月になってから、バタバタの予約で何とかニューカレドニア往復のチケットを手に入れた。七月三〇日成田発、八月一一日成田着である。冬にはニュージーランドを再訪することにして、同時に予約を進めた。

ニューカレドニアの首都ヌーメアに一泊して、朝の飛行機でイルデパン島に向かった。イルデパン島はビーチが美しい島で、ル・メリディアンの新しいリゾートがある。ここに六泊とゆったりする予定である。

私たちのコテージは小高い所にあり、眼下に白砂のビーチが広がっていた。屋根つきの広いベランダの外は森で亜熱帯性の木々が密生し、種々の鳥がやってきて囀っていた。チョン、ヒョッヒュー、フィッヒ、ピピピピ、ツウィッツッヒー、ピイッチ、ピーピー、ピヨピヨ。一体どれだけの種類の鳥がいるのだろうか。ベランダに寝転がって本を読んでいると、涼しい風が過ぎていった。

翌日からのんびり過ごした。ロッジの前の白い砂はそのまま半円形の浅い湾に延びていた。潮が引くと、浅い湾は干上がって広大な砂浜となった。散歩にはもってこいだ。砂浜の上には長い平行な線が残されていた。引き潮が作った模様だ。砂浜を横断して湾の反対側を目指すと透明な海水が流れている所があった。波と光が作った六角形の輝く模様が水面一杯に広がっていた。そして歩いていく私たちの作る波が模様に変化を与えていた。

流れを越えて少し行くと砂浜が終わり数メートルの高さの、波にえぐられた崖となった。崖の先端にしがみついたアダンが精一杯根を伸ばしていた。あと少しで砂地にたどり着けるだろう。崖下の住民は赤と緑の鮮やかな甲羅のカニたちだ。甲羅の長さが七、八センチはあった。ふと目を上げると崖の石灰岩に巨木の化石が埋め込まれていた。

崖に沿って歩き、ついに岬の先端に出た。ここで砂浜が終わり、サンゴが目に入るようになった。白と黒の縞模様のウミヘビがひっそりと泳いでいった。猛毒で有名なウミヘビである。別の日、朝の砂浜散歩では、ルリ色のカワセミが魚を襲って急降下するのを見た。

浜の端から延びる水路をカヌーで行くと、天然プールへ達する。途中から水が澄み切り、両岸は亜熱帯林となる。流れが緩く、浅く広がった所では、キスのような魚が群れていた。すぐ下の白い砂地に濃い影を落としているので、白と黒の魚がペアで動くようだ。水面には、光が反射して、無数の虹ができていた。流れが急でやや深いところでは、ゆっくりと漕ぎ上がると、うす青い水に包まれるようだ。

天然プールは直径二キロほどの大きさだ。別の水路で外海とつながっている。底は白い砂なので、海の色はランギロアのブルー・ラグーンと同じ深い青である。天然プールの真ん中にサンゴで覆われた岩礁がある。その周りをシュノーケルで泳ぐと様々な魚を見ることができた。四〇センチほどの白いタイの群れ、ボラに似た魚の群れ、クマノミ、小さな青い魚が目立つものである。とげの長さが三〇センチほどもあるウニもいた。同じような日を過ごすうちに、身体の奥の疲れは溶けてどこかへ行ってしまった。

六日目。リゾートのバスで、クト湾に向かった。クト湾のビーチは有名であるが、最近、近くで日本人観光客が殺されたので、後回しにしていた。ビーチに降り立って、あまりの素晴らしさに壽子が歓声を上げた。細かい砂のビーチがクト湾に沿って何キロも続いている。半島に反対側から切れ込んでくるカヌメラ湾の海の青さも目が覚めるようだ。

「ここに行かずに帰ったら、後で後悔するところよ、危なかったわ。ツアコンも少し手抜きになったかな」

壽子がからかった。

最終日。飛行機は午後五時発でたっぷり時間がある。再びクト湾に向かった。今日の運転手は人懐こく、色々と話しかけてきた。この島を指す現地の言葉、クニエは太陽の下にという意味だそうだ。ガイドブックの説明とは違うが、彼が正しいのだろう。クト湾では、私たちは素足になってビーチを歩いていっ

イルデパン島のカヌメラ湾

た。少し行くとビーチの上には何の不純物もなくなった。やってくる波が遠浅のビーチに複雑な模様を作っていた。

カヌメラ湾でもたっぷりと過ごした。湾の岸近くに小島があり、砂州でつながっている。この小島の周りはサンゴ礁が発達しているので、シュノーケリングも試みた。少し行くと、無傷の枝サンゴの林となった。そして、深みに向かうところでは、カマスの群れ、ツバメウオの群れに会った。一回りして引き返してくると、橙色の半透明のフクロが折れ曲って漂っていた。妙だと見つめてみて、イカであると分かった。イカは警戒したのか棒状になって去っていった。追っかけると、色を薄青く変えた。半透明の薄青いイカはほとんど海に溶け込んでいた。

カヌメラ湾の小島には怪奇な彫刻をした棒が何本か立っていた。入口にビニールのヒモが緩く張ってあって、入りにくくなっている。しかし、特に立ち入り禁止の札はない。好奇心に駆られて近づいてみたくなったが、殺人事件を思い出して止めた。そういえば、のどかな小島だけれど、棒にタブーの雰囲気がある。帰国して、この小島がまさに事件の場所と知った。犯人は

「神聖な場所に入ったので殺した」

といったそうだ。不注意な行動であったように示唆した記事もあった。実際に現地を見れば、そんな記事は書けなかっただろう。

引き返したヌーメアに三泊した。まず、プチ・トラムで市内観光。ハイライトは動物園で、国鳥のカグーを飼っている。カグーはニワトリほどの大きさの飛べない鳥だ。形はハトに似ているが

足が発達している。一時は絶滅の危機に瀕したが、この動物園で繁殖に成功し、放鳥して今や数千羽になったそうだ。カグーはすぐに見つかった。親鳥のカップルは茂みに隠れたヒナにせっせと餌を運んでいた。土産物屋のカグーの置物は頭の長い羽を逆立てている。しかし、現実のカグーは、頭の羽毛を馬のたてがみのように垂れ下がらせていた。逆立てるのは怒った時だけらしい。

翌日、リビエル・ブルー州立公園へのツアーに参加した。固有の植物、そして野生のカグーが売り物である。午前中にカグーのいるところに行く予定であった。しかし、スケジュールが遅れて、バーベキューの後にするという。

「早めにカグーを見てはどうだい。天気が心配だ」

「それもそうだ」

ガイドは簡単に引き受けて少しばかり進んで車を止めた。そして、やおらテープレコーダーを取り出して、カグーの鳴き声を聞かせた。イヌの吠え声のようだ。

「運が良いとナワバリを侵されたとカグーがやってくるぜ」

とガイド。まさかと思っていると、林の中からカグーがヒタヒタと走ってきたのには驚いた。

川沿いののんびりしたピクニック場でバーベキュー。ツバキより一回り大きい赤い花が満開であった。ピンクの花をたくさん付けた、つる植物もあった。その花はプロテアのように花弁を突き出していた。

「さあ、これからハイキングだ。カグーが出てくるぞ。二羽のカグーが出会うと、羽を広げ、頭の羽毛を逆立てて脅しあうんだ」

ガイドの言葉に大いに、期待した。歩き始めるとすぐにカグーに会ったが、カグーはニワトリのように歩き去っていった。しかし、それきりカグーは現れない。しばらく行くと立て札があった。

「このあたりはカグーの繁殖地である。もしあなたが本当に静かにしていれば、カップルを見ることもできる」

私はすっかり諦めた。私たちパーティーは騒音と共に移動している。ガイドが声高に説明し続けてくれるからだ。もっとも、争うカグーなんてめったに見られないはずだ、と思い直した。カグーを見てしまったので、緊張を保つためにガイドが適当にいってくれたのだろう。

カイコウラ

この冬は休暇旅行には都合がよい。二〇〇二年一二月二一日から三連休である。四日間休暇を取れば、一月五日の日曜まで連休となる。実際には一月四日まで一五日の旅行を計画した。前から行きたかった夏のニュージーランドを目指したのである。フィヨルドランドでのトレッキングとか、スチュアート島でのキーウィー見物とか魅力的なプランは次々に浮かんだ。しかし、あまり欲張ると窮屈な旅になると、二カ所に絞ることにした。海洋生物の楽園カイコウラと、釣りと景色で名高いノースランドである。

南島のクライストチャーチに一泊して、一二月二三日、レンタカーでカイコウラへ向けて出発した。カイコウラを特に有名にしているのはマッコウクジラである。これはクジラとしては、三番目に大きく、四角い頭が特徴である。歯を持ったクジラで、魚や巨大なイカを捕食する。一〇〇〇メートルの深海まで潜って餌を探すという。マッコウクジラは大潜水の後、一〇分ほど海上で呼吸し、休養した後、再び潜水する。この海上を漂っているクジラを探して観察するのだ。カイコウラの海岸から少し沖へ出ると、水深一〇〇〇メートルを超える。海流の関係で餌が多く、ここにマッコウクジラが集まってくるのだ。

ホエールウォッチングではクジラとの遭遇確率は九〇パーセントになるそうだ。しかし、風が強くて船が出ない時も多いというので、カイコウラ三泊とゆったり構えることにした。イルカやオットセイとの遊泳というプランもある。到着した日は、天気予報ではかなりの強風が予想されたが、午後になって次第に風が凪いできた。午後三時の船は無事に出港した。

船は四五人乗りのスピード船だ。上空を飛ぶヘリコプターがクジラを見つけ、そこへ船が突進するシステムである。クジラが見えてくると、キャプテンはハンドルの上に立ち上がった。そして、窓に寄りかかり、目標を定めながら足でハンドルを回していた。

船はクジラに五〇メートルくらいの距離まで接近した。黒々としたクジラの巨体が待っている。数分眺めていると、クジラは背中を丸めて潜り始めた。高々と上がった尾は絶好の被写体だ。マッコウクジラは大潜水するためか、特に尾が大きい気がする。私たちの船は何と六回もクジラに接近できた。様々な所

ダイブするマッコウクジラ

でクジラを見てきたが、クジラの巨体に確実に遭遇するという点では、ここが一番かもしれない。

一二月二四日朝、イルカと泳ぐドルフィン・スウィムに参加した。私たちはウェットスーツに身を包み、シュノーケルとマスクを装着して、クルーザーの甲板で待った。やがてイルカの群れを発見。数十頭のダスキー・ドルフィン（ハラジロカマイルカ）である。笛の合図で冷たい水に飛び込んだが、イルカは泳ぎ去ってしまって、空振り。二回目も同様である。疲れて三度目はパス。やはり、イルカは慌しく去っていった。

四度目の群れは一番大きい。一〇〇頭を超えている。期待して飛び込むと、今度は当たりであった。十数頭のイルカが目の前を泳いでいく。キョトンとした顔でこちらを見ているのもいる。イルカを留めておくには、円を描いて泳いだり、声をだしたりするとよいと教えられていた。試みてみたが、イルカは遠ざかっていった。こんなところかと思っていると、イルカは引き返してくれた。再び、たくさんのイルカが目の前を泳いだ。イルカの黒と白の縞が流れていくようだ。

午後はオットセイと泳ぐ、シール・スウィムである。一日に二つのプランとは強行軍であるが、明日はクリスマスですべてお休みと分かって、こうなってしまった。かなり寒い日なので、壽子は午後の部をパス。シール・スウィムはオットセイ保護のため、船を使わない。少人数のグループがシュノーケルで泳いでいくのだ。私たち六人の客は、若い女性のガイドに率いられて、磯から海に入った。黒々としたウェットスーツの一団が現れたので観光客たちは驚いていた。

海中ではすぐにタコに会った。一メートルほどの赤黒いタコで、静々と岩陰に隠れていった。浅い水路を進んで沖の岩礁を目指した。目の下では巨大なコンブがユラユラと不思議な動きをしていた。岩礁には一〇頭ほどのオットセイが陣取っている。しかし、じっと寛いでいるだけで、海に入らない。

やっと、一頭のオスが動き出して、飛び込んだ。ガイドの指示で移動して待ち構えていると、巨大な楕円形のものが、サッと目の前を通り過ぎた。やった、見たと思ったが、あまりにもあっけない。それからも二度、泳ぎ去るオットセイを見た。水中に一時間ほどいると、水の冷たさがこたえてくる。ほとんどの客が岩の上に避難してしまった。オットセイが本格的に活動を始めたのは、それからだった。

大きいオットセイが飛び込んだので、少し近づいた。向こうから巨大な円錐形がゆっくり回りながらやってきた。ヒレを使って、仰向けからうつむけ、うつむけから仰向けと身体を回しているのだ。優しい目で私を見ている。私は手を身体につけてジッとした。オットセイは安心したのかそのまま進んできた。ヒレも胴体も優雅に柔らかく動いていて、軟体動物のようだ。水に飛び込んだばかりで、身体をほぐしているのだろう。オットセイは私の下、一メートルくらいを、しなやかに通り過ぎていった。

岩の近くで別のオットセイが泳いでいるので、近づいて待った。すぐにオットセイがやってきて、頭を下にした逆立ちポーズで首を曲げて私を見た。大きな目を見開いたメスである。手を伸ばせば届きそうな距離で、近すぎて恐いくらいである。私はただ息を飲んで手を身体につけて漂った。しばらくして、オットセイはすっかり気を許したように私の周りを泳ぎ回り始めた。ゆらゆらと泳いだかと思うと、腰の所で尾を折って、サッと振り、激しく泳いだりした。

ガイドが別の方向を指した。そちらへ向かうと今度もオットセイがやってきた。小型で子供かもしれない。オットセイはまた逆立ちして私の目を見て、それから楽しげに泳ぎ回った。とても貴重な時だ。私はただじっと見ていた。

「スゴイ、スゴイね」

とガイドが喜んでくれた。ガイドは日本語を勉強していて、かなりしゃべれるのだ。それにしても、オットセイはどうして逆立ちしてやってくるのだろう。

一二月二五日。クリスマスである。午前中はカイコウラの湾に突き出した半島の尾根を歩いた。カイコウラの海岸近くまで二〇〇〇メートル級の山が迫っている。眼下の海岸線の岩も鮮やかな黄白色で、景色に恵まれたコースであった。昼食はホテルのクリスマスランチである。ブタの足一本丸ごとのハムなどご馳走であった。

翌日はもう一度、ホエールウォッチングの予定であった。しかし、風が強くキャンセルとなった。初日に船が出ない時に備えた予備の計画であったが、むしろこちらが悪天候の被害を受けたのである。

ノースランドのヒラマサ

クライストチャーチからオークランドに飛んで一泊。一二月二七日、レンタカーでノースランドのパイヒアへと北上した。海岸ではポフツカワの大きな木に赤い花が咲いていた。クリスマスの頃に咲くので、クリスマス・フラワーと呼ばれている。

しばらくして、ワイポウアのカウリの森に立ち寄った。カウリの巨木で有名なところである。森の父、森の神などと名づけられた巨木たちは直径が五メートルほど、高さは五〇メートル以上ある。褐色のゴツゴツした幹は木というより岩といった印象であった。

一二月二八日には観光船に乗った。ホール・イン・ザ・ロックと名づけられた巨大な海食洞を通り抜けるのがハイライトである。

昼食後、ラッセルを目指した。予約しておいたマコ・ロッジはすぐに見つかった。ご主人のグレムはクルーザーを持っていて、釣りに案内してくれるのだ。釣りのできる宿をインターネットで探し、ここに決めたのである。広々としたリビングルームから湾を見渡すことができる。そして庭にはレモン、木性シダ、様々な花木が茂っている。良い宿である。

すぐにグレムと明日の相談をした。

「今は釣れているよ」

目的とするヒラマサ、ここではキングフィッシュの調子は悪くないらしい。グレムはアルバムを見せてくれた。様々な客が大物を釣っている。

「こいつは奥さんのほうが釣ったのさ」

吊るした巨大なヒラマサの脇でご婦人が笑っている。

「海に引き込まれそうになったので、サオだけは置いていってくれと頼んだのだ」

グレムは保険会社の幹部だったそうだ。好きな釣りで暮らそうと、五五歳の時、会社を辞めて、ここに移り住んだのだ。


一二月二九日。朝七時に出発。まずはアジを二〇匹ほど釣った。日本でなら、お造り七八〇円といった形の良いアジだ。これを一匹掛けで餌にする。待つこと二〇分ほどで、サオが揺れ、そして、絞り込まれた。グレムはさっとサオを取り、掛かりを確かめて私に渡した。魚は激しく引っ張っている。少しのすきに、ポンピングで糸を稼ぐ。でも、魚は厳しく抵抗して糸を引き出す。これに耐えて、苦労してポンピングしても、また糸を持っていく。諦めない抵抗ぶりは恐ろしいようだ。

本当にこいつを上げられるか心配した時に、やっと魚が海中に見えた。大きい。それからしばらくして、グレムがギャフを掛けて魚を引きずり込んでくれた。ブリに似た銀白色の魚体。頭から背中にかけての青黒い色。その下の黄色い筋。シッポの外側の黄色。間違いない。ヒラマサだ。久しぶりの大物ににっこりしてグレムと握手した。

「どのくらいあるかい」

「あなたの好きな大きさを言うよ。でも、一〇キロはあるよ」

やれやれ、目標のサイズである。

「次はあんただよ」

グレムは壽子を指した。じきに、次のが掛かった。壽子も大格闘。大物にグレムも嬉しそうだ。

「海に落ちる前にサオを置いていけよ」

どうやらオハコのジョークのようだ。最後になって私が助けたものの、魚は無事に上がった。後で計量して、ヒラマサは二三ポンドと二一ポンドと決まった。

当たりが遠のいたのでグレムは
「サシミを作ろう」
といった。ショウユ、ワサビにショウガまで用意しているから本物だ。

午後は場所を移動して、アジの切り身を使った底釣りをした。赤いタイがよく掛かった。大カサゴ、大ウナギも釣れた。置きザオにしていた、アジの一匹掛けには、五キロくらいと小型だけれどハプカが来た。スズキとハタの中間のような魚で、これもニュージーランドの名物である。それにしても魚影が濃い。釣り人の天国にいる気分である。

翌一二月三〇日はまるで様子が違った。魚信が少ない。たまに来ても雑魚である。唯一、獲物らしかったのはアジの一匹掛けで底を狙った時に釣れた魚である。ジョンドーリーという、アンコウとカワハギを不細工に掛け合わせたようなユーモラスな魚だ。

「こいつは美味いんだぜ」

とグレム。夕食は奥さんが作ってくれることになっているが、今日はグレムの誕生日。オークランドから娘夫婦もやってくるので、私たちは町のレストランを予約していた。そこへ、ジョンドーリーを持ち込んで料理してもらった。たしかに、上等な白身の魚である。

一二月三一日、朝六時にグレムから部屋に電話。恒例の天気の打ち合わせだ。

「予報はよくない。風が強いそうだ。どうするかい」

「そうか、残念だな、諦めよう。だけど、明日からもまだパイヒアにいるんだ。もう一度行けないかな。一月一日とか、二日とかの予定はどうだい」

「二日はだめだ。やはり日本人のカップルを案内することになっている。でも、一日は空いているぜ」

こうして元旦から釣りをすることになってしまった。その日は予定を変えてケリケリという町に行き、川沿いの小道を歩いた。香りの良い花が咲いている快適な道である。そして、アロハ島へ。キーウィーの棲息地を保護している所である。昼間だからキーウィーは出なかった。

夕方には、パイヒアからディナークルーズの船に乗った。アルコールは売らないという。

「近くの店で買ってきてくれ」

私はビールを何本か買って桟橋に帰った。ところが警官が追っかけてきた。

「桟橋で酒を飲んではいけません」

「いや船で飲むんです」

押し問答して船に逃れた。大晦日なので、酔っ払いが暴れるのを恐れているのであろう。壽子は何事が起こったのかと驚いたそうだ。

元旦。風はやや弱くなって、何とかなりそうだ。七時一五分、グレムはパイヒアまで船で迎えに来た。アジを十数匹釣ったところで、彼は「よし」といった。朝で風が弱いうちに釣らせようと考えたのだろう。ポイントのバード・ロックに船は一艘もいない。空は晴れ、絶好の条件となったが、魚は来ない。

「こい！　こい！」

とグレムはこぶしを握って叫ぶがサオはぴくともしない。一〇数えたら来る気がして数えたが何も起きない。一〇〇かな。一〇〇数えてもだめである。

「魚探では魚が映っている。キングフィッシュらしいぞ、待つしかない」

とグレム。

「昔と比べて魚の数は減ったかい」

「いや、数は減っていない。しかし型が小さくなった。一〇年前は良い型は三〇～三五ポンドが普通だった。今は良い型が二〇～二五ポンドなんだ」

元旦で遅出だった船もぼつぼつ集まってきて五艘になった。しかしどの船も釣っていない。

突然、左舷のサオが絞り込まれた。初日の興奮が戻ってきた。重い。最初はポンピングで少し糸を稼いだ。やおら力強い引きで魚は糸を出していく。耐えるしかない。グイ、グイ、グイという引きをこらえて、緩んだところをひたすらポンピング。再び、グイ、グイ、グイ。しのいでまたポンピング。ある程度、上がってくると、船が見えるのかヒラマサは再び死に物狂いで糸を出す。格闘十数分、魚が寄った。グレムは道糸をつかみ、ギャフを掛ける。ドサッと魚が引き上げられる。大きい。あらためて、そう思った。

他の船は私たちに注目していた。そして無事に魚が上がると、隣船のコニシキのような船長は親指を上げて挨拶してくれた。一匹上がることは魚がいる証拠で、嬉しい報せなのだ。

一息つく間もなく、また左舷のサオがしなった。再び格闘で、慎重にやりとりして釣り上げた。コニシキはまた挨拶してくれた。

続けて二匹上げたので、疲れて身体がいうことを聞かない。

「今度は壽子だよ」

「まだ、いいわ。せっかく調子が出てきたとこじゃないの」

それもそうだ、休めば回復するだろう。頼むから、すぐには来ないでくれ、と思っていると、またサオがしなった。やれやれとまた格闘を始めた。私の緩みを見たのかグレムが声をかけた。

「今度のが一番引きが強い、大物の可能性があるぞ」

たしかに、ジワジワと糸を出していく。

「もうそれ以上糸を出すな。奴は岩に引っ掛けて糸を切るぞ」

リールのスプーンに手を掛けて糸を止めた。ここで逃がしては釣り人として恥である。ひたすら我慢して釣り上げた。コニシキはソッポを向いて釣りをしていた。

「他の船には来ていないな」

グレムがニヤリと笑った。

「他の船はあんたが魔法を使っていると思っているよ」

操船の技術で魚が来るかどうか決まるのだろう。

「壽子、今度はやりなよ。もう体力の限界だ」

話していると、サオが絞り込まれ、壽子は格闘開始だ。無事に壽子の魚も上がって、壽子はグレムと固い握手。近くにいた家族づれも拍手で喜んでくれた。壽子は躍り上がって応えた。一時間ほどの間にキング四匹とは驚くべきである。

場所を代わって、イワシの切り身でタイを狙った。一キロ級の色鮮やかなタイを私が四枚、壽子が二枚上げた。どこまでも好調な一日であった。

計量の結果、ヒラマサの大きさは二三、二二、一九、一九ポンドと決まった。また記念撮影である。前回はヒラマサをつかんで身体の前に突き出すポーズをしなかった。このほうが魚を大きく写せるので、重いのを我慢してポーズを取った。

パイヒアの桟橋まで送ってもらって、グレムと別れた。

「警官に気をつけなくっちゃ。昨日の警官だと危ないわよ」

ヒラマサの血がベットリついたズボンをからかわれながら車に

ヒラマサと記念撮影

乗り込んだ。それにしても、良い船長に当たったものだ。私の誇れる釣果はヒラマサではなく、インターネットの海でのグレムであろう。

一月二日、最北端のレインガ岬と九〇マイル・ビーチへ行く観光バスに乗った。レインガ岬は原住民のマオリの魂が飛立っていく地だそうだ。岬は踏み台として好都合な形をしていた。海はどこまでも青かった。

ストロンボリの噴火

ギリシャ文明の時代から、ストロンボリ島の火山は定期的に噴火を繰り返している。ほぼ一時間に一度は噴火するそうだから、火山の噴火を見るには最も好都合な場所の一つである。

二〇〇三年の旅行はエーゲ海を中心とし、最後にストロンボリ島へ立ち寄る計画にした。ところが二〇〇二年の年末に異変が起きた。大噴火したのである。津波が発生し、住民が避難する事態となった。それまで、標高九〇〇メートルほどの山頂に登れたのだが、標高四〇〇メートルまでしか行けなくなってしまった。五月になると活動は収まってきたが、溶岩の流出が始まった。赤い溶岩が山肌を流れ下りている写真をインターネットで眺めた。逆に噴火は見られないらしい。状況は流動的だが、もう手配済みだと決行することにした。

八月四日に出発してアテネに向かった。アテネでは、もちろん、まずアクロポリス。工事中で足場が見えたのはがっかりであったが、それでも、高台にある神殿は様になった。空の青、海の青は神殿の白と見事に対比していた。

さらにデルフィ、ミケーネ、スニオン岬を訪ねた。斜面の上から眺めるデルフィの姿は一級品であった。ミケーネは、王城の跡から見下ろすと、ゆるやかに丘が下り平原に続いていた。さわやかに吹く風は、昔もそうだったろうと思わせた。

エーゲ海クルーズではサントリーニ、ミコノス、クレタ、パトモス、ロードスといった島々、さらにイスタンブールやエフェソスを訪問した。イスタンブールには夕方に着いた。モスクの尖塔が見事だった。イスタンブールは、やはり海を基盤とした都市だ。海から入るのはこの都市にふさわしい方法だ。

航海の間、ずっと波は穏やかで、空はいつも青かった。エーゲ海は南太平洋を思い出させる、深く鮮やかな色だった。この海がギリシャ文明を育んだと思うと感慨深い。海は人を自由にさせるのだろうか。

私たちは、これまでにローマでローマ遺跡を、そしてナポリでポンペイとパエストゥムを訪ねている。ローマのフォロロマーノでは、ここで起きた事件に思いを馳せて感激した。ポンペイは秘儀荘の鮮やかな絵が印象的だった。パエストゥムのギリシャ神殿は平地にあるものの、美しい形が保存されていた。混み合っていず、神殿の中を自由に歩けて、パルテノンとは対照的だ。今回の旅と併せると、ギリシャ・ローマの遺跡はとりあえず見たことになるだろう。

八月一五日に船を降り、イタリアのコモ湖畔、ヴィラデステに滞在し、さらに南下した。

八月一八日、ナポリから水中翼船に乗り、四時間でストロンボリの港に着いた。予約済みのパーク・ホテルの人が待っていてくれた。宿からマグマトレックというハイキング・ツアーの会社に確認の電話を入れた。溶岩の流出は減ったとのことである。しかし、二週間前から、噴火が再開したようだ。なんとかなりそうである。

午後六時半にグループ登山の一行は出発した。参加者は五〇人ほど。三つのグループに分かれ、それぞれにガイドがついていた。四〇〇メートル登ればよいだけだから、と気楽に構えていたが、相当に苦労した。ヨーロッパを熱波が襲っている時で、日が暮れても気温が高いのである。汗まみれになって観測地点に達した。

もう夜となっていたが、火口部がうす赤くて、山の方向は分かる。この赤さは刻々と変化する。帯状の赤いものが山頂から下がっている。溶岩であろう。この光が強くなってしばらくすると、ゴロゴロと音がする。溶岩が固まって山腹を海へ駆け下りているのだ。弱い、溶岩の吹き上げも見られる。

しばらくすると一切の光が消えた。そして突然の噴火だ。たくさんの、やや橙色を帯びた赤い星が、火口から夜空に放り出されていた。赤い星は見事な放物線を描いて着地し、輝きながら山腹を転がり落ち、そして光を失っていった。ウォー、ブラボー。大歓声が上がった。

また光の増減を眺めていると、山頂部がパッと赤くなり、噴火が起こった。前回よりも大きく、もっと多くの赤い星が空を目指した。さらにもう一度噴火があり、予定の時間が終わった。宿に帰り着くと一一時を過ぎていた。

八月一九日夜。船からの観光である。

「船はどこへ行くの」

と壽子。

「溶岩が転がり落ちた先の海だよ」

「危なくないかしら」

「今の噴火レベルなら問題ないよ」

「危ないところばかり連れて行かれて、よく生き延びてきたわ」

ほぼ正確である。「クマは見ないの」といったのは妻であるが。

船は十数人の客をのせて出発した。二回の噴火があったが、昨日に比べると感激は少なかった。距離が離れているためだろう。

八月二〇日夜。もう一度グループ登山に参加した。写真を撮らなかったのが心残りだったのである。最初の夜は見とれていた。船の上では、揺れていて撮影不可能であった。

「いいわ、一緒にいくわ」

と壽子はいってくれた。暑さはさらに厳しく、リュックにまで汗がしみてしまった。前回よりペースが速かったので、暗くなる前に高所に達した。火山の斜面の向こうの海が見事であった。

到着すると急いで、携帯用の三脚をセットして待った。噴火は三回あった。二日前のほうが大きかったようだが、写真にすれば立派な姿である（カラー写真14）。

ナポリに引き返し、エールフランスでパリを目指した。帰国のためである。アルプス越えの便で、モンブランのすぐ近くを通った。モンブランから駆け下りている氷河には見覚えがあった。四年前、日食を見た後、シャモニに入り、ブレヴァンからハイキングして対面した氷河である。アルプスの広大な景色は旅の終わりにふさわしかった。

南米の自然を巡る

アンデスの下に

チリのアンデス山脈の傍らに、アタカマ砂漠が横たわる。雨はほとんど降らず、地上で最も乾燥した場所の一つという。いろいろと珍しい景色に会いそうだと訪ねてみたくなった。ほかに、南米で行きたいところも多い。そこで二〇〇四年の夏休みは二度目の南米旅行とし、アタカマ砂漠、アマゾン、パンタナールと回る計画を立てた。七月三一日、日本発。やはり三週間の予定である。

サンティアゴに入るため、ブエノスアイレスから飛んだ。しばらくは平原が続いたが、やがて前方に白い長大な壁が現れた。アンデスである。飛行機はアンデスを横切った。次々にピークが目の下を過ぎてゆく。アンデスは幅も広いことを知った。さすがに、ヒマラヤに次ぐ山脈だけのことはある。すぐ近くを飛んだ大きい山は、南米の最高峰アコンカグアだった。

サンティアゴで一泊し、アンデスに沿って北に飛び八月二日にカラマに着いた。タクシーをやとって、アンデスの麓の町、サン・ペドロ・デ・アタカマを目指した。ここが、アタカマ砂漠探訪の拠点となる。ホテルに荷を置いてすぐに、ツアー会社のコスモ・アンディーノのデスクに行った。日本から連絡していたが、確認のためである。申し込んだ三つのツアーはちゃんと予約されていた。

午後は早速、月の谷観光である。粘土質の土が侵食され、渓谷やギザギザとした塔になっている。たしかに月面を思わせる荒れ果てた地形だ。崖の壁面に青白く半透明な物が埋まっている。岩塩だそうだ。手でこすってから、手をなめると塩辛かった。

夕方になって、二〇〇メートルはあろうという砂丘の麓に到着した。この上で日没を待つのだ。素晴らしかったのは、日没の後だ。正面にそびえるアンデスの山々が赤っぽいオレンジ色の帯となって、燃え立ったのである。

八月三日。アタカマ塩湖と高地の湖を訪ねるツアーに参加した。アタカマ塩湖の湖畔は塩で覆われている。雪道のようなトレイルを歩いて湖岸に出た。数十羽のフラミンゴが浅い水の中にたたずんでいた。背景はアンデスの山である。場所を変えるとフラミンゴのすぐそばに行くことができた。フラミンゴはくちばしを水に突っ込んで、それを中心に大きく体を回していた。こうすると、餌の藻を取りやすいのだろうか。

塩湖を出発して、ミニバスは少し高度を稼いだ。標高三〇〇〇メートルほどの原住民の部落に着くと、ブラブラした散策が始まった。特に珍しいものはないのに、時間が過ぎていく。

「どうだい」

ガイドのビクターが聞いてきた。

「いや、この村はたいしたことないな」

早く先へ行きたくて、そう答えた。

「全部のプログラムが面白いわけじゃないよ」

ビクターがニヤリと笑った。

部落を出ると、本格的な登りが始まった。バスはアンデスに近づいていくのだ。黄色の草が滑らかな山腹を覆うようになった。黄色の花が咲いているようだ。

「この草は標高三八〇〇メートル以上に生えるんだ。ビクーニャの好物だ。ビクーニャには明日会えるぜ」

とビクター。ビクーニャはラクダの仲間の小型の動物だ。アンデスに特有だが、数が減ってきて絶滅が心配されている。本当にビクーニャが出るのだろうか。

ミニバスは国立公園の入り口で止まった。隣の青年は腕時計のようなものを眺めている。不思議に思って尋ねてみると、高度計だと教えてくれた。今の高度は四一五〇メートルだそうだ。

私たちはバスを降り、なだらかに盛り上がった、草の稜線を登っていった。左の眼下にはミスカンティ湖。その向こうにはアンデスの山々が立ち上がっている。右側にはゆるやかに起伏しながら下っていく斜面が続く。そのはるか先はアタカマ塩湖だ。今までに経験したことがないほどの広大な景色である。

三〇分ほどしてミニケス湖が見えてきた。ミスカンティ湖より色合いが濃く、青黒い。十分に景色を楽しんでから稜線を去って、ミニケス湖に向かって下りた。湖の周囲は白く縁取られ、塩が固まっていることが分かる。それなのに、岸から数メートルの湖中に鳥が巣を作っている。餌は何なのだろうか。

ミニケス湖のほとりで昼食を摂り、下の道を歩いて、ミスカンティ湖に出た。湖の岸はやはり白い塩の結晶である。岸に近い水面は鏡のように滑らかだ。よく見ると氷が張っているのである。その向こうは深い青い色。湖面からは標高五六〇〇メートルの山がスラリと立ち上がる。

「どうだい」

ビクターがまた寄ってきた。

「いやー、実に素晴らしいツアーだ。驚いたよ」

感謝を込めてそう答えた。

「それは良かった。ほかのツアーは下の道を歩くだけだよ」

この場に来れば、柔らかい草の生えた稜線を歩きたいと、皆思うはずである。それが実現できるかどうかは、大きな違いであ

ミスカンティ湖とアンデスの山

る。そして、高度に慣れるために現地人の村でブラブラしたことも、やっと分かった。

八月四日。標高四三〇〇メートルのタティオ間欠泉を目指した。夜明け前に到着するため、出発は四時半だ。数十の間欠泉が冷気の中で湯気を上げていた。間欠泉の種類は色々である。シューッと二メートルほどの高さに吹き上げるものがあれば、ボコボコと泉のように湧き上がるものもある。湯は青く澄みわたり、清流のようだ。温泉になっていて、入浴できる場所もある。私たちは足だけ湯につけた。足底から熱い湯が吹き上がってきて心地よい。

間欠泉の写真を撮っているうちに、望遠つきのカメラのシャッターが下りなくなった。湯気にやられたらしい。乾かしてみようと、日向にカメラを置いたが、すっかり忘れてミニバスに乗り込んでしまった。気がついた時には、もうミニバスは間欠泉を去っていた。ばかな失敗をしたのは高度障害のためだろうと、言い訳をした。

「帰り道にはビクーニャが出てくるぞ。ビクーニャに会わなかったら首をあげてもいい」

とビクター。しばらく走ると、いた。二頭のビクーニャが首を伸ばして、こちらを見ている。首が長くほっそりした身体、薄茶色の毛皮そしてつぶらな瞳が愛らしい。それからも、ビクーニャは七回登場した。一度などは三〇頭ほどの群れである。なだらかな高原を疾走するビクーニャを見ながら、ここはビクーニャの楽園だと思った。チリ北部ではビクーニャは標高四〇〇〇メートル以上に棲む。

「この一帯のビクーニャは熱心な保護の結果、殖えてきたぜ」

ビクターが誇らしげに教えてくれた。素晴らしいことだ。

高原を下り、崖道になった。崖の中腹に緑がかったウサギのような不思議な生き物がいた。野生のチンチラだそうである。満足している私たちにビクターが寄ってきた。

「明後日は六時間かけてトレッキングする。参加しないか」

「残念だな、明日帰るんだよ」

アンデスを眺めつつ、広大な空間を歩いていくことを想像して心残りだった。予想をさらに超えて、アンデスの麓は素晴らしかったのである。


八月五日。朝の便で着いたサンティアゴの空港は快晴で、アンデスが白銀に輝いていた。急いでタクシーを拾ってサン・クリストバルの丘へ向かった。雲が上がってくる前のアンデスをもう一度眺めようとしたのだ。期待は叶った。市街の向こうにアンデスの六〇〇〇メートルを超える山々があった。数十キロ離れているはずなのに、山々はすぐそばから空に浮き上がっているようだった。

アマゾン川

アマゾン川はあまりにも有名だけれど、一般の旅行客が行くマナウスのあたりでは動物はたいしたことがないそうだ。それでも、この大河を一度は見ておこうと思った。生物としてはピンクのイルカとモルフォチョウに狙いをつけた。ピンクイルカとはアマゾンカワイルカのことで本当にピンク色をしているという。モルフォチョウは青く光沢を帯びた羽を持った大型の蝶だ。アマゾンには多いはずである。


サンティアゴからリオデジャネイロに飛び、観光の後、マナウスに向かった。マナウスのトロピカルホテルに一泊し、八月九日、ジャングルロッジであるアリアウ・アマゾン・タワーを目指した。アマゾン川の支流ネグロ川を船で二時間半かけて遡るのだ。支流といっても対岸ははるか向こうで、はっきり分からないほどの広い川である。私はピンクイルカを期待してじっと川面を見つめていた。しかし、ピンクのピの字もなかった。ガイドに聞くと、数は多いから、カヌーで細流を行くときに会えるよという。

ネグロ川から細い川に入るとすぐにアリアウ・アマゾン・タワーズである。半ば水没したジャングルに板を張り巡らしその上にロッジを作っているのである。桟橋にはリスザルの群れが見えた。穀物を入れたかごが置いてあり、これを目当てにやってくるのだ。

大きなコンゴウインコもいた。一羽は青い羽、黄色い胴のルリコンゴウ、もう一羽は赤、黄、青の色鮮やかなアカコンゴウである。吊してあるトウモロコシをかじり、森との間を行き来していた。もっとも違う種が一羽ずついるのも妙で、どこからか連れてこられたのかもしれないと疑った。後で調べると、違法に捕獲されたインコを引き取って野生に返しているのであった。真っ黒なクモザルにもお目にかかったが、これはどうもロッジに定住してしまったようだ。
オフィスに行く途中で、ピンクイルカ・ツアーという看板が目についた。カヌーのツアーでも会えないときに備えて、さっそく申し込んでおいた。

案内された部屋は湿地とジャングルに面していた。赤紫色で楕円形の大きな実をつけた木が目についた。カポックらしい。鳥がつついて実が割れると綿毛のような種が飛び散るという。木に這い上がったつる草にはたくさんの花が咲き、チョウたちがやってきていた。これはよいとモルフォチョウを待ったが、青いチョウはまったく見えなかった。

カヌーツアーまでは時間がある。水に浸かったジャングルの中に張り巡らされた板の道を歩いてみることにした。少し行くとゴーゴーというホエザルの声が聞こえてきた。姿は見えない。水は静まり返り、鏡のように木々を映している。その像があまりに明瞭なので、映った木の幹は水中のものが見えているように錯覚しかねない。

待望のカヌーツアーは三時に出発した。しばらくしてカヌーを下り少し歩くと、牧場のように柵で囲ったところがある。一同が入ったところで、ガイドが何か合図した。ぬっと現れたのはバクであった。ガイドが差し出す葉っぱを食べている。こんなところで動物園のような経験をしても仕方がないと、私は横を向いていた。少しは嬉しそうにしてあげるべきだったかもしれない。これは南米で会った唯一のバクになるのである。

ガイドは私のマイナス評価を挽回しようとナマケモノを探してくれたが、不成功であった。つぎにピラニア釣りになった。あちこち場所を変えたのに、ガイドが一匹釣っただけである。これは異常な事態である。正式なガイドのクラウディオがマナウスに行っているとかで、ピンチヒッターが駆り出されたらしいが、ピラニアのいる場所も知らないのだろうか。むろんピンクイルカが姿を現すこともなかった。

私はすっかりあきらめて、五時に出発するというピンクイルカ・ツアーに間に合うように帰ってくれとだけ念を押した。桟橋で待っていると小さなカヌーで原住民の男が迎えにきた。海水パンツ一枚である。客は私たち二人だけ。

カヌーが勢いよく川を渡っていると、「アッ」と壽子が叫んだ。ピンクのイルカが飛び上がったという。たしかに一頭のイルカがカヌーをつけている。時々浮き上がってブワオーと息をするが、わずかに水面から出る背中は灰色である。不思議に思っていたが、後で本を読むとピンクイルカも背の出っ張りは灰色のことが多いと書いてあり、納得がいった。

じきに目的地に着いた。小さな桟橋があり、そこに数十匹のピラニアが積まれていた。餌づけがあるだろうとは思っていたが、このスケールには驚いた。当たり一帯のピラニアはこのために釣りつくされたのかもしれない。

現地人のガイドと私の間に共通の言語は一つもない。しかし、ニッコリ笑って身振りをしてくれると意味はすぐ分かった。ガイドは見本を見せると、ピラニアのしっぽを持って水に入りチャプチャプと水面を叩いた。すぐにイルカがやってきて嬉しそうに口をあけて魚を食べた。たしかに、きれいなピンク色である。イルカはガイドに胴を叩いてもらって褐色の水に消えた。すぐに次のピラニア。イルカはまた泳いでくる。これを数回繰り返してから、ガイドはやってみろと勧めた。

私もパンツ一枚となり腰まで水に入り、ピラニアで水面を叩いた。イルカは近づいてきたが、様子が違うと思ったらしく、魚を食べずに潜ってしまった。それでも繰り返しているうちに、イルカは大きく浮上してピラニアを取った。その後、イルカは私に慣れたのか次々に魚を持っていった。

ガイドと私は交代で餌を与えた。あんなに多いと思ったピラニアの山もどんどん小さくなった。壽子はビデオ撮影に熱中した。イルカが浮いてくるのはほんの短い時間であり、良い映像を撮るのは大変なのだ。日没が迫ってきて、あたりは赤みを帯びた。でも、イルカの色はもっと赤い。ついに最後のピラニアとなり、ガイドは惜しそうにピラニアに口づけするポーズをした。

夕食の後はワニ狩りである。ガイド二人が舳先に立ちサーチライトできびきびとケダモノを探した。今度のガイド達はプロである。たちまち高木の上にいる三匹のナマケモノを見つけた。パンダが木の上でうごめいているようだ。双眼鏡を持ってこなかったのを後悔した。

やがて現地人のガイドが水に飛び込んで一・五メートルほどのワニを捕まえた。説明の後、ワニは放たれるのだが、今日のワニは不幸であった。ポルトガル語とスペイン語での長い説明の後、マナウスから帰ってきたクラウディオが私たちのために英語でこれを繰り返したからだ。それでもワニは勢いよく水に帰っていった。

八月一〇日。まずサンライズ・ツアー。朝日の昇るほんの少し前にホエザルのコーラスが始まった。地の底から湧き上がってくるようなウナリ声だ。嵐が近づいてくるようにも聞こえる。

食事の後、モーターつきのカヌーで水路を一時間ほど進んだ。木々が多様で明るい景色である。目立つのは水面から立ち上がり、藤のような形をした黄色い花をつける木である。カヌーが接岸し、いよいよ熱帯雨林を歩くことになる。

大部分の客はポルトガル語での説明のグループとなり、英語組は私と壽子そして研修中のロッジ従業員一人だけ。これにクラウディオと現地人のガイドがついてくれたから豪勢だ。クラウディオは、これはマラリアの薬になる木、これは胃腸薬の木と詳しく説明してくれた。これは合図の木。張り出した根を木で叩くと大きな音がした。

ドングリとクリの合いの子のような実も落ちていた。現地人のガイドが山刀で切ると甲虫の幼虫がいた。これをほじりだして、ライターであぶって食べる。どうだい、とクラウディオが勧めるので頂いた。香ばしい味である。

「これは美味い。日本ではハチの子を食べるけど、似ているな」

と返事した。

「ハチの子を食べるのか」

クラウディオは顔をしかめた。

カヌーへ戻って、他の人たちが帰ってくるのを待った。現地人のガイドはヤシの葉で折り紙をしてくれた。最初は風車。つぎは釣竿と釣り糸の先のピラニア。見事なものである。

「モルフォチョウがいないね」

気になっていたことをクラウディオに聞いた。

「時期が悪いよ。今は幼虫でモリモリ葉っぱを食べている」

そうだったのか、とがっかりした。

帰り道に現地人の住居に立ち寄った。色々なお土産があり、クラウディオが吹き矢を実演してくれた。良く当たるので私は一つ買い込んだ。


午後の便でマナウスに帰り、一泊して日帰りツアーに参加した。ネグロ川とソリモンエス川が合流してアマゾン川となるところを見に行くのである。

まず、ネグロ川を横切って対岸に行きジャングルウォーク。入り口にナマケモノが一匹いた。ただし現地人の子供に抱かれている。写真を撮ると一レアルである。ナマケモノはどこからか捕まえてきたはずなので奨励しないほうがよい。しかし、ナマケモノを抱いている七、八歳の女の子は目がクリッとしてとてもかわいい。私は、これは女の子の写真を撮るのだと一レアル払ってしまった。ナマケモノはぼんやり、おっとりとつめの長い手を伸ばして抱かれていた。ジャングルウォーク自体は、昨日に比べれば簡単なものだった。


昼食後、合流点に行った。黒褐色のネグロ川と茶色のソリモンエス川がしばらくの間混じり合わずに平行して流れていた。境界線は直線ではなくジグザグとしている。たしかに一見の価値がある光景である。

つづいてJanauary湖のオオオニバス見学である。トレイルを歩いていると突然大きなチョウがやってきた。ゆったりと鳥のように羽を動かしている。羽の中央部は輝く青紫色である。モルフォチョウだ。あきらめていたモルフォチョウに会えたのだ。私はゆっくりと去っていくチョウを見送った。羽の周辺部は大きく黒く縁取られている。帰国して調べて、アオタイヨウモルフォと分かった。

夕方のアマゾンを眺めてホテルに戻った。ガイドはクルーズ中にピンクイルカが出るかもしれないといったが実現しなかった。Janauary湖を出るとき、滑らかな水面が一瞬盛り上がった。しかしそれがピンクイルカなのか、他のイルカなのか、それとも突然できた波が夕日に映えたのかも分からなかった。

パンタナール

ブラジルとボリビアの国境地帯に世界最大の湿原が広がっている。パンタナールである。オオアリクイ、バク、オオカワウソ、カピバラそして運がよければジャガーといったケダモノ、さらにたくさんの鳥が見られるという。

パンタナールは南部と北部に分かれる。交通の便が良いのは北部で、ケダモノはどちらかといえば南部に多そうだ。鳥の数は、乾季にあたる八月は、北部が多いという。どちらに行くか迷ったが、結局、南部にある老舗のカイマン・ロッジを選択した。お勧めは一週間の滞在というので、従ってみることにした。

マナウスからサンパウロ経由でカンポ・グランデに飛んだ。八月一二日、空港で迎えの車に乗って、ひた走ったが、いくら行っても湿原は見えてこない。本当にカイマン・ロッジは湿地にあるのかと心配になったころ、大きな池が見えた。ここにセントラルロッジがある。空を飛んでいったのはスミレコンゴウですっかり嬉しくなった。スミレコンゴウは体長一メートルに達する最大のインコである。深い青色の羽が美しく、乱獲されて、絶滅が恐れられている。このインコの保護活動のセンターがカイマン・ロッジにある。カイマン・ロッジを選んだ理由の一つは、スミレコンゴウを見られると考えたことであるが、それが早くも実現した。

セントラルロッジでトラックの荷台に乗り換えて、これから三日間を過ごすコルジレイラ・ロッジに向かった。一三キロの道のりである。すぐに、スミレコンゴウ三羽が木に止まっているのが見えた。半ば干上がった湿原が現れてくると、二羽のトゥユユ（スグロハゲコウ）がいた。トゥユユはコウノトリの最大種で、白い身体、黒い首と頭を持つ。首と胴の境には真っ赤な輪がある。堂々とした姿で、パンタナールを代表する鳥とされている。

つぎは、黒色のコロコロしたケダモノが十数頭群れていた。最大のげっ歯類、カピバラだろうか。いや、ペッカリーと呼ばれるイノシシの親戚だそうだ。そして、カピバラの登場。子供を三匹連れていた。遠くにはピンクのヘラサギもいる。期待どおりの動物たちである。

コルジレイラ・ロッジは広い湿原の脇に位置し、湿原に張り出した大きなデッキを備えている。チリへ向かう時の機内誌でパンタナールの記事を見た。その写真に、まさにこのデッキが載っていた。部屋にも湿原に面したデッキがあり、私たちは水と草とその向こうの森を眺めてぼんやりと過した。

夕方になって、ガイドのオリビエに率いられて散歩に出かけた。大きな木にシラサギが集まっていた。その数は次々に増えていった。やがて日没だ。シラサギの羽が一瞬、緑色に染まった。近くの池にはカピバラ一家が棲みついている。ドブンという水音が驚くほど大きい。

帰りは迎えにきたトラックに乗ってのナイトドライブである。オリビエはライトを掲げて、道の脇を照らしている。じきに、キツネが現れた。そして、コアリクイが見つかった。明るい茶色と黒白の身体、突き出した鼻、長いシッポとユーモラスな生き物である。コアリクイはキョトキョトした動作のあと、闇に消えた。

夜中のロッジはまったくの静寂である。鳥とホエザルの声と共に夜が明ける。外を見たら、茶色でウサギより大きいケダモノがいた。カピバラにしてはスマートだと不思議だった。あとでオリビエに聞くとアグーチだそうだ。

八月一三日朝のプログラムはウマでのパンタナール探索である。私はウマに乗ったことがない。いや、正確には、アルゼンチンの牧場でまたがったことはある。しかし、ぎごちないのか、ウマはいやがって足を踏ん張り、動いてくれなかった。壽子は阿蘇で子供たちと一時間ばかり遠乗りをするなど、経験があり大丈夫である。私は、出発前に練習しようと考えたが、時間がなく果たせなかった。オリビエに乗馬の経験がない、と相談すると
「理想的よ。妙なくせがなくていいわ」
と快活に笑い飛ばした。歩くだけであり、ウマもおとなしいらしい。

実際、ウマで行くのは快適で、何の問題もなかった。私の乗ったウマはせっかちで、前のウマに接近したがる。あまりくっつくと、前のウマは怒ってブルブルというので、手綱で制御することだけ気をつければよい。

林を抜け、湿原と牧場の脇を通っていくと色々な生き物が現れた。空を横切るのはスミレコンゴウだ。トゥユユの巣が高木の上にあり、つがいが巣を守っている。座っているのがメスだとすると、スラッと立っているのはオスだろうか。今度は、ハナグマの群れが尾を立てて茂みから飛び出してきた。木の上から顔だけ出して覗いているハナグマもいる。

歩いているのは、ダチョウの仲間のレアだ。なんとコアリクイまで草原を進んでいた。ウマの上から見ると生き物たちがより身近に見える。

牧場では移動中のウシの群れにも会った。土煙を上げ、ひしめきあって進むウシを数人のカウボーイが必死にコントロールしていた。

ロッジに帰るため、湿原にウマを乗り入れて横断した。最初のうちはパチャパチャと水をはねている程度だったが、だんだん水が深くなってきた。ついに、まだですか、とウマが進むのをためらうほどになった。たしかに向こう岸はまだはるかに先である。

午後はトラックに乗ってのドライブだ。カピバラが小さな子供を連れて道を横断し、池を泳いでいった。ピンクのヘラサギが近くにいたが、カメラを構えると飛び立ってしまった。イノシシの群れには二回も会った。セントラルロッジの近くで、ホエザルを見た。声ばかり聞いたホエザルの姿は初めてである。二頭いて、黒いのがオス、茶色のがメスだそうである。

川にはカイマンが群れていた。流れの急なところに数頭のカイマンが集まり長い口を空けていた。流れてくる魚を待っているという。それにしても怠け者のワニだ。

帰り道は本格的なナイトドライブとなった。突然、イタリア人夫妻が「止まれ！」と叫んだ。なんと林の中にオセロットがいた。オセロットは大型のヤマネコでヒョウのような模様がある。一度は林に隠れたが、また現れてチョコンと座ってこちらを見ている。距離が離れているせいか、やや大型のネコといった印象である。大喜びで帰っていくと、今度は車の脇にコアリクイが現れた。地面を嗅ぎまわり、時々草むらに首を突っ込んで餌を探していた。

八月一四日。アキダウアナ川のクルーズに参加した。トラックで川まで二時間ほどかけて飛ばしていった。途中でオオアリクイを見つけた。パンタナールで一番見たかった動物だ。オオアリクイは長い鼻で地面をほじっていたが、車を嫌って茂みに隠れた。もう一度、現れたものの、すぐに林の奥へ去ってしまった。アキダウアナ川のほとりでは、たくさんのカピバラが上陸していた。小型犬がカピバラに吠え掛かったが、巨人と子供の違いがあり、カピバラの大きさが際立った。

停泊していた船に乗って、クルーズが始まった。アキダウアナ川はジャガーも出ることがあるというので、私は期待して川の両岸を注視した。しかし、大型動物は、すべてカイマンであった。水面が複雑な動きをし、オオカワウソかと思うと、カイマンが顔を出すのである。支流が流れ込んでいるところでカップルごとにカヌーに分乗した。支流を遡るのである。ホテイアオイのような水草を掻き分けて漕いでいると、壽子がいった。

「あなた、下はワニよ」

たしかに、カイマンの黄色と黒のまだら模様が見えた。カイマンはヒトを襲わないと知っていても、不気味である。このスリルが売りなのだろうか。しばらく進むと木の上にホエザルがいた。両親に守られて子ザルが両手を伸ばしていた。

帰り道はまたナイトドライブである。長い鼻の屏風のようなケダモノを見つけて、止まれと叫んだ。じっとしていたオオアリクイであった。フサフサしたシッポも体の一部のように見え、特に巨大に感じたのである。一瞬、バクかと思った。そのままセントラルロッジまで行き、バーベキューの後、再びドライブして帰った。

途中で、また、オセロットが現れた。壽子はビデオ撮影を始めた。イタリア人がこれは宝物だと、昨日撮影したオセロットのビデオを見せてくれて、うらやましく思っていたところだったのである。今日のオセロットは長い間、優美に歩いてくれた。壽子は

「よし、大丈夫」

といった。私は半信半疑だったが、後で見たビデオには肉眼よりも良いほどにオセロットが写っていた。私たちも宝物を手に入れたのだ。

八月一五日。朝早くロッジの近くを散歩した。もうこのロッジとお別れと思うと名残惜しかったのである。ピンクのヘラサギが近くにいて、はじめてちゃんと写真を撮れた。朝食後、トラックに乗ってセントラルロッジに向かった。その近くのセダ2・ロッジに四泊となっている。途中でトレイルを歩いた。しばらく行くと、ソテツのような木にサルがいた。ノドジロオマキザルである。オマキザルは木の実をうまく取り外して食べていた。

セントラルロッジの周辺は便利が良いが、湿原の只中という雰囲気ではコルジレイラ・ロッジが勝っている。もっとも、一週間滞在だと二カ所のロッジに泊まれるシステムで、人気のあるコルジレイラにも泊まれたらしいから、幸いだったと思わなければならない。

スミレコンゴウのカップル

八月一六日。朝はトラック・サファリ。トゥユユが湿地の地面をつついていた。掘り出したのはヘビであった。ヘビは必死に抵抗し、トゥユユのくちばしに巻きついた。しかし、トゥユユは歩きながら、くちばしを振って、ついにヘビを飲み込んでしまった。さすがに、パンタナールの鳥の王である。普通でもふくらんでいるトゥユユの首がより太く見えた。

平原に出ると乾季を象徴するという、イペの花が咲いていた。高木に、ピンク色で小さな花が無数についているのだ。繊細だけど巨大なモモの木という風情である。

ナイトドライブではオオアリクイが近くに登場した。場所はロッジからそれほど遠くない平原である。しかも一頭を見て少し行くとまた一頭が現れるのである。なんと五頭のオオアリクイが出現して、すっかり驚いた。オオアリクイの集会でもあるかのようだ。私たちはそれまで、短い時間しか見られなかったオオアリクイをゆっくり観察できた。細い首を伸ばして餌を探しているのだが、白く太い前足が頭のように見える。シッポはどう見ても胴体のようだ。不思議な生き物である。壽子は、今度はオオアリクイの撮影に成功した。

八月一七日。スミレコンゴウはセントラルロッジの周辺で必ず見ることができる。さすがに、保護活動の中心地だ。朝はカップルの写真を撮ろうとじっくり構えた。面白かったのはディスプレイと呼ばれる求愛行動だ。二羽は少し離れて、別の木の枝に止まったのだが、一羽がもう一羽の近くの枝へチョンと移った。そして、枝を滑るように降りて接近した。それからアラアラと鳴きかわしたり、羽を広げあったりした。

スミレコンゴウの保護センターも訪問した。センターの人たちは保護の重要性を訴え、密猟防止を呼びかけ、巣箱をかけ、自然の巣穴を掃除したのだ。その甲斐があって、スミレコンゴウの数は殖えているという。今、野生のスミレコンゴウの数は六五〇〇、そのうち五〇〇〇はパンタナールにいるそうだ。保護に協力した団体としてWWFと共にトヨタの名もあった。日本人として嬉しかった。

午後は再び乗馬である。ほこりっぽい道でがっかりしたが、牧場に入るとのんびりしたコースとなった。遠くをアルマジロが歩いていた。そして、スミレコンゴウの繁殖地という林を通った。大木の洞に作られた巣から一羽が顔を出していた。スミレコンゴウは、私たちを警戒してアララアララと声を張り上げていた。

八月一八日。最後にもう一度アキダウアナ川のクルーズに挑戦した。ひょっとしてオオカワウソかバクと夢をかけたが、見えたのはカイマンだけであった。オオカワウソは二、三年前まではセントラルロッジの近くの池にもいたのだが姿を消したのだそうだ。バクは雨季になるとマンゴーの木に寄ってくるので必ず見られる。乾季の今は林の奥に潜んでいるとのことである。

夜はまたバーベキュー。大きな串に牛肉の塊を刺し、火であぶって焼いたものをカウボーイたちが持って回る。いくらでも切り分けてくれるから、うっかりすると食べ過ぎてしまう。香ばしい肉にかじりつき、赤ワインも十分に飲んだ。

明日はサンパウロに出てロス経由で帰国である。オオカワウソとバクは残念だったが、それ以外は申し分のないパンタナール経験だった。こんな僻地で、トラブルもなく一週間楽しませてくれたとカイマン・ロッジに感謝した。

サファリの本場、ケニアを回る

ナイロビからアンボセリへ

南部アフリカのマラマラやチョベでサファリを満喫した私たちだが、一度はケニアを訪ねるべきだと思っていた。ヘミングウェイの『キリマンジャロの雪』、そして『愛と哀しみの果てに』と訳された『アウト・オブ・アフリカ』。アフリカを象徴する物語はいずれもケニアが舞台だ。アフリカの風が気に入った壽子は特にケニア行きに熱心だ。しかし、ケニアの治安の悪さは一向に改善しない。特にナイロビは最悪のようだ。そこで、個人旅行はあきらめ、ツアーに参加しようと、国内外の様々な旅行会社を調べた。

行き着いたのはナイロビに本拠があり、ニューヨークに営業所を持つミカト・サファリズ（Micato Safaris）である。アメリカの旅行雑誌『トラベル・アンド・レジャー』が二年連続で世界最高のサファリ旅行会社に選定したところだ。ミカトのツアーの中でスタンレー・サファリを選択した。一〇日間と少し短いようなので、マサイマラの宿泊を一日延ばし、さらにフラミンゴで有名なナクル湖を付け加えた。ニューヨーク営業所は面倒がらずに手配してくれた。

エミレーツ航空で出発し、ドバイ乗換えで大して疲れずにナイロビに着いた。二〇〇五年八月一一日である。驚いたことにミカトの係員が、飛行機を降りた私たちを出迎え、入国審査に付き合ってくれた。ロビーにはさらに、ツアーコンダクターのレウェラと運転手が待っていた。現地人三人に囲まれ、頑丈な車で行くので、ナイロビの街も恐ろしくなかった。宿泊先はノーフォーク・ホテル。ナイロビで一番伝統のあるホテルである。『アウト・オブ・アフリカ』に出てくるナイロビのクラブはここだったのではないか。

翌朝、ホテルのロビーで集合してツアーに出発した。総勢九名のこじんまりしたグループである。私たち以外はすべてアメリカ人だ。ジラフ・センターでキリンに餌を与えた後、カレン・ブリクセンの家に行った。デンマーク人の彼女はナイロビ郊外でコーヒー園を営み、一八年を過ごして帰国した。その経験を綴った『アウト・オブ・アフリカ』は大ヒットし、映画にもなったのである。家は意外に質素だったが、庭には花が咲き乱れていた。

つづいてキアムベツ農園を訪ねた。カレン・ブリクセンのコーヒー園が成功していればこうなったであろうという姿である。ただし、ここで栽培しているのは紅茶である。庭の植え込みを見て壽子が叫んだ。

「あなた、何か動いたわよ」

カメレオンである。移動しながら茶色の体をゆすっている。はじめて見るカメレオンに喜んで探してみると、さらに数匹見つかった。一番大きいのは一〇センチほどあり、茂みの中にいるためか緑色をしていた。

カメレオンに熱中していると、ランチの支度ができたという報せだ。食事の後、奥さんの案内で庭の前の森へ行った。アビシニアコロブスという、白と黒の鮮やかな色をしたサルを見ることができた。

夜はミカト・サファリズのオーナーであるピント氏の家にディナーに招かれた。ピント邸からは森が見渡せ、ナイロビ市内とは思えない良い環境にある。ピント夫人は客にワインを勧め、話題を探してくれた。家庭的な雰囲気のサファリ会社である。

八月一三日。朝早く空港に向かい、アンボセリ行きの小型機に乗った。アンボセリはキリマンジャロの麓にある国立公園だ。乾いた大地が一面に広がり、それを貫いて、湿地帯が延びている。湿地帯とその周辺のサバンナだけが、生き生きとした緑色だ。アフリカで一番高いキリマンジャロを見るのも目標だったが、その方向には厚い雲が腰をすえていた。シマウマ、ヌー、ガゼル、カバ、バッファロー、ゾウとたくさんの動物を見ながらオルトカイ・ロッジに向かった。ロッジはキリマンジャロを望み、湿地帯を正面に見るという恵まれた条件にある。

私は湿地帯とそこから広がってくる緑のサバンナを眺めて時を過ごした。サバンナにはシマウマが多数展開している。向こうの湿地帯をゾウがゆっくりと移動してゆく。突然ヌーの群れが緑のサバンナに乱入し、あわただしく去っていった。いつまで見ていても飽きることのない光景だ。

四時からゲーム・ドライブである。ゾウの大群がサファリカーの前を横切り、遠くではライオンがヌーを食べていた。牧場のウシのようにヌーが密集している所もあった。

空はしだいに晴れてきたがキリマンジャロは姿を現さない。ガイドもあきらめたようだ。私はしつこくその方向を見ていた。夕暮れが迫ったころ、雪をかぶったピークが見えた。

「レウェラ、あれはなんだい」

「やー、よく見つけたね。キリマンジャロだよ」

雲はしだいに山腹を降りて行き、ついに山の上部がかなり露出した。私は揺れるサファリカーの上から必死になってキリマンジャロの写真を撮った。翌日は晴れの予報だったので、無駄なことをしていると思ったが、これは貴重な写真となった。結局、キリマンジャロが見えたのはこの時だけだったのである。写真がなければ、本当にキリマンジャロをはっきり見たのだろうかと疑うところであった。

八月一四日。朝食後、マサイ部落を訪問した。マサイの人たちの歓迎は嬉しかったが、ハエが多いのには閉口した。サファリではまたゾウの群れに会った。二頭の小ゾウがふざけていて、微笑ましい（カラー写真15）。ハイエナの巣穴もあった。地面に掘られた穴から、数匹の子供たちが飛び出してきた。餌の切れ端を奪い合って、じゃれている。黒っぽい子イヌのようだ。

ハイエナの子供たち

ツアーの仲間たちはライオンに執着した。しかし、現れるライオンはいずれもはるか遠くにいる。

「向こう側の道からは近くに見えないかな」

客の提案に応えてサファリカーは移動するが、ライオンがもっと遠くなるだけである。ライオンについては不満げな一同に、レウェラが話しかけた。

「サファリでは何が起こるか分からないよ。アンボセリで飛行場に向かっている時にライオンの群れが出たことがあるよ」

八月一五日。飛行場に向かっていると、ライオンたちがやってきた。一〇頭ほどの群れである。先頭としんがりを大人のメスが務め、それ以外は子供たちだ。ライオンの群れは車のすぐ前を通った。レウェラのいったとおりの、信じがたいことが起こり、皆大満足である。

ケニア山の麓で

ナイロビの空港からサファリカーで北上した。アバデアア・カントリークラブでロッジの車に乗り換え、ジ・アークに着いた。ロッジの前に広場があり、そこに塩がまかれている。塩をなめに集まってくる動物をロッジから観察するのだ。

森の中から次々にゾウがやってきて、広場はゾウに占領された。ゾウを見ているのは楽しいが、そのうち排泄作業が始まり、これはたまらんと部屋に引き上げた。しばらくして様子を見に行って驚いた。二〇頭ほどのモリイノシシがいる。数頭の親に率いられた家族である。コロコロと太り、黒い毛が長い。ゾウたちはモリイノシシをうるさがり、広場から追い出そうとしていた。モリイノシシはイノシシの仲間では最も大きいのだが、ゾウと比べると大人と子供である。二頭のゾウに追われたモリイノシシの群れは、その間を転がるように走って、脱出していった。

夕食を待つ間に激しい雨となった。これでは、もう動物を期待できない。それでも、レストランの外の階段に置かれたベーコンエッグに惹かれてジャネットが現れた。ほっそりしたネコのような動物だ。

八月一六日。スウィート・ウォーター・テントキャンプへと移動した。ケニア山の麓に広がる私営動物保護区である。この中にチンパンジー保護施設がある。著名なチンパンジー研究者であるジェーン・グドールが、虐待されていたチンパンジーを引き取り、彼らのリハビリ施設を作ったのである。自然に近い状態でチンパンジーを見られるというので、一同大いに期待していた。

施設の中を川が流れている。私たちは案内人に率いられて川岸へ行った。四、五メートル先の向こう岸に、チンパンジーの群れがいるはずだ。ヒトとチンパンジーの過剰な接近を防ぎ、そして近い距離でチンパンジーを見せようという心憎い設計なのである。しかし、チンパンジーはいない。案内人が説明してくれた。

「夕立があったので、チンパンジーは木の茂みに避難したのだろう。それに、もう午後四時で、チンパンジー見物にベストな時間ではない。朝がいいよ」

施設の入り口の金網を張ったところに、チンパンジーはいる。でもここのチンパンジーは不幸そうで、外を眺めている。そのうちに棒を持って金網をたたきだした。これでは動物園と同じである。

皆が押し黙って移動するサファリカーで運転手に聞いてみた。

「明日の朝の予定はどうだい」

「サイのモラニに会いに行くよ」

しばらく考えてから、運転手に提案した。

「今日モラニに会いに行くのはどうだい。まだ時間がある。そして明日もう一度チンパンジーを見るのさ」

「素晴らしい、それよ」

一人旅の若い女性であるメアリンが賛成した。新婚のケニー夫妻も「そうだ、そうだ」と声を上げた。

「もう一台の車を呼んでみよう」

運転手は、レウェラを呼び出し、しばらく話していた。

「モーリス一家もレウェラも賛成だ。計画を変えよう」

一同、拍手して大喜びした。運転手はモラニのいる地区を目指し、車を飛ばした。

巨大なクロサイのモラニはすっかり人なれしている。私たちは、代わる代わるモラニの胴体をたたいてやり、並んで記念撮影した。モーリス一家の二人の少年たちが特に嬉しそうだった。テントへ帰る途中のドライブで、池に立ち寄ると野生のクロサイがいた。二本の鋭く立ち上がった角が印象的だ。計画を変えたことはプラスに働いているようだ。

八月一七日。日の出前にテントを抜け出してみると、ケニア山がはっきり見えた。なだらかな楕円形の稜線の上に、塔のように山頂が突き出している。ケニア山はキリマンジャロより標高が低いが、ケニア第一の高山だ。しばらくすると荘重な日の出が始まった。つきは続いている。そう確信した。

チンパンジー保護施設に着くと、案内人が待っていて、私たちを川岸に案内した。三頭のチンパンジーが向こう岸を歩いている。通り過ぎていったチンパンジーがホッホッホと大きな声を

グレイビー・シマウマはきれいだ

上げた。私たちは急いで川岸を少し上流側に移動した。

「スナックが置いてある」

と案内人。ボスの呼び声に応じて、次々にチンパンジーがやってきた。十数頭いるだろう。うれしいことに、赤ん坊を負ぶった母親も見える（カラー写真16）。赤ん坊はおもちゃのサルのようにキョトンとした顔をしていた。

バナナやマンゴーのスナックを握ったチンパンジーたちは思い思いの場所に展開した。二頭の少年ザルは高い木によじ登った。食事が終わっても、チンパンジーたちは毛づくろいしたり、ぶらぶら歩いたりと寛いでいた。川岸には黄色い花が咲き乱れ、平和な光景だ。映画で見た野生のゴリラたちを思い出した。この保護施設は自然のままの森とサバンナで、一平方キロの大きさがある。母親を殺され、サーカスに売られたりしたチンパンジーたちにとって、ここは確かに避難所となっている。

帰り道、グレイビー・シマウマに出くわした。北部ケニアに住む種で、通

常のシマウマより縞模様が細かく、きれいである。つきはまだ続いている。その日の泊まりはマウント・ケニア・サファリクラブ。ケニアでも指折りのリゾートホテルである。

ヌーの川渡り

八月一八日。小型機でマサイマラへ飛んだ。マサイマラはなだらかな丘陵地帯に広がるサバンナで、アフリカを代表する景色である。宿はマラ・サファリクラブ。マサイマラ保護区の境界を出て北上した所にある。午後のサファリではライオン、キリン、ゾウ、シロサイそして茂みの中だけどヒョウまで現れた。トピの美しい姿もあった。

夕食時の打ち合わせでレウェラが宣言した。

「明日は一日がかりのサファリだ。マラ川下流に向けて南下する。ちょうどヌーの大移動の最中だ。ヌーの川渡りを見られるかもしれない」

私はとても驚いた。一〇〇万頭を超えるヌーがセレンゲティからマサイマラへ移動する。その時、マラ川を越えるイベントはテレビで見たことがある。ヌーの川渡りは八月二〇日を中心に起こることも知っている。しかし、年によって違うし、大群が川に近づいても、渡らないことも多いそうだ。おまけに、宿のマラ・サファリクラブは渡河地点から離れている。ヌーの川渡りなどはすっかりあきらめていた。安全第一でツアーに参加した以上、欲はかかないつもりだった。どうしても川渡りを見たければ、マラ川の近くのロッジに一週間滞在する計画で個人旅行としただろう。

「ガイドのエバンスは、確率五〇パーセントで川渡りが見られるといっているよ」

現地の最新情報をもとに、レウェラは自信たっぷりだ。にわかに夢が復活した。

「素晴らしい。レウェラ」

賛同していると

「チーター」

という声が上がった。

ヒョウまで見てしまうと、残るのはチーターだけだ。おまけに、マラ・サファリクラブのあたりはチーターが狩をするので有名なところだ。どちらも魅力的だが、一つを選べば、ヌーの川渡りである。私はレウェラの気が変わらないように、あわてて、ヌーの川渡りを見ることがいかに値打ちのあることか説明した。ヌーの川渡りなど初めて聞いた人を含めて、全員が明日のサファリに大きく期待して部屋に帰った。

八月一九日。朝八時に出発して、ひたすら南下した。樹林帯を抜けると、滑らかに盛り上がった草原が黄金色に輝いている。行く手に向けてなだらかに下っていて、遙か彼方の地平線にかけて草原の輝きは増していくようだ。あの地平線近くで、ドラマが起こるのだ。

四輪駆動車であっても、渡河地点までのドライブは大変だ。ところどころに低地があり樹林帯になっている。そこを一つ一つ苦

くつろぐライオンたち

労して抜けて行かなければならない。驚いたことに樹林帯にヒョウがいた。獲物を木の上に引き上げて食べている。獲物の肉の赤い色が鮮やかだ。別の樹林帯の入り口にはライオンの家族がいた。餌が豊富なためか毛並みが良い。

しだいにヌーの数が増えてきた。一列になって歩いているヌーがいる、これはまさにヌーの大移動だ。ついには帯状になって移動するヌーに出会った。おまけにサファリカー目がけて走ってくる。つむじ風のようだ。晴れた空の下、なだらかに起伏する草原を行くヌーの大群（カラー写真17）。見たかった景色である。私はサファリカーの中で立ち上がってうっとりしていた。でも、川渡りが気になる。

「マラ川はどっちだい」

「もうすぐだ。あの丘を越えるのだ」

ガイドのエバンスが黒い顔をほころばせた。

マラ川は静まり返っていた。川岸にヌーの死体が何頭も転がっている。そして、生きたヌーは一頭もいない。私は、さっき出会った大群は川を渡った群れだと思った。遅かったのか。そんなばかな。成功を確信していただけに、信じられない思いである。

「私たちは事件の後にやってきたのね」

小さくメアリンがつぶやいた。

「いや、この死体は昨日のものだよ。今日はまだ渡っていない」

川に飛び込むヌー

エバンスが明るく答えた。ヌーはいくつかの群れに分かれて川を渡るのだ。それにしても向こう岸にヌーがいなければ話にならない。川岸で待っていたサファリカーも次々にロッジに戻っていった。ランチの時間なのだろうか。エバンスはじっとしている。

こちら岸をヌーの大群がやってきた。どんどん川岸に近づいてくる。エバンスは「それみろ」とばかりに微笑んで、川岸にピタリと車をつけた。私は渡河の方向を誤解していたと気づいた。ヌーはこちら岸から渡るのだ。とすれば、南下中に出会った大群はこれから川を渡るのだ。

ひっきりなしにヌーがやってきた。一緒に行動しているシマウマの姿もある。川岸の前は広場の雑踏のようだ。それでも、後から後からヌーの隊列が押し寄せてくる。

ヌーは渡らない。目の前に四足を突き出した仲間の死体があるから当然である。先頭のヌーは川岸の急坂を降りて、川面に近づくが、しばらく水面をにらんで引き返し、雑踏の中に紛れ込んでしまう。次に先頭に立ったヌーもにらんで引き返す。この繰り返しである。そのうちにシマウマが水面に近づいた。ソレ！　と皆、緊張したが水を飲んで引き返した。つぎにガゼルが水に飛び込んで、きれいな泳ぎで渡りきった。しかし、ヌーは川をにらんでいるだけである。三〇分もすると群れは到着し終わった。後尾のほうは川岸に近づけず、一列になったままである。手持ち無沙汰で近くの草を食べている。

ついに、引き返していくヌーが出始めた。これが、大きな動

必死に泳ぐヌーたち

きとなり後尾のヌーたちは川を去り始めた。今日はだめなのだろうか。別の大群がやってきて、より下流の川岸に近づいていく。また二〇台くらいに増えていたサファリカーは次々にエンジンをかけた。新しく来た群れの方へ移動する車が多い。エバンスはじっとしている。

　後尾のヌーの動きが止まった。そして向きを変え、じりじりと川岸に向かって進んでいった。川岸はヌーで溢れかえっている。ついに先頭の二頭が川に飛び込み、しぶきを上げて突き進んだ。そして、川の中央に達し、頭だけ出して必死に泳いでいった。すぐにもう一頭が続いた。つぎのヌーも大きく飛び込んだ。先頭は無事に向こう岸に這い上がり、岩の斜面を踏みしめるように登っていく。

　一気にムードが変わり、列を作ったヌーたちが次々に川を渡っていく。数十頭が渡ったところで動きが止まった。一頭がおぼれて四足を突き出したのだ。しかしすぐに渡りは再開された。渡河地点は私たちのサファリカーから五〇メートルほど上流側だ。全体像がよく見える。

　川の流れは強い。ヌーたちは流されるようになり、上陸地点が下流にずれてきた。それにつられて、渡河地点も次第に下流に移り、私たちの目の前になってきた。

　ヌーとシマウマが渦巻く奔流のように川岸を走って押し寄せてくる。ヌーたちは取り残されるのを恐れるように、一刻も早く渡ろうとしている。近くで泳いだり、飛び込んだりしているヌーの姿は写真撮影に絶好だ（カラー写真18）。頭だけ出して必死に泳ぐさまは、甲冑の武者が川を渡っているように見える。飛び込んだものの水がいやなのか、跳ね上がっているヌーもいる。大人のヌーに囲まれるようにして子供のヌーが渡っていった。無事渡りきり、平原に出て、うれしそうに跳ねていくヌーもいる。やったぜというところだろうか。しばらくすると、渡河地点はさらに下流となったが、泳ぐ姿はずっと見えていた（カラー写真19）。

今や、上陸地点は急な崖である。直登しようとして、疲れきり倒れ伏してしまったヌーが数頭いた。渡りが終わっても倒れたままである。皆が心配して見ていると、一頭ずつ立ち上がり、よろめきながらも、斜めの楽な道を探して登っていった。最後のヌーが登った時は拍手が沸き起こった。今回の渡りは犠牲者一頭であった。マラ川にはワニもいるはずだが、それまでの渡りの犠牲者で満腹になったのだろう。

マラ川から引き返し、サバンナの真ん中で昼食となった。全視野にわたって、移動していくヌーの群れが見えた。

ロッジに帰り着くと、すぐに、サファリカーはアイトング・ヒルを登っていった。丘の上にキャンプファイアーが焚かれている。ここで日没を愛でながら、ワインを飲むのだ。明日でツアーは終わるので、お別れパーティーである。この丘は大地溝帯の外縁を成し、マサイマラ保護区の北端であるシリア断崖へと続いている。眼下に果てしなくサバンナが広がってゆく。申し分のないアレンジだ。

八月二〇日。朝のゲーム・ドライブでは、オオミミギツネが登場した。かわいい顔に、不釣合いな大きな耳である。エバンスが、「おかしいな、たくさんのハイエナが歩いていく」といった。たしかに、ハイエナたちは皆、一つの方向を指している。私たちも、行ってみることにした。

一頭の雌ライオンがヌーを食べていた。それを、ハイエナたちが遠巻きにして見守っている。少し離れて、伏せた二頭の雌ライオンがいる。ハイエナたちに向かって力強く吼えていた。この二頭は、食事は終わったのだが、もう一頭のライオンが心配で援護しているのだろう。しかし、ハイエナたちはじりじりと接近してきた。

ライオンは食事を止めて、ハイエナに向かった。ハイエナは逃げ去ったが、この間に、別のハイエナたちがヌーに殺到した。こうなると饗宴で、あっという間にヌーは片付けられていく。ヌーの足を持っていくハイエナもいる。ライオンは引き返してきたが、この様子を見て座り込んだ。そして、足をなめて、身づくろいを始めた。それでも、あきらめきれないのか、キッとハイエナをにらんで立ち上がり、吼えながらハイエナに接近した。ハイエナたちは負けずに、ライオンを包囲するように立ち向かった（カラー写真20）。後ろの二頭のライオンも立ち上がって激しく吼えた。対決は威嚇の段階で終わって、ライオンたちは引き上げた。ハイエナの勝利といえるだろう。

午後のドライブでは変わったことは起きなかった。いよいよマサイマラも終わりなのだ。私はサバンナの景色を楽しむことにした。

ナクル湖

八月二一日、ナイロビに飛んで、ノーフォーク・ホテルに一泊。翌朝、ミカト・サファリズの車が迎えに来た。ナクル湖までの長距離ドライブである。ナクル湖は一〇〇万羽に達するというフラミンゴで有名だ。しかし、フラミンゴの数は季節によって変動する。本当にたくさんのフラミンゴがいるだろうか。

ナクル湖の手前のエレメンタイタ湖が見えてきた。岸がフラミンゴでピンクに縁取られている。これはいい、もしナクル湖のフラミンゴが少なければここに来よう。私が喜んでいると、運転手のキップは、にやっとした。

「まだまだ、こんなものじゃないぜ」

ナクル湖の湖岸に達して、快哉を叫んだ。一面のフラミンゴである。岸から何層にもなってフラミンゴが密集している（カラー写真22）。岸近くのフラミンゴは歩いていて、ピンクの姿が湖面に映っている。見渡す限りピンクの帯だ。数羽の、特にきれいな鳥は岸に上がり、連れ立ってきどって歩いている。メスに求愛しているオスなのだろうが、ファッションショーといった風情だ。

十分に満足するまでフラミンゴを眺めて、宿のレイク・ナクル・ロッジに向かった。部屋のベランダからもピンクを帯びた湖が見える。

四時からのゲーム・ドライブ。キップは別の場所に案内してくれた。やはりフラミンゴが湖岸を埋めている。面白いことに、フラミンゴがさらに密集したところがある。集まったフラミンゴは一斉に首を上げていて、ピンクの菊の花弁のようだ（カラー写真21）。これも求愛儀式の一つらしい。繁殖期が近く盛り上がっているのだろうか。何度も写真を撮り、全体を眺め、そして双眼鏡で細部を見つめ、これを繰り返して三〇分以上も湖岸に留まった。頭の中がフラミンゴで一杯になってしまった。

ドライブを再開するとシロサイが赤ん坊を連れているのに出会った。ナクル湖国立公園はサイを保護していることでも知られている。保護活動は順調なようである。

夕闇が迫るころ、ライオンのカップルに会った。雌ライオンは倒木の上にいて、茂みの中を見ている。そのうちに雄ライオンが吼えだした。そして、雌ライオンは茂みに消えた。しばらくして雌ライオンは数頭のライオンを連れて現れた。大部分は子供たちである。子供たちは父親にじゃれついた。雄ライオンは、くすぐったそうだが嬉しそうにしていた。

「ママが木に登って子供を探したんだよ。見つからないから、パパが吼えた。そして、ママが探しにいったのさ」

キップの説明を聞いてよく分かった。

八月二三日。朝八時から最後のゲーム・ドライブ。フラミンゴに別れを告げるため、また湖岸に寄ってもらった。フラミンゴはいくら見ていても見飽きない。朝の澄み切った空気の中でフラミンゴのピンク色がより鮮やかだ。フラミンゴは湖の中央部にも展開していた。サクラの花弁が散り敷かれたようである。

ドライブ中に何度もシロサイを見た。一時の絶滅の危機をサイたちは脱しつつあるのかもしれない。


さあ帰国である。無事にナイロビに近づいたころ、タイヤがパンクした。ナクル湖までの道は悪路で、そのためか既に一度パンクしていて、スペアタイヤはない。キップは近寄ってきた少年と共に、タイヤを転がして歩き出した。

「車の外へ出ないでください。じきに帰ります」

キップの姿が見えなくなると心配になった。本当に大丈夫か。チョベからの帰りが思い出された。無線でミカト・サファリズのオフィスを呼んだほうが早いのではないか。

しかし、遠くに人影が見えた。双眼鏡で見るとタイヤを転がしているようだ。少年が
「近くにガソリンスタンドがある」

と教えたので、そこでパンクを直したのだそうだ。

おかげで、大した時間もかからず、ナイロビに着いた。ノーフォーク・ホテルではレウェラが待っていて、空港まで送ってくれた。最後まで面倒見の良いサファリ会社であった。


帰国してすぐに、ニューヨーク営業所のフランにお礼のメールをした。川渡りも見られたと付け加えた。翌日、返事が来た。

「何ですって。川渡りは、皆が見たがるけれど、めったに見られないのよ。おめでとう」

世界一のサファリ会社でも、しょっちゅう川渡りを見せるのではないようである。やはり幸運な旅であったのだ。

ガラパゴスからマチュピチュへ

ガラパゴス・クルーズ

二〇〇六年の旅の大きな目的はニューヨーク再訪である。ニューヨークは私たちが新生活を始めた場所だ。晃も由紀子もそこで生まれた。帰国してから三四年が経った。壽子はそれからずっとニューヨークに行っていない。たまに彼女はつぶやいた。

「どんなに変わったか見てみたいわ」

おまけに、今や晃夫婦がニューヨーク暮らしをしている。

仕事の都合で八月一二日という一番混雑する日に日本を出発。空港で晃の迎えを受け、リムジンで彼のマンションに向かった。それから五日間、美術館、ミュージカル、高級レストランとニューヨークの現状を満喫した。街のごみが減り、観光客は増え、ニューヨークはより繁栄しているようだった。

ニューヨークを出発してマイアミ経由、エクアドルのグアヤキルを目指した。アメリカの旅行会社リンドブラッド・エクスペディションズ（Lindblad Expeditions）のガラパゴスとマチュピチュ一六日間のツアーに参加したのである。ニューヨーク行きのついでにどこに立ち寄るか、色々迷った末の選択であった。アメリカ本土は在米中にかなり見ていたので、結局、再び南米に向かうことになった。ガラパゴスもマチュピチュも魅力的ではあるが、個人旅行で行くのは不安なところであった。

リンドブラッドは良心的な旅行社として評価が高い。しかし、料金も高い。本当に満足できる旅になるか心配であった。おまけにガイドブックによればガラパゴスのベストシーズンは五月ごろらしい。八月は霧が出やすいし、海も波がやや高い、そして海水温が低くシュノーケリングに快適ではないという。

グアヤキルに一泊して、いよいよガラパゴスへ飛んだ。八月一九日である。飛行機の中でガイドブックを見ていて、しまったと思った。昨日、エクアドル入国のとき、入国カードの薄っぺらいコピーをもらった。税関検査の時に要るのかと思ったが、用意した税関のカードも受け取られずに外へ出てしまったので、これは用済みと捨ててしまった。あれは滞在許可証である。少なくとも出国の時には必要だろう。とんだ大失敗である。ツアーというので、下調べ不足であったたし、やはり年齢が高くなると、しくじりやすいということだろう。いまさらしかたがない、出国のときに考えようと忘れるように努めた。

ガラパゴスの島が見えてきた。晴れた空の下、火山性の盛り上がった島のシルエットが見事である。これは良いところだ。第一印象は上々である。待っていたポラリス号に乗船し、すぐに出航。ポラリス号はリンドブラッドが所有する船で、定員一〇〇名弱という手ごろな大きさだ。これから一週間の船旅である。

まずノースセイモア島に到着。ここでは、数頭のリクイグアナが登場した。リクイグアナは数が少なくなっているので、早速お目にかかれて嬉しかった。体長一・五メートルほどで、手足ががっちりし、ガラパゴスの売り物の一つになるだけの迫力がある。グンカンドリの営巣地に向かうと、たくさんのグンカンドリが空を飛んでいた。尾が二股に分かれた黒い大きな鳥が空を舞っているのを見ると、空飛ぶ恐竜を連想する。今は繁殖期で、オスの胸には、赤い袋が風船のように丸く膨らんでいた。アオアシカツオドリの営巣地もあった。足は水かきまで、空色である。初日から、珍しい動物達が登場して、滑り出しは快調だ。

八月二〇日。朝、エスパニョーラ島に到着した。上陸すると、たくさんのウミイグアナが岩にへばりついていた。ウミイグアナはリクイグアナより少し小さいが、ゴツゴツした顔がユニークで、ガラパゴスの写真によく登場する。おまけにここエスパニョーラ島のウミイグアナは黒と赤のモザイク模様で絵になる。私はウミイグアナの良い写真を撮ろうと苦労したがなかなかうまくいかなかった。岩を背景にすると、イグアナが目立たないし、海を背景にすると光線の具合が悪いのである。

海岸に群れているもう一つの住人はアシカである。小さな赤ん坊を連れたアシカもいた。血液の跡がある。

空を飛ぶグンカンドリ

「昨日生まれた赤ちゃんだよ」

とガイド。赤ん坊は母親の乳首を求めてうごめいていた。母親はいとおしそうに鼻でおして導いていた。

私たちはガイドに率いられて、アホウドリのいる岬に向かった。この島はガラパゴスアホウドリの貴重な繁殖地なのである。途中でガイドがいった。

「ここはアホウドリの滑走路だ」

たしかにゴツゴツした溶岩の原っぱが二〇〇メートルほど崖に向かって続いている。三羽のアホウドリが現れてヨタヨタと滑走路を歩いていった。私たちは崖に行ってアホウドリを待つことにした。高さ一〇〇メートルはある切り立った崖で、太平洋の波が打ち寄せてしぶきを上げている。

すでに二羽のアホウドリがいてたたずんでいた。飛び立つ前に休息しているのかと思ったら、互いに向き合った。そして首を上げ、首を傾け、続いてくちばしを打ち合わせた。求愛儀式である。キョトンとした可愛らしいアホウドリの求愛儀式に私たちは引き込まれて、ずっと眺めていた。儀式は複雑で、首を伸ばして口を開いたり（カラー写真23）、下を向いたりすることもある。カチャカチャというくちばしをたたきあう音が響いてくる。

アホウドリは一二月に島を去る。つがいは別れ別れになり、太平洋を飛びながら餌をとる。そして四月に島に帰ってくる。この時、一万羽を超える群れの中から、連れ合いを探し出すのだそうだ。求愛儀式は、相手が連れ合いで間違いないと確認する手段とされている。今は八月の終わり。ヒナも順調に育っている。アホウドリのつがいにとって一息つける時であろう。今の求愛儀式はお互いを忘れないための儀式なのだろう。

それにしても良い場所での儀式だ。太平洋に臨む崖の上とは。私はこのアホウドリの夫婦が勝利の声をあげているように思えた。やがて、歩いてきたアホウドリたちがやってきた。そして、崖の端でふわりと風に乗り優雅に飛び立っていった。

午後は島のビーチを中心としたアクティビティーである。シュノーケリング、シーカヤック、グラスボトムボートと多彩であったが、私たちはまずはのんびりとグラスボトムボートにした。寒流が流れているだけあって、魚の色は全体的に地味である。しかし、魚が大きくそして群れも巨大である。さすがに赤道直下の絶海の孤島である。珍しかったのは長く尾を引いたブタイや紫とダイダイの筋が鮮やかなチョウチョウウオであった。

つづいてビーチに上陸してゆったり過ごした。小麦粉のようなという表現がぴったりの白くてきめ細かい砂のビーチが大きく広がり、ニューカレドニアを思い出させるほどだ。波打ち際ではアシカが遊んでいた。壽子がビデオ撮影していると、跳んでじゃれついてきた。

八月二一日。クルーズ三日目はフロレアナ島だ。ここもアシカが多い。シュノーケリングではアシカが寄ってくるというので、試してみた。ゾディアックから飛び込んで、岩礁の周りを泳いでいるとアシカが現れた。深みから悠然と上ってきて、近くを通ってしなやかに沈んで行く。今度は二頭のアシカだ。お互いがシッポを狙って遊んでいるので輪を描いているようだ。そしてまた大きいアシカが通り過ぎていく。カイコウラのオットセイのように、親しげに遊びに来ないのは、シュノーケリングしている人数が多いためかもしれない。そう思って、そろそろ皆がくたびれたころ、人々の輪を抜けてアシカのほうへ近づいてみた。予想通りアシカは、くねくね泳ぎを披露しながら超接近してきた。

セミロングのウェットスーツを着ていれば少しも寒くなく、満足できるシュノーケリングだった。

午後のウォーキングで、フラミンゴのいる池に寄った。フラミンゴの数は十数羽。ナクル湖とは比べ物にならないが、ここのフラミンゴはグレーターフラミンゴ（大フラミンゴ）で体が大きく、ピンク色も鮮やかで、それなりの値打ちがあった。フラミンゴは餌を食べた後、首をひねって体中を掃除していた。首を複雑にひねると背中の端のほうまで口が届くのである。

八月二二日。夜の間に船は大きく移動し、イサベラ島の北端で夜明けを迎えた。島に沿って船は南下していった。

「もうすぐ赤道を通過します。赤道には線が走っています」

ガイドが説明した。楽しいジョークだと思っていた。しかし、舳先にいた二人のクルーが、通過の瞬間にさっとテープを張ったそうだ。傑作であるが、私は見逃し、壽子から後で聞いた。つづいて

「このあたりにはクジラが多いですよ」

というアナウンス。船首に集まった私たちは水面を眺めていた。突然叫び声が上がり、モラモラがいたと騒ぎになった。何人かが目撃したのだが、私はまたもや完全に見逃してしまった。モラモラは大きな魚らしいが、多分マグロかなんかの仲間だろうと、そんなに残念でなかった。受付のデスクを通りかかるとモラモラの説明が置いてあり、図も記してあった。なんとマンボウである。これはしまったと、水面をぼんやり眺めていたことを後悔した。

朝食後、ゾディアックに乗っての海面探索となった。私たちは二艘目のゾディアックに乗った。ゾディアックは沖に向かった。ひょっとしてマンボウが出ないかと期待したのだ。マンボウがそんなに何度も出るのだろうか、半信半疑でいると最初のゾディアックがマンボウを見つけた。大歓声が聞こえてくる。私たちのゾディアックが駆けつけた時にはマンボウは去っていた。急いで支度して最初のゾディアックに乗ればよかったと、また後悔した。

ゾディアックは再び沖に向かった。ガイドはあきらめないつもりである。ついに、それ、マンボウだとの叫びが上がった。たしかに海面から鋭くヒレが突き出している。ゾディアックはスピードを上げ、マンボウの横へ出た。ユーモラスな短い胴体の様子も何とか分かる。ガイドは、これはまだ小さいなといった。それでも体長一メートルはあるから私は大満足であった。

それから次々にマンボウに会った。一度に二匹出たこともある。この海域にはどれだけマンボウがいるのだろう。まさかマンボウウォッチングができるとは思わなかった。マンボウは深く沈まないので、背びれを目印に追跡できるのだ。数匹目に現れたマ

ウミイグアナ

ンボウは巨大なもので、ガイドが
「これはたまげた」
と叫んだほどだ。マンボウがゾディアックの前を横切り、白っぽい下半分を含めて、全体像が見えたこともある。歓声を上げる四艘のゾディアックがそれぞれのマンボウを追っかけた。空は晴れ上がり、海は凪ぎ、マンボウ祭りである。

午後になって近くのフェルナンディナ島に上陸した。トレイルを歩いて岬に向かった。溶岩流が海に流れ出して作った岬だ。岩にはたくさんのウミイグアナが折り重なるように取り付いていた。ここのウミイグアナは黒と灰色のぶちである。全体が不恰好で、おまけに頭から背中にかけて細かな櫛状の突起が乱立し、鼻から噴出した塩水は頭を白く染めている。小さな恐竜という表現がぴったりである。

岬のトレイルの真ん中にコバネウが巣を作っていた。人間を全く恐れていない。コバネウは飛ばなくなったため羽根が小さくなってしまったようである。小さな羽根をバタバタさせて、ピョンピョンと歩くのが可愛らしい。

八月二三日。朝、サンタクルス島に入港した。ここには町があり、そしてダーウィン研究所もある。この研究所はゾウガメを繁殖して野生に返したりして、ガラパゴス諸島の自然保護に大きく貢献している。まず、ダーウィン研究所を訪ねた。ゾウガメは島ごとに進化の方向が違い、種が分かれている。大きなドーム型のゾウガメと鞍型の甲羅を持ったゾウガメを比較して眺めることができた。ドーム型のカメは草が多い島で進化し、鞍型のは、草が少なくサボテンを食べなければいけない島で進化したという。サボテンを食べるため首を伸ばすのに鞍型の甲羅が適しているのである。

ピンタ島のゾウガメで一頭だけ生き残ったロンサムジョージというカメは老体かと思ったが、結構元気で別の種のメスゾウガメを追いかけていた。しかし、いつも嫌われているというので、やはりかわいそうである。

バスでハイランドと呼ばれる高原地帯に向かった。昼食後、ゾウガメの保護区を目指した。ここでは野生のゾウガメに会える可能性が高いという。野生のゾウガメを見るのはガラパゴス訪問の大きな目的だったので、私たちは期待すると共に不安だった。本当にゾウガメは出るのだろうか。ハイランドにはうっすらと霧が立ち込めていたが、保護区が近づくと、天候はさらに悪化し、小雨となった。やれやれである。

保護区の近くで車を降り、牧場のようなところへ入った。ほんの二、三分進んだところで、道の脇に丸い大きな甲羅があった。もういたのである。その先にもいる。よく見ると視界の中に数頭のゾウガメがいる。ゾウガメは前から接近すると驚いて首を縮めると教わったので、後ろや横から近づいて写真を撮った。ガイドは四〇分の自由時間と宣言してくれた。あちこちにカメがいるので人々は散らばってしまい、落ち着いた雰囲気だ。私たちはとりわけ大きいカメの傍でゆっくり観察した。体重二〇〇から二五〇キログラムほどというだけあって、人間よりかなり大きい。しばらくして霧雨もやみ、絶好の観察日和となった。壽子にカメの後ろに回ってもらい、記念撮影もした（カラー写真24）。

カメは時々ゾウのような足を突っ張って立ち上がるが二、三歩歩いただけで、すぐにまた腰を下ろす。バリバリという草をかじる音が聞こえてくる。やがて、ほとんどの人が休憩所に引き上げてしまい、私たちはあちらのカメこちらのカメと渡り歩くことができた。

ゾウガメは全部で十数頭いた。あまり多いので本当に野生なのかと疑問が生じた。船に帰って、図書室で最新のガイドブックを調べた。やはり野生であり、保護区から近くの牧場にやってくるのである。ただし、七月から一二月というシーズンがある。この間は乾季であってもハイランドでは霧が発生しやすく、草がぬれているからだ。乾燥状態では、カメは林の奥に隠れているという。

そういえば、アホウドリも島にいるのは四月から一二月で、しかも、つがいの求愛儀式が高揚するのは七月以降とあった。私が日本で見たガイドブックは五月がガラパゴス観光には一番良いと書いていたのだが、正確とはいえない。

「今はガラパゴス観光に最も良い時です」

船の出発の時にツアー・リーダーがいっていた。調子がいいなと思ったが、これが本当かもしれない。天気も、一日中快晴の場

◀リクイグアナ

合もあるし、平地ではやたら霧がでることもない。そして、海はずっと穏やかだった。

八月二四日もサンタクルス島。朝のうちに、入り江をゾディアックで探った。数匹のエイが編隊を組んで泳いでいった。午後に、セロドラゴンと呼ばれる丘をハイキングした。ここにも何頭かのリクイグアナがいた。黄色い皮膚のどっしりしたイグアナは何度見てもよい。もう一つ目を引いたのは、サボテンだ。一〇メートル近い高さに成長し、おまけに幹のとげがはがれて、木のような肌を露出させていた。

八月二五日。クルーズ七日目である。早朝、バルトロメ島に上陸した。典型的な火山地形の島である。一〇〇メートルほどのピークに登り、見下ろすと、海中から突き出した溶岩柱が見事であった。曇天で写真に適さないのは残念だったが。

朝食後、ビーチに上陸してシュノーケリング。今度は壽子も一緒である。浜でアシカが遊んでいたので、近づいて泳いだ。しばらく楽しんでいると、頭をこづく奴がいる。振り返るとオスのアシカで、あたりのボスである。じゃれているのかもしれないが、邪魔だといっているのかもしれない。刺激しないように、沖に向かった。溶岩柱まで泳いで回り込むと、完全な磯になる。黒く大きな魚、橙色の小さな魚の群れ、色々な魚を楽しんで溶岩柱まで引き返すと、いた。ペンギンである。このペンギンは巣立ったばかりのようで、表面をゆっくり泳いでいた。私たちはしばらくペンギンと一緒に過ごすことができた。

午後は近くのサンサルバドル島のハイキングである。磯にはまた、たくさんのウミイグアナやアシカがいた。天気は快晴となり、ぶらぶら歩きにもってこいである。今日でガラパゴスの自然ともお別れと、皆、名残を惜しんでいた。

八月二六日。バルトラ島に上陸してすぐに空港へ向かい、グアヤキルへ飛んだ。ここでツアーは二つに分かれた。大部分の人は帰国するが、私たちを含めて一六人はペルーのリマへ飛ぶ。

いよいよ出国だ。滞在許可証がなくて大丈夫か。空港で待っていたガイドに相談すると、心配いらないといってくれた。実際、係官は渋い顔をして、この書類にもう一度記入してくださいといっただけで、何事も起こらなかった。横を見ると、ツアー仲間の夫婦も書類に記入していた。

しかし、これはリンドブラッドというブランド物のツアーのメンバーだったためかもしれない。船で読んだ最新のガイドブックには、滞在許可証がないと様々なトラブルが起こると書いてあったのだ。ガラパゴスに入る時、空港でパスポートチェックがあった。個人旅行で、滞在許可証をといわれたら、と想像するだけで恐ろしい。

マチュピチュ

リマで一泊してクスコに向かった。海抜〇メートルから、三四〇〇メートルのクスコへ飛ぶので、高山病になりやすいという。山は慣れているはずなのに、クスコの空港ではフラフラした感じとなった。待っていたバスに乗り、空港から聖なる谷のウルバンバに向かった。ウルバンバは標高二八〇〇メートル。大した高さではないが、まだ少しフラフラする。弱くなったものである。

ウルバンバのホテルはソルイルナである。広い庭に花が咲き乱れ、二〇センチ以上もある大きなハチドリのジャイアント・ハミングバードが蜜を吸いに来ていた。コカの葉のお茶は高山病に効くという。コカ茶をがぶがぶ飲んだせいか、単に慣れただけなのか、翌日から何事もなくなった。

聖なる谷を二日間観光して、いよいよマチュピチュに向かった。八月二九日である。列車はウルバンバ川に沿って、谷を下っていった。乾燥していた景色が次第に変わり、緑が濃くなっていった。それと共に天気も悪化し、雨となった。列車を降りても雨は止まない。私たちはすぐバスに乗り込んで出発した。バスは切り立った山肌につけられた道をうねうねと登っていった。マチュピチュの入り口にある、マチュピチュ・サンクチュアリ・ロッジが今夜の宿である。ロッジで昼食を摂っている間に雨が止んだ。最後に天気に見放されたかと思ったが、どうやら何とかなりそうである。マチュピチュの遺跡には二時半から入ると予定を聞かされていた。それまでの待ち時間がもったいない。ガイドに頼んで自由行動を許してもらった。

入り口から少し進むと、遺跡の全体が見えた。

「これはすごいわね」

壽子がいった。想像以上の大きさと広がりだ。私たちは遺跡を見下ろせる高台へと登っていった。見張り小屋まで来ると、遺跡全体が目の下である。その向こうは円錐形に聳え立つワイナピチュ。マチュピチュの山自体も、谷から円錐として立ち上がっているのだ。その上部をならして、膨大な建物を建てたのだから、使った技術とエネルギーは想像を絶する。でも、マチュピチュを素晴らしくしているのは、周囲の山々と思った。アンデスから続く山々は、アマゾンが近づいて緑に満ちている。それが幾重にも連なり、そして遠くには白銀の峰もある。飽きずに眺めていると、やっとツアーの仲間が下に見えてきた。

私たちは丘を下って遺跡見物に合流した。精巧な作りの太陽の神殿は、ここがインカにとって、とても重要な場所であったことを物語っている。

空は晴れ渡ってきて、今日の日没は期待できる。日没は五時過ぎであるから、その前にもう一度、さっき行った高台に登ろうと思っていた。しかし、説明に時間がかかるせいか、四時を過ぎても、まだ先が長い。

　私たちは、また自由行動を許可してもらい、急いでインティワタナを見た。インティワタナは日時計の役をするというが不思議な形の岩だ。ここはもう円錐状の山の縁である。インティワタナの石はパワーを与えるといわれている。手をかざすとジンジンとしたが、運動して手を上げれば何時もそうなるかもしれないので、はっきりしない。

　急いで引き返し、高台へ登った。一番良さそうなところに陣取って、翳っていくマチュピチュを眺めていると、何人かの仲間が息せき切って登ってきた。ガイドも続いている。私たちに刺激されて、日没を逃すなとなったらしい。仲間たちが登りきったちょうどその時、山の峰に日が沈んだ。

「やったじゃないか」

　私は仲間のボブたちと喜びあった。

　ツアーの仲間はわずかに移動して、夕映えを眺めていた。管理人が笛を吹いて私たちの所へやってきた。

「もう閉門時間です。下りてください」

「すみません、あのツアーのグループなので、一緒に下ります」

　管理人はツアーのガイドが知り合いのためなのか、他のところへ笛を吹きながら行ってしまった。最後に、ツアーの効果が出てきたのである。私はガイドブックの知識で閉門は五時半と思っていたのだが、実際は日没時と後で分かった。

　どんどん暮れていく、マチュピチュの遺跡を眺めていて、その構築の真髄が分かった。ウルバンバ川はマチュピチュとワイナピチュの峰のあたりで大きく湾曲し、激しく大地を切り取っている。ウルバンバ川は半円形にマチュピチュとワイナピチュを囲んでいる印象だ。自然の地形だから、実際にはデコボコがあるのだが、正面のワイナピチュの峰がそれを隠している。

　太陽の神殿は、ウルバンバ川の作る半円の中心にあるようだ。周囲の山々も神殿を中心に円を描いている。マチュピチュを築いたインカの人々は、適した場所を捜し求め、壮大なプランを実行したのだろう。自然と人工が織りなす不思議な神秘性。それはインカの人々の頭の中に生まれ、アンデスとアマゾンの接点で現実化したのである。


　八月三〇日。マチュピチュの遺跡は朝六時に開く。私たちは開門と同時に遺跡に入り、再び高台に登った。ワイナピチュの峰にわずかに霧がかかっている。写真には絶好と準備していると霧が消えた。しばらくすると、また霧がやってきた。こんどは濃い霧で遺跡のほぼ全体が隠れた。インティワタナの丘だけが島のように浮かんでいる。また霧が去り、そして日が昇った。光をあびて、遺跡の石が鮮やかな色となった。

　朝食後、インティプンクへのハイキングに参加した。見張り小屋のある高台の近くから左へ折れてだらだらと登っていった。インカの人たちが交通のために作ったインカ道であるが、なんの変哲もない。これは運動になるだけだ、と思った時、マチュピチュが見えてきた。やや遠いが、朝の光の下、マチュピチュの全体像がくっきりと見える。

霧の中に浮かぶインティワタナ

喜んで歩いていくと花が増えてきた。赤い筒状の花が多い。そして、赤紫色のランが現れた。大きな花で、細身のカトレアといったところである。進むにつれて、ランの数が多くなった。斜面にランが群生し、お花畑のようなところもあった。ランの花の向こうはマチュピチュである。

幸せに歩いていくと、ハチが道の脇に巣を作っていた。そして、叫び声があがった。壽子がハチに襲われたのである。手を三カ所も刺されたのだ。

「とても痛かったわ」

腫れるのが心配だった。

「大丈夫、家でミツバチを飼っていて何度も刺されたから免疫ができているわ」

逆にアレルギーになることもあるはずだ、と思ったが、無事であった。元気な妻である。一緒に刺されたツアー仲間の女性は肩が腫れ上がってきた。

一時間ほどでインティプンクに着いた。石造りの門で、インカ時代にはマチュピチュへの入り口だったのだろう。インカ道はさらに、遥か山の中へ続いている。私たちはゆっくり休憩し、写真を撮った。マチュピチュはまだ見えているが、ずいぶん遠くなった。

さあ帰るのだ。クスコへ、リマへ、そしてマイアミから日本へ。待っている仕事を考えると恐ろしいが、次の旅を楽しみにがんばろう。

エジプト個人旅行

古代文明が栄えたエジプトは、一度は行ってみたい所であった。計画を立て始めたころはモロッコとエジプトを共に訪れようと思っていた。こうなると、個人旅行とせざるを得ない。準備を進めるうちに日程的に苦しくなりエジプトだけにしたが、旅行形態は変えなかった。

一〇月からエミレーツ航空が中部国際空港に就航した。これを利用した良いツアーがまだできていなかったというのが、ツアーに切り替えなかった一番大きな理由である。東京か大阪まで出かけてエジプト航空に乗るより名古屋発着のエミレーツが格段に優れている。そして、個人旅行のほうが好きな所にゆっくりできる利点もある。しかし、何かトラブルになれば個人旅行は深みにはまる。ある程度の心配をかかえての出発となった。

二〇〇六年一二月二一日、深夜便に乗ってドバイへ飛び、乗り継いでカイロに着いた。二二日の午前一一時と予定通りである。着陸の少し前、ピラミッドが見えた。砂漠の中にぽつり、ぽつりと立っていて風格がある。

迎えに来たホテルの車に乗ってメナハウスオベロイに到着。ピラミッドを眼前にする格式あるホテルである。部屋は、早めに予約した甲斐があって、ピラミッドの眺めが良い位置にあった。道を隔てて正面にクフ王のピラミッドが鎮座しているのである。まず、エジプト航空の予約の再確認である。自分で電話したが、英語をしゃべると切れてしまう。コンシェルジェに頼んだらすぐに終わった。

さあ観光だ。急いで支度してピラミッドに向かった。クフ王のピラミッドはさすがに大きい。近づいて一つ一の石も大きいのを確かめた。ピラミッドを一回りして、今度はスフィンクスを見物した。正面にはカフラー王のピラミッドがそびえている。閉門時間が迫ってきて警備員が笛を吹いていたが、スフィンクスからホテル側の出入り口までは結構時間がかかった。地平線にさしかかった太陽をピラミッド越しに見ながら、足を速めた。

一二月二三日。早起きして夜明けを待った。明けの明星がまたたいている空にピラミッドが巨大なシルエットとなっていた。そのうちに左側の地平線がピンクに染まった。ピラミッドの黒が際立ってくる。部屋からこのドラマを眺められるから気分が良い。

七時三〇分にはピラミッドの入り口に行った。クフ王のピラミッドは一日三〇〇人、午前中は一五〇人と内部への入場者が制限されている。早めに行動すれば、確実に入場できると『地球の歩き方』に書いてあった。しかし、すでに中国人の若者グループが二〇人ほど並んでいる。ストレッチをしてこれからキップ売り場までの走りに備えているのだ。入り口に集まる人たちは続々と増えてきた。車道には観光バスやバンが行列をつくっている。これは大変だ、クリスマス休暇の時期だから、混み合って、ピラミッド内部への入場は無理かもしれないとあきらめかけた。

八時、ゲートが開けられ一斉にキップ売り場を目がけて走った。車もつぎつぎに発進した。でも、焦る必要はなかった。若者でも、上り坂を走り続けられる人は多くなかった。結局、歩道にいたなじみの人は全員が入場キップを手に入れたようである。

クフ王のピラミッドの中は長い上り道が続いていた。歩いてみると、ピラミッドの大きさをさらに体感できる。たどり着いた玄室は広く、静まり返っていた。満足してピラミッドを出て、左手に回った。ピラミッドが朝日を浴びて金色に輝いていた。次に太陽の船博物館に入った。クフ王のピラミッドの周辺で見つかった木造船を展示している。ナイル川を行く船を基盤にしているのだろうが、大海原を行く船のように巨大であった。

一休みとホテルに帰って次の計画をした。ギザのピラミッドは全部で三つある。全貌を眺める地点に行こうとウマを予約した。

「二時間かかるかな」

しかし、ホテル内に店を構えている国営旅行社の人は
「一時間あれば十分です」

とがんばった。時間が余ってしまうので、またカイロに帰ってきた時に予定していた郊外観光を午後に強行することにし、車を予約した。

運転手に連れられて厩舎に向かった。それぞれウマに乗り、さらにガイドが乗ったウマが続いてピラミッドを目指した。しかし、はじめは曲がりくねった路地を行くだけだ。馬糞を満載したロバが脇をすり抜けていった。路地を出て砂漠に入っても、ピラミッド・エリアとの境界を行くだけである。柵にごみが絡まっている。ピラミッドは柵の向こうだ。

「大丈夫かい。ピラッミッドに近づけるのだろうな」

心配して聞くと、ガイドはにっこり笑った。かなり進むと、柵が途切れるところがあり、番人がいた。現地人用の出入り口である。そこを入ると広大な砂漠の向こうはピラミッドだ。

ゆったりと進んで砂丘の上に立った。三つのピラミッドが、ほどよい間隔で並んでいる。ピラミッドの稜線がシャープだ。私たちは喜んで記念撮影にふけった。一つだけ残念なのは太陽の船博物館が見えることだ。古代にいるという幻想が醒めてしまう。砂丘を降りて窪地を進むと博物館が消えた。短い時間だけどタイムスリップの幻想が帰ってきた。

ホテルであわただしく昼食。一時には運転手が迎えにきた。メ

ンフィスのスフィンクス、そしてサッカラとダハシュールのピラミッドを回るのだ。運転手はなんとか土産物屋に寄らせようと、いろいろ提案してきたが、一切無視した。

「興味がないよ。それに時間もない」

運転手はあきらめてドライブに専念した。しかし、やたらに追い越しをかけるので、落ち着かない。私たちはじっと前を見ていて、「よし」とか「オー」とか掛け声をかけていた。高速走行のため、無事に四時の閉門時間前に三つのスポットを回ることができた。いずれも超一流の所ではないが、比較検討の材料にはなった。特にギザのピラミッドより古いサッカラやダハシュールのピラミッドを見ると、ギザのピラミッドの稜線の美しさが際立って思い出されるのだ。


一二月二四日。六時一五分発のルクソール行きに乗るので、早朝、ホテルの車で空港を目指した。個人旅行で困るかもしれないポイントの一つはこの移動である。エジプト航空は遅延が多いとか、空港が混乱しているとかの情報があふれていて、緊張していた。空港で迷子にならないよう、アラビア語で数字を読めるようにしていたが、余計な心配だった。数字は西欧式だし、便も定時に出発した。

ルクソールの空港ではオールド・ウィンター・パレスの車が待っていた。チェックインしたらすぐ観光用の車の手配だ。ホテルの前にタクシーは見えないし、コンシェルジェもまだ来ていない。フロントで聞くと、すぐ近くのトーマス・クック社が扱ってくれるという。感じの良さそうな係員に計画を話し、手配してもらった。クリスマスイブの日なので車が手に入るかと心配していたが、無事に進んでほっとしてホテルに帰った。コンシェルジェが待っていた。

「あなたのためにすべて手配済みです。九時には車が出ます」

驚いた。このホテルはインターネットでは予約が難しく、旅行社に予約を依頼した。ついでに送迎、そして観光用の車の手配も頼んだ。しかし、ホテルからは部屋と送迎の確認の返事だけが返ってきていたのだ。コンシェルジェについてきてもらって平謝りに謝って、トーマス・クックの予約を解除した。大急ぎで、観光プランの確認。少しこちらの意向と違うところもあったが、大筋は抑えた。


九時に運転手とガイドがやってきた。まず、カルナックの大神殿を目指した。巨大な塔門をくぐって進むと大列柱室である。ここはピラミッドと共に最も期待していた所である。列柱は一三四本で、高いものは二三メートルあるという。列柱のいたる所にレリーフが残っている。レリーフがないところは新しい気もする。ガイドに聞いてみた。

「よく分かりましたね。ここは崩れないように、セメントで補修しています。でも、ほんの表面だけです」

大列柱室は超満員かと思ったが、少し中に入り込むと誰もいない。上は真っ青な空だ。私はレリーフを眺めてさ迷った。柱の上の飾りには色も残っている。柱は高くそして太く、圧倒的な存在感がある。期待は十分に満たされた。気に入ったらゆっくりできるのが個人旅行の良いところで、私たちはガイドを待たせてじっくりと時を過ごした。聖なる池を見た後の帰り道でも、列柱室に入り込んだ。列柱を描写する文を練ろうかと思ったが、迫力に負けて、結局眺めていただけだった。

神殿を出てパピルス店に入った。パピルスの作り方を実演してくれる。むろん、目的はパピルスに描いた絵を売りつけることだ。私は警戒していたが、絵のレベルが高く鮮やかですっかり気に入った。お土産ばかりか、ネフェルタリ王妃の壁画を題材にした、大きな絵を記念品として買い込んだ。最後にルクソール神殿を訪ねた。これも立派なものであるが、カルナック神殿の後では、小規模に見えるのは仕方がない。

二時にファルーカ観光の迎えがきた。ホテルの前の桟橋からファルーカに乗って出発だ。ファルーカは古風な帆掛け舟であるが、意外とスピードが出る。そのままナイル川を遡った。

「ナイル川クルーズの気分ね」

壽子も大満足である。ファルーカはバナナ・アイランドに着いた。島では沢山のバナナを栽培している。バナナをご馳走になった後、島を散歩した。畑にも出た。見るからに肥沃な大地である。ファルーカはゆったりとルクソールに帰った。

もう夕方で、私たちは部屋に戻った。部屋はナイル川に面している。川向こうにそびえるのは西岸のネクロポリスである。私たちは暮れていく風景を楽しんだ。

一二月二五日。西岸観光である。車は七時に迎えにきた。すぐにナイル川を渡り、メムノンの巨像を眺め、王家の谷に着いた。ここにエジプト新王朝の王たちが眠っている。チケット一枚で三つの墓を訪問できる。ガイドは墓の中に入れないから、外で説明してくれた。そして、訪問すべき三つの墓を教えてくれた。私は王家の谷は大して期待していなかった。墓に入るための行列がひどいとか、あちこち回るので疲れるといった情報も多い。

最初にラムセス三世の墓に入った。下降通路はすべて壁画と象形文字で覆われていた。壁画は王の姿、日常生活、そして死者の書のシーンと多彩であるが、鮮やかな色が残っているのが衝撃的だ。行列などなかったし、墓の中もそんなに混んでいなくて、ゆっくり見物できた。つづいて、メルエンプタハの墓である。やはり壁画がきれいだった。

最後はラムセス四世の墓だ。下降通路をたどって達する玄室の天井画が圧巻であった。青い空に天空の女神ヌート二体が描かれている。一体は日輪を飲み込み、一体は吐き出している。そしてヌートは両手、両足で大地を捉えているのだ。ダリの絵を思わせるモチーフである。王家の谷はベストの遺跡の一つだったのである。

つぎにハトシェプスト女王葬祭殿に着いた。裏山の峻険な景色は印象的であったが、建物はカルナック神殿とは比較にならなかった。壁画がいくつか残っているので、西岸で最初に訪ねれば、もっと感動したであろう。

「最後は王妃の谷かメディネト・ハブのどちらかです。どちらにしましょうか」

壽子と相談して、王妃の谷にした。二人とも王の墓に圧倒されていたのである。アメン・ヘル・ケプシェフ王子、ティティ王妃、カエムワセト王子の墓と回った。小型であるものの色鮮やかに保たれた墓が多かった。

「色は当時のままですか」

「そうですわ」

「補修はしていませんか」

「いいえ、あれは昔のままの色です」

疑り深くなって、ガイドにしつこく問いただしたほどである。


帰り道で、ガイドは私たちの名前を紙に書かせた。ルクソールの街について、少しお待ちを、といってガイドが消えた。しばらくして帰ってきたガイドはパピルスの絵を持っていた。右側と左側に象形文字が書いてある。

「ラムセス二世とネフェルタリ王妃です。でも書いてあるお名前はタカシとヒサコです」

素晴らしいお土産だった。ネフェルタリの姿は特に官能的であった。彼女はラムセスに花束をささげていた。二人はとても仲が良さそうだった。


午後は久しぶりにのんびりした。うっとりとガイドブックを開いて、訪ねた王家の谷を読み返した。少し気になる記載もあったのだが。夕方、ナイル河畔を散歩してお土産屋を冷やかした。でも、パピルスの絵以上のものは見当たらなかった。ホテルに引き返し、テラスでビールを飲んだ。真っ赤な夕日が沈んでいった。

パピルスの絵

ルクソール神殿のライトアップを見に行こうかと思ったが取りやめた。カルナック神殿の音との光のショーに行く予定もあるので、これで十分と思ったのだ。夜になって、迎えの車がきた。カルナック神殿では、ライトアップされた列柱の高さに再び圧倒された。しかし、聖なる池で繰り広げられたショーは長すぎて退屈なものであった。

一二月二六日、早朝の便でアスワンに飛んだ。乗り継いでアブシンベルに向かうのだ。乗り継ぎ時間が長いので、タクシーをやとってアスワン観光をする予定だったが、中止した。ちらと外へ出てみたがタクシーが見当たらない。無理をする場所でもないと判断した。勝負所はアブシンベルと思っていた。

アブシンベルの空港からホテルのセティ・アブシンベルまではエジプト航空の神殿行きのバスに便乗していくとなっている。しかし、バスを降りてホテルまでわずかの距離でも歩くことになりそうだ。スーツケースを引っ張ってでは楽しくない。さらにホテルから神殿まで何度も往復する。大した距離ではないが、夜とか早朝のスケジュールがあるので、できれば車にしたい。旅の計画ができたころ、ホテルに電話して手配を頼んだ。ところが「タクシーはいっぱいいます」といって取り合ってくれない。インターネットで旅行記を見ていると、ホテルから神殿までのタクシーが来なくて、夜明けの道を走ったというのがある。常道は、エジプト航空のバスを使ってホテルに着き、そこでタクシーをチャーターすることだろう。しかし、空港でタクシーを捕まえられたら、その場でチャーターしてしまおうと決めていた。

アブシンベルの空港で荷物が出てくるのを待つ間に、すばやく外へ出た。

「タクシーはどこだい」

空港で作業している人に聞いた。

「こっちだ、連れてくるよ」

薄汚い運転手がやってきた。

「セティ・アブシンベルまでやってくれ。ここを動かないでね」

荷物を引き取って外へ出ると、運転手はちゃんと待っていた。すぐに、ホテルに着いた。

「いくらだい」

「一〇〇エジプトポンド」

二〇〇〇円くらいだから、相当に吹っかけている。こちらとすれば、少々のお金がかかっても、このタクシーをチャーターしようとしているのだから、議論はしない。

「いいだろう。ご苦労、ご苦労。ところでね、これから神殿とホテルの往復など色々頼みたいのだ。このスケジュールでいくらになるかい」

詳しく予定を書いた。

「四〇〇エジプトポンド」

「いいだろう。しっかり頼むよ」

話がまとまって、ほっとしているところへホテルの警備員がやってきた。長く話しているので、もめていると思ったらしい。日本からのツアーをガイドしているエジプト人もやってきた。私の説明を聞いて

「そりゃ高いよ、半額くらいにまで下げさせなさい」

流暢な日本語でアドバイスしてくれた。警備員は厳しい目つきで運転手をにらんでいる。運転手はすっかりおびえてしまった。

「いいんだよ。もう話はまとまっている。しっかりやって、ちゃんと時間にきてくれよ」

親切なエジプト人ガイドは、いぶかしげな顔をしながらも、それでは朝の迎えはこの時間などと、的確に時間を割り出して、運転手に念を押してくれた。

セティ・アブシンベルの部屋はナセル湖に面していた。ナセル湖の水は青く、そして湖畔はごつごつした岩山の砂漠で、そのコントラストが見事である。ホテルの庭には花が咲き乱れている。これはリゾートホテルといってもよい。車はちゃんと二時三〇分に迎えにきた。運転手はこざっぱりしたワイシャツに着替えていた。

アブシンベルの神殿は予想どおり大きかった。砂漠とナイルの水という背景ともマッチしている。しかし、より心を惹かれたのは神殿内部のレリーフである。戦いのシーンでは人もウマも躍動している。ラムセス二世に愛されたネフェルタリ王妃はいかにも女性らしい曲線で描かれている。これは、ギリシャのようである。

いや、ギリシャの時代より七〇〇年ほど早いではないか。この神殿よりやや古いクレタ島のクノッソス宮殿や、その遺物を収めた博物館、そしてサントリーニ島の遺跡と博物館も見ているが、いずれもエーゲ海クルーズのツアーで駆け足だったせいか、これほどの印象はない。エジプト文明は、ギリシャなどの地中海文明の偉大な先駆者の面もあるのだ。それにしても、神殿を作ったラムセス二世の生涯は、男として理想であろう。戦いを生き抜き、良い女がいて。私は、ラムセスとネフェルタリの絵に自分たちの名前が記されたパピルスの絵をあらためて嬉しく思った。

五時三〇分、運転手は再び正確な時間に迎えにきた。ホテルを出るとき、鷹揚に警備員に挨拶した。だんだん、お抱え運転手が板についてきた。アブシンベル神殿の音と光のショーは凝った内容で満足できた。そして、ショーが終わっても神殿のライトアップを続けてくれた。

一二月二七日。朝五時四五分、まだ暗い中、再び神殿を目指した。初詣の雰囲気である。そういえば、周囲は日本人ばかりである。やがてナセル湖の向こうの岩山が赤みを帯び、そして朝日が昇った。神殿が朝日に輝くようになる。私たちは午後の便で出発なのでゆっくりと神殿に留まった。八時ごろになると、飛行機やバスが着くからなのか、神殿の前は黒山の人となった。いままで、ゆったり観光できたことを感謝した。

最後まで忠実だった運転手に別れを告げてアブシンベルを出発した。カイロの空港ではフォーシーズンズ・ナイルプラザの車が迎えにきていた。ホテルの部屋は一九階でナイル川に面している。川向こうにシェラトンなどの高層ビルが並び、良い景色である。

明日からの予定はエジプト考古学博物館とイスラム・カイロ

である。しかしそれだけでは時間が余る。追加の予定を壽子と相談した。もう一度ピラミッドに行こう、とすぐに一致した。二人とも、ピラミッドをやや見たりないと思っていたのである。観光にはホテルのリムジンをチャーターすることにした。三時間で一〇〇ドル、追加一時間ごとに一五ドルと妥当な値段であった。使う車はメルセデスだから、乱暴な運転が多いカイロの街でも安心である。

一二月二八日。朝、空を見てがっかりした。曇天である。運転手に天気予報を聞くと、今日も明日も曇りだそうである。それでも、明日は晴れるかもしれないと、今日のうちにイスラム・カイロとエジプト考古学博物館をすませることにした。まずイスラム・カイロに向かった。ムハンマド・アリ・モスク、スルタン・ハサン・モスク、リファイ・モスクと回り、さらにハーン・ハリーリのバザールを見物した。イスタンブールに比べれば、まずまずといったレベルであったが、イスラム都市としてのカイロが分かったと思う。それにしても、運転手のサミーは優秀だ。駐車不可の場所では、出てくる時間を決めておくと、ぴたりとその時間に車を回してくるのである。

エジプト考古学博物館まで連れて行ってもらって、リムジンを降りた。博物館ではツタンカーメンの部屋に直進した。墓の遺物を集めた展示はさすがであった。ツタンカーメンの黄金のマスクは押し合いへし合いで見るのかと思ったが、ちょうど昼食時間だったのが幸いした。室内の人がどんどん少なくなり、二人でじっと眺めることができた。マスクと共に良かったのは黄金の棺である。一〇〇キロを超す純金は迫力がある。そして、棺の表面は細かい彫り物で覆われていた。優しい姿の四女神に護られたカノポス櫃、黄金の玉座、パピルスの船に乗ったツタンカーメン、アヌビス神と、その他にも見ものが多い。ツタンカーメンの部屋を出た後は一階をゆっくり回った。古王国時代の展示品も素晴らしかった。とても精巧に描かれたカモには驚いた。これが四〇〇〇年以上前の作品とは信じられない。

ホテルの部屋に帰って寛いだ。『ツタンカーメンの遺品二二選』という本を博物館の売店で買っていた。ぱらぱらと眺めていて、はっとした。中型の物入れの蓋に書かれた絵は、お土産にもらったパピルスの絵と同じである。

お土産の絵の主人公はツタンカーメンとそのお妃であったのだ。二人の仲が良かったことは、玉座にも仲睦まじい絵が残っていることから確かである。ツタンカーメンは一九歳ごろに早世したので、悲劇の王という印象が強いが、幸福な青年時代を過ごしたのだろう。私はパピルスの絵を部屋に飾っておこうと思っていたが、ラムセスがツタンカーメンに変わって、一瞬戸惑った。早世するとは、縁起でもないな。しかし、すぐに思い直した。ラムセスは王妃に先立たれている。私は、もう高齢者の仲間入りをしていて、早世することは有り得ない。むしろ、縁起でもないのは妻に先立たれることである。幸福な夫婦であっても、別れの悲劇があることは避けられない。ツタンカーメンでよいではないか。私たちの若いころの幸せな思い出の象徴として、パピルスの絵を

重なる三つのピラミッド

大切にしようと思った。

一二月二九日。エジプト最後の日である。今日こそピラミッド再訪と勢い込んで起きだして、外を見た。驚いたことに霧である。対岸のシェラトンのビルがぼんやりとしている。上空をみると晴れそうな様子なので、朝食後も部屋でぐずぐずしていたが霧は去らない。シェラトンのビルが見えなくなる時もある。もう仕方がないと決断した。

「出かけよう。霧のピラミッドもいいじゃないか」

「それもそうね」

すぐに、サミーの運転するメルセデスを呼んでもらった。ギザの町にさしかかるころ、霧が晴れて快晴となった。待った甲斐があったのだ。

サミーはパノラマポイントまで車で連れていってくれた。ウマで行った場所よりもっと北西に進み、ピラミッドに近づいている。三つのピラミッドが密集して見える。周囲の観光客に倣って、私たちも記念撮影した。

それから私たちは砂漠を歩いていった。サミーが方向を示しながらついてきてくれた。しばらく進んで三つのピラミッドが折り重なって見える場所に来た。多くの写真が撮られているのはこの位置だ。私たちはとても喜んで、何枚も写真を撮った。そして、中央に見えるカフラー王のピラミッドを目指して北上した。ピラミッドはどんどん大きくなり、右手に見えたギザの町も視界から消えた。カフラー王のピラミッドを回って道に出ると、駐車場に引き返していたサミーが車でやってきた。

帰り道にエジプト考古学博物館に寄った。パピルスの絵の原図を確かめたかったのだ。目的を達してから、二階を一回りした。当時の風俗を示す貴重な展示品が多かった。ホテルに戻り、お茶を飲んで一休み。そして、サミーの車で空港へ。ドバイ行きは七時一五分発だから、まだたっぷり時間がある。

「ピラミッドもゆっくり見られて満足したわ。もう思い残すこともないわね」

「良い旅だったね」

そういいつつ、かすかに引っかかっていたことを口にした。

「王家の谷ではベストの所へ行ったのだろうか。ガイドブックに一番有名なところが二つ示してあるけれど、どちらも行かなかったよ。両方とも閉まっていたとは思うけれど」

「あら、それは大丈夫よ。閉まっていたのだわ。王妃の谷ではネフェルタリの墓も閉まっていたし。私は王家の谷でフランス人のツアーの一行を見ていたけれど、まったく同じ所に入ったわ」

壽子の人間観察眼はいつも確かである。私はすっかり安心した。王家の谷が人を引き込む魔力は消えてしまった。エジプトで見たいもので、可能なものは全て見てしまった。とても順調な旅であったのだ。

マダガスカルの原猿たち

ベレンティ

二〇〇七年八月一五日。マダガスカルの首都、アンタナナリボの空港に着いたのは夜の一〇時を過ぎていた。見知らぬアフリカの町で、深夜に迎えが来なかったら、と一抹の不安をかかえて出口を出たが余計な心配だった。私の名前を高々と掲げてガイドのナリソンさんが待っていた。ナリソンさんは、上手な日本語を話す。説明を受けながら、宿のヒルトンホテルに向かった。

マダガスカルはキツネザルとバオバブで有名だ。二〇〇二年に一度計画したが、政情不安で中止した。五年を経て、そろそろ落ち着いたろうと再挑戦である。横っ跳びをするシファカが棲むベレンティ、高い鳴き声のインドリが見られるペリネ。初めから興味を持っていた、この二カ所に、今回はバオバブのモロンダバを加えることにした。安全な国とも思えないのでツアーを探したが適当なものがない。日本のツアーで、この三カ所を行こうとすると、あわただしい。ヨーロッパからのは北部のビーチでゆったりしている。そこで、アフリカ旅行のエキスパートである「道祖神」に手配を頼んだ。道祖神はマダガスカルツアーも実施している。ベレンティの後半からモロンダバはこのツアーと重なるように計画した。同じ会社だから一緒に動いてくれて、個人旅行の不安が和らぐだろうと思った。

アンタナナリボまでの飛行機はパリ発のエールフランスにした。ポルトガルを見てからのマダガスカルという夏休みプランである。ポルトガルは大航海時代の栄華を伝える修道院が素晴らしかった。マヌエル式の柱に囲まれた中庭は不思議な空間を作っていた。ユーラシア大陸の西端、ロカ岬も訪ねた。近くの海はエメラルド色、その向こうは深い藍色、空は晴れ渡り明るい青色。しかし、空と海の境はかすんで、はっきりしない。この混沌を目指して船乗りたちは旅立ったのだ。

ポルトガルは順調だったが、マダガスカルは自信がない。まず、間延びした計画になった。ベレンティ三泊と思ったのが、四泊になった。エールフランスが毎日飛んでいなくて、道祖神のツアーと重なるようにしたら、こうなってしまった。ペリネは二泊が適当だと思っていたら、エールフランスのスケジュールが変わり、これも三泊となった。

アンタナナリボ・ヒルトンに入ったら日付が変わり、八月一六日。早朝のフォールドーファン行きの飛行機を捕まえるため四時起床だから、ほとんど寝る時間がない。マダガスカル航空のスケジュールはくるくる変わるので、このことが分かったのは出発直前である。

フォールドーファンでは迎えの車でル・ドーファン・ホテルへ。これから植物園などの市内観光をしてベレンティへ向かう予定である。しかし、寝不足なので、できればベレンティに直行してゆっくりしたい。相談すると

「もちろん結構です」

となった。

車で出発してすぐに気がついた。帰りの飛行機の再確認はこのホテルに依頼するはずだった。チケットをホテルに預けるようなことを昨日のガイドはいっていた。片言のフランス語で運転手に相談した。

「ベレンティでできるよ」

とのことである。信用して、車を進めてもらった。

市街地はやたらに人が多い。しかし、特に女性は丸顔のアジア的な人が大多数で、親しみやすい。フォールドーファンを抜けても、たくさんの人が道を歩いている。女性は背をすっと伸ばして、頭に荷を乗せ、スタスタと歩いている。男は天秤棒で荷を担いでいる。道は舗装がはげているので、がたがたした悪路だ。ベレンティまで八〇キロしかないのに、三時間の予定なのはそのためだ。さすがに人気がなくなり、道半ばを超えたところで、景色が変わった。とげの森に入ったのだ。

とげの森はマダガスカル南部の乾燥地帯に分布する。ディディエレア科の植物とユーフォルビアがこの景観を形作る。ディディエレア科はマダガスカルに固有で、和名はカナボウノキ科である。その中でアルオウディア属が目立っている。長い棒状の幹が何本か立ち上がって、そこに葉ととげがついているのがアルオウディア・アスケンデンスとアルオウディア・プロケラである。私はとげの森に期待していたので、アルオウディアが見えるとすぐに車を止めてもらって写真を撮った。少し行くとまた停車。でも、これは焦りすぎだったようだ。

しばらく進んで

「ここがいいよ」

と運転手が車を止めた。なだらかに谷へと下がる道だった。高さ十数メートルはあるアルオウディアが、たくさん生えていて、大コンブのようにゆったりと風に揺れていた。その間を、細かい枝のユーフォルビアが埋めていた。ユーフォルビアは何種類かあるようだが、ヒジキのかたまりかイサンゴのようだった。そうだ、この景色は海底に似ている。谷の向こうはまた緩やかに上がった丘陵だ。車はアルオウディアとユーフォルビアに満ちた丘を

とげの森が広がる

一つ一つ越えていった。

お昼ごろベレンティ保護区に着いた。案内されたバンガローは貧弱で、白っぽい室内にベッドが二つ置いてあるだけだ。気を取り直して昼食を摂り、疲れをとろうと、ベッドに横になった。ところが西日が当たり室温はどんどん上昇した。日本の夏並みとなったが、扇風機もない。

どうもおかしい。ベレンティのバンガローは大部分、木製なのだが、一部の古いのは石製で条件が悪いとの情報があった。出発前に道祖神を通して確認したら

「木製です、ただ最後の日は変わって頂くかもしれません」

との返事をもらっていた。安心していたがこれは石製の古いのではないか。急いでマネージャーに会いに行った。

「たしかに石のです。でもこのほうが、蚊が入らなくていいですよ」

「いや、蒸し焼きになりそうなので、木製にしてください」

「分かりました。明日から変更しましょう」

やれやれ、何とかなりそうである。ほっとして散歩していると早速シファカに出会った。距

離的には遠いものの横っ跳びを披露してくれた。

八月一七日朝。ワオキツネザルの群れが太陽に向かって手を伸ばし、日向ぼっこをしている。写真を撮っていると、ワオキツネザルに鋭く声をかけている男がいた。いじめているのかと、びっくりしたが、視線を向けさせようとしていると分かった。大きなデジカメを抱えている。私のカメラも大きいので、カメラ仲間とばかり一緒に行動してワオキツネザルの写真を撮りまくった。

ガイドのジャンがやってきて
「ドイツ人の一家とあなたがたを一緒に英語で案内します」

といった。

「もちろん結構です」

と答えた。ジャンは次にさっきの男に近づいて
「日本人の夫婦も一緒です」

と告げた。ドイツ人は明らかに不審そうな顔をしたが
私が後ろから
「俺たちとだよ」

と声をかけると「そうか」とすっかり安心した表情になった。

朝のツアーが始まる前に、急いでマネージャーに会いに行った。

「それが、実は満室で変更できないのですよ」

と渋るマネージャーを拝み倒して、部屋を変えてもらった。木製のバンガローは内部を籐が覆っていて、趣のあるものだった。風通しがよく、午後でも涼しく過ごせる構造になっている。飛行機の予約の再確認も依頼した。

「分かりました。チケットを渡して下さい」

マネージャーは気軽に引き受けた。

九時にジャンに率いられて、保護区内のウォーキング・ツアーに出発した。まず、チャイロキツネザルの群れ。どこかタヌキに似たキツネザルである。つづいてシファカ数頭の群れに出会った。シファカ、正式にはベローシファカは、全身の大部分が白色で、顔の前面や頭など一部が黒色の、大型のキツネザルである。後ろ足が発達していて、跳躍力が優れている。シファカは木の葉の朝食を摂っていた。そして、時々、木から木へ飛び移る。跳躍の瞬間を撮ろうとしたが、なかなか上手くいかない。シファカの移動方向で、木が途切れてきた。

「さあ、地面に降りるぞ。シファカ・ダンスだ」

とジャン。

シファカの前足は小さく、四足で走るのは苦手で、地上は横っ跳びで移動する。私たちはカメラを構えて待った。しかし、跳躍のスピードが速いので、カメラのフレームに収めるのは大変だ。ドイツ人も顔をしかめている。

保護区内を一回りして、博物館に入った。一通り展示を見て、建物を出るとジャンが走ってきた。

「近くの木にシファカの群れがいる。もうすぐダンスが始まる」

待っていると、たしかに、シファカが一頭ずつ地面に降りて、横っ跳びで懸命に道を横切っていった。私たちはまた、たくさんのシャッターを切った。

「ドイツ人」が持っている大型のデジカメはキャノンの最新型で

ある。

「これまではフィルムカメラだったので、フィルムの持ち運びが大変だったわ。一旅行で二〇〇本使うの」

と奥さん。

「そんなには使わない。一〇〇本だ」

いずれにしても大変な量である。奥さんは流暢な英語を話すが、ご主人はそうでもなく、主に母国語を話している。一〇代後半と思われる息子と娘の英語も上手だ。団結の固い一家らしく、奥さんはカメラのケース、娘さんは撮影用小道具を入れたケースを担いでいる。

しかし、彼らはドイツ人とは思えない。どう聞いてもご主人の言葉はドイツ語ではない。時々フランス語的な響きも入るが、南欧系の言葉とも思えない。私は勝手にベルギー人だろうと推定した。もっともこれは私の誤解で、フランス語的なベルギー語は存在しないのだが。


午後三時、保護区のはずれにある、とげの森へのツアーに出発した。とげの森ではアルオウディアとユーフォルビアが茂る道を谷間に下り、また丘の上に上った。アルオウディアにもいくつかの種類がある。茶色の枝がたくさん竹箒のように上を向いているのもある。私は一つ一つ木を見、全体を眺め、うっとりと歩いていった。

でも植物だけでは満足できない人も多いだろう。ネズミキツネザルとイタチキツネザルという夜行性のキツネザルを探すことになった。近所の女の子二人が走り回って見つけてくれた。イタチキツネザルは木の洞からキョトンと顔を出していた。ネズミキツネザルは小型で、高い所でじっとしているので、やっと見えるという程度である。

帰り道にサイザル工場へ行った。アロエの一種、サイザルの葉がトラックで運び込まれていた。これを機械で押しつぶし、水で洗い流すとサイザル麻の繊維が残る。簡単だが見事な工程である。

見物を終わって、ジャンに聞いてみた。

「明日は日本人のツアーが来るね」

道祖神のツアーは明日から二泊の予定だろう。しばらくは一緒の行動だと思っていた。

「日本人は、明日は来ない。明後日だ。プリンスの御一行だ。二五人くらいと聞いているよ」

びっくりした。秋篠宮様とお嬢様の眞子様が夏休みにマダガスカルを旅行されることはニュースで聞いていた。時期的には重なるが、広いマダガスカルでご一緒の時があるとは思わなかった。マネージャーがバンガローのやりくりに苦労したこともよく分かった。それより、宿が取れたことに感謝すべきだろう。道祖神は自分たちのツアーは変更しても、私たちの宿は確保してくれたのだ。


ロッジへ帰って一休みして、また、とげの森へ向かった。ナイト・ウォークである。もう日は落ちて、アルオウディアのコンブのような枝とユーフォルビアが幻想的なシルエットを作っていた。澄み切った空で、三日月が満月のように明るい。

　ナイト・ウォークの目的は夜行性のキツネザルを見つけることだ。ジャンはしばらくして、イタチキツネザルを発見した。今度は全身が見えた。リスのようだ。しかし、ネズミキツネザルは見つからない。かなりあちこち探したが空振りで、ジャンは悔しがっていた。


八月一八日朝。まずは、シファカ・ダンスである。やっと私も慣れてきて、それらしい撮影ができるようになった（カラー写真25）。つづいて、保護区を出て近くのバオバブの木を見た。バオバブはモロンダバが本場であるが、ここのバオバブも、ずんぐりしているものの、幹が太く枝張りも良く、なかなかのものであった。

　さらに走って別の保護区に入った。とげの森が保護されている。ディディエレア・トロリーが生い茂っていて興奮した。この木はアルオウディアの親戚であるが、タコの足のように曲がりくねった細い枝が、湧き出すように伸びているのである。


　とげの森の、満ち足りた散歩の後、近くの市に立ち寄った。子供たち、そして少女たちがじっと私たちを見つめていた。顔つきに類似点があるから、身近に感じてしまう。ここに生まれたら、どうなっていただろう。やはり、呪術医を志したろうと思った。

　ベレンティに帰って、午後三時にはオオコウモリの集団を見にいった。オオコウモリはオーストラリアでも見ているが、ここのコウモリは、昼間でも一部が飛び回っている。私は、飛んでいるコウモリを撮ろうとまた、大量のフィルムを消費した。そして、シファカ・ダンスである。ジャンは的確に横っ跳びをしそうなシファカの群れを見つけるのである。

　再びナイト・ウォーク。やはりネズミキツネザルは見つからない。ジャンが焦り始めた時、なんと「ベルギー人」の息子が発見した。目がライトの光を反射したのだそうだ。ネズミキツネザルは本当にネズミくらいの大きさしかない。茶色と白の毛皮に包まれて、ネズミキツネザルはじっとしていた（カラー写真26）。丸いかわいい顔はむしろ子ネコのようだ。目がキラキラと光っている。宝石のようなサルだ。

「ベルギー人」一家は明日、一足早く出発する。目的地はモロンダバであるが、そこからツインギーへ行くという。石灰岩が削られて、針の山のようになっている所だ。その後、ペリネへ向かうそうだから、そこで再会できるだろう。ツインギーは興味があったので、様子を聞かせてくれと頼んだ。それにしても、過不足ない時間をかけた理想的なプランである。これまで、ケニア、タンザニアばかりかイリアンジャヤにも出かけているそうだから相当な達人に違いない。


　八月一九日の朝。とげの森を再訪することにした。

「その前にまとめておきましょう」

　ジャンはロッジの近くのミニ植物園で、マダガスカル特有の植物について説明してくれた。知識を整理している私たちを残して、ジャンは近くの様子を調べにいった。

「チャンスだ！　こっちだ！」

ジャンが走って案内に戻ってきた。駆けつけると、目覚しいシーンが待っていた。ミニバオバブといった風情のモリンガの木が何本か植わり並木のようになっている。その一本一本にシファカが止まっていた。さらに後ろのモリンガの木々にはチャイロキツネザルたちがとりつき、シファカを威嚇していた。縄張り争いであろう。

「さあ、ダンスだぞ」

ジャンが得意げにいった。実際、すぐに横っ跳びが始まり、シファカは一頭、一頭、道を横切っていった。最後に、幕引きのピエロよろしくチャイロキツネザルが一頭、のっそりと地上に降り立って、ショーは終わった。

もっとも、この時は、良い写真が撮れなかった。フィルムの底が見えてきたので、チャンスを狙って一枚という撮りかたをしたからだ。やはり動物写真は乱写しなければだめだ。ケニア行きのとき、手振れ防止装置付きの明るい望遠レンズを買い込んだ。そう頻繁にカメラに投資できないと控えていたが、そろそろデジカメへの切り替え時であろう。

とげの森では、あらためて一つ一つの植物を眺めた。でも、判別できないものも多い。奥深い世界である。昼食後はフリー。ジャンは宮様ご一行の歓迎準備に忙しいのだ。もう十分にベレンティを見てしまった私たちにとっても、ご一行の到着は変化があって楽しみなことであった。

すでに朝から雰囲気が変わっていた。道は何度も掃き清められている。メイドは白衣、白い帽子という晴れ姿で、ロッジの窓を開け放って大掃除だ。残っている宿泊客は私たちと、もう一組の日本人夫婦だけらしい。マネージャーはカッターシャツにネクタイというりりしい姿になって、何度も、清掃状況を確認していた。

ご一行は四時ごろに到着された。私たち日本人もお出迎えに参加した。秋篠宮様も眞子様もお元気そうだった。とくに、眞子様は好奇心満々のお顔で車を降りられた。随行の方々の中には報道関係者など様々な人がいた。私たちは、多くの方々と会話を楽しんだ。呪術医にも話が及んだ。

「呪術医はとても頭がいいですよ」

「薬草に詳しいのですか」

「そうです。でもそれだけではありません。熱心にお祈りしながら患者の様子を見るのです。回復のきざしがあれば治療を続けます。これはだめだと判断すれば悪い血があるから手に負えないとか言って病院に送ります。そこで亡くなっても自分の責任になりません」

呪術医になるのも、演技力まで必要で大変そうだ。

随行の旅行社の人とも話した。

「これでマダガスカルへ来る日本人が増えますね」

「いや、宿泊施設が限られている問題があります。特に人気のあるベレンティに宿を取るのは大変です。今度のご旅行も一年前から交渉したんですが、確保できたのはずいぶん後ですよ。おたくは何時依頼されましたか」

「一一月です」

「ご夫婦だけだから、なんとかなったのでしょうね」
私たちはとても幸運だった気になった。

宮様方のお食事は、やや早くて六時からであった。私たちが七時にレストランに入った時もお食事は続いていた。宮様のおかげで食事のレベルが上がったようだ。特にデザートのバナナ・フランベではラム酒の炎が盛大に燃え上がった。やがてご一同はナイト・ウォークのため退出された。私は、眞子様が宝石のようなネズミキツネザルをご覧になれたら良いなと思った。

その後も宮様の恩恵は続いた。いつもは夜一〇時から朝まで停電となるのだが、その日は夜通し電気が供給された。朝にベレンティを発つので、準備をする私たちには特に好都合だった。

八月二〇日。朝食後あわただしく出発して、ガタガタ道をまた三時間走った。帰ってきたフォールドーファンでは心配事があった。ベレンティのマネージャーは

「あなたがたの航空券はもうフォールドーファンに行っていますから、空港で受け取ってください。再確認はされています」

といっていた。随分危なっかしいことである。空港行きの車に、黒いショルダーバックのビジネスマンが乗り込んだ。あのバックの中にチケットがあるのだ、と思っていたが、違った。空港カウンターの前で、薄汚い作業服を着た、目だけは鋭い男が一人、一人にチケットを渡していた。不思議なシステムである。

アンタナナリボの空港ではガイドと運転手が迎えてくれた。ヒルトンで寛いだが、夜中に壽子が眠れないという。飛行機が飛び立つときは、めまいがするし、咳が止まらないし、どうもただごとではない。はたと、気が付いた。マラリア予防薬の副作用ではないか。私たちは時々、予防薬を服用しているが、今まで大きな障害は受けていない。しかし、体調にもよるだろうし、多分関係ないだろうが、今回の薬は製造元も違う。副作用は次第に軽減するだろうから、服用を止めて様子を見ることにした。

モロンダバ

八月二一日。昼の便でモロンダバへ飛んだ。着陸前に、バオバブが見えるかと外を見ると、あった。一〇〇本以上のバオバブが立っている。想像以上の数である。空港出口では、またガイドと運転手が待っていた。早速バオバブ見物に出発だ。例によってガタガタ道を飛ばしていった。ガイドは三種類のバオバブの区別を、実物を前に教えてくれた。大型でやや赤っぽい木肌で、枝が上向きなのがグランディディエリ、灰白色の木肌で傘状に茂るのがザー、小型でとっくり状なのがフニである。バオバブの並木道を過ぎて、愛し合うバオバブを見にいった。二本のフニが絡み合っていた。

日没の四五分くらい前にバオバブの並木道に引き返した。一帯のバオバブはグランディディエリである。太い幹で、しかも高く伸びている。三〇メートルを超えるのもあるそうだ。遠くから見ても、近寄ってみてもバオバブは迫力がある。

並木の端に立ち、夕日に映えるバオバブを眺めた。そして、ガイドに勧められて、並木の脇の池の向こう岸にも行ってみた。並木が正面に広がり、池には並木の倒立像が写っている。夕日はバオバブ並木の真ん中に沈もうとしている。私の立っているところの横にも後ろにもバオバブがあるから、バオバブに取り囲まれている感じだ。そのままじっと日没を待った（カラー写真27）。

モロンダバのホテルはガイドブックでは評判の良いところだ。しかし、部屋は貧弱で、おまけに二つの部屋をつなぐことができる構造で境目は、か弱いドアであった。隣室の音は反響するためか、壁がないよりよく聞こえる。隣室の夫婦のご主人は腹の突き出したイタリア人で、呼吸が苦しいためか、いびきがすさまじい。夜にはライオンの咆哮と旅客機の離陸が一緒になったような音が襲ってくる。壽子が眠れるか心配だったが、すぐ寝付いたそうだ。マラリア予防薬の副作用は減りつつあるようだ。

八月二二日。朝、キリンディ森林保護区に向けて出発した。保護区に着くと、フォッサが二頭いた。マダガスカル最大の肉食獣で、大きいものは尾の長さを含めて一・五メートルに達するという。めったに見られない珍獣であるが、場所が悪かった。ゴミをあさっていた。それでも、フォッサは迫力があり、放し飼いのドーベルマンという印象である。黒い体毛のように感じたが、写真にしてみると褐色であった。こわごわ眺めたのでそう感じたのであろう。動作はイヌそっくりだが、分類上はマングースの親戚だそうだ。

待っていてもフォッサはゴミ捨て場を去らないので、保護区の観察に出かけた。ガイドはチャイロキツネザル、ベローシファカ、イタチキツネザルと見つけ出してくれた。イタチキツネザルは、詳しくいえば、ベレンティのものと種が違うようで、おまけに昼間に全身が見えるという拾い物であった。

キリンディから引き返す途中、またバオバブを見た。神聖なバオバブとよばれる大木もあった。子供を授かるようにお願いする木だそうだ。根元には小銭やコーラのビンのお供えがあった。さらに、運転手が道を横切るカメレオンを見つけた。道端の木に止まったので、絶好の被写体となった。大きさは二〇センチを超えている。

夕食はイセエビの丸焼きを注文した。冷凍保存された代物だが、一キロ弱という大型で、一四二四〇〇円ほどだからお値打ちである。イセエビを肴にしてワインを飲み、隣室からのいびき攻撃に備えた。おかげで何とか寝られたが、酒が十分に入ると私のいびきもかなりのもので、今度は隣室が迷惑したかもしれない。

ペリネ

アンタナナリボに帰り、一泊して、八月二四日、ペリネを目指した。運転手のミラントは腕が確かそうである。車も日産の新しい四輪駆動車で、安心な旅であった。おまけに幹線を走るので道もガタガタしていない。途中、カメレオン・ファームに立ち寄った。大型のパーソン・カメレオンを眺めたり、ガイドが差し出すバッタをさっと長い舌をだして食べるカメレオンを見たりと有意義だった。

昼に宿のバコナ・フォレスト・ロッジに到着した。庭には花が咲き乱れていた。レストランのあるメインロッジは八角形で池に突き出し、池には小さなカワセミがいた。メインロッジの中央では暖炉が燃えている。しゃれたリゾートだ。

午後はロッジでゆっくりして敷地内の小さな保護区を見にいった。エリマキキツネザルそしてカンムリシファカという珍しいキツネザルが放し飼いにされていた。餌づけされていて、とても人懐っこい。

八月二五日。朝七時、ミラントの車でロッジを出発してペリネに向かった。二〇分ほどの道のりである。ペリネ特別保護区の入り口で、ガイドのマリーが待っていた。なんとなくがっかりした。中年の黒々、でっぷりとしたご婦人で、素早くインドリを見つけられるとは、とても思えない。しかし、信頼できそうなミラントが予約した人だからと、異議を唱えず、インドリを中心とした四時間コースをお願いした。

熱帯雨林の中の道を歩いて、インドリがいるはずの地帯に入ったが、何の気配もない。インドリは朝の合唱をするはずだが、その様子もない。そのうち、遠くから口笛のようなものが聞こえてきた。

「あれかい」

「いや、あれはガイドですよ」

しばらく進んで、マリーは

「このあたりにインドリがいるはずです。数分待ってください」

といって、森に消えた。

突然、近くですさまじい音が聞こえた。アーア、キャーアという甲高い声で、しかも複数だ。これがインドリの朝の合唱だ。マリーがあわただしく走ってきた。

「こっちです！」

思いがけず素早い動きの彼女に従って森を走った。

「ここですよ。木の先端部分です」

たしかに、高い木の梢に黒と白のパンダのような生き物がしがみついている。インドリだと喜んだが、あまりにも遠い。アマゾンでのナマケモノを思い出した。

「そのうちに降りてきますよ」

とマリー。実際、そうだった。四頭のインドリの家族は少しずつ枝の下の方へ動き、木の葉を食べ、そして近くの木へ飛び移った。マリーはインドリの群れの移動方向をよく理解していた。

「こっち、こっち」

というので、ついていくと、たしかによく見える。彼女はついに私のリュックを持って走ってくれた。写真を撮るときに木の枝が邪魔と知ると、そっと枝を押したりと、至れり尽くせりである。マリーはガイド歴二一年のベテランだそうだ。

インドリは時には地上数メートルの位置まで降りてくるから、ゆっくり観察できる。丸い目、もじゃもじゃした毛の耳、丸い顔、黒と白の毛皮。正面から見ると、ぬいぐるみのクマという表現がぴったりする。

だんだん見物人が増えてきた。マリーはもう一つの群れを探すという。しばらく行って「待ってね」と森に消えた。今度は五頭の群れを、彼女は見つけ出した。私たちはインドリの行動をゆっくりと観察した。長い足を伸ばして、木の枝と枝の間につかまって食事をしているのを見ると、本当に大きなサルであることを実感する。インドリはキツネザルの中で一番大きいのだ。インドリの手と足のバランスは人間に似ていて、人間が木の高いところにいるようにも見える。

インドリ

帰り道に、マリーはカンムリシファカを見つけた。バコナの保護区で見ているが、野生のものは格別だ。毛皮の黄色い部分が鮮やかだ。マリーはさらにヨウモウキツネザルが木の股でじっとしているのも探し出した。夜行性の小型のキツネザルである。

ロッジに帰り、午後からはまた、ゆっくりした。マラリア予防薬を止めたので、ナイト・ウォークも不参加とした。

夕食前「ベルギー人」の奥さんに会った。昼ごろ、無事にペリネに到着し、もうインドリも見たそうだ。明日はマンタディアに行ってみようかと思うが、どんな様子かと聞かれた。マンタディアはペリネ特別保護区と共にマンタディア・アンダシベ国立公園を構成している。未開発ではあるが、原生林が美しいと評判の場所である。私たちがまだ、マンタディアに行っていないと聞いて、奥さんはとても意外そうな顔をした。それはともかく、明日の夕食前に会うことになった。ツインギーの旅について教えてくれるのだ。

八月二六日。天気は思わしくない。マリーと会ったときには雨も降ってきた。熱帯雨林だからしかたがないと、用意した雨具に身を包んで出発した。今日も、インドリ中心の四時間コースを頼んだ。そして

「ひょっとしたらジェントルキツネザルも見られたらいいな」

と付け加えた。ジェントルキツネザルは小型で昼行性のサルである。思ったとおり、雨は降ったり止んだりで大したことはない。じきにインドリの群れに遭遇した。群れの移動についていくのだが、ぬかるんで傾斜のきついところもあり、山歩きの感覚である。

歌っている最中のインドリを見て、撮影にも成功した。口を精一杯あけて、赤い口内を見せていた。

しばらくして、マリーは私たちを違う場所に案内した。ジェントルキツネザルがよくいるところだ。しかし、ジェントルキツネザルは現れず、もう一つのインドリの群れを探した。じきに見つかったが、もう人だかりしている。

マリーは移動している先頭の二頭のインドリを標的にした。「こっち、こっち」と案内して、森の中に観察地点を確保した。やがて、日も射してきて、写真撮影にも絶好だ。大部分の客は下のほうにいて歓声を上げている。インドリが派手な動作をしているのだろうか。マリーは落ち着いていて
「ここで待ちましょう」

という。しばらくして、遅れていた三頭も、木を飛び移ってやってきた。なんと、二頭は私たちの前でなめあったり、抱きあったりしている。長いことインドリは身近にいた。葉っぱを食べ、身づくろいし、日を浴びていた。おだやかな時だった。

昼食後、マンタディアに出かけた。「ベルギー人」の奥さんに刺激されたようだ。車で走っていると、マリーがジェントルキツネザルを見つけた。すぐに隠れてしまったので、それからもマリーはジェントルキツネザルを一生懸命探した。彼女のプロ意識はすごい。

公園入り口から三〇分ばかり走ったところで車を止め、山道を歩き始めた。とても深い原生林だ。アロエに似たバコナが巨木になっている。登っていくと展望台に出た。大きく削られた谷の向こうにも原生林に覆われた山が広がっている。白神山地で見た景色に似ているが、こちらがより雄大だ。見ていると、原生林の山に虹がかかった。虹はだんだん明るくなり、突然消えた。

山を下り、今度は、川沿いの道を歩いていった。マリーが、また、ジェントルキツネザルを見つけた。今度のキツネザルはじっとしていて、私たちは小さな丸い顔や長いシッポをじっくりと眺めることができた。そして、キツネザルは、はっと我に返ったようにブッシュに消えた。

「ベルギー人」一家と私たちはロッジのロビーに集まった。ツインギーの写真を見せながら、息子が説明してくれた。ロープを使った懸垂下降もあるような冒険コースである。もうマダガスカルを訪問することもないだろうから、私たちにとってはバーチャル・ツアーになった。

彼らは私たちより一日早くモロンダバに入り、一泊している。旅なれた彼らの宿はどこだろうと聞いてみた。同じホテルだった。

「あなたがたは、四人だから続きの部屋を取ればよいから、問題なかったのですね」

「それ、それよ」

奥さんが思い出し笑いをしながら聞いた。

「部屋は何番でした」

「二〇番」

「同じだわ」

「隣には太ったイタリア人がいて、すごいイビキなんだ」

とご主人。一同大笑いをした。奥さんは文句をいって部屋を変えてもらったという。
「あの部屋に二日も泊まるなんて、辛抱強い」
といわれた。こんな評価をされたのは初めてだ。そしてこれからも連絡しあおうとメールアドレスを交換した。驚いたことに彼らはロシア人だった。今もモスクワに住んでいる。世界は急速に変りつつあるのだ。

八月二七日。朝は快晴。もう一度ペリネに行こうか迷ったが、公園入り口に差し掛かると雲が出てきた。結局、似たような天気になるだろうと、予定通り車を走らせてもらった。

昼に、アンタナナリボに着き、マダガスカル・エアーツアーズの事務所に立ち寄った。道祖神の依頼を受けたのはこの会社で、実際の手配はここがやってくれたのである。すぐに、ガイドのジョセが出てきた。日本語の上手いベテランで、これから私たちの世話をしてくれる。昼食は中華、そしてホテルで一休みして出かけた夕食はなんと高級な日本料理であった。

八月二八日。いよいよ、マダガスカルを去る日となった。お土産を買い、市内観光し、そしてチンバザザ動植物公園に行った。自分たちのお土産はアンモナイトの化石だ。これまで入手したアンモナイトとは比べ物にならない美しい化石だった。チンバザザではアイアイを見た。アイアイはとても活発に動き回っていた。

ゲートまで見送ってくれたジョセと別れを惜しんだ。マダガスカル・エアーツアーズのガイドや運転手達はお互いによく知っていた。彼らが張り巡らしたネットワークの上を私たちは安全に旅したのだと分かった。闇の中にエールフランスの機体が浮かび上がっていた。フランスがすぐ近くまでやってきたのである。

八月二九日。朝一〇時過ぎにパリに到着した。ホテルで休んだ後、ルドワイヤンで夕食を摂った。パリを代表するレストランの味はこの世のものとも思えなかった。ことに仔牛胸腺の串焼き風は。マダガスカル帰りだから、ことさら美味しかったのかもしれない。

翌日はシャンゼリゼを歩き、オルセー美術館に行った。ちょうど企画展をやっていて、はじめて見る絵が多かった。そしてカフェーで食事である。マダガスカルはもう遠くなった。泥臭さを抱えていたが、生き物の多様性という点では、やはり強烈な印象を与えた国であった。壽子のマラリア予防薬に対する副作用も大事に至らなかった。
「心配だったけど、良い旅になったね」
そう、言い合いながら空港を目指した。名古屋行きの便は六時に出発である。

ゾウに乗ってトラを見に行く

バンダウガルを目指して

見ることが難しい野生動物の一つはトラである。トラは、二〇世紀初頭には一〇万頭以上いたが、密猟のため急速に数を減らした。一時は、二一世紀には野生のトラは絶滅するのではないか、といわれたほどである。二〇〇八年の時点で、野生のトラは四〇〇〇頭ほどと考えられている。トラの保護に一番熱心なのはインドである。問題をかかえながらも、懸命の努力をしている。そのおかげで、今日でも、何とか野生のトラを見ることができる。インドのトラはベンガルトラで、トラの中でも大きい部類である。

私は、いつか、ベンガルトラを見たいと思っていた。しかし、インドは病気がはびこり、治安の面でも不安が多い。おまけに、トラのいるような所は交通不便な奥地である。行きたい場所のリストに入っていたインドであるが、計画は先延ばしになっていた。ある日、壽子がいった。

「そろそろトラを見に行きましょうよ。いなくなってしまうかもしれないわよ」

壽子は少女時代、中根千枝さんの『未開の顔・文明の顔』を読んで、文化人類学に興味を持ったことがある。その本に、ゾウに乗ってトラ狩に行くシーンがある。だから、妻の夢の一つは、ゾウに乗ってトラを見に行くことである。

二〇〇七年の初めから、集中して情報を集めた。最も大切なことはどこへ行くかである。トラを見ることができる可能性が高いのは三カ所、そしてゾウに乗って行ける所となると、結局二カ所と分かった。バンダウガルとカーナで、いずれもインド中央部に位置する。その中で、どちらかといえばトラの密度が高いバンダウガルを選択した。といっても、観光客が行ける一〇〇平方キロメートルほどの中にいるトラの数は三〇頭を切っている。さびしい数である。

バンダウガルやカーナでのサファリ体験記をネットで見たが、

あまり多くは期待できないようだ。トラを見られる機会は、主に、タイガー・ショーである。まず、ゾウ使いがゾウに乗ってトラを探す。トラが見つかると、道で待っているサファリカーの客をゾウに乗せて、数分かけて連れていく。トラはたいてい寝そべっている。客がトラの写真を撮ると、ゾウは引き返し、順番を待っている次の客を乗せるのである。まあこれでも、ゾウに乗ってトラを見に行くことにはなるだろう。タイガー・ショーは午前中に行われる。午後は、特別料金を払うと、ゾウに乗ってトラを探すことができると、英語のガイドブックにあった。この場合、トラが見つかる確率は低いようだが、両方を組み合わせれば何とかなるだろう。

旅行の時期は、トラを見るためには四月から五月が良いらしい。しかし、暑いのは閉口だし、授業がある。そこで、大学の行事が少ない二月下旬から三月上旬とした。

バンダウガルに一番近い駅はウマリアである。そこから車で一時間、バンダウガルに達する。しかし、デリーやアグラからウマリアまでは夜行列車で十数時間かかる。空路を取れば、デリーからカジュラホに飛んで、そこから車でバンダウガルに行くことができる。もっとも、車に六時間ほど乗ることになる。交通事故が多いので有名な国では、これも楽しいことではない。そこで、変化をつけ、デリーからアグラに向かい、タージマハルを見て、そこから夜汽車と車でバンダウガルへ行き、帰りはカジュラホに抜け、寺院を見て、空路デリーに帰る計画とした。この行程の予約はコックス・アンド・キングスの東京オフィスにお願いした。夜汽車の治安が心配だったので、デリーからバンダウガルまでのガイドも依頼した。さらに、小道具を買い込んで、荷物を固定できるようにすれば、評判高いインドの夜汽車も大丈夫だろう。

バンダウガルでの宿は新しいロッジであるマフアコティとした。ネットで見ていて新情報を入手したのだ。インドの大手ホテルグループであるタージ・ホテルズが南アフリカのサファリの概念をインドに持ち込み、ロッジ群を作り始めたのである。アフリカのサファリ会社で、環境保護にも熱心なCCアフリカとの共同事業である。南アフリカのマラマラで至上のサファリを経験した私には、これは興奮すべきニュースだった。

インドのセールスポイントはトラだけではない。インドは一般の観光客にも、特に欧米では人気が急上昇している。マハラジャの宮殿やそれを模したホテルに泊まることができるのも魅力である。私たちは、二〇〇八年には結婚四〇年を迎える。それで、良いホテルに泊まって、マハラジャの夢を見ることも計画に加えた。高級ホテルの予約は、その方面に強いアメックスのサービスを利用した。

計画ができ上がると、インドの旅はとても魅力的になった。ついにフィルムカメラからデジカメに切り替えることにして、ニコンのD300を買い込んだ。ASA3200まであるので、早朝や夕方でもトラを撮影できるであろう。

二〇〇八年二月二一日、名古屋をシンガポール航空で出発して、シンガポール乗換えで深夜にデリーに着いた。宿泊先のインペリアルの車が待っていた。インペリアルは植民地時代にできた由緒正しいホテルである。部屋には当時の絵が飾ってあった。一つは、川の中にいるトラをゾウに乗って射撃しているものである。もう一つ、トラに驚いているウシの絵もあった。トラが満ち溢れていた時代のものである。

翌日、デリー観光を楽しんだ。ガイドはコックス・アンド・キングスのアラムさん。親切で、客の希望はよく汲み取るし、日本語は上手いし、とても優秀なガイドであった。バンダウガルに着くまで、彼の世話になるのだ。その日はフマユーン廟、ラール・キラー、クトゥブ・ミナールという三つの世界遺産、さらにマハトマ・ガンジーを記念するラージ・ガート、そしてニューデリーの官庁街とインド門を効率的に回った。クトゥブ・ミナールの高い塔が見事であった。ガンジーを尊敬する私には、彼のゆかりの地も思い深かった。もう一つ印象的なのはオールドデリーのすさまじい混沌であった。

朝早くデリー発の列車でアグラに向かった。デリー駅は混み合っていて、大混乱であったが、アラムさんは私たちのトランクを頭上にかかげて進んでくれた。アグラでの宿泊先はアマールヴィラス。アラビアの宮殿を思わせる作りである。売りはタージマハルがよく見えることだ。たしかに、森の上にタージマハルがそびえていた。荷物を置いて、まず、ファテープル・スィークリーに出かけた。アクバル大帝が建設した都で、柱の彫り物が立派である。郊外にあるせいか、空いていて、ゆっくり見学できた。

午後三時半、タージマハルに向かった。ホテルのゴルフカートに乗って近くまで行き、少し歩くともうタージマハルである。タージマハルは大きく、まろやかに光っていた。私たちは建物のテラスに登り、貴石が大理石に美しくはめ込まれているのを眺めた。そして、夕方にかけて、タージマハルが色を変えるのを待った。たしかに、建物は、やや橙色を帯びたが、それ以上にはならなかった。地平線に、靄がたちこめ、夕日はその中に没して、きれいな夕焼けをつくらなかったからである。

その日は、満月の二日後。ホテルの部屋から、月光に照らされたタージマハルを見ることを夢見ていた。しかし、夜中に起きてみても、タージマハルは見えなかった。空気が澄み切っていないからであろう。

二月二四日。早起きして、またタージマハルに向かった。朝霧をうっすらとまとったタージマハルもなかなかのものである。朝食後、アグラ城を観光した。その後、アラムさんの案内で土産物屋に。私は警戒していたが、大理石に貴石の象嵌細工をしたテーブルトップはタージマハル観光の記念として素晴らしいものだった。壽子はすっかり気に入り、一つ購入した。そしてホテルで寛ぎ、一六時一〇分発の列車を捕まえるために駅に向かった。

列車は一時間半遅れて到着した。ガイドがいなければ不安になるところである。私たちはエアコンつき車両の二段ベッドの寝台を予約していた。席についたらすぐに南京錠とワイヤーを取り出した。アラムさんは、手回しがよいのに驚きながら、しっかりと荷物を固定してくれた。狭いベッドにビスケットや駅で買ったバナナなどの食料を置いていると、壽子が私の手に触った。

「あら、あなた熱があるわよ」

たしかに、朝から少しフラフラした感じがあった。測ってみると、脈が速い。出発前から風邪を引いていたが、デリーとアグラの空気が悪いせいか、せきがひどくなった。でも、熱が出るとは思えない。下痢はしていないが、軽い腹痛を感じるので、そのせいだろうと抗生物質を飲んだ。厄介な病気に発展しなければよいがと、心配しながら眠り込んだ。

夜中に目が覚めると、列車は爆走していた。遅れを取り戻そうとしているのだろう。汗をかいていて、気分が良くなった。脈も正常である。抗生物質が効いたらしい。五時ごろ、アラムさんが声をかけた。

「列車は時刻表どおりに走っています」

彼は付け加えた。

「夜中に掃除の人が来ました。ロックしてある所に触らないでねといいました。ああいうのは危ないのです」

朝五時四〇分にウマリアに着いた。駅には手配した車が待っていた。国立公園の入り口を通り過ぎ、七時にはマファアコティに着いた。何事もなく、目的地に着いたのだ。アラムさんは別れを惜しんで帰っていった。

ベンガルトラを見る

マファアコティのメインロッジの前は草原で、アフリカのサバンナを思わせた。静かに、数頭のチタール（アクシスジカ）が現れた。斑点が鮮やかなシカである。トラの世界で生きているシカだから、全身に緊張感がみなぎっている。身体を流れるように移動させてチタールたちは去っていった。すぐにコテージに案内された。外観は現地の小屋風であるが、内装は凝っている。午前のサファリはもう出発しているので、午後のサファリまでゆっくりと待てばよい。私たちは昼寝して夜行列車の疲れを取ることにした。

もっとも、別の選択肢もあった。国立公園の入り口には数台のジープが待っていた。

「どうだい、今からすぐにサファリを始められるよ」

と声をかけられた。帰っていくアラムさんと一緒に入り口まで引き返し、適当なジープを捕まえればよい。しかし、なんだか、ガツガツした行動に思えた。無事に着いたのだ。焦ってはだめだと、言い聞かせた。

昼食の時間となった。マネージャーが食堂に現れたので、ゾウに乗るサファリのことを聞いてみた。

「午後に特別料金を払うと、長時間ゾウに乗ってトラを探すことができるのですね」

「いいえ、今はそういうサービスはしていません。ゾウに乗るのは午前中のタイガー・ショーの時だけです。もっとも、プロ写真家は、経費はかかりますが、午後にゾウに乗ることができます」

「そうですか。私は写真コンクールで賞を取ったことはあるし、写真入りの紀行文で何度かお金を貰ったこともあるんですが」

冗談半分に聞いてみた。

「あなたは立派なプロです。二週間前に予約しなければいけないので、ぜひもう一度来てください」

マネージャーは真面目に答えてくれた。そうか、あらかじめ連絡しておけばよかったかな、と一瞬思ったが、いややっぱりだめだと、考え直した。ゾウに乗ってトラを見に行きたいのは壽子である。プロが奥さんを連れて行かなければならない理由まで考えるのは難しい。とにかく、ゾウに乗ってトラを見に行くのはタイガー・ショーを頼るしかないのだ。いや、ぜいたくはいわない。ゾウに乗らなくても、トラが見られればよいのだ。


午後三時。いよいよサファリである。サファリカーは南アフリカと同じ、三段シートの大型車である。トラを眺めるには絶好だ。ゲートをくぐるとすぐにチタール、そして褐色の大型シカであるサムバー、さらにアカゲザルやハヌマン・ラングールといったサルたちが現れた。見た動物種の数を増やすという喜びはあるが、トラの前では、しょせんシカとサルである。ゆっくり写真を撮る気にもなれなかった。

少しでも多くの時間をトラ探しに使いたい。草原のかなたを、茂みの中を、目を凝らして眺めても、トラの姿はない。そのうちに、クジャクが空を飛んだ。七色の首飾りが回転して飛んでいったような美しさだった。しかし、トラの姿はない。

もうじきトラが出そうな予感がする。一〇〇数えるうちかな。何も起こらない。あの角を曲がればトラがいるのだ。何もいない。やがて、六時になった。国立公園を出なければならない。公園の外をロッジに向かった。ガイドが慰め顔でいった。

「運ですよ。トラは出る時もあれば、出ない時もあるのです」

それはそうだが、少し違う気もした。たしかに、運ではあるが、少しでも確率を上げる努力をすることで、結果は大きく変わってくるのだ。このガイドは滞在期間中、私たちの世話をしてくれるのだが、今一つ迫力がない。まだ年が若く、未経験のところがあるのだろう。そう思っていると、呼び止める人がいる。なんと、この先をトラが歩いていったという。ガイドはにわかにキリッとして車を走らせた。しかし、トラは去った後だった。今日は運がないことはたしからしい。


ワインやカクテルを飲んで談笑した後で、屋上で星を見ながらのディナーとなった。料理も美味しいし、リゾート気分である。滞在している人たちは盛り上がっていた。朝のサファリではトラが出て、タイガー・ショーがあったのだ。しかも、タイガー・ショーは毎日あるわけでなく、最近は二日に一回ほどだという。ゾウ使いが毎日トラを発見できる状況ではないのである。私は、これは朝、無理してでもサファリに行くべきだったと後悔した。少しでも確率を上げる努力をしていないのは、私も同じではないか。

ベンガルトラが歩いていく

二月二六日。朝六時一五分に、国立公園のゲートをくぐった。早朝はトラが出やすい時間帯であるが、いくら走ってもトラはいない。一時間半ほどして、ガイドは公園のゲートに車を向けた。行きかう車との情報交換で、タイガー・ショーが始まったと知ったのだ。公園の中で、携帯電話を使うことができるのはゾウ使いだけである。それでも、口コミで情報は素早く伝わる。

「早めの番号が手に入りましたよ」

ガイドは誇らしげに、ゲートにある事務室から帰ってきた。この順番で客がゾウに乗るのだ。車は、今度は公園の奥にある第二の事務所を目指した。ここで、確認作業がある。

「マーリン釣りね」

壽子がいった。たしかに、カジキ釣りの時と同じ緊張感だ。マーリンが掛かっても、逃げるかもしれない。トラも逃げてしまう可能性があるのだ。数分、待たされた後、出発。しばらく進むと、ゾウがいた。

すぐにタイガー・ショーが始まった。私たちはサファリカーの後部座席からゾウの背中によじのぼった。左右の背中に四人の客を乗せて、ゾウは動き出した。ゾウ使いは声をかけ、裸足でゾウの頭を踏み、そして鞭でたたいて、ゾウを進めていった。トラの姿はない。そのうちに険しい岩山にぶつかった。ゾウ使いの厳しい声に促されて、ゾウは、三〇度はあろうかという勾配の岩山をよじのぼった。私は落ちないようにゾウの背中の木枠を握りしめた。岩山を越えて少し行くと、壽子が「いた！」と叫んだ。私には見えない。しかし、ほどなく、トラが視界に入った。

トラは歩いていて、後ろから見るトラの姿は意外に小さい。最初にライオンを見たときと同じだ。でも、ゾウがトラの横に出ると、大きさがよく分かる。このトラは七歳のメスだそうだ。茶色と黒の縞がじつに鮮やかである。

トラは真正面から私たちを見つめた（カラー写真28）。すぐにトラは視線をはずして悠然と歩いていく。トラはまた、キッと私たちを見た。目はあくまでも鋭く、そして静かだ。トラは再び前を向いて、前方をゆったりと確かめて、何事もなかったかのように進んでいった。

ゾウはトラの右になったり、左になったりと、同じ歩調でついていってくれた。もう一頭のゾウも仲間入りした。景色は林から森に変わった。だんだんと低地に向かっているのだ。森の中でも、トラの毛皮の輝きは変わらない。トラと過ごした時間は、二〇分ほどであった。私は心ゆくまでトラを眺め、たくさんの写真を撮ることができた。凝縮した透明な時間であった。運が良いと、歩いているトラをゾウで追跡することがあるとイギリスの写真家が書いていたが、まさにその幸運に出くわしたのである。

午後のゲーム・ドライブ。サファリカーに乗り込んできたのは有能なレンジャーだった。車を運転するのはガイドであるが、その横に国立公園のレンジャーが乗るシステムである。レンジャーはガイドや客が違反行為をしないか、見張ると共に、トラ探しに協力する。このレンジャーはトラを警戒してサルやシカが発するアラームコールに気を配り、トラの足跡や糞を解析しと、活躍してくれたが、トラを見つけることはできなかった。トラの数は多くないのだ。

ロッジに帰るとバスタブにお湯が張られ、花びらがちりばめられていた。花風呂である。近くにはグラスにワインがなみなみと注がれていた。ロマンチックな設定である。私たちは、乾杯して、トラを見たことを祝った。

夕食は、サバンナの真ん中で、キャンプファイアーを囲んで摂った。タンドリの炉が置かれていて、インド式のパンであるナンの作り方が実演された。サービス満点である。

二月二七日。サファリ三日目である。朝のゲーム・ドライブではやはり、トラは出ない。一時間くらい走り回ってから、草原の前に停車した。数台の車がすでに止まっている。草原と林の境に二頭の子供を連れた母トラがいるのだそうだ。しばらく待ったがトラは現れない。ゾウ使いがゾウに乗って、そちらに接近した。三頭のトラは移動し、草の隙間からチラと見えたと、レンジャーがいった。私には何も見えなかった。そのうちに、タイガー・ショーが始まったとの情報が伝わり、あわてて手続きに走った。今度はたくさんの車が行列を作っている。

やっと順番がきた。ゾウに乗って少し行くと、もうトラがいた。何と二頭である（カラー写真29）。一頭は大きなオス。もう一頭はメスである。成熟したトラが一緒にいることは珍しい。繁殖期なのであろうが、そういう時期に出くわすとは、これも幸運である。オスの巨大な体には圧倒された。二頭のトラはいずれも寝そべってウトウトしていた。やがて、メストラが立ち上がって向きを変え、オストラもゆっくり首を上げた。それから、また二頭は

様子を探るベンガルトラ

目を閉じた。平和な時が流れていく。トラの近くにいたのは、今度は数分だった。時間の点ではこれが典型的なタイガー・ショーなのであろう。帰り道、相客のニューヨークから来た弁護士が聞いた。

「あのオスはB2かい」

そのとおりであった。B2はバンダウガル一帯で最大のボストラだそうだ。それにしても、ボストラの名前まで知っているとはすごい。

午後のサファリ。やはり、トラは出ない。しばらくして、草原に近づくと、一台の車が止まっている。マフアコティの車だ。この車のガイドはヒタと視線をサバンナの奥の林に据えている。林の向こうは今日、タイガー・ショーがあったところである。彼はあの二頭のトラがこちら側に来ると判断したのである。私たちの車も待ち伏せに参加した。

静かに時間が過ぎてゆく。草原にチタールの群れが現れて去っていった。サムバーが林から現れ、そして去った。マフアコティの車に誘われて、道に停車する車の数が増えてきた。夕闇が迫ってくる。突然、多くの車が一斉にエンジンをかけ、左側に走った。トラが出たのだ。

草原を一頭のトラが移動している。やがて、もう一頭も現れた。今朝見たトラたちである。トラは草の間から顔を伸ばして様子を探り、また歩いていった。車は止まったり、発進したりして、トラと一緒に進んだ。

しばらくすると、同乗していたレンジャーが、もっと先へ行けといった。少し走って、車は路肩に停止した。予想は当たった。二頭のトラは車から数メートルのところまで近づいてきた。このころになると、情報が伝わって、ほとんどの車がこの一帯に殺到してきた。トラ祭りだ。やがて、一頭のトラは道を横切り、山に消えた。もう一頭は別の道を行ったらしい。トラを見送った人々の顔は喜びに輝いていた。

ディナーの余興は村人のダンスである。地域と交流するというCCアフリカの考えが生かされている。明日はロッジを出発すると思うと名残り惜しい。でも、頃合いなのかもしれない。昨夜、グラスが倒れる音がした。ネズミが出るのだろうか。マファアコティ最後の夜はビスケットなどの食料を処分し、戸の隙間を少なくし、蚊取り線香の煙まで出すというネズミ対策を講じた。それでも、夜中に目覚めると生き物の気配がした。やはり、ここはインドの奥地なのだ。


二月二八日。例によって朝のドライブでは何も起こらない。ガイドは早めに切り上げて、ゲートに帰って、タイガー・ショーの事務所に行った。タイガー・ショーがあるかどうかは分からないが、順番を取っておくのだという。レンジャーが手続きをしている間に、朝食となった。私たちの車には合計四人の客が乗っている。全員がそそくさと朝食をすませた。まだ、トラを見るのによい時間である。ゆっくり、朝食のムードではない。

「ここはほこりっぽい。朝食はいいけど、急ぐことにしよう」


私はガイドに穏やかにいった。ガイドはあわててマフィンを呑みこんで、車に戻った。

タイガー・ショーの中継事務所に行くと、今日もトラが見つかり、タイガー・ショーが始まったという。急いでよかったのだ。しかし、現場に着くと、トラが消えたとの情報である。ひときわ大きなゾウがやってきた。

「懸命に探していますが、見つからないかもしれません。それを承知で乗ってください」

と、ガイドがいった。

ゾウは藪をかき分けて、山道を登っていった。しばらく尾根道を進んだが、トラはいない。これは、まさにゾウに乗ってトラを探すことではないか。トラが見つからなくてもよい、と思った。ついにゾウは山を下って車道に引き返した。やっぱりいなかったな、と思っていると、ゾウは車道沿いに少し進んで、また奥地を目指した。

今度の道は平らで、距離をかせげる。丘の上にゾウ使いが一人でゾウに乗って前方を見ている。彼がトラの動きを追っているのだ。指令があったようで、私たちのゾウ使いは、ゾウに激しく命令した。なんと、ゾウは駆け足となった。

しばらく走っていくと、高台にトラがいた。トラは茂みに隠れたが、ゾウが反対側に回り込むと、木の下に、大きく立ち上がったトラの姿があった。トラはじっと前方を見つめた。そして、意を決したように走り出し、くぼ地の茂みを通って、前方の丘に登り、林の中に消えた。このままトラは深い山に入っていくのであろう。タイガー・ショーは終わったらしい。

ゾウに乗って、トラを探し出すという、信じがたい経験であった。車に戻ると、ガイドが様子を聞いた。

「いやー、素晴らしかった」

と詳しく説明した。

「そうですか、それはよかったです。じつは、ゾウ使いはもうだめだというのを、それでもいいからと説得したのですよ」

ガイドは得意そうだった。そう、最善の努力をして結果を待つのだ。私たちの今回の幸運はガイドと客の執念の賜物である。やや頼りなげなガイドも、こうして次第に筋金入りのガイドに育っていくのだろう。

ロッジに帰ると、イタリア人の一家がいた。朝、着いたのである。

「トラは見えましたか」

「もちろん。三日間で延べ六頭ですよ」

私は快活に答えた。幸運に感謝しながら。

「本当ですか」

イタリア人たちはトラがいると喜びながらも、疑わしそうだった。

インド文化に浸る

手配した車は正午に迎えにきた。たくさんの人に見送られて、マフアコティを後にした。マダガスカルを旅した私たちには、カジュラホまでの道は悪路とはいえなかった。それでも、カジュラホに着いたときは六時を過ぎていた。

急いで支度してカジュラホ・ダンスフェスティバルを見に行った。全国から選抜されたインド・ダンスの達人がライトアップされたカジュラホの寺院の前で演技するのである。一週間ほどの公演にタイミングよく巡り合ったのだ。その日は宮廷風の衣装をまとった女性が演じる古典ダンスであった。踊り手は一人なので、やや単調ではあるが、その後ホテルで見た古典ダンスとは明らかにレベルが違った。


翌朝、早起きして八時にはカジュラホ寺院の敷地に入った。ガイドが遅れてくるというので、自分たちで観光を始めた。空は澄み切っていて、客は少なく、花が咲き乱れていて、良い雰囲気である。真っ先に、最も有名なカンダリヤー・マハーデーヴァに行った。カジュラホの寺院はエロティックな彫刻で聞こえている。私は、早速、アクロバットなポーズや、解剖学的に緻密な像の実物を確かめた。それから、ゆっくりと全体の雰囲気を味わった。

そこへ、息せき切ってガイドが駆けつけてきた。

「詳しい説明は要りません。ついてきて、私たちが大事なものを見逃したら、注意してください。また質問したら答えてください」

と、頼んだ。しかし、ガイドはうなずき終わったら、すぐに、大きなだみ声で説明を始めた。だんだん、がまんができなくなって、少し小さな声にしてくれといったが聞き入れない。そこで、大きく身振りしたら、ガイドは気分を害したらしい。

「わかりました、門のところで待っています」

このガイドは、日本語ができるというが、会話はできないのであろう。私が頼んだことは理解せず、覚えこんだことを声にしているのだ。

雑音がいなくなって、せいせいして、私たちは寺院を一つ一つ、ゆっくりと見た。回り終わって、この寺院のメッセージは何だろうかと考えた。もう一度、カンダリヤー・マハーデーヴァを眺めた。そして、ヒンドゥー教の人生観を体現しているのだろうと思った。

壮年期には、性愛を含む快楽を求め、仕事に精を出す。次の老年期には、宗教的哲理を探求するのだ。性愛を謳歌する像の上には、これまた精巧に彫られた、ヒマラヤを模した屋根がある。これが、悟りの境地を象徴しているのであろう。全力で生きた後に、悟りがある。ヘルマンヘッセの小説、『シッダルタ』の主題でもある考えだ。勇気づけられる考えである。もっとも、インドの基準では、すでに十分老年期である私が悟りに近づいているかといえば、はなはだ疑わしい。


午後の飛行機でデリーに帰った。ホテルで寛いで翌日、空路、ウダイプールに向かった。丘陵地帯にあるホテル、デビガーに、まず一泊である。デビガーは城砦をホテルに改装したものである。部屋は大理石をふんだんに使っていて、ベッドまで骨格は大理石なのに驚いた。ディナーも美味しく、ラムのカレー煮込みは、インドで食べた食事の中で最も印象に残った。

三月二日、デビガーの車でレイクパレスまで送ってもらった。レイクパレスは湖の中に立つ宮殿をホテルに改装したものだ。湖岸のデッキから迎えのボートに乗って到着である。部屋は湖に向かって少し張り出していて、おまけに対岸のシティーパレスに面していた。夕方にはホテルから出発するサンセットクルーズに参加した。そして、屋上のレストランで湖の夜景を楽しみながらディナーである。

湖の中のレイクパレスは格好の被写体だ。ディナーの後、ボートを出してもらって、ライトアップされたレイクパレスを写した。湖岸の様々な建物もライトアップされており、光に囲まれた湖を行く感覚も素晴らしい。朝も、ボートを出してもらい、曙光を浴びるレイクパレスを狙った。

午前中にシティーパレスを観光し、午後はホテルで寛いだ。正面のシティーパレスが夕日に染まり、そしてライトアップされて輝くのを、部屋からゆっくりと眺めた。


三月四日。朝の飛行機でジャイプールに飛んだ。空港には、今日から二泊するランバーグパレスの車が来ているはずであるが、姿がない。おかしいな、手違いかなと、持ってきた国際携帯でホテルに連絡した。応対に出た人は、あわてて、すぐに迎えの車を出すといった。まだ、朝早い。どうせ、チェックインはできまい、とゆっくり待つつもりであった。ところが、すぐに、黒服の男が現れた。

「ランバーグパレスの者ですが、タクシーでご案内しますよ」

私は来たな、と思った。電話でランバーグパレスとか叫んでいたので、いかがわしい奴が登場したのであろう。

「ホテルのほうは車を出すといっています。あなたは本当にラン

ライトアップされたレイクパレス

バーグパレスの人ですか。身分証明証はありますか」

男は、もぞもぞとポケットを探って名刺を出した。

「名刺ではだめです」

男は携帯でどこか呼び出した。

「ホテルに繋がっています。確認してください」

「よくあるトリックだ。仲間のところに繋がっているのだよ」

私は壽子に自慢そうにいって、自分の携帯でまたランバーグパレスを呼び出した。

「黒い服の男が来ているのだが」

「待っていてください。もう車は出ています」

私は黒服の男に邪険にいった。

「ホテルのほうは待てといっているよ。あなたのタクシーには乗らない」

男は引き上げて、今度は白服の男を連れてきた。

「この紳士は信用できます」

白服の男がいった。だんだん手がこんできたな、と二人とも追い返した。

じきに、今度は三人で現れた。三人目はターバンを巻き、ランバーグパレスというゼロックスコピーを貼り付けた看板を持っている。運転手だそうだ。一見、信用できる気がする。念のため聞いてみた。

「私の名前は分かりますか」

にわかに、運転手が狼狽した。

「やっぱりね。私はここで待つよ」

引き上げた男たちはまたやってきた。黒服の男はメモを見ていった。

「あなたはムラマツだ」

　私は、スーツケースの名前を見られないように隠していた。おや、彼らは本物か。また、ホテルを呼び出した。今度は相互に連絡が取れていた。

「黒服の男は、空港に常駐しているランバーグパレスの人間です。信用してください」

「運転手の名前はナジールですか」

「そうです。ナジールです」

　やれやれと、安心して車に乗り込んだ。後で聞くと、別の迎えの人が来ていたのだが、飛行機が延着したので席をはずしたところ、意外に早く飛行機が着き、トラブルになったらしい。


　ランバーグパレスは芝生を敷き詰めた広大な敷地に建っていた。マハラジャの宮殿を改装したホテルである。豪壮なロビーを通って、部屋に案内された。広大なリビングには年代ものの家具が置いてある。黒光りしているから多分マホガニー製であろう。

「良い部屋ですよ」

　案内したバトラーがいった。ベッドルームにもいわくありげな家具があり、ベッドには深い緋色の天蓋のようなものがついている。バスルームのバスは子供用プールといった大きさだ。よく見るとリビングにも客人用のトイレが付設されていて、その壁にまで細密画が飾ってある。リビングの外は広いテラスで、その先にプライベートのような庭があり、クジャクが遊んでいる。

　一体この部屋は何なのだ。外に出てみると、プリンスのスイートと書いてあった。私たちは、通常の部屋を予約していた。相当なアップグレードをして、しかも朝のうちから部屋に入れてくれたのである。空港でささいなトラブルがあったのに対するお詫びの意味があるのだろうが、こんな部屋に安く入れるのであれば空港で一晩明かしてもよい。帰国して調べると、この部屋はグランドロイヤルスイートというクラスであった。値段も飛び切りのもので、私たちが予約した部屋の四倍もするらしい。

　その日はホテルの中を回るツアーに参加し、バーで振舞われたシャンパンを楽しみ、そして、いかにも宮殿の宴会場といった風情のレストランで食事した。

　翌日、シティーパレス、風の宮殿、ジャンタル・マンタル、アンベール城と観光して、またホテルで寛いだ。町に出るより、ここにいたほうが、マハラジャの豪華な暮らしを偲ぶことができるのだ。インドでしか味わえない貴重な体験であった。


　三月六日。出発の日である。、空港にあるランバーグパレスのラウンジで飛行機を待った。黒服の男はここのマネージャー、白服の男はボーイ長であった。壽子はしきりに恐縮していた。

　デリーに帰って一泊し、時間つぶしに国立博物館を訪れた。インダス文明の遺物、ガンダーラの仏像、踊るシバ神の像、仏舎利塔、数々の細密画とじつにたくさんの見ものがあった。

　深夜便でシンガポールに抜けた。あとは名古屋行きを待つだけである。ベンガルトラも文化も予想を超えて素晴らしかった。しばらくの間、インドが私の中に住み着いてしまうな、と思った。

ヒマラヤを望む旅

アンナプルナの朝焼け

白きたおやかな峰、神々の座。いつかヒマラヤを見たい、トレッキングしたいと思っていたが、そのチャンスはやってこなかった。トレッキングに最適の時期は、エベレストに接近しようとすると一〇月から一一月である。さすがに仕事の都合がつかない。三月は第二のトレッキングシーズンにあたる。この時は、不可能ではないものの、日程が窮屈だ。おまけに、山が霞むことも多いという。ためらっているうちに、六七歳となった。もうしかたがない、観光旅行でよいからネパールに出かけ、ヒマラヤを見ておこうと思った。

二月にインドを旅行したとき、バンダウガルのロッジで、ネパール人の従業員に会った。そして、ネパールに行くなら、ぜひ、ポカラのタイガーマウンテン・ポカラロッジに泊まれと勧められた。眺望が抜群だという。調べてみると評判の良いロッジである。それで、このロッジに泊まって、ヒマラヤの朝焼けを眺めるのを主目的とした。さらに、マウンテンフライトを予約して、エベレストも見ようと欲張った。カトマンズに入るにはタイ航空でバンコク経由が便利である。観光旅行のついでにと、バンコクからアンコールワットの往復も付け加えた。ネパール国内の手配はヒマラヤ観光開発、アンコールワットの手配はアメックスに依頼し、楽しい計画ができ上がった。

しかし、いくつかの不安もあった。まず、ネパールの治安。さらに、ネパールは飛行機がよく落ちるところである。そして、タイガーマウンテン・ポカラロッジは本当に眺めが良いのだろうか。ロッジのホームページの写真は、いま一つ迫力がなく、評判倒れかもしれないという気もしてきた。

出発が迫ってきた二〇〇八年一一月二五日。なんとバンコクの空港が反政府派に占拠され、閉鎖に追い込まれた。占拠は一週間を超え、数十万人の観光客がタイ国内に閉じ込められる事態となった。バンコクが旅行の拠点だから普通の神経ならあきらめるところだが、ギリギリまで粘ってみることにした。すると国王の誕生日である一二月五日の直前に事態は急展開し、ほどなく正常化した。

やれやれと、ネットでネパールの天気予報を見ると、芳しくない。乾季のはずなのに曇りの予報が多く、サイトによっては雷雨の日まである。天気予報など当たらないことが多いと思いつつも、気になる情報である。

一二月一九日、タクシーで朝の中部空港を目指した。ところが、高速に入ったとたん、事故渋滞に巻き込まれた。あまりのノロノロ運転に、まさか名古屋を出られないかもしれないとは思わなかった、と焦った。運転手を叱咤激励して、少しでも動きの早いレーンに乗り換えさせ、料金所も空いたところに殺到させ、どうやら空港にたどり着いた。出発前にこれだけあったのだから、あとは順調であろうと思ったが、さらに何かある前兆という可能性も否定できない。

バンコクの空港はどこに占拠があったのだろうという、のんびりした雰囲気であった。空港ホテルで寛いで、翌日、カトマンズ行きにチェックインした。予約した席は左側があてがわれていた。ヒマラヤが見えるのは右側のはずだ。カウンターで頼んでみると運よく右側の空席があった。

しばらく飛んで、そろそろかな、と思っていると、北方に大きな山が見えた。のびやかな白い峰。カンチェンジュンガである。そこから一度下がって、また盛り上がっているのはクーンブ山塊のはずである。この中にエベレストがあるのだが、どれかよく分からない。

やがて、飛行機は雲の中に入ってしまった。しばらくすると上空の雲が切れてきた。そして、突然、山々がさっきよりも近づいて姿を現した。下界は雲で覆われ、山だけが雲を突き破っている。ヒマラヤに囲まれた湖の岸辺にいる気分である。クーンブ山塊の四つの八〇〇〇メートル峰もはっきり区別できた。中ほどにある一番高い山がエベレストに違いない。予想外に早く、目的の一つを達成できたのだ。やがて霧がやってきて、この光景を隠してしまった。

カトマンズの空港ではガイドのラジブさんが出迎えてくれた。ラジブさんはよく気がつき、日本語も上手く、とても優秀なガイドであった。早速、彼の案内でカトマンズを観光した。最初の目的地はスワヤンブナート。丘の上に立つ巨大な寺院である。次に町の中心であるダルバール広場に行った。広場は伝統音楽の集いとかで、人々であふれかえっていた。近くの生き神様の館では窓から顔を出した生き神様をおがんだ。着飾った少女である。私はアンナプルナの朝焼けが見られますようにとお祈りした。

一二月二一日。朝の飛行機でカトマンズからポカラを目指した。霧のため出発は大幅に遅れた。定時出発は珍しいという情報を持っていなかったら、焦るところだろう。

私の席は右側でヒマラヤがよく見える。はてしなく続く山々だ。立派な山が現れては消えてゆく。ポカラの正面にそびえるマチャプチャレは有名な山で、三角錐状である。それらしい尖った山が現れたのでマチャプチャレだと思ったが、飛行機は通り過ぎてしまった。やがて本当のマチャプチャレが見えてきて、ポカラに着陸した。天候は悪くなく、マチャプチャレとその両側のアンナプルナ連山が、やや霞んでいるものの、大きく広がって見えた。

迎えにきたタイガーマウンテン・ポカラロッジの車でロッジに向かった。案内されたテラスからの眺望は抜群であった。ロッジは丘の上にあり、眼下の谷間との標高差は三〇〇メートルほどであろう。マチャプチャレが十分に見えることはもちろん、その両側のアンナプルナ連山は、山腹の部分まで露出しているのだ。ことに右側のアンナプルナⅡが雄大である。私たちはコーヒーを飲みながらしばらくテラスに留まって、ヒマラヤに見入っていた。

午後三時からガイドの案内でハイキングに出かけた。近くの村を回る足慣らしである。ミカンが実った家が多いのが印象的だ。日本の山村風景と似ていると思った。しかし、水汲みに遠くまで出かけるなど、実生活の厳しさも垣間見た。

これから三泊するロッジはポインセチアなどの花が咲き乱れる敷地に散らばって配置されていた。電力事情が悪く停電時間が決まっているなどの不便さをサービスで補っていた。夕食の前に暖炉を囲んで全員集まって、ワインを片手に談笑し、それからコースディナーが始まるシステムだった。食事は山の上とは思えない、ちゃんとした内容である。部屋の暖房は石油ストーブであった。夜は石油ストーブを消すが、湯たんぽが寒さをしのいでくれた。

一二月二二日。朝焼けを見ようと、六時に外へ飛び出した。まだ真っ暗である。空には雲がかかっている。しかし、その隙間から三日月が見える。望みがあるかもしれないと、がんばることにした。

次第に明るくなってきた。アンナプルナ方向の空にうっすらと白い筋が漂っている。あれは雲ではない、アンナプルナだ。あわてて壽子に報せに走った。そして、カメラを抱えてロッジのテラスに陣取った。マチャプチャレには雲がかかっていたが、アンナプルナ連山の右半分は全貌を現している。次第に左半分も見えてきた。幸いなことに日の出の方角は雲が切れている。ついに雲が赤く輝いた。つづいて、アンナプルナⅡが見事なモルゲンロートに染まった。あたり一面も朝焼けの反映で赤みを帯びている。やった、夢に見たことが実現した、と心の中で叫んだ。

朝食の後、ガイド付きで日帰りトレッキングに出発した。舗装した道、そして砂利道を一時間ばかり歩いてカリカスタンに着いた。ここから山道となる。山靴を履いてきたことが浮いてしまわないコースだ。かすんではいるものの、アンナプルナ連山の眺望が良い。一時間以上歩いて、トォーラコット、さらにその先の城壁跡に達した。ここからは眼下にベグナス湖が見える。ロイヤルトレックの一部というこのコースは歩き甲斐のあるものだった。午後になると、完全な曇りとなった。明日の天気はどうであろうか。

一二月二三日。朝起きると星が瞬いている。小高いところに上がってみるとアンナプルナ連山のシルエットが見事である。しめた、晴れだと仕度してテラスで待っていると、霧が出てアンナプルナは隠れてしまった。ところが、しばらくすると、右側から幕が開けられるように霧が去っていった。アンナプルナⅡ峰、マチャプチャレ、アンナプルナサウスと少しずつ姿を現してくる。つづいてアンナプルナのピークに朝日が射し、モルゲンロートとなった（カラー写真30）。見事な演出だ。雲がないからか、視野全体が赤みを帯びることはない。しかし、今日は山がはっきりしている。これが典型的なヒマラヤの夜明けだ。私たちは、コーヒーを片手に、この風景を見つめた。冴え渡った広大な空間である。テラスにはほかに誰もいない。

山が白銀に輝くようになっても晴天は続いていた。私はプールのところまで行って、水に映ったマチャプチャレまで撮影した。朝食後は車で西へ向かい、サランコットかノーダラで軽く歩くつもりであった。しかしロッジの人はオーストリアン・キャンプまで行けるという。急いで出かけたほうがよい、八時半出発という話である。結局、ボックスランチが間に合わず、九時発となった。ポカラの町からも、通り過ぎたノーダラからもアンナプルナの山々はきれいに見えた。

一〇時にカーレに着いて登り始めた。ここからはアンナプルナは見えない。雲が出ないうちにと、ガイドにせきたてられて、ひたすらに登った。標高差五〇〇メートルほどを一時間で突破して、一一時にオーストリアン・キャンプにたどり着いた。

もう雲が出ている。それでも、アンナプルナサウスの上部は見えていた。ポカラよりも、もっと山に接近したなという感覚である。キャンプ地に腰をすえて、売店で買った炭酸飲料を飲みながら一時間ほど粘った。アンナプルナⅡが姿を現すこともあった。けれども、残念ながら、雲が去ってしまうことはなかった。あきらめて下りにかかった。ダンプスの近くで昼食、そしてまた下った。

このあたりの集落は昨日歩いたカリカスタンに比べてやや経済的に恵まれているようだった。雰囲気の良いトレッキング道である。右手には壮大な棚田が見えた。年取った女性が薪を運んでいたので、荷の重さを体験させてもらった。驚いたことに私は持ち上げることすらできなかった。四〇キロはあるのだろう。急な坂道を慎重に下って、二時半にはフェディの車道に飛び出した。このコースは典型的な日帰りトレッキングコースだそうだ。山の眺望には、さほど恵まれなかったが、それらしいルートを歩いたという満足感が残った。

一二月二四日。出発の朝となった。この日は一面の雲で、下のポカラの町は霧に覆われている。朝焼けどころか、飛行機が出発するかどうか心配なほどである。ロッジのほうで連絡を取ってくれると、案の定、飛行機は飛んでいないという。しばらくテラスでコーヒーを飲んで時を過ごした。だんだん霧が晴れてきたのを見計らってロッジを出発した。

昼近くになって、飛行機は飛び立った。席は今日もヒマラヤ側に確保した。上昇して、雲を突破すると、下界の悪天候は嘘のように、ヒマラヤの峰が輝いていた。もう見慣れたアンナプルナ連山は屏風のようだ。行きには、はっきり分からなかったマナスル三山も見当をつけることができた。左奥の鋭い山が主峰のマナスルであろう。

カトマンズの空港でラジブさんと再会した。今日の観光はまず、パタン。カトマンズ近郊の古都である。広場に面した古い建物が美しかった。カトマンズに帰って、チベット仏教の寺院であるボダナートを訪ねた。チベット人が五体投身して仏塔の周りを回っていた。

ヒマラヤ遊覧飛行

一二月二五日、マウンテンフライトの日である。本来七時発のフライトであるが、例によって霧で出発が遅れるとラジブさんは教えてくれた。ホテルを六時半に出て、空港に向かった。空港の駐車場でラジブさんは、しばらく待ってくださいといって消えた。一体どうなっているのだろうと心配になりかけたころ、彼が帰ってきた。良い席が取れましたよ、と誇らしげだった。私たちが乗るブッダエアーの席は窓側だけである。その中で、最後尾が最も眺めが良い。彼はその9Aと9Cのチケットを持っていた。相当に、苦労したに違いない。

飛行機への案内は九時過ぎであった。行きは左側の席に、帰りは右側の席にヒマラヤが見える。ネパール旅行では、山好きの私に気を使って、壽子はずっと窓側の席を譲ってくれた。いつまでもこれではいけない、同じ条件だからと説得して、壽子に左側に座ってもらった。私はカメラを取り出して、準備を整えた。

飛行機が上昇するとすぐにヒマラヤが見えた。壽子が時々窓を譲ってくれるので、ずっと様子が分かり、写真を撮ることもできた。チベット側にあるシシャパンマの丸っこい姿がはっきりしている。

つぎつぎに現れる山々を眺めていると、前方に黒いピラミッドが見えた。エベレストだ。波状のローツェの稜線を伴っている。そのうちに右側の席の客は順番に操縦席に案内された。私の番がきた。すぐ前にエベレストがある（カラー写真31）。右側のマカルーの四角錐も立派だ。やや遠くにカンチェンジュンガも聳えている。念のために確認した。

「エベレストはどれですか」

いつも聞かれる質問だろう。

「あれだよ」

キャプテンはゆったりと答えた。やはりそうなのだ。エベレストをこんなに近く、こんなにはっきりと見ることができるとは思ってもいなかった。三島から富士山を見る感覚である。雲はほとんどなく、稜線から右側へほんのりと雪煙が立っているだけだ。

席に帰ると飛行機はすぐに向きを変えた。私の側からエベレストがはっきり見える。そして、周囲の山々も立派だ。それぞれの山は、のみで削られたように荒々しい。帰りのほうが山に接近している。窓に少し水滴がついたので、これが広がらなければよいなと思ったが、むしろ次第に消えていった。乾燥した日だったのであろう。

この先はチベットですとアナウンスがあった。遠くに一連の

連なるヒマヤラの山々、その向こうはチベット

小ぶりな山が雪をまとっている。その先は果てしない茶色の高原である。遠ざかるエベレストを撮影していると、これから、何とかカーンを越えるというアナウンスがあった。山肌と氷河が窓一杯に広がって怖いようだ。ヒマラヤ襞の一つ一つがくっきりと見える。こうなると見ている光景はアルピニストの世界だ。飛行機が落ちるときの光景もこのようだろうな、とふと思った。

山を越えるとき、キャプテンはヘーイと掛け声をかけた。風がなく、晴れ渡った絶好の飛行日和で、キャプテンも上機嫌だったのだろう。またコックピットに案内された。チョー・オユーのなだらかな山頂がすぐ近くだった。もう一度、山を乗り越えて、飛行機は帰路についた。夢のような時間は終わったのだ。マナスル、そしてアンナプルナが見えてきた。その先にはダウラギリもある。

ヒマラヤはネパール・ヒマラヤ、カラコルムそしてヒンズークシュに分かれている。世界に一四座ある八〇〇〇メートル級の山のうち、ネパール・ヒマラヤにあるのは九座である。K2、ナンガパルバットなど残りの五座はカラコルムにある。今日のマウンテンフライトではネパール・ヒマラヤの八〇〇〇メートル級の山、すなわちエベレスト、カンチェンジュンガ、マカルー、ローチェ、チョー・オユー、シシャパンマ、マナスル、アンナプルナ、ダウラギリをすべて見ることができた。信じられないことだ。そして、後で調べてみると、この九座の山々を一日で眺めたことを、カメラはちゃんと記録していた。

待っていたラジブさんは
「眺めはどうでした」
と聞いた。じつは地上の天気は芳しくなく、心配していたのだそうだ。
「イヤー素晴らしかった、そしてあなたのおかげですよ」
と詳しく説明した。
「運が良かったのですね」
ラジブさんはびっくりしていた。

車でバクタプルを目指した。これも建物が立派な古都であり、おまけに雰囲気も落ち着いていた。その後、ナガルコットの丘へ行き、クラブ・ヒマラヤにチェックインした。ナガルコットもヒマラヤの展望台として有名である。しかし、天候は悪化していき、ついに激しい雷雨となった。出発前に見た天気予報は正しいらしい。夕方になっても雲が広がっていて、ランタンリルンは先端が見えただけだった。

翌一二月二六日も全面的な曇りで、山は少しも見えなかった。ナガルコットはポカラで眺めが悪かった時の保険として予約していたのだが、保険のほうがはずれてしまった。眺めが悪ければ、単に薄ら寒い場所である。予約していた一〇時より早めに迎えにきてくれたラジブさんの車でカトマンズの空港へ向かった。

タイ航空のバンコク行きでは再びヒマラヤ側の席に座ることができた。しかし、空は雲に覆われ、ヒマラヤに別れを告げることはできなかった。全体的に天気が良くないという予報は正しかったのである。その中で、アンナプルナの朝焼けもエベレストの姿も十分に楽しむことができた。やはり、運が良かったのであろう。

バンコクで一泊して、アンコール遺跡二泊三日の観光をした。宿泊先のルメリディアン・アンコールを通して予約した車で効率的に回ることができた。運転してくれたのはホテルの従業員。きびきびして感じのよい人だった。親しくなると、彼も内戦の傷を負っていることが分かった。閣僚のボディーガードだったこともあるという。車と共にボディーガードまで雇うとは思わなかった。

壮大な規模でレリーフが見事なアンコールワット、仏塔がジャングルにマッチするバイヨン、建物に取り付く樹根が恐ろしいタプローム、彫り物が繊細で美しいバンテアイスレイといった著名な所を見て、さらにいくつかの寺院を訪ねた。

アンコール遺跡群の美しさは期待を裏切らなかった。ヒマラヤ観光の帰りに付け加えたプランは絶妙であった。アンコールワットの町、シェムリアップを発って、バンコクで乗り継いで一二月三〇日の朝、名古屋に帰った。すべて予定通りであった。

シロナガスクジラ

シロナガスクジラは最大の動物である。体長は平均二五メートル、体重は一〇〇から一五〇トン程度である。恐竜より大きいらしい。これまで様々なクジラに出会ってきたが、シロナガスクジラを見たことはない。二〇〇一年、セントローレンス河に行った時も、仕事の都合で早めの訪問となったせいか空振りであった。年齢を考えて、このあたりでどうしてもシロナガスクジラを見たいと思った。

シロナガスクジラを観光客が見るのに最適な場所はメキシコのロレートである。コルテス海に一月の末からシロナガスクジラがやってくる。いろいろな情報をネットで集めてみるとベストな時期は二月中旬から三月中旬と思われる。大学の年間行事をにらんで二〇〇九年二月一八日、日本出発の計画とした。

この時期は風の強い日も多いようだ。船の欠航も計算に入れて、四日間ホエールウォッチングできるスケジュールとした。その内一日間は太平洋岸に子育てに来ているコククジラを狙う。

ロサンゼルスに一泊して、一九日一一時発アラスカ航空のロレート行きにチェックインした。満席である。クジラシーズンだからであろうと思った。気のせいかクジラ好きの顔が多い。若く、知的でややほっそりしている。ロレートの空港からタクシーでバハアウトポストに向かった。ホエールウォッチングで人気の宿である。シーズン真っ盛りであるから、念のため昨年の四月に予約を入れていた。バハアウトポストは増築工事のためごったがえした印象であったが、部屋の中は伝統的な造りで落ち着いていた。

夕食のとき、隣席はオランダ人の一家とイギリス人の同世代の夫婦である。オランダ人は三カ月間オーストラリアを旅行したそうだ。どうしてそんなに長期間の休暇が可能であるか聞いてみた。休暇の繰り延べをして、さらに超過勤務は手当てを受け取らず、休暇に振り替えたそうだ。驚くべき制度である。それから休暇談義になった。

「日本人としては変わっているが、ちゃんと休暇を取っている」と私がいったら、イギリス人が

「賢いというべきだろう」

と引き取ってくれた。運良くというのが正しいと思い直したが訂正しなかった。イギリス人はさらに続けた。

「ある日、取締役会でのことさ。社長が次の取締役会の予定をいったら、社外取締役がその日は休暇だといった。社長は気を使って別の日を提案したら、また同じ社外取締役が休暇だといった。社長は頭にきて休暇ばかり取ってよくやっていけるなと叫んだ。社外取締役は平然として休暇も取らずによくやっていけるなと答えた。社長はとっくにあの世へ行ったが、社外取締役はピンピンしている。俺はそれを教訓にしている」

イギリス人の休暇信仰は相当なものらしい。

二月二〇日。いよいよホエールウォッチングの始まりだ。朝食は六時から。食事の後、船頭に会った。でっぷりとしたメキシコ人で、キキと自己紹介した。嬉しかった。キキが卓越した船頭であることはネットの情報で確認していた。彼が登場すれば、シロナガスクジラを見ることは、保証されたも同然であろう。

美しい日の出を眺めながら港へ向かって歩いた。大きめの漁船でキキが待っていた。今日はシロナガス見物が人気で客は一〇人。船が混み合っている。キキは船を沖のカルメン島に向けた。かなり風があるので、船は揺れるし、しぶきも飛んでくる。カルメン島に近づくと波は穏やかになった。船は島沿いに南下した。シロナガスクジラの潮吹きが見られないかと海上を探したが、何の兆候もない。ドイツ人カップルの女性が

「昨日はもっと荒れていたわ。今日は波が静かで、ついているかもね」

と近くの人に話しかけている。

「昨日はシロナガスクジラを見られましたか」

と聞いてみた。

「いいえ。荒れていたせいか、クジラは一頭もいなかったわ」

驚いた。キキがガイドしても、シロナガスクジラを見られない時もあるのだ。今年はシロナガスクジラがロレート周辺に、まだ到着していないのではないかと不安になった。

九時を過ぎてそろそろ退屈したころ、沖に何か見えた。クジラのシッポかと思ったがイルカであった。イルカでもケダモノを見て心が和んだ。しばらくして、噴気が上がった。かなり大きい。シロナガスクジラであろうか。キキに聞くと、ナガスクジラだという。ナガスクジラはセントローレンス河で十分見ている。ナガスクジラに時間を使いたくないなと思ったが、キキは噴気の方向に船を向けた。セントローレンス河の時とはまったく違った体験が待っていた。

浮き上がったナガスクジラは二頭いた。十数メートルのところまで接近したのでとても大きく感じる。ナガスクジラはシロナガスクジラより少し小さいだけである。黒光りする皮膚についている粒々まではっきり見える。噴気孔も巨大だ。呼気のたびにオウーンという不思議な大きな音が聞こえる。キキは潜ったナガスクジラが再浮上するのを何度も追跡してくれた。とても友好的なクジラであった。ある時は船から数メートルの位置にまで接近してきた。噴気が上がる時、一瞬美しい虹ができた。そして噴気のしぶきが降りかかってきた。しぶきを浴びたカメラをあわててタオ

ルで拭った。

遠くに噴気が上がった。高いだけでなく幅広い。

「あれは？」

キキに聞いてみた。

「ブルーだよ」

シロナガスクジラのことである。キキは全速力で船を進めた。シロナガスクジラは潜ってしまった。一度潜ると一〇分から一五分後に、どこかに再浮上する。あれだ！　やや遠くにシロナガスクジラの噴気が上がった。それ！　駆けつけると白っぽい背中が見えた。やれやれ、これでシロナガスクジラを見たことになる。

何度か噴気が上がるのが見えたが船が五〇メートルほどに接近するとクジラは高く尾を上げて潜水した。この時がシロナガスクジラ撮影のチャンスである。シロナガスクジラの尾はたくましく、その巨大な体にマッチしている。いっぽう、ナガスクジラは潜水するとき尾を上げないのである。

それからシロナガスクジラとのかくれんぼが繰り返された。広い海域のどこにシロナガスクジラが浮上するか分からない。皆で必死に探す。私も三度ほど見つけることができた。

「あっちだ！」

急いで駆けつける。何となく自分のクジラのような気がする。もう少しで接近できる。そこで大きな尾が上がる。シャッターが連射される。この繰り返しである。良い写真を撮るためには船首にいる必要があるが、私は場所取りが悪く、他の客の肩越しであった。そのうちに場所が改善されて少しずつましな写真が撮れるようになった。

一時間以上、複数のシロナガスクジラとかくれんぼを楽しんだ後、浮上したクジラに三〇メートルほどまで接近できた。クジラの皮膚は黒っぽい。おやこれはナガスクジラであろうか。とまどっているとクジラは尾を上げた。シロナガスクジラだ。上がった、たくましい尾を横から撮影できた。あまり大きいので望遠レンズのフレームからはみだしてしまった。

浮上したシロナガスクジラがゆったりと泳いでいた。二〇メートル近くまで接近していても逃げない。今度は灰白色の皮膚で典型的なシロナガスクジラである。浮上している部分だけでなく水面下の部分も分かる。海が淡いエメラルド色に輝いているのだ。私はゆったりとクジラを眺めていた。背中が丸まった。尾が上がるぞ。こうなればカメラを取り上げざるを得ない。上がった尾の付け根はあくまでも太い。斜め後ろからのアングルだ（カラー写真32）。今度は尾部がフレームにギリギリ収まった。灰白色の鋼柱が海を貫くようにしてクジラは潜っていった。

近くの浜に上がって昼食。岸から見るコルテス海の美しさも抜群である。砂浜の近くのエメラルド色、その先のサファイア色。こんな澄み切った海の色は南太平洋レベルかそれ以上である。帰りの海は荒れた。うねりもあるから怖いようである。

夕食のとき、隣のロサンゼルスから来た人と話した。ひ孫がいるというのに、奥さんを乗せてハーレーのオートバイで家から飛ばしてきたというから、相当な男である。私がアラスカ航空で来たというと

横から見るシロナガスクジラ

「そりゃそうだ、それ以外飛んでないからな」

と相槌を打った。驚いた。昨年四月、宿と同時に飛行機も予約したときはデルタやエアロカリフォルニアの便もあった。飛行機が小さいのでデルタやエアロカリフォルニアを選択しなかったのである。金融危機の影響でこれらの便は撤退したのだそうだ。アラスカ航空以外を予約していたら大騒ぎになるところだった。

次の日は凪であった。穏やかな海を苦もなく船は進んだ。八時過ぎには昨日クジラに満ちていた海域に到着した。しかし噴気はまったく上がらない。一〇時過ぎまで何も起こらない。やっと噴気が上がり、駆けつけると小ぶりなシロナガスクジラであった。しばらく、このクジラを目標にしたが潜るときに尾を上げないので迫力がなかった。しかたがないので潜水時の渦とその後にできる円状の滑らかな海面を楽しんだ。

クジラが本格的に動き出したのは昼食後であった。昨日の興奮が戻ってきた（カラー写真33）。何度目かの浮上で三〇メートル弱くらいの位置までクジラに接近できた。灰白色の体が大きく浮いている。そしてクジラは背を丸め、尾を高く上げて潜った。真後ろからの眺めだ。完璧な写真が撮れたはずであるが、尾のあまりの大きさにフレームをはみ出してしまった（カラー写真34・35）。つづいて、また至近距離からの潜水である。望遠レンズの倍率を最大にせず、注意していたのだが、またフレームをはみ出した。今度は二〇メートル近くに接近したのであろう。

ふと気が付いた。至近距離でのダイブはすべてカメラのファインダーで見ている。一眼レフだから鮮明さは変わらないであろうが、やはり、一度は肉眼で見るべきだ。そう思っていると、またシロナガスクジラに大接近した。ぼんやりとした水中のクジラを眺め、たまに写真を撮った。やがて、水面下の後半身が尾と共にはっきり見えた。尾は船から数メートルのところにあり、さっと伸びている。日本刀の鋭さだ。そうだ、シロナガスクジラの素晴らしさは大きさだけでなく、この冴えた形にある。私はゆっくりとクジラに見入った。カメラに偏光フィルターを付けているので、この姿を写真に収めれば貴重かもしれないが、このときはカメラを取り上げなかった。満ち足りた時間が終わり、クジラは潜って去った。尾は上げなかった。


二月二二日。ホエールウォッチング第三日目。今日も凪である。タクシーに分乗して、半島を横切りマグダレーナ湾を目指した。コククジラの大群が子育てにやってくるので有名な場所だ。コククジラは人懐っこく、ボートに寄ってくることも多い。運が良ければ手を伸ばしてクジラにタッチできる。

一〇時ごろに船に乗って出発。クジラが湾内に満ち溢れているかと思ったがそうではない。たしかにあちこちに潮吹きが見られるが、クジラの数よりも船の数が多い。クジラが寄ってくるのを待ちきれなくなったのか、必死に逃げるクジラを猛スピードで追跡している船がいる。客はタッチしようと手を伸ばしている。クジラは怒ったのか大きな水しぶきを上げた。昨日はタッチさせたという子連れのクジラが現れたが、もう十分だとばかりに足早に去っていった。私たちの船の船頭は活気が無く、クジラの進む方向を読んでいない。船のスピードも遅く、有望なクジラの所に最後に駆けつけている。もっとも今日は特に友好的なクジラはいなかったようである。タッチに成功した船は見当たらなかった。


夕食のとき隣はオランダ人の若者二人。シーカヤックで三泊ほど野宿してきた剛の者たちである。日本と捕鯨というきわどい話題になった。

「日本でもホエールウォッチングは人気になっている」

と私がいうと
「二分間だけだな。後は銛が打ち込まれて、ツアーの後で肉が分配される」

毒のあるジョークが返ってきた。それぞれの側にいいたいことは一杯あった。しかし、とりあえず日本のホエールウォッチングについての情報を提供した。彼らはある程度納得したようだった。


第四日目。最後のホエールウォッチングである。再びシロナガスクジラ狙いだ。幸いなことに今日も凪。八時三〇分頃からクジラの活動が始まった。最初の見せ場は四頭のナガスクジラ。船の右側を二頭、左側を二頭が泳いでいた。左側のクジラは一〇メートルほどしか離れていない。間近に迫るナガスクジラの黒光りする肌は何度見てもよい。

そしてシロナガスクジラの登場となった。クジラと四〇メートルほどの距離に接近したのが七回ほどである。これまでのような超接近はなかった。私は一回おきに写真を撮った。このくらいの距離であるとカメラのファインダーを覗いたほうが望遠レンズの効果で迫力があることも確認した。

最後にザトウクジラが登場した。尾を上げての潜水を横から撮影した。そして、船の近くへの大接近。水中の長いヒレもよく見えた。私はヒレの撮影にも成功した。

夕食のとき、マグダレーナ湾から帰ってきたフランス人夫妻に会った。現地に三泊して、クジラにタッチしてきたそうだ。意気込みが違うと成果も違うようだ。ご主人が、私たち夫婦はどうやって来たかと聞いた。

「アラスカ航空ですよ」

当然のことと答えると、ご主人はうなった。

「アラスカ航空か、どうやって予約しましたか」

「インターネットですよ。ただし去年の四月」

答える私にオランダ人の若者が割って入った。

「そりゃみんなインターネットですよ。簡単なものさ」

ご主人は私と同じ世代なので、行動が古いのではないかとからかいの対象になったらしい。ご主人はかまわず話した。

「パリからロレートまで全部エールフランスに頼んだのだ。ところが一月の末に別件でエールフランスに連絡すると、ロサンゼルスからのコネクションができないというのだ。それまで何の連絡もなかった。慌ててアラスカ航空の便を探してもらったが全部満席。キャンセル待ちもだめだった」

しかしそれからがすごい。ロサンゼルスからラパスまで飛んでレンタカーでやってきたそうだ。メキシコの僻地の道を三五〇キロ運転してくる勇気は私にはもうない。万一、ロレート行きが欠航になったら、私たちもラパスに飛ぶつもりだった。ただそれからはバスに乗ったであろう。

「これからの予定はどうですか」

フランス人が聞いてきた。

「明日ロサンゼルスに帰り、それからメキシコシティーに行きます」

「ややこしいことをされますね」

フランス人は驚いていた。しかし、陸路ラパスに出る以外には、ロレートからメキシコシティーに行くにはこのルートしかないのである。

「彼らの妙なルートを聞いて少しは気が楽になりましたよね」

オランダ人は毒舌でフォローしていた。

二月二四日。無事にロサンゼルスに帰り、翌日メキシコシティーに飛んだ。大学の用事が迫っているので、メキシコシティー一泊、カンクン三泊という駆け足観光である。メキシコシティーではアステカの神殿跡、考古学博物館、テオティワカンを見た。カンクンではチツェンイッツァを往復した。テオティワカン、マヤ、アステカの文明のあらましと繋がりをおぼろげに理解することができた。カンクンのビーチから見るカリブ海もひたすらに青かった。

タスマニアからヘロン島へ

タスマニア

ウミガメの産卵を見に行こう。二人で意見が一致した。屋久島、ボルネオ、コスタリカ、メキシコと候補になる場所は多い。しかし、確実性、そして治安の良さと考えていくと、オーストラリアの東海岸に落ち着いてくる。とりわけ、ヘロン島とモンレポス（Mon Repos）が有名である。モンレポスは、レンジャーが指導する観察会が行われるので、秩序だっていそうだ。リゾートでの休暇を兼ねればヘロン島である。少し迷った末、ヘロン島を選択した。そして、タスマニアをもう一つの目的地に追加した。珍しい動物が見られるし、ハイキングトレイルも整備されているからである。

夜行便でシドニーへ飛び、メルボルン経由でタスマニアのデボンポートに着いた。二〇〇九年一二月二五日である。手配したタクシーが待っていた。一時間少々のドライブでクレイドルマウンテン・ロッジに着いた。このロッジはクレイドルマウンテン・セントクレア湖国立公園に隣接していて、観光の拠点としては絶好だ。ここに三泊の予定である。

クレイドルマウンテン・ロッジは食事の残り物を外に置いていて、それを目当てに野生動物がやってくることでも知られていた。集まってくる動物の中にタスマニアデビルがいるそうだ。やや小型のイヌほどの大きさで、顎が頑丈な有袋類である。タスマニアデビルはぜひ見たかったので、チェックイン手続きが終わったら早速聞いてみた。しかし、この習慣は、餌づけの一種になると、一〇年以上前に止めたそうだ。どうやら情報が古すぎたらしい。タスマニアデビルは流行病のため数が激減している。残り物を目当てにやってくるのでなければ、発見することは難しそうだ。

一休みしたらすぐにディナーに出かけた。私たちのキャビンの前にはワラビーが棲みついて食事に専念していた。少し歩くとウォンバットがいた。ウォンバットは大型のモルモットといった様子の可愛げのある動物で、タスマニアに多い。写真を撮ろうと意気込んだが、すぐに草むらに入ってしまった。

ここのレストランは評価が高い。クリスマスの夜なので満席であった。たしかに、七面鳥もクリスマスプディングもそれらしいもので期待を裏切らなかった。

夕食後、ロッジの近くのトレイルを歩いた。エンチャンテッド・トレイルといって川沿いの道である。しばらく歩くと川の流れがゆるやかになり、川岸に柵が作られている所にきた。隠れて動物を見るためのシェルターもある。何かいそうな雰囲気である。二人連れが真剣に川面を見つめている。小声で様子を聞いた。

「カモノハシが出たそうですよ」

と返事が返ってきた。少し上流にいた大型カメラを持った人が近づいてきた。

「日本の方ですか」

ささやくように日本語で聞かれた。うなずくとカメラのディスプレイを見せてくれた。見事にカモノハシが捉えられていた。

「水面の動きが妙なので注視しているとカモノハシでした」

と説明してくれた。私たちもじっとカモノハシを待ったが、現れることはなかった。カモノハシは日没と日の出の頃によく活動するそうである。もう時間が遅くなったのであろう。

引き返して、九時出発のスポットライト・ツアーに参加した。十数人の客がバンに乗り込んで移動し、スポットライトに照らされた動物を観察するのである。すぐにウォンバットが現れた。ライトに照らされたウォンバットをゆっくり見て写真を撮れて満足だった。この夜、ウォンバットは一〇頭以上登場した。ポッサムも何度か現れた。しかし、タスマニアデビルの姿はない。ツアーも終盤になって、突然ガイドが叫んだ。

「デビルだ！」

見ると、右側の斜面を駆け下りていく動物がいる。ガイドはすぐに

「いや、あれはポッサムだ」

と訂正した。私はがっかりして写真を撮るのを止めた。しかし妙なポッサムだ。全身が黒いし、走り方が速く、逞しい。

一二月二六日。朝の天気は上々である。タスマニア、ことにクレイドルマウンテンは雨が多いと聞いていたので幸運を喜んだ。急いで支度して国立公園のビジターセンターに向かった。歩いて数分の距離である。ここでシャトルバスの切符を購入した。シャトルバスは一〇分から二〇分の間隔で運行していて、国立公園の中の移動には最適である。やってきた九時発のバスに乗り込むと、始発の公園入り口から乗っていた客の中に昨日の日本人がいた。

「昨夜はロッジの周りでタスマニアデビルを狙ったのですよ。出ました」

見せてくれたディスプレイには見事にタスマニアデビルが収まっていた。九時少し過ぎ、車のライトに照らされて浮かび上がったのだそうだ。一瞬のチャンスをものにする腕に感服した。

「スポットライト・ツアーでもデビルが出たそうじゃないですか」

日本人が続けた。動物好きの間での情報交換で昨日の様子を知ったのだ。やはりあれはタスマニアデビルであったらしい。ガイドは新人で知識不足であったが、客の中にベテランがいたのであろう。

ロニー・クリークでバスを降りて歩き出した。たどるルートはオーバーランド・トラックと呼ばれ、オーストラリアを代表するトレイルだ。今日の目的地はマリオンの見晴台（Marion's Lookout）である。眺めの良いところらしい。好天ならここへ行こうと荷物の中に山用具一式を入れておいた。草原を過ぎ、花を眺めながらの軽い登りでクレーター湖に着いた。深い青色の湖が素晴らしい。やや急な岩場を越えるとクレーター湖とダブ湖が共に見えるようになった。さらに一登りでマリオンの見晴台に着いた。

出発してから一時間半位である。眼下にはダブ湖とクレーター湖、そして前方にはクレイドルマウンテンの岩峰。たしかに一級の眺望である。このまま帰るつもりだったが、登ってきた人たちは皆、オーバーランド・トラックを進んでいく。私たちも先へ行ってみることにした。

少し登ると高原台地となった。台地からクレイドルマウンテンが聳え、遠くにはモニュメントバレーにあるようなビュートが見える。様々な高山植物もある。久しぶりに味わう天上の楽園だ。私たちは平坦なトレイルをうきうきと歩いて、キッチン小屋に達した。

「何かいるわよ！」

走るクウォール

壽子が叫んだ。小屋の脇を細長い、ブチのケダモノが走っている。ケダモノは小屋を離れ岩場に向かった。鋭い動きだ。私はケダモノの撮影に成功した。後で調べてクウォール（フクロネコ）と分かった。タスマニアデビルと並ぶ珍獣で、やはり肉食の有袋類である。短期間の旅ではめったに出会えなくなったと言われている。

キッチン小屋に着いたのは正午。小休止して帰路についた。ここで私は大きな誤りを犯した。フェイス・トラックへ向かいダブ湖を高所で回って帰ることにしたのである。これまでの整備された道の状況からして二時間もあれば十分と思った。しかし、正解は単純に引き返すことであった。

道はにわかに山道らしくなり、アップダウンを繰り返した。行く手のハンソンズ・ピークを望む地点に達し、少し下ると避難小屋に出た。キッチン小屋を出てから三〇分ほどである。その先で道は二つに分かれた。道標によると、ピークを巻く道のほうが時間的に優れているようだった。遠望したハンソンズ・ピークはやや険しそうでもあるし、この迂回路を取った。

しかし、実際はやたら時間がかかった。ルートが不鮮明なところもある。そして人がいない。タスマニアに着いたばかりの高齢者夫婦があわただしく歩くコースではない。だんだん疲れてきたので、うっかり捻挫でもすれば悲惨なことになりかねない。

困難な道であったが、救いは、フェイス・トラックから先は、花がさらに見事になったことだ。岩場を下るとき、幻のように美しい花があった。写真を撮るゆとりはなく、心に刻み付けた。少し歩いて、また同じ花があった。横から見るので、美しさはやや劣るものの、今度は写真に収めることができた。これはタスマニア・ワラタで、タスマニアを代表する花である。見事なタスマニア・クリスマスベルもあった。さらに、清楚な白い花をはじめ、様々な花が咲き誇っていた。

ひたすらに我慢して歩いていくと、ハンソンズ・ピークからの道と合流した。やがて気楽な道となり、ダブ湖の駐車場に着いた。三時四〇分という予想外の到着時間である。シャトルバスはじきにやって来た。

ディナーの前に動物を探してロッジの敷地内を散策した。じきにウォンバットが見つかった。草を食べている。写真を撮ろうとしたが、逆光で具合が悪い。位置取りに苦労していると、ウォンバットの背後からもう一頭が顔を出した。子供である。これは幸

ウォンバットの親子

運とシャッターを押した。

夜九時ごろから、二人でロッジの周囲を回った。もちろんタスマニアデビル狙いである。ゴミ箱のあたりとかレストランの裏口とかいろいろ工夫してみたが空振りであった。柳の下のドジョウは多くないようだ。


一二月二七日。前日のハイキングで疲労したので、今日は軽く歩くことにして、スピーラー・トラックを選択した。一時間半のコースである。空は再び晴れ渡っている。ハリモグラやウォンバットを見られる可能性があると書かれていたが、ワラビーが走っていっただけであった。ハイライトはロッジが近くなったころに現れた草原だ。シダ様の植物が茂り、その胞子で一面に茶色になっていた。遠くにはクレイドルマウンテンも見えた。


野生のタスマニアデビルを見るのは難しい。ロッジから一キロほどのところにデビルス・アット・クレイドル（devils@cradle）という飼育施設があると、事前に情報検索を済ませていた。ここを訪問することにしよう。できれば餌を与える時がよいと、ロッジのフロントに様子を聞きにいった。

「餌を与えるショーは人気が高くて、予約が必要です。夕方五時半からのは満席ですから、八時半からのにしてはどうですか」

と意外な返事が返ってきた。とりあえず八時半を予約してもらったが、どうにも残念だ。八時半からでは薄暗くなっているので良い写真が撮れそうもない。それに二度目の餌ではデビルの動きも悪いのではないか。直接いって頼めば二人くらい何とかなるかもしれないと、昼食後にデビルス・アット・クレイドルまで歩いた。一キロとはいっても、車道を歩くので気分が良くない。レンタカーで来なかったのを初めて後悔した。幸いなことに、現場にいけば空席があった。

夕方、再びデビルス・アット・クレイドルを目指した。気負って出かけたので五時に着いてしまった。すぐに中に入れてくれた。自由に見学できる。タスマニアデビルは草が生え、木も茂っている広々とした囲いの中にいた。可愛がられていることが一目で分かる。タスマニアデビルは大人しい顔をしているが、口を開けると立派な牙が見えた。

客はどんどん増えて四〇人位になった。飛び込みの客は断られていたから、私たちは最後のほうの空席を得たのだろう。五時半になってビデオが始まった。タスマニアデビルは自分で狩もするが、クウォールの獲物を横取りすることもあるようだ。ハイエナとチーターの関係である。私はクウォールの写真を撮ったことがとても嬉しくなった。そのうちに眠り込んだ二頭の子供のデビルが連れられてきた。客はデビルに触ることができる。

デビルを抱きながら係員が説明した。伝染性の皮膚癌でその数は激減した。数年前の三〇％ほどしか残っていない。タスマニアデビルはオーストラリア大陸が原産で、そのうち少数がタスマニアに渡って数を増やした。だからデビルの遺伝的多様性は少ない。あたかも一卵性双生児の集団のようだ。そのため噛み合うことで癌が伝染してしまうのだ。このままでは野生のデビルは絶滅するかもしれない。そうなったら、ここのデビルを森に放つのだそうだ。

餌を奪い合うタスマニアデビル

説明が終わって待望の餌やりとなった。係員が大型のカンガルーの太ももを持って柵内に入った。わっとデビルたちがやって来る。係員は太ももをゆっくり引っ張っていく。デビルは必死に食らいついて肉を剥がそうとする。これも森に放つためのトレーニングで、逃げる獲物を追うことを経験させているのだ。そのうちに大きく剥がれた肉の奪い合いで大騒動となった。しっかり肉に食いついているタスマニアデビルの目はデビルといわれるのが分かる怖さだった。

満足して帰り、ディナーの後でエンチャンテッド・トレイルに行った。カモノハシが目的だ。先客の子供連れは見たのだが、もう潜った後だった。つづいて、タスマニアデビルを探した。しかし、遠くに見えたのはウォンバットで、デビルの姿はなかった。

一二月二八日、出発の日である。朝早く、頑張って一人でエンチャンテッド・トレイルに行ったが、カモノハシもハリモグラも見えなかった。朝食後、壽子がもう一回りしましょうといった。散歩に付き合うつもりで、同じトレイルに向かった。もう九時を回っている。いつものポイントに着いたが、何もいるはずがない。

「いるわ、浮いている」

壽子がささやいた。たしかに、平らに身体を伸ばしたカモノハシが泳いでいた。カモノハシは倒木に向かった。一度、姿を消し、倒木の反対側に出てきた。浅く水に浸かった倒木の上にいるので背中が大きく水面から露出している。カメラがないのが残念だが、一二年前よりも、はっきり見ることができた。

一一時に迎えのタクシーが来るはずだが、姿がない。ロッジから電話して貰うと、すっかり忘れていたようだ。あわてて用意してくれたロッジの車で空港を目指した。

「ハリモグラだ！」

少し行ったところで、壽子が叫んだ。見逃していたハリモグラに最後にお目にかかったのだ。たしかに茶色の塊が見えた。壽子には針までよく見えたそうだ。

無事にデボンポート空港に着き、メルボルン、ブリスベン経由でグラッドストーンに到着した。ライデスというモーテル風だが別に不足はないホテルが今夜の宿である。

ヘロン島で見るウミガメの産卵

一二月二九日、朝一〇時頃、タクシーで港へ向かった。ヘロン島行きの船に乗るためである。港を出てしばらくすると、海は真っ青になった。同時に揺れが始まった。ヘロン島にはヘリコプターでも行くことができるので、ヘリコプターを選択するべきだったと思わせるほどの揺れだ。やがてグレートバリアリーフが見えた。そして、ヘロン島に到着である。ヘロン島はグレートバリアリーフの一部を成す島で、自然が豊かなことで有名である。

チェックインに行くと、これがあなたの部屋ですと案内図をくれた。ビーチハウスと記してある。『ロンリープラネット』にはポイント・スイートが、眺めが良いと書いてあったので、一〇カ月前に予約してポイント・スイートを確保していた。

「部屋が違うのではないでしょうか」

「分かってます。でもここがベストですよ。不審なら見てきてください」

半信半疑で確かめに行き、一目で気に入った。ポイント・スイートより少し値段が高いはずであるが、料金は同じにしてくれた。部屋のやりくりが難しくなり、良い場所を提供してくれたのであろう。ここに五泊である。年末年始は最低四泊しなければならないが、それに一泊追加していた。台風が来る可能性だってあるから、ゆっくりして、どうしてもウミガメの産卵を見ようと思ったのである。

ビーチハウスは林の中にある。その向こうは真っ白なビーチだ。木陰に涼みながら浜と海を見渡せるから、たしかに良い所だ。周りの木には沢山のアジサシが巣を作っていた。そして地上にはクイナがヒョコヒョコと歩いていた。じっくり見ると結構きれいなクイナである。

さてウミガメである。チェックインの時に配られた「ウミガメ観察のガイドライン」を読めば大体のことは分かる。さらに詳しい情報を得ようと、四時半から開かれる「ウミガメ観察のヒント」という集いに参加した。レンジャーが詳しく説明してくれた。総合するとここのルールは次のようだ。

ウミガメが上陸して浜を上がっているときは近づいてはいけない。穴を掘り出したら背後一〇メートルまで接近してよい。卵を産み始めたら一〇分待って、背後に近づいてよい。この段階なら弱い光を後ろから照らしてもよい。フラッシュはいかなるときも厳禁である。いつ卵を産み始めたか分からないときは、カメが掘りだす砂が飛ばなくなって、三〇分待ったらそっと様子を見に行ってよい。

大変分かりやすい。ウミガメに配慮して、しかも観光客の好奇心も満足させるルールである。これなら簡単だと思った。しかし、このあと経験する実情は簡単ではなかった。フラッシュを焚く人がいるかと思えば、より厳しい自己規制をし、時にはそれを押し付ける人もいた。ガイドラインを読んでいない人が多いし、レンジャーの開いた集まりも決して盛況ではなかったのである。それでも、この絶海の孤島に来るような人は自然が好きな善意の人が多いから、なんとかなっていたのである。

夕食の後、さっそく一人でビーチに出た。午後八時である。今夜の満潮は午後七時四〇分。ウミガメの産卵を見るのは満潮の一時間後くらいからがよいとされているから、まだ早い。しかし、子ガメの孵化が始まっているとレンジャーがいっていた。これは日没の近くが見ごろだそうだ。両方を狙って出かけたのである。

波の音が威嚇的だ。夕暮れの海を恐ろしいと眺めたのは、いつ以来だろうか。この海から巨大な動物が姿を現す。そんなことが本当に起こるだろうか。

キャビンの前のノース・ショアを歩き、シャーク・ベイに出た。浜と林の境界線で二羽のカモメが騒いでいる。子ガメの孵化であろうか。近づいてみると、巨大なカメが自分の掘った穴の中でじっとしている。大変だ、産卵だ。そういえば、一〇メートルほど離れたところに数人の人が座って海を見ている。産卵が確実になるのを待っているのだろうか。

あわててキャビンに帰り、壽子と一緒にシャーク・ベイに引き返した。カメのいる位置からは物音もしない。浜にいる人数は増えていた。私たちもじっと待ったが何の動きもない。いくら何でも大丈夫だろう、と近くの人に聞いたが、「まだだめだ」という。しかたなく座っていると、カメが動き出した。

そこへ、ヘルメットとヘッドライトに身を固めたウミガメ保護のボランティア二人がやってきた。二人は様子を調べ、説明した。

「このカメはアカウミガメです。産卵は終わっています」

産卵が終わっていたというのにはがっかりしたが、アカウミガメであることに喜んだ。ヘロン島に来るのは大部分アオウミガメでアカウミガメにはお目にかかれないだろうと思っていたからだ。カメにとって不幸なことに、カメには標識が付いていなかった。おまけにボランティアの一人は明らかに新人で、緊張しているのかカメをやや手荒に扱って、ヒレに標識をつけた。カメは、うめいて、ほうほうのていで海に帰っていった。

シャーク・ベイの端まで行って引き返してくると、砂浜で動きを止めた数人の人がいる。その人たちと私たちの間の砂浜にウミガメがいた。私たちも立ち止まった。ウミガメはゆっくり移動して、林に入った。砂浜にはウミガメのつけた跡が残った。ウミガメは穴掘りを始めて、砂が飛んでくる。

やがて砂が飛ばなくなった。卵を入れる穴を掘っているのだろう。皆で待った。ボランティア二人もいるが、おしゃべりしている。後で聞くと、ウミガメは人声を気にしないというが、本当だろうか。

産卵中のウミガメ

三〇分経った。様子を見ようと立ち上がるとボランティアが声をかけた。

「私が見てきましょう」

ボランティアはすぐに帰ってきた。

「カメは移動しています。少なくとも後三〇分はだめです」

ボランティアが話し声を立てていたせいかもしれないと疑ったが、しかたがない。今や、カメは盛大に砂を飛ばしている。一度キャビンに引き返し、またシャーク・ベイに戻った。

もう産卵が始まっていた。カメの周りには三人いるだけだった。ボランティアも他所を見回りに行っていた。私たちは座り込んで、たまにカメの後ろから弱い光を当てた。長い尾部が砂の中に突きこまれて微妙に動いているのがはっきり見えた。カメは、時々、後ろ足で砂を払った。卵は見えなかった。カメと過ごす平和な時が流れていった。

ヘロン島第二日目。朝、キャビンの前の浜にシュノーケリングに出かけた。ヘロン島はグレートバリアリーフの上にある島だからサンゴの美しさで有名である。サンゴを見るために、マスクとシュノーケルだけは持ってきた。フィンを借りて、ビーチからシュノーケリングを始めた。しかし、リーフエッジまでは遠くて、砂浜に散在したサンゴが見えただけだった。

午後、干潮になったので、二人でリーフエッジ目指して歩いた。進むにつれてサンゴが見事になってきた。異常気象のためグレートバリアリーフのサンゴは傷んだと聞いていたが、ここでは回復基調にあるようだ。死んだサンゴに被さるように生き生きと鮮やかなサンゴが枝を伸ばしている所も多かった。潮が満ちてきたので、途中で引き返した。

夜九時半。二人で浜に出た。

「あら、あなた、あそこよ」

壽子がささやいた。すぐ近くの海に黒い大きな盛り上がりがある。ウミガメが泳いでいるのだ。すぐにウミガメは上陸して浜を登っていく。ボランティアに率いられた一団もやってきて、この光景を見守った。穴掘りが始まり、砂が舞い上がった。別のウミガメも上陸して同じ方向に登っていった。

まだ産卵には時間がかかるだろうと、浜を歩いていると別のカメが上陸した。近くにはもう一頭のカメが登った跡もある。今日は盛大にカメが活躍する日らしい。ボランティアに率いられた一団もこちらにやってきた。

産卵が始まりそうな場所が二カ所になって、どちらに行こうか迷ってしまった。ボランティアは先ほどの所をチェックするというので、ついて行った。カメの後ろから近づくとカメはじっとしている。確証はないが、産卵が始まったらしい。

「ここで見張っていてくれますか。私はもう一方のカメを見に行きます」

とボランティアに頼まれた。カメの後ろにじっといられるから喜んで引き受けた。

長く待ったがカメは動かない。間違いなく産卵中だ。壽子は卵が落ちる音が聞こえるという。確かめようと、そっとライトをつけたが、卵は見えない。

「明かりを消してください」

後ろから声がかかった。産卵中だから、大丈夫のはずだが、異国で議論しても仕方がないと、黙ってライトを消した。

「もっと下がってください」

また声が飛んできた。さすがに我慢できなくて、後方に行って反論した。

「産卵中ですよ。あそこまでは行っていいはずです。おまけにボランティアに頼まれてあそこにいるのです」

相手は若い女性だ。ボランティアの件は全く信用しなかった。

「どうして産卵中と分かるのですか。ほら動いた」

と顎を突き出した。

数分たってボランティアが帰ってきた。

「いや見張りをありがとう。どうですか」

「カメはずっとじっとしていますよ。産卵は間違いないと思いますが」

ボランティアはカメの後ろに回ってチェックした。もう尾部は引っ込んでいたらしい。ボランティアは砂地を掘り返した。

「このカメは産卵に成功しました。子供たちは前においで」

子供たちは喜んで卵を見た。私たちも見張り役の特権として、しっかりと卵を見た。真っ白に光るピンポン球のような、数十個の卵だった。掘った穴はすぐに埋められて、カメラを取り出すゆとりはなかった。後ろの人には卵はチラと見えただけだったろう。

カメは悠然と海に帰っていった。カメと、その移動の跡が月光に照らされていた。

一一時半過ぎ、ボランティアによるカメ見学ツアーは終わった。

「皆さん、今日はご協力をありがとう。ことに無名の二人の日本人はしっかり役を果たしてくれました」

とボランティアは挨拶した。今日は多くのカメが上陸したのだが、産卵が確認されたのはあの一頭だけだったようである。

第三日目。午後の干潮時には、また、リーフエッジ目指して歩いた。進むにつれてサンゴが多くなり、サンゴを踏まずに砂地を行くのが難しくなり、結局途中で停止した。それでも、多くの種類のサンゴを見た。本当に久しぶりの鮮やかなサンゴだった。

産卵の観察に適した時間はどんどん夜中にずれている。まず、私だけ八時半に浜に出た。二頭のカメが上陸しようとしていたが、フラッシュを焚く人に驚かされて、去ってしまった。

中年の夫婦がやってきた。

「カメはいますか」

「いたのですが、フラッシュを使う人のせいで姿を消しましたよ」

「まあひどい、カメを見るために来たのに」

浜をシャーク・ベイに向かって歩いていくと、遠くに上陸しているカメが見えた。二人が離れて見守っている。私たちも座り込んだ。

「もっと近くに行けませんか」

「穴を掘り始めるまでは、刺激してはいけないのです」

この夫婦はオーストラリア人であるが、今日着いたばかりでカメ観察に詳しくない。行きがかり上、コーチを引き受けることになってしまった。やがてカメは林に入り、盛んに砂を巻き上げ始めた。そこで、一〇メートル後方まで近づいた。カメの上げる砂が近くに飛んでくる。

「まあすごい。素晴らしいわ」

奥さんは早くも感激している。しばらくして砂が上がらなくなった。三〇分待って、三人でそっと後ろから近づいたが、カメはまだ後ろ足を動かしていた。あわててもとの場所に戻った。浜に座り込んでもう少し待つことにした。

「大晦日の晩。満月。大きなウミガメ。最高だわ」

奥さんの感激はさらに高まってきた。

壽子が浜を歩いてきてウォッチングに参加した。お互いの紹介が終わって、四人でカメに近づいた。今度は、カメはじっとしていて、規則的にゆっくり身体を上下させている。間違いなく産卵が始まったのだ。四人でただじっとカメを見ていた。月光に照らされた姿はたしかに神秘的だ。大晦日の夜でパーティーが盛り上がっているせいか、浜に人が少なく、静かな夜である。

相当に時が経ったので、もう大丈夫だろうと、スポットライトをカメの後部に当てた。尾部が砂に突き刺さり、モゾモゾと動いていた。卵はやはり見えなかった。

長い時が過ぎた。若い日本人がやってきたので、どうぞ、と招き入れた。

「息子さんですか」

オーストラリア人が聞いてきた。たしかに妻の次には息子が現れても不思議はない。いや違います、と短く答えたが、カメがいなければ大笑いするところである。

やがてカメは四肢を動かして砂を掛け始めた。産卵は終わったらしい。
「完璧なご指導でしたよ」
とオーストラリア人に感謝された。いつのまにか、ボランティアに取り込まれて、その助手になってしまったのかもしれない。

第四日目。元旦である。午前中にシュノーケル・ツアーに参加した。目的地はボニーという大きなサンゴの根である。ダイバーと一緒の混成ツアーであった。無傷のサンゴが広がっていて、眺めが良かった。満潮のころで、サンゴとの距離はやや遠い。海は穏やかで、ブランクがあってもダイビングに問題なさそうであった。PADIのカードを持ってこなかったことを少し後悔した。大魚の大物はサメ一匹だけだったが、ツバメウオが目についた。大きなチョウチョウウオのように見える。

夜は再びウミガメ見物。じっと横たわって産卵するウミガメを、また、ひっそりと眺めた。今夜は日本人の一家四人と一緒だった。海へ帰るカメを皆で見送った。

一月二日。午前中に半潜水艇によるサンゴ礁見物に出かけた。桟橋にギンガメアジが群れているのに驚いた。目的地はやはりボニー。マダラトビエイが飛び上がったり、二匹で窓の近くを通ったりと活躍してくれた。全体的にシュノーケルのときより魚がよく見えた。

午後、もう一度シュノーケル・ツアーに参加した。今度はシュノーケル専門のツアーである。目的地はキャニオン。渓谷のような深い切れ込みがサンゴ礁にできていて、そこを外海側からたどっていくと、サンゴ礁に囲まれた小さな花園のような空間に出た。顔を上げると、平らなサンゴ礁が一面に広がっていた。

満潮時刻が遅れてきて、産卵見物に最適な時間は深夜となってしまった。翌日は出発だから、あまり夜更かししてもと、目標を子ガメに変更した。私たちは子ガメを探して夕暮れの砂浜を歩き、島を一周した。しかし、一匹の子ガメもいなかった。たしかに孵化は始まっていて、カメの掘った穴の中に、時々、数センチの小穴が開いていた。とはいっても、孵化の最盛期は一月の後半以後である。巣穴から出た子ガメが海に達するまで数分というから、よほどたくさん孵化していないと見つけにくいのであろう。

一月三日。午後の船でヘロン島を出発した。しばらくはグレートバリアリーフ沿いの航行である。海は穏やかで、サンゴ礁の多彩な色も見事だった。鳥が群れている所もあった。黒い鳥は島に巣を作っているアジサシであろうか。

その日のうちにグラッドストーンからブリスベンに抜け、翌日ブリスベンから帰国した。

シベリア横断鉄道の旅

モスクワへ

シベリアの広大な大地を走るシベリア横断鉄道。ロマンチックである。壽子も「一度、乗ってみたいわね」といっていた。しかし詳しく調べてみると食事などが貧弱で中高年向きではない。お金を出して苦労することもあるまい、と敬遠していた。ある時、テレビでシベリア横断鉄道を走る豪華列車、ゴールデンイーグル号が紹介された。GWトラベルというイギリスの会社が運営し、個室、二段ベッド、シャワー、トイレつきで食事もちゃんとしているそうだ。

ロシアはサンクトペテルブルグに行ったが、モスクワはまだである。全行程を予約した上でビザを取るという制度がややこしいからである。このさい思い切って、モスクワからシベリア横断を果たし、ロシアをしっかり見るのも悪くないと考えを変えた。モスクワからウラジオストクまで九〇〇〇キロメートルを超え、途中ウランバートルに立ち寄るのも含めれば一万キロメートル以上の列車の旅である。

豪華列車との触れ込みだけあって料金も高い。ゴールドクラスで一人当たり約一万五千ドルである。もっとも一ドル八〇円に迫ろうという円高の追い風はある。高いなりに食事、アルコール、エクスカーション、チップもすべて含まれているから、さらに料金が積み上がる可能性はない。

仕事の日程を考えると八月二二日から九月五日までのツアーが唯一選択可能なスケジュールである。秋が迫っているから、雨や霧が多くないかとの恐れもあった。しかし、所詮天候は運次第と深く考えないことにした。

モスクワまでの飛行機が飛ばなくて大金を失ってはと出発は早目にした。名古屋からフランクフルトに向かい、独仏国境あたりを観光してフランクフルトに戻り、そこからモスクワへ、そしてモスクワを二日観光してツアーに参加する計画とした。

準備万端を整えて、出発を待っていると、ロシアは猛暑との二ュースが飛び込んできた。モスクワでは四〇度を超える日もあるという。まあその内に気温は下がるだろうと思っていると、八月上旬にモスクワ近郊で山火事が発生した。市内に煙が流れ込んでいる。モスクワの赤の広場がスモッグで霞んでいる映像がテレビに現れた。モスクワ市民は次々に脱出しているという。その内に雨が降るだろうと楽観的に構えることにしたが、気掛かりである。

二〇一一年八月一三日。名古屋を出発、フランクフルトで一泊した。翌一四日、列車でライン河、つづいてモーゼル川沿いに走りコッヘムに着いた。まず城まで歩いていこうと思ったが、駅が工事中で荷物預けが使えない。仕方なくすぐにタクシーを雇った。

コッヘム城から見下ろすブドウ畑とモーゼル川は落ち着いた風情だった。おまけに空は晴れ渡っていて、来てよかったなと思った。明日の天気は悪いという予報なので、今日のうちにモーゼル川を堪能しようと、そのまま川に沿ってトラーベン・トラーバッハまで走ってもらった。所々に小さな村があり、教会の塔が聳えている。村を過ぎればブドウ畑、そしてしばらく行けばまた同じような村、これを繰り返していった。たまに、やや大きな村があると車を止めてもらい、一回り見物して、また進んでいった。

トラーベン・トラーバッハからは川を離れて、鉄道駅に向かった。途中、運転手に勧められて、峠に止まった。そこからの景色はコッヘム城からよりさらに見事だった。一面に広がるブドウ畑、それを貫くモーゼル川、そして遠くには村と教会。

ウィトリッヒ駅で列車に乗り、すぐにトリアーに着いた。ローマ時代から続く古都である。ここに二泊する。世界遺産の遺跡を見学して、郷土料理店のツム・ドムスタインで夕食を摂った。グラスで注文したモーゼルワインはピースウォーターの銘柄品で、上等な味だった。

八月一五日。朝九時からモーゼル川クルーズ。といっても、あちこちの村に立ち寄っていく乗り合いクルーズである。予報は当たり、曇り時々雨であった。それでも、川岸から立ち上がり、斜面一杯に広がるブドウ畑の風景は迫力があった。目的地はベルンカステル。ここで古い町並みを眺め、ワインのテイスティングをした。アイスワインの美味しさには驚いた。再び船に乗り、ゆったりとトリアーに帰った。

八月一六日。ルクセンブルグに出て慌しく観光した後、パリ行きの列車に乗った。一度パリに出たほうが、便利なのである。ディナーはアルページュで。この時期に開いている貴重な三ツ星レストランだ。野菜のギョーザ、オマールエビなど軽やかな品の後、重厚なカモのローストで締めた。さすがである。

八月一七日。パリ・シャンパンツアーのシャンパーニュ日帰りツアーに参加した。私たち夫婦ともう一組の夫婦をワゴンに乗せて案内するという、こじんまりしたツアーである。ランス郊外のブドウ畑でまずシャンパン作りに使うブドウについての知識を習得した。そして個人経営のシャンパン醸造所に行き、シャンパン作りの工程をしっかり見学した。その後のテイスティングは豪華なもので、シャンパンを四杯も飲んでしまった。昼食後にランスの大聖堂を見物し、最後に大手シャンパンメーカーの簡単な見学となった。

八月一八日。パリからストラスブールに移動した。ばら色の大聖堂が迎えてくれた。三日間の悪天候は去って、運河沿いのプチフランスの家並みが日に輝いていた。ディナーのレストランはオ・クロコディール。二ツ星でフォアグラのテリーヌとラムが素晴らしかった。もちろんアルザスの白ワインも。

翌日フランクフルトに帰り、八月二〇日、無事にモスクワ行きの飛行機に乗り込んだ。モスクワの空は晴れ渡っていた。ヨーロッパを回っているうちに、雨が降り、気温も下がって、山火事が消えたのである。絶妙のタイミングだ。GWトラベルが手配した大型のベンツが迎えにきていた。さすが豪華列車のツアーである。赤の広場の近くにあるマリオット・ロイヤル・オーロラを目指した。ここに三泊の予定である。

八月二一日。朝からモスクワ見物。ツアーでもほぼ一日、モスクワ観光をするが、モスクワは広い。見逃しそうなところを、個人で回ろうと計画した。といっても、うろうろして犯罪に巻き込まれてツアーに参加できなくなれば大変と、GWトラベルに依頼し、ガイドと車に来てもらった。

雲一つない晴天なので、まず赤の広場に向かった。ボクロフスキー聖堂、そしてクレムリンに入ればウスペンスキー大聖堂が見事であった。大聖堂の黄金のドームが青空をバックに光り輝いていた。クレムリンにある四つの聖堂にはすべて入場した。

午後は美術館めぐり。トレチャコフ美術館ではロシア絵画の傑作に対面した。「見知らぬ女（忘れえぬ女）」はつんと澄ました顔であるが東洋的で親しみを持てる。そういえばホテルのレストランの係りの女性も小柄である。タタール人の血がロシア人には意外に深く入っているのだろうか。イコンもたくさん展示されていた。有名な聖三位一体のキリストと神の姿はとても優しかった。

プーシキン美術館は印象派からの流れが分かるようになっていた。トロイの秘宝も見に行ったが、ツタンカーメンの秘宝と比較すれば、これかというレベルである。

最後にノヴォデヴィチ修道院を眺めた。いくつかの塔が湖面に映えていた。

八月二二日。GWトラベルのオプショナルツアーでセルギエフ・ポサードを観光した。昨日と同じガイドで専用車を出してくれたから豪華である。セルギエフ・ポサードは黄金の環の中で、最もモスクワに近い町だ。ここのトロイツェ・セルギエフ大修道院はロシア正教の教会の中で最も権威がある一つとなっている。

修道院にはいくつか建物がある。中心はウスペンスキー大聖堂で、黄金のドームを空色に星のドームが取り囲んでいた。中に入ると黄金の枠に入ったイコンの壁（イコノスタス）が立派であった。イコノスタスは開き内陣が見える。多くの信者が十字を切り、お辞儀をして、賛美歌を口ずさんでいた。

ノヴォデヴィチ修道院

食堂もイコノスタスが美しく、そして十字を切りお辞儀する信者であふれていた。説教が終わると、信者たちは賛美歌を歌いながら祝福を受けるために列を作った。信者の多くはスカーフを被った女性たちであった。まっすぐな眼差しから、思いの強さが読み取れた。

夜になってGWトラベル主催の歓迎会が始まった。ツアーの参加者の顔合わせである。GWトラベルのホームページにキャビアが出ていたので、山盛りのキャビアを期待したが、登場することはなかった。楽しみは後に取っておこうということだろうか。

八月二三日。観光バスに乗ってのモスクワ見物。クレムリンの武器庫では有名なイースターエッグを見た。そしてモスクワ大学のある高台から市内を見渡した。つぎにメトロの駅に行きメトロに乗った。駅の絵や彫刻が立派で美術館のようであったのには驚いた。

バイカル湖へ

観光バスは駅に向かった。青く塗られたゴールデンイーグル号が待っていた。荷物の整理が終わった頃、列車は静かに動き出した。無事にシベリア横断の旅が始まったのだ。ハイライトはシベリアの只中にある巨大なバイカル湖だ。途中、いくつかの駅で停まり、エクスカーションがある。

カザンでは、この街のクレムリンを見た後、ボルガ川クルーズ。ボルガ川は想像したよりも更に大きかった。

エカテリンブルグの見所は革命で処刑されたニコライ二世とその家族を祀った教会である。ニコライ二世一家の写真を見ると、仲の良い、普通の貴族一家に見えるところが哀れを誘う。それにしてもニコライ二世が聖人として祀られるとは思ってもいなかった。


列車旅行の楽しみの一つはむろん、車窓風景である。初めのうちはシラカバの林が多かった。そのうちに針葉樹が主体となっていった。黄金色に輝くカラマツの林もあった。所々に村があり、道も走っているので、秘境を旅しているという印象ではない。

朝、昼、晩と食事は食堂車で摂った。ボルシチから始まって、いろいろな郷土料理が出てきた。味もちゃんとしていて、通常のシベリア横断鉄道とは大違いであろう。おまけに、ワインが昼食から飲み放題なので、気をつけないとアルコール漬けとなってしまう。キャビアは登場しなかった。もっとも、イクラがレッドキャビアと称して供されたが。


ツアーは総勢七〇人ほど。食事の時はできるだけ多くの人と席を共にして会話することにした。過半数の人と話したことは確実だ。参加者の国籍は実に多様だ。イギリス人、オーストラリア人、日本人、ドイツ人、ギリシャ人、カナダ人、ベルギー人、ニュージーランド人、ウルグアイ人、南アフリカ人、アメリカ人と確認できた。一番多いのがイギリス人であるのは当然として、次は日本人、オーストラリア人であった。通貨の強さが影響しているようだ。アメリカ人は夫婦一組だけであった。金融危機の前はアメリカ人ですぐに予約が一杯になったというから、この列車の経営も大変なのだろう。わずかだけれど空席もあるようだった。なかなかキャビアが登場しないのも理解できる。


旅行の情報を収集しようと、旅行経験について盛んに質問した。さすがにこの列車に乗る人は、つわものが多い。

「北極点は行ったので、来年は南極点だ」

という夫婦には驚いた。

「あまり旅行しないのよ」

といったイギリス婦人はチベットに行っていた。別のイギリス婦人はブータンでトレッキングしている。

「あなたが一番良かったところはどこですか」

逆に聞かれてしまって、とっさに答えた。

「日没のグランドキャニオンです」

一九七二年、アメリカからの帰国時に立ち寄った。日が落ちていくうちに、時間の感覚がなくなり、太古のときから、そこにじっとしているように感じた。でも、説明するのは難しく、相手は平凡な答えとがっかりしたようだった。

忘れられない様々な経験の中でグランドキャニオンが突出している訳ではない。若くエネルギーに満ちていたので、記憶も鮮烈で、まず口に出るのだろう。

若いころの思い出で、やはり最高と思うのは薬師岳頂上の夜明けだ。真っ暗なうちに山小屋を出たので、北アルプスの峰々が姿を現してくるのを見ることができた。前方に後立山連峰、左に立山、右に槍ヶ岳が雲を破っていて、神に近い位置にいるようだった。しかし、これが世界的にも素晴らしい経験だと説明するのは、より難しいであろう。

ノヴォシビルスクを出発するとイルクーツク着は翌々朝だ。私たちは外の景色を眺め、そして本を読んで過ごした。壽子は『戦争と平和』をもう一度読み、私は『アンナカレーニナ』を新たに読むことに挑戦していた。『アンナカレーニナ』のキティは戦争と平和のナターシャによく似た、明るく活発な乙女である。トルストイの奥さんがモデルというのは当たっているだろう。

ナターシャもキティも日本人の私にはとても分かりやすい。モスクワでガイドとこの文学論をしたのだった。

「ナターシャもキティもモスクワの貴族でしょ。アンナカレーニナはサンクトペテルブルグの人。悪いのはみんなサンクトペテルブルグから来るの」

ガイドはいっていた。極論ではあるが、両方を訪ねてみると二つの都市はまるで違うことは分かった。そうだ。アンナカレーニナは西洋の女性、そしてナターシャやキティには東洋の面影がある。こんなことをぼんやり考えて少しずつ読み進んでいった。

全体に快適な旅である。列車が飛ばすときは、かなり揺れるが、別に脱線するほどでもなさそうだ。各列車についている客室係も驚くほど気が利いている。コーヒーでも頼みにいくかと思っていると、ドアをノックする音が聞こえるという按配である。

八月二八日。目が覚めると列車はイルクーツクに到着していた。アンガラ川沿いに停車しているが、この川はバイカル湖から流れ出したものだ。天気は晴れている。今日はイルクーツクを観光して、明日バイカル湖に行くのだがそれまで天気が持つだろうか。今日一日がもったいない気がして、タクシーを飛ばして、バイカル湖に駆けつけようかという考えが一瞬浮かんだほどである。

最後に訪ねたヴォルコンスキーの家がイルクーツクのハイライトだった。デカブリストの乱でシベリアに多くの人が流刑された。その一人、ヴォルコンスキーと、彼を追ってシベリアに来たマリアの家である。戦争と平和にヴォルコンスキーが登場するので分かるように、トルストイと関係が深いようだ。調度品などは都会風の立派なものだった。家の中を見終わって、コンサート。つぎに、突然シャンパングラスが出てきた。

「さあ、マリア・ヴォルコンスキーがいつも歌ったように、歌いましょう。シャンパンだー、乾杯だー」

司会者の音頭と共に、シャンパンの栓が抜かれ、なみなみと注がれた。歌手も声を張り上げている。華やかなお祭り騒ぎになった。

夜の灯が瞬き始める頃、列車は出発した。いよいよバイカル湖だ。スリュジャンカのあたりから、バイカル湖岸鉄道を走ることになる。しばらく停車した後、列車が逆方向に走り出したので、しめたと思った。バイカル湖は私たちのコンパートメントの窓側に展開するはずだ。

八月二九日。眠り込むのがもったいなくて、私は窓に張り付いていた。列車はゆっくりとバイカル湖の湖岸を進んでいる。満月をわずかに過ぎた月が明るく輝いている。湖に黒い帯が出来ている。はじめは堤防かと疑ったがそうではない。列車が進むと帯も移動する。月光が作る不思議な影なのだろうか。岸辺には月光に輝く波がある。トンネルをくぐって高台に上ると、黒い帯は半円形になった。その向こうは再び白く輝いている。全体にうっすらと霞んでいるように感じるが、これも月光の魔術なのだろう。オリオンの三つ星まではっきり見えている。快晴なのは間違いない。真夜中なのに飛行機雲が上っていくのが見える。それだけ月光が強いのだろう。

少しまどろんで目を覚ますと、もう夜が白み始めていた。うすい青い空の色がはっきりしてくる。西の空も赤くなった。やがて日の出だ。日輪は湖に輝く光の帯をつけて静かに上がった。対岸の山々がはっきり見える。中腹に、白い線状の雲がかかっている。

列車はポートバイカルに着き、湖岸のリストヴャンカへ行く船に乗った。予想通り澄み切った水だ。リストヴャンカでは博物館などを見学してから湖岸に降りた。かなり急勾配の砂利である。早速一人のイギリス婦人が水浴。私は足だけ水につけた。冷たさがジンと来る。その後バーベキューの昼食となった。

船で列車に戻ってもまだ快晴であった。列車は静かに動き出した。湖岸には赤や黄色の花がある。おだやかな湖面。対岸の山。見事な景色である。対岸の山は、陽を浴びて斜面が輝いている。時々山の上に来る雲も輝いている。山の形はつんと尖ったもの、ギザギザしたものと多様だ。いつまで見ていても飽きない。

やがて、希望者は機関車の外側に乗ることができた。風を感じながら湖を見下ろして進んでいった。青い湖は光の具合でいくつかの層に分かれていた。

列車の待合停車時間を利用して再び下車して湖に接近した。小さな岬のようなところで、今度は三人ばかりが湖に入った。人が泳いでいると水が澄んでいることが、よりはっきりする。

列車に帰り、ディナーを終えてコンパートメントに戻ってもバイカル湖が見えていた。そして、ようやく夕暮れとなった。対岸の山をはっきり写すことができるので写真撮影には好都合であった。完璧な一日であった。

旅の終わりに

八月三一日。列車はモンゴルに入った。なだらかな丘陵地から木が消えた。所々にゲルが見える。やがてウランバートルに着いた。早速、観光である。ウランバートルにはスリが多いというので、小型カメラをジャンパーのポケットに入れて出発した。市の中心部では常用のカメラは車に残すつもりだった。

最初の訪問先は郊外のチベット仏教のお寺。のんびりした雰囲気だ。寺の中を一回りして出ようとすると、朝青龍のような男が入り口で礼拝している。入ってくるのかと待っていても、入ってこない。それではと出ようとすると、やにわに朝青龍もどきが突

夕暮れのバイカル湖

進してきた。こんなところで相撲をとる気はないと、少し押し返しただけで、脇にどいて逃げた。バスに帰ってどうもおかしいと調べてみるとカメラがなくなっていた。郊外と安心していたのが失敗だった。それにしても、充電装置なしのデジカメは使い物になるまい。彼も骨折り損と思っているのではないか。

市内観光の後、放牧中のゲルを見にいった。短時間だけれど馬に乗ることもできた。残念なことに、遠景にウランバートルの街並みが見えた。これさえなければ、モンゴルの大草原を旅する感覚を味わえたのであるが。まあ短時間で一つの国を経験できたのでよしとしよう。

九月一日。ウランウデに着き、オールドビリーバーズというギリシャ正教の分派が迫害を逃れて作った集落を見にいった。鮮やかに彩られた家々だった。シベリアの、しかも奥深くまで逃れて生き延びる、それを支えた信仰の強さは驚くべきだ。

これから二日間、列車はシベリアの大地をひた走る。エクスカーションはなく、たまに停車するときホームを歩くだけだ。といっても退屈することはなかった。三度の食事に食堂車に出かけ、車窓を眺め、アンナカレーニナを読み進む。悠然と時が流れていった。風景は特に変わった訳ではない。本当に原始的なところを列車で行ったのはむしろカナダ横断鉄道の旅だった。一九七一年だから、約四〇年前のことだ。

八月の初め、ニューヨークからモントリオールまで走って、車を預けて、横断鉄道に乗り込んだ。壽子、一歳になったばかりの晃と三人づれであった。個室寝台でトイレつきだがシャワーは共用だったと思う。三食つきで、やはり食堂車で摂ることになっていた。

トロントを過ぎてしばらくすると、森と湖の世界になった。ディナーはフランス料理の繊細な味で満足できた。食事は今度より良かったかもしれない。食堂車の窓は広く、景色を見るには絶好だった。湖に夕映えが映っていた。翌日、目が覚めると列車は妙なところを走っていた。車掌に聞くと山崩れのため通行できないところがあり、ルートを変えたのだという。到着が半日遅れるらしいが、食事つきなので怒る気にはならなかった。

やがて針葉樹林帯の平地となり、いたるところに湖があった。森と湖が同じ面積あるのではないかというほどの湖の多さだ。景色を眺め、食堂車に向かう。この行動がパターン化してきた。晃は食堂車ではずっとお利口にしていて、メニューを見る様子をし、ジュッツとオレンジジュースを忘れないように催促するので、ウェイターに可愛がられていた。

こう思い出していくと、車窓風景は、バイカル湖というハイライトを別にすると、カナダ横断鉄道が優れていることになる。もっとも、四〇年前と同じ風景が残っている保証はない。

車中に三泊したと思う。正確には思い出せない。列車をサスカトゥーンで降りて、レンタカーに乗った。一路南下してイエローストーン国立公園に達した。ムース、クマといった野生の大型動物を初めて見て興奮した。ことに、早朝、車の前を悠然と歩いていった二頭のエルク（大鹿）は野生の威厳に満ちていて今でも忘れられない。イエローストーンでは巨大な間欠泉や温泉が石灰棚の上を流れるミネルヴァテラスといった火山地形も素晴らしかった。売店で売っている安っぽい竹ざおと毛ばりで釣りをしたら、驚いたことに、マスがかかった。釣り上げたマスは川原で焼いて食べた。晃がことに嬉しそうだった。

今度は北上し、グレイシャー国立公園、ウォータートン湖国立公園を経て、カナディアンロッキーに達した。モレイン湖の脇のロッジに泊まり、夕方と朝の湖を満喫した。モレイン湖は澄んだ水を湛えた氷河湖で周りを鋭く尖った岩峰が取り巻いていた。さらにグレーシャーパークウェイを走り山々と氷河を眺めた。そしてサスカトゥーンに戻り、また横断鉄道で帰路についた。

全部で一カ月の旅行で総経費が約二〇〇〇ドルであった。今回の旅行の経費とは比較にならない。もちろん四〇年前に比べるとインフレが進行している。しかし、インフレ率五倍として、一万ドルでも、今あのような旅行ができるだろうか。

九月四日。列車は無事にウラジオストクに到着した。小雨の中を、港を中心に観光した。退役した潜水艦の中に入れたのは愉快であった。宿泊先はヒュンダイホテル。ウラジオストクでは一番のホテルらしいが、空調も照明も故障していて、連絡しても直しに来ないなど、ソ連時代の伝統を保っていた。お別れパーティーもこの街のレベルを反映して、うら寂しい食事であった。山盛りキャビアなど夢のまた夢である。

ウラジオストクから抜けるのに、日本で常識なのはウラジオストク航空で新潟や成田に飛ぶことである。しかし、ウラジオストク航空の評判は芳しくない。そこで大韓航空を使いソウル乗換えで名古屋に帰ることにした。五日に大韓航空の便はない。もう一泊して次の日に乗ることにした。他の人はみな出発してしまい、私たちだけ、この陰気な街に残されるのではないか、と心配だった。ところが、お別れパーティーなどで聞いてみると、どうやら大韓航空を使う人もいるようだった。

九月五日。ガイドを雇って日本人墓地にお参りした。シベリア抑留で、この地で命を落とした多くの人たち。一寸いるだけで、早く帰りたくなる土地に長い間留められ、しかも海の向こうは日本という状況に置かれたら、と思うと胸にこみ上げるものがある。

九月六日。帰国の日だ。GWトラベルが用意したバスになんと一三人が乗り込んだ。モスクワ経由でなく帰国する人たちのメインルートはやはりソウル経由だったのである。バスは坂になるとガタガタいう年代物であった。モスクワでの大型ベンツとの落差は大きい。竜頭蛇尾の典型であろうが、無事に空港に着いたから文句はない。空港では、別行動の日本人ツアーの一行とも合流した。

離陸した大韓航空の飛行機は日本海に出ず、中国に入り、領内を飛び続けた。日本海ルートはわき腹を北朝鮮に晒すことになる。最短距離の日本海ルートを避けるとは、さすがに危機管理がしっかりしている。大きく迂回した飛行機は黄海に出てゆったりとインチョン空港に着陸した。西側に帰ってきたのだ。

帰国し、数日休んでまた旅に出た。九寨溝、黄龍五日間のJALパックツアーに参加したのである。JALは再建途上で揺れている。JALパックに高品質が残っているうちに、そして一〇月からは廃止になる名古屋―広州便が飛んでいる間に、九寨溝に行くことにしたのである。

九月一三日、広州経由で成都に達した。翌一四日早朝の飛行機で九寨溝着。私たち二人だけのために国立公園内の専用車とガイドが付くという特別待遇である。幸運なことに、快晴であった。その日のうちに、かなりの部分を回ってもらった。五彩池の澄み切った青い色が印象的だ。諾日朗瀑布から樹正群海にかけても澄んだ水のさまざまな姿が見られた。一五日も快晴。午前中の観光で要所はほぼ見終わった。しかし、所詮、観光旅行という気分もぬぐえなかった。人が多いせいもあるだろう。

昼食後、珍珠灘に行った。ガイドがこの時間が一番空いているというだけあって、一握りの観光客しかいなかった。まずは、薄緑の植物が生えた上を滑らかに広がった水が悠々と行く滑滝。つづいて丸っこい岩の連なりを水が乗り越えて行く大きな滝に出た。ここが中心だ。さらに進むと、道脇の斜面からつぎつぎに水が噴出していた。樹正群海から下る際に、奥のハイキングコースを選択した。人も車もいないと水と風景の美しさが心にしみた。青い池から、流動する大量の水晶のような水が流れ出し下の池に向かっていた。そうだ、ここでは清らかな水が、楽しげに姿を変えて駆け下っているのだ。
心から満足してホテルに帰った。夕食後、二人とも風邪を発症した。中国の風邪には免疫がないのか、かなりの熱がある。ロシアの旅の疲れもあるかもしれない。ガイドに連絡して、黄龍の観光は取り止めた。大して残念でもなかった。晴天に恵まれた九寨溝を満喫して、これ以上を望むべきではないだろう。

帰国して、多忙な毎日に戻り、少しずつ写真と記録を整理した。今年は水の年だったなと思った。バイカル湖、カナディアンロッキーのモレイン湖、アンデスの湖。経験した中ではこれらが湖のベストだ。清らかの水の流れ、動きとなれば九寨溝とユーコン河上流である。それにしても、バイカル湖も九寨溝も長く滞在した訳ではないのに、晴天だったのは、まったく幸運であった。

サハラ砂漠

二〇一一年の春休みの旅はアラブ世界を標的にした。一番の目的はサハラ砂漠である。ナミブ砂漠で砂漠は満喫したはずであるが、世間的には砂漠といえばサハラである。ことに日の出と日没の評価が高い。ナミブ砂漠では、立ち入り時間の関係で、日の出や日没を見ることは、公園内でキャンプしない限り不可能であった。もう一度、砂漠に行き新しい経験をしようと思った。

例によって半年前に準備を終え楽しみにしていると、また事件が発生した。チュニジアに端を発してアラブ民主化のうねりが巻き起こったのだ。旅行先であるモロッコやヨルダンも例外でなくデモが始まった。しかし、注意深く情報を集めてみると、どうやら大事には至らないようで、予定を変えないことにした。そして、出発直前、東日本大震災に続いて福島原発の事故が勃発した。東京にいる家族のことを考えて、旅行を中止すべきではないかと真剣に悩んだが、最後の決断は決行であった。

三月一五日の夜、関空発のエミレーツ航空でドバイに飛んだ。赤ちゃん連れのヨーロッパ人が多く、日本脱出が始まったなと思った。乗り換えてカサブランカに着き、ロイヤル・マンスール・メリディアンに一泊。翌一七日、モロッコ航空でマラケシュに到着した。

宿泊先はラ・マムーニア。広い庭にはオレンジやバナナが実っている。さっそく散歩に出かけた。大震災と原発事故で国が滅びるのではないかと暗い気分であったが、庭で過ごす間に、何とかなるだろうという気がしてきたから不思議である。

ホテルはマラケシュの中心に近く、観光に便利である。二日かけて主な見所を回ることができた。ベン・ユーセフ・マドラサ、サアード朝の墳墓群、バイア宮殿では、精緻なモザイクを鑑賞することができた。エル・バディ宮殿は壮大な廃墟で、たくさんのコウノトリが巣を作っていた。

さて、サハラ砂漠である。個人旅行で行こうとすると交通手段が難しい。そこで、ホテルに交通を依頼することにした。アトラス山脈を越えたところにDar Ahlamというリゾートホテルがある。アメックスに、ここへの宿泊と交通を一緒に交渉してもらった。手配は八カ月前に終わっていた。

三月一九日、朝八時。トヨタ・ランドクルーザーがやってきた。ベルベル・ボヤージュという会社が手配を受けたのだそうだ。運転手は善意の塊であった。アトラス山脈で雪遊びをさせてくれ、さらに寄り道をして、アイト・ベン・ハッドゥが見えるところまで連れて行ってくれた。これは日干しレンガで作った城砦、すなわちカスバで、その見本となっている。

四輪駆動車の威力を発揮して川を渡って目的のホテルに着いた。カスバを改装したもので、私たちは滞在を楽しんだ。

三月二〇日。運転手は代わったが、彼も善意にあふれていて、トドラ峡谷にまで寄り道をしてくれた。切り立った峡谷の底を歩くことができたのである。

無事にサハラ砂漠に接するメルズーガに着いた。メルズーガでの宿はKasbah Mohayut。すぐ後ろに砂丘が広がっていて、評判のよいところである。満室になってはと八カ月くらい前からメールで宿泊、ラクダや四輪駆動車によるツアー、そしてフェズへの交通を依頼していた。

さっそくフロントに行って、夕方のキャメル・トレッキングについて確認した。出発は五時からとのことである。まだ時間があるので、とりあえず宿の外へ出て砂丘に向かった。砂丘には車の跡があり、ゴミも見え、少しがっかりした。

ラクダ引きと助手がやってきた。さあ出発だ。私たちはそれぞれラクダにまたがった。私は初めてラクダに乗るので、おっかなびっくり、握り棒につかまった。ラクダが立ち上がると、たしかに高い。しかし、意外に安定している。

ラクダ引きが先頭に立ち、ゆっくりと砂丘を進んでいった。私はすっかりラクダに乗るのが気に入った。砂丘を下るときに気をつければ、快適な道のりである。

ラクダ引きは愉快な男で冗談を言ったり、カメラを預かって写真を撮ってくれたりとサービス満点だ。やがて砂丘のゴミがなくなり、それらしい雰囲気になってきた。ゆるやかな砂丘を登ったり降りたりして、だんだん高い砂丘に近づいた。砂丘は夕日にオレンジ色に輝き、陰影が濃くなった。

三〇分ほどラクダに乗ってきたであろうか。大きな砂丘の近くでラクダを降り、素足になって登頂を開始した。砂丘の稜線は鋭く、最後には手も使ってよじ登った。

景色を眺めながら日没を待った。砂丘の赤みはいよいよ増し、影も長くなった。残念なことに、しばらくして太陽は雲に隠れたが、日没の直前にまた現れた。にわかに砂丘が赤く輝き、日没に伴って淡いピンクとなった。幻の中に消えていくような砂の色であった。

三月二一日、四輪駆動車による砂漠見物に出発した。砂丘を回りこんで、アルジェリアとの国境近くに出た。広々とした砂礫地

◀オルソセラス（直角石）

帯に岩板が露出していた。その表面に、節のついた細長い化石がたくさん見える。化石は大きく、長さ五〇センチを超えるものも、あちこちにある。素人が、野外に見に行ける動物の化石としては立派なものだ。この化石を運転手は魚だというが、とても魚とは思えない。私は貝だろうと主張した。しかし、大きいのはぶよぶよとした太い管のように見え、不思議であった。後で調べてオルソセラス（直角石）と分かった。イカ、タコの仲間で、アンモナイトの先祖筋に当たる。年代的には三葉虫とほぼ同じ時代のものである。

　車を走らせて、岩の破片が転がっているところに来た。小さなアンモナイトがいっぱいある。私はアンモナイトと小さなオルソセラスを記念に頂くことにした。日本発のツアーの宣伝の中に、アンモナイトと三葉虫の化石を探す、というのがあったので三葉虫も目標にした。しかし、一つもない。

「三葉虫がないかなー」

　運転手に聞いてみた。返ってきた答えは

「インシャラー」

　神の御心のままにでは、あきらめたほうがよさそうだ。ゆっくりと過ごして三時前にホテルに帰った。

　今日は砂漠の中のテントまで行く日である。しかし、体調を考え、結局、あきらめた。その代わりに、夕方のキャメル・トレッキングを長時間にしてもらった。定刻の五時より三〇分早い出発である。ラクダ引きが一人だけ来た。実直そうな若者である。ラクダ引きはテントに泊まる人たちの後を追ってラクダを進めてくれた。

　私たちは砂丘を一つ一つ越えていった。柔らかな砂丘の線、砂丘の長い影、うねうねと波のように連なる遠くの砂丘。昨日も見た景色だが、これがずっと続く。昨日登った砂丘も背後になった。ここは砂丘の核心部だ。私はただうっとりと眺めていた。至上の時である。素晴らしい景色を繰り返し眺め、記憶の限界に達すると突然、もうこれ以上はないという認識に達するのかもしれない。ラクダ引きは悠然と進み、そしてテントに泊まる人たちより左側の進路をとった。

　ついにラクダを止め、高い砂丘に登った。日没を待つのだろう。休憩しているテント泊まりの人たちが右下に見える。その先の砂丘の麓にはテントもある。テント泊まりと同じような位置まで来てしまったのだ。

　今日は晴天なので完璧な日没が期待できる。私たちは稜線にまたがって時を待った。日が沈むにつれて、砂丘の色はさらに濃くなり、コントラストも強くなった。テント泊まりの人たちが出発していった（カラー写真36）。

　日を浴びた正面の砂丘まで陰影が見えてきた。稜線からうっすらと砂が飛んでいく。右側の砂丘の平らな面をベールがなびくように砂が移動して糸のように落ちていく。

日没直前のサハラ砂漠

砂丘のオレンジ色が一段と赤味を帯びた。左側には柔らかな曲線の小砂丘が起伏を繰り返しているが、その谷間の陰りが増した。しかし、砂丘全体の輝きはより強く、壮絶に感じられる。

それにしても、あまりに砂丘群の奥まで来ている。そういえばラクダ引きがぽつんと尋ねたのだった。

「このまま日没まで居るかい」

帰りを心配しはじめたのかもしれない。しかし、私はぎりぎりまで粘った。こんなに恵まれた時はめったにない。砂丘の影はさらに長くなり、陰った部分が多くなった。日没直前だ。やっと、これからは昨日と同じだと立ち上がった。ラクダ引きもほっとしたように続いた。

砂丘を駆け下りラクダのところに戻ると、もう、日没後の世界だ。それでも残照によってピンクの砂に淡いコントラストができている。

ラクダ引きは行きの時とは違った真剣な急ぎ足でラクダを進めていった。かなり戻っても、メルズーガの町は遙か彼方だ。映画で見た、砂漠で迷ったシーンを思い出した。でも、ここには信頼できるラクダ引きがいる。私は幸せの残像を抱いて夢の中のように下っていった。壽子は高らかに月の砂漠を歌っていた。ホテルの近くに着いたときは真っ暗だった。七時一〇分である。

感謝して多めのチップを渡した。ところが少ししてラクダ引きが追っかけてきた。手にお札を持ったままだ。

「養う家族があります。ラクダには餌をあげなければいけません」

ラクダ引きが訴えた。おかしいな、どうも誤解している。チップの額が通常コースの料金と同じだったので、チップなしと間違えたようだ。

「これはあなたの特別サービスへのお礼です。料金はホテルから支払われます」

喜んだ純朴なラクダ引きは、お札をにぎって飛び上がった。


宿に帰っても私はまだうっとりしていた。なんとも信じがたい幸運であった。テントに泊まらずに最高の景色を見てしまったのだ。ナミブ砂漠を一歩越える経験であった。

しかし、写真にしてみると、この違いを表現することは難しかった。おまけに砂丘の大きさではナミブ砂漠のほうが優れているし、サハラ砂漠では砂丘の下部に草まである。見ているときは少しも気にならなかった草が夕方の写真では目立ってくるのである。両方を経験したから完全になったともいえるであろう。


八月二二日。再び四輪駆動車で砂漠を旅した。巨大なオルソセラスがあったが、それ以上変わったこともなさそうだった。そこでエルフードの町に向かってもらった。化石を売る店で、三葉虫の化石を買うためである。運転手は大きな店に案内してくれた。

まず作業場に行った。切り出したばかりの三葉虫を含む岩板がごろごろしている。そして技術者が周囲の岩を除いて三葉虫を浮かび上がらせていた。

店に入ると、じつにたくさんの化石がある。三葉虫の化石は偽物が多い。偽物をつかまないために少し勉強しておいた。ポイントになるのは、気泡がないこと、複眼が見えること、さらに母石から化石へ繋がるひび割れのあることだ。明らかに偽物、いやお土産物が並んでいるところもある。そこは避け、それでも、やや大衆的と思われるところで探すと複眼のはっきりしたのがあった。ひび割れは見えなかった。もう一つ、複眼は出ていないが、ひび割れが明確に続いているのがあった。化石の形も気に入った。複眼のあるのはS字型に少しうねっているし、ひび割れのはっきりしたのは丸まろうとしている。ダイナミックだし、偽物を作るのは大変だろう。

二つをかごに入れた。値段を聞いて値引き交渉にかかったが、店員は憤然として
「安いものは他にいっぱいあります。きれいに仕上げるには、手間がかかっているのです」

といって、私のかごを持って行こうとした。やはり本物だと思ったが、勢いに負けて、二つで一万五千円くらいと結構高く買ってしまった。

帰国して調べると、複眼があるのはファコプスという、モロッコの三葉虫の代表的仲間と分かった。四億年ほど昔の生物である。詳しく見ると、この化石にも、母石から続くひび割れがあった。

ある日、拡大鏡を買ってきて複眼を見た。たくさんの隔壁の中に、半透明のレンズ状のものがそれぞれ入っていて、光を当てるとキラキラと光った。三葉虫のレンズは方解石だというのが納得できる。こんな小さな構造が何億年もの時を経て保存されているとは感動的だ。店員が不当に高い値段をつけたのではないことも

分かった。

三月二三日。朝のキャメル・トレッキング。曇りであったが、それなりに楽しめた。

そしてフェズへの大移動。朝八時、宿で手配してくれたベンツのグランタクシーに乗って出発した。ベンツといえば、聞こえはよいが、二〇年物といった古い車である。モロッコで出会うベンツはいつも古いので、ベンツは安物という気がしてきた。

グランタクシーは物騒だという人もいる。しかし、特に危険な目にも会わず、四時過ぎに無事フェズに着いた。宿はソフィテル・パレ・ジャメイ。

三月二四日。ホテルの車を一日チャーターして古都メクネス、そしてローマ遺跡のヴォルビリスに向かった

フェズを出て少し行くと豊かな農村地帯であった。小麦が青く茂り、ソラマメの畑もある。いたるところに橙色や黄色の花が咲き誇っている。赤いヒナゲシもあった。遠くの丘には黄色い花のじゅうたんが敷き詰められている。

やがて、見下ろす谷の向こうに緑の丘が見えた。丘の上に列柱やアーチがある。ヴォルビリスの遺跡である。遺跡の中にも花が咲き乱れていた。良い時に訪れたのである。この遺跡はモザイクで有名で、いくつか見て回った。

じつはこのとき、一番の傑作である月の女神ダイアナのモザイクを見逃していた。メクネスへの車中で気がついて、メクネス観光後、もう一度ヴォルビリスに立ち寄ってもらった。それだけの価値があるモザイクだった。

三月二五日。ブー・イナニア・マドラサとアッタリーン・マドラサという二つの神学校を見学した。どちらも壁のモザイクが立派であった。そして列車でカサブランカに戻った。

ここからスケジュールが厳しくなる。まず、ヨルダンのアンマンに向かった。ペトラ遺跡と死海を見るためである。

ペトラでは岩に彫られた壮大な神殿を満喫した。さらに、赤い岩に入った見事な縞模様が印象的であった。これが王家の墓の正面に巧みに利用されていた。

死海のリゾートホテル、モーベンピック・デッドシーではもちろん湖に向かった。岸の岩には岩塩がついていた。岩塩の結晶はサンゴに似ていた。バランスに気をつけて、そっと水に入った。水温が二五度ほどで気持ちがよい。比重の重い水がゆったりと身体を包んだ。そして、足を上げて浮遊体験。少し水をかくと、滑らかに進むので、風を受けて走るヨットになったような気分であった。

最後に、ドバイ。急いでアル・マハ・リゾートを訪ねた。高級ロッジであると同時に、絶滅の危機からよみがえったアラビアオリックスの保護区を兼ねている。アラビアオリックスはナミビアのオリックスの親戚である。体毛がほとんど白で、ナミビアのよりも美しいとされている。ここで、砂丘を背景に寛ぐオリックスの写真を撮ることができた（カラー写真37）。

ドバイのシンボルであるブルジュ・アル・アラブも近くで眺めた。帆の形をしたこのホテルはアラビア海に突き出している。青く澄んだ海とのマッチが見事であった。

夢の南極クルーズ

南極大陸

長い間行きたかった場所で残ったところがいくつかある。その最たるものが南極大陸だ。白い氷の大陸を一度、この目で確かめたかったが、南極旅行のシーズンは一二月から二月である。ずっと都合がつかなかった。

ガラパゴスとマチュピチュの旅で利用したリンドブラッド・エクスペディションズから、しばしばパンフレットが送られてきた。そこには南極クルーズが華々しくあつかわれていた。リンドブラッドは南極観光旅行のパイオニアというせいもある。クルーズの値段は毎年五パーセントほど着実に上昇していた。今は円高だけれど、これで円安になったら南極はあきらめなければならない。いつまでも健康が続く保証もない。残念なことだと思っていた。

二〇一〇年の初夏、またやってきたパンフレットをパラパラとめくって、はっとした。授業や公式行事がなく、無理すればなんとかなるところに一つクルーズがあるではないか。引退が迫ってきて、責任が減ったせいもある。あわてて南極半島、サウスジョージア島、フォークランド諸島へ行く、二〇一二年二月のクルーズを予約した。

南極クルーズの準備は大変である。まず健康診断書の提出。遠隔地なので、心臓などに持病があると参加できないらしい。英語の書類なので、大学の保健センターの所長に記入を依頼した。そして、救援費用つきの保険への加入だ。むろん環境省への届出も必要である。一二月の半ばに入ると、二人でしばしば買い物に出かけた。サングラス、上陸用の長靴などは必須である。長靴はいろいろ迷った末、釣り用の頑丈なものを買い込んだ。出発が近づくと、何かの事故や病気で出かけられなくなってはと生活にも注意した。骨折などはもっての他である。

同時に、即断で決めたものの、この南極クルーズにどのくらい期待できるかも不安であった。二月は時期的に遅く、氷や雪が解けて南極らしい風景がないのではないか。もっと時を待って、一月のクルーズか、ロス海を目指すクルーズを選ぶべきだったかとの思いも浮かんだ。しかし、二〇一二年は異常に寒い年で、南極観測船の「しらせ」が接岸できないというニュースが入った。どうやら南極らしい景色を見られそうだ。

南極クルーズの旅行記を読むと、南極の天候を甘く見てはいけないようである。曇りならまだしも、霧や吹雪の日もある。もっとも、たいていの場合、一日は晴れるようだ。そこで、今回の旅行では、南極大陸に上陸すること、一日でよいから晴れた日の南極大陸を見ること、そしてサウスジョージア島のキングペンギンの大群を見ることを目標にした。運が良ければ、さらに何かあるだろう。

二〇一二年二月一〇日。無事に成田を出発。ダラスで乗り換えて、ブエノスアイレスを目指した。利用したのはアメリカン航空である。破産したばかりなので若干心配であったが、満席に近い盛況で、なんの悪影響も感じられなかった。

二月一一日。ブエノスアイレス着。ここに四泊してリンドブラッドのツアーに合流するのである。飛行機の延着などでツアーを逃がしたら、追いかけるわけにいかないので、ゆとりを持ったが、同時に時差を解消し、体調を整える目的もあった。

ブエノスアイレスはほぼ一〇年ぶりの訪問である。料理の美味しさも、明るく親切な人々も変わっていなかった。もっとも、たがの緩んだところが多く、経済危機の爪跡は残っていた。注目したのは季節の違いだ。今は夏。ピンク色の大きな花をつけた街路樹が目立った。パラボラチョである。幹がビヤダル状になり、とげもある。ジャカランダの花も残っていた。

二月一二日。ラプラタ河を越えてウルグアイのコロニアを訪ねた。世界遺産だそうだが建物はたいしたことがなく、のんびりした雰囲気が印象的であった。インコが公園のシュロの木に巣を作っていた。そして、河沿いの砂地には国花のセイボの赤い花があった。

二月一五日。リンドブラッドのツアーと合流した。まず、簡単なブエノスアイレスの市内観光。そして、レストランでの歓迎会である。レストランを埋め尽くした人数に驚いた。定員一四八名のツアーは完売で、九月に申し込んだ夫婦が最後の空席を得たそうだ。金融危機の後でもこれだけ人気があるのは、リンドブラッドを強く支持する客層が存在するからであろう。ただ、配られた乗客名簿には一三五名が載っていた。二人部屋を一人で使う客もいるだろうし、間際になって病気などで来られなくなった客もいるためだろう。夜には荷物を廊下に出した。ツアーが始まるのだ。

二月一六日。チャーター機で南米大陸南端の町、ウシュアイアに飛んだ。機窓から遠くに大陸の先端が見えてきた。地の果てというのは、どうして、こうも心躍らされるのであろうか。着陸の前に見たウシュアイア周辺の山々は鋭くとがっていて、さすがにアンデスが海に落ちる地だけのことがある。

ウシュアイアは正確には島にある。この島とさらに南側の島を隔てるビーグル水道を小型船でクルーズした。対岸のチリの山々は壮大で、写真で見たパイネ山群を思わせた。そしてアシカの一種、オタリアが群れている小島に来た。オスの大きさは三五〇キログラムほどだそうだ。オスはウォーウォーと吼えていた。クルーズの終点はウシュアイアの港。これから乗船するナショナルジオグラフィック・エクスプローラーが待っていた。

リンドブラッド・エクスペディションズはナショナルジオグラフィックと提携している。自然や文化の尊重など、共通の意識があるからであろう。この関係が船の名前にも現れているのだ。ナショナルジオグラフィック・エクスプローラーは二〇〇八年に改造されたばかりで、最新の設備を備えた探検船だそうだ。

早速キャビンに案内された。キャビンはシャワー、トイレつきである。居住空間も、荷物の収納スペースも十分にある。調度品のセンスも良い。私たちはこの船が気に入った。ブエノスアイレスで別れた荷物はちゃんと到着していた。さらに、クルーズ参加者に支給される赤いパーカが置いてあった。防水で、保温効果も大きく、上陸には必須のものである。

夕食前にラウンジに集まり、説明を受けた。これから向かうドレーク海峡は、通常の姿だという情報である。乗客は緊張して顔を見合わせた。ドレーク海峡は、すさまじく荒れると悪評が高いところである。相当な覚悟が必要かもしれない。

出航は午後六時の予定であったが真夜中となった。燃料の供給について、一騒動あったらしい。明け方、船のきしむ音がした。そして、揺れが始まった。立って動くときには手摺を握ったほうがよい。要所には、つかまりやすいようにロープが張られた。だんだん揺れはひどくなり、波頭が盛り上がって崩れていた。しかし、それ以上にはならなかった。午後になると、トローリングの時の揺れ程度になった。この船は最新式のスタビライザーを備えているので、揺れが軽減されるという面もある。

ドレーク海峡で期待していたのはアホウドリ。中でもワタリアホウドリは羽の先端から先端まで三メートルを超え、その意味では最大の鳥である。船の後尾の甲板に出て、ワタリアホウドリを待った。しばらくすると二羽やってきた。さらにマユグロアホウドリもいた。ナチュラリストのトムが見分け方を教えてくれた。トムは南極観光の草分け時代から働いているというベテランである。

ワタリアホウドリは背面に白い十字があり、腹面はほとんど白である。海の泡から生まれたような美しい鳥だ。ワタリアホウドリは空高く、そして海面すれすれに、すべるように飛んだ。海面と直角になり、白十字を輝かせるときもある。やがて船の真上に来ておっとりと私たちを見下ろした。

午前には南極の鳥、午後には南極の地理の講義があった。ナショナルジオグラフィックとの提携関係のため、この船にはナショナルジオグラフィックのナチュラリストや写真家が何人か乗り込んでいる。リンドブラッドに所属するナチュラリストを含めると、立派な講演者陣である。さらに、ゲストスピーカーとしてピーター・ヒラリーが来ていた。エベレストに初登頂したエドモンド・ヒラリーの息子である。彼自身も七大陸の最高峰すべてに登り、さらに南極点にスキーで達する新ルートを開拓した探検家である。

二月一八日。揺れはおさまり、普通の航海となった。天候は曇り。朝食後にナガスクジラがいるというアナウンスがあり、急いでデッキに出た。そのデッキにいたのはピーター・ヒラリーだけだった。たしかに二頭のナガスクジラが潮を吹いていた。一度潜ったがまた浮上した。船から五〇メートルくらいの位置だろうか。頭部がはっきり見える。

ピーターが話しかけてきた。

「大きいクジラだな。噴気も高い。何の種類だろう」

ピーターはずっと外にいてアナウンスを聞いていなかったらしい。

「ナガスクジラとアナウンスしている。潜るときに尾を上げないから、やはりそう思うぜ」

と答えた。

「そうかナガスクジラか。二番目に大きいクジラだ」

ピーターは嬉しそうだった。私もピーターに教えることがあって嬉しかった。

船室に帰ると雪となった。そしてペンギンについての講義が始まった。ピーターマン島でのペンギンについて長年研究しているナチュラリストが講師だ。この島のペンギンは本来アデレーペンギンだったのだが、次第にジェンツーペンギンが増え、今や多数派になったとのことである。地球温暖化の影響がこんなところにも現れている。

つづいて南極を汚さないための具体的な注意があった。観光によって南極の自然を破壊しないため、南極観光を扱う業者の協会ができ、行動指針を作っているのだ。

昼食後に風が強くなった。波が砕けてしぶきとなり、窓に吹きつけてきた。嵐の海の上を二〇羽ほどの鳥が飛んでいた。翼に白い線が入っている。ヒメウミツバメだろう。こんなところを、よく平気で飛んでいられるものだ。

午後には持ち物の除染。上陸に使用する靴やリュックを掃除機で徹底的に吸引した。外来植物の種子や胞子を南極に持ち込まないためだ。

サウスシェトランド諸島のどこかに上陸する予定であったが、悪天候のため計画変更となった。外洋側をひたすら南西に進むのである。

最初の氷山が現れた。白くきれいで、気のせいか少し緑色を帯びている。霧がまとわりついていて、幻の中から出現したようだ。航海の様子を知るため、ブリッジに行った。たくさんの機器が置いてある。現在、南緯六二度である。さらに少しずつ南下している。

夕方に船長主催のカクテルパーティー。乗組員の紹介があった。船長はスウェーデン人である。スタッフにもスウェーデンやドイツ出身の人が結構いる。そういえば、知り合った客も、バンクーバーからのご婦人はドイツ系だし、カリフォルニアからの夫婦はオランダ系だ。アメリカを支える背骨にゲルマンの貢献があることを感じた。

夕食前に明日の計画の説明があった。いよいよ上陸とのことである。天気も期待できるそうだ。本当だろうか。

二月一九日。目を覚まして、ブラインドを少し開けてみた。遠くに南極の島が見えるかもしれないと思ったのだ。なんと、大きな白い山が窓の外に聳えている。大変だ、南極大陸に着いたのだ。急いでパーカを着込んでデッキに出た。白い山と白い氷河の崖が広がっている。雪も氷も、混じりけのない白だ。これが南極か。想像を超えた美しさだ。

朝日が山々の雪をピンクに染めた。私は一番高いデッキに行き、ゆったりと景色を眺めた。雪山の山腹には襞がついている。ヒマラヤ襞にそっくりだ。山の上部のたおやかさはモンブランを思わせる。海中から高山が突き出しているかのようだ。一人の男が上ってきた。そして両手を広げた。

「おお、凄い。こいつを見るために来たんだぜ」

私たちはデッキに立って、景色に見とれていた。通り過ぎてゆく氷山の上にペンギンの群れがいた。ペンギンは、早送りのビデオを見るようなすばやさで、しかし秩序だって動いていた。

船は狭い水路に入った。切り立った氷河が両岸に聳えている。水路に薄い氷が漂うようになった。行く手に大きな氷山が見える。純白の卓状氷山はいかにも南極らしい。いくつかの氷山が立ちはだかる水路を船は巧みにすり抜けて進んでいった。氷の崖に囲まれた島が近づいてきた。クーバービル島である。

急いで朝食を済ませ、ゾディアックに乗った。晴、時々薄雲の好天で、風もない。クーバービル島上陸には絶好の条件だ。

島にはジェンツーペンギンのコロニーが広がっている。ヒナは巣立の時を迎えていた。ヒナは親と同じ大きさに育って、しかも太っているのだが、まだ親を追っかけていた。親は大急ぎで逃げて、たまには餌を与えていた。雪の斜面を歩いていくペンギンもいた。

ペンギンのヒナと母鳥

ペンギンのコロニーを抜けて小さな丘を越えると入り江に出た。さまざまな形の氷山が海に浮かんでいた。ナチュラリストのトムが説明してくれた。

「氷河の下部の氷は激しい圧力で空気が抜けて、泡がまったくなくなるのだ」

トムは打ち上げられた、漬物石よりやや大きめの氷を指した。水晶のように透明である。こういった氷は光の具合で青く見えるそうだ。たしかに、下のほうが青みを帯びている氷山が目についた。大きな穴が空いて門のようになった氷山では、穴の周囲はきれいなブルーとなっていた。

船へ帰る途中、ゾディアックで氷山の周りを回ってくれた。逆光だと氷山の襞の部分がブルーを帯びて見える。

ゾディアックは急にスピードを上げた。何か連絡があったようだ。二、三台のゾディアックが集まっているところに行くと、巨大な動物が海面でうねっていた。ヒョウアザラシである。近くにペンギンがいた。ぬいぐるみのように海面に浮いている。ヒョウアザラシに襲われたのだ。突然、ヒョウアザラシはペンギンを空中に放り上げた。海に落ちたペンギンを咥えて、また放り投げる。これを何度も繰り返している。ペンギンの厚い羽毛を切り裂いて、食べる準備をしているのだそうだ。海面がペンギンの血で赤く染まった。

昼食後、船は氷山が漂う美しい水路に入った。空は晴れ渡っている。到着したのはネコハーバー。海と陸の境は、鋭く切り立った氷河である。

いよいよ南極大陸へ足を踏み入れるのだ。乗客は七つくらいのグループに分けられている。幸いなことに、今回は私たちのグループが最初に上陸する番であった。

ゾディアックを降りると、浜で待っていたスタッフが

「あそこに登るかい」

と雪山の上のほうを指した。ジョークだと思って

「そりゃー無理だ」

と答えた。でも、スタッフが旗を立てて、ルートを整備している。何人かが登ろうとしている。そうかと私たちも登り始めた。登山杖を持ってきたし、上陸用長靴は釣り用で底にスパイク状のものがついている。気楽に登っていくことができ、真っ先に頂上に着いた。

頂上からは、大きく広がった氷河を見下ろすことができた。純白の氷河が滑らかに海に向かい、すっぱりと切れた面となり、青黒い海に接している（カラー写真38）。氷河の脇はごつごつと割れて、氷塔のようになっている。氷河の切れ目は薄青く光っていた。海は凪いでいて、日の当るところは明るい青だ。対岸には雪を戴いた山々が聳えている（カラー写真39）。南極に来て本当に良かったと思った。私たちは、ここでしばらく時を過ごした。

帰りのゾディアッククルーズではザトウクジラが現れた。ザトウクジラはすぐ近くまで接近してくれた。氷河をバックにしたクジラは絵になる。

夕食前、乗客はワインを片手に嬉しそうにラウンジに集まっ

た。ツアー・リーダーが聞いた。

「今日、七番目の大陸に上陸した人」

半分ほどの人がワイワイと手を上げた。もちろん私たちも。

ミーティングでは、専門家のショート・レクチャーがいくつかあった。ナショナルジオグラフィックの写真家による撮影のヒントが一番面白かった。彼は日の出から一時間後までと日没一時間前から日没までを「魔法の時間」と呼んだ。良い写真が撮れるからだ。


夕食後、再び上部デッキに出た。この船にはたくさんのデッキ空間があり、混み合わずに見物できるのだ。大きな氷山、小ぶりな氷塊が流れていくのを眺めていると、船は狭い水路に方向を定めた。これがルメール海峡であるとは後で知った。夕暮れが迫ってきた。写真家のいう「魔法の時間」である。

氷山や雪山が淡いピンクに染まった。ピンク色は次第に濃くなってくる。左側には円錐状の二つの岩山が聳えている。その少し先には三つの尖った岩峰が寄り添って突き立っている。岩山も夕日に染まった(カラー写真40)。そして、山々は滑らかな海面に鏡像を作るのだ。

氷山の青い輝きが増してきた(カラー写真41)。迫ってくる水路には氷が漂い、その向こうの空はオレンジ色に輝いた。氷に覆われた島は、落日を受ける正面がピンクに光り、背後は青みを帯びて陰っている(カラー写真42)。日没直前、高い山の上部が鮮やかなピンクとなった(カラー写真43)。風の冷たさがつのってきたが、景色に引き止められて、薄暗くなるまでデッキに留まってしまった。


二月二〇日。南極圏に迫る日である。南極圏、すなわち南緯六六度三三分以南に入る旅行者の数は限られている。クルーズ船が集中する南極半島では、大部分の船が南極圏のかなり手前で引き返すからだ。リンドブラッドの船は一味違う。氷が解ける二月には、例年、南極圏に入り込んでいる。今年は氷が多い年で結果は分からないが、氷の海を行くので楽しみであった。


朝、目を覚ますと、船の脇にたくさんの氷が見えた。もう氷海に入ったのだ。あわてて二人でデッキに上った。海面の四割程度が氷に覆われている。直径数メートルほどの平らな氷が多い。ぎざぎざとした氷山もある。

「これこそ南極ね」

と壽子がいった。やがて日の出だ。朝日が山々の上部を染めた。

私たちは、しばらく景色を眺めていた(カラー写真44)。晴れた日で、風もなく、海面は鏡のようだ。海氷の形は様々である。ハスの葉に似た氷が目についた。新しい氷だろうか。緑の突起が朝日を受けて海氷の上に長い影を作っている。厚い氷の断片もある。その下のエメラルドの部分は驚くように大きい。

平らな氷の上に動物の足跡が残っている。落書きのようだ。今度はペンギンが氷に乗っている(カラー写真45)。双眼鏡を取り出したが、エンペラーペンギンではなかった。

氷山の形も多様だ。氷のブロックを乱雑に積み上げたようなもの、ロールケーキ状のもの、箱型のものなどである。遠くに見えた屋根型の氷山が近づいてきた。これは小山のように大きい。時々現れる島は全体が氷に覆われているので、一見、巨大な氷山のようである。この神々しい世界を船は穏やかに進んでいった。

次第に氷が増えてきた。行く手はほとんど氷に覆われているように見える。船はわずかのすきまを縫って前進した。ナショナルジオグラフィック・エクスプローラーの能力が十分に発揮されているのだ。この船は砕氷船ではない。しかし耐氷能が強く、また推進力が大きいので氷の海を航海できるのである。

船は平らな海氷に接触しても停止せず、じっと圧力をかける。少しして海氷はわずかに動き、スッパリと亀裂が入って割れていく。ゴロゴロと遠雷のような音がする時もある。

朝食後、私は急いでデッキに戻った。氷の海を行くドラマはいくら見ても飽きることがない。やがて海氷が減ってきた。ついに小さな氷が波間に漂うようになった。クリスタル海峡を中ほどまで進んできたのだ。左手に南極半島が続いている。聳える山々は白く光り、岸近くには巨大な氷山が吹き寄せられている。右手は氷の島だ。純白のユキドリが飛んでいった。このまま南極圏に入れるのだろうか。

また海氷が増えてきた。やがて針路はほとんど氷に覆われ、再び氷を割っての前進となった。様子を知ろうとブリッジに行ってみた。船長が真剣に前を見つめていた。海氷の中にまぎれこんだ氷山を警戒しているのだ。氷山はレーダーで捉えられるが、念を入れているのである。船の位置を機器で確かめると、南緯六六度を越えていた。南極圏はすぐ近くである。

船の進み方が遅くなった。そして前方にまったく海面が見られなくなった。さすがに限界である。午前一一時、南極圏からわずか一三キロの地点で船は針路を変えた。十分すぎる素晴らしい経験だった。

しばらくクリスタル海峡を引き返して、ゾディアッククルージングとなった。

氷に覆われた小島に近づいた。海面と接する部分は氷が溶けて洞窟となっていた。垂れ下がっているツララが見事だ。そしてツララや周辺の氷がピンクに染まっていた。地衣類だそうだ。

アデリーペンギンが数羽じっと立っていた。羽毛が生え換わる時期のため海から離れているのだ。アデリーペンギンは白と黒の単純な色彩のペンギンである。ジェンツーペンギンはくちばしが赤いので区別がつく。

ゾディアックが岩礁に近づくとウェッデルアザラシが必死に岩に這い上がった。かなり大きなアザラシである。

つぎに、沖に鎮座している大きな氷山に向かった。幅広い氷山だが、側面から見ると彫刻された、らせんの塔のようである（カラー写真46）。高さは三〇メートルあるという。純白の氷山と青い海のコントラストは、ただ見事である。さらに、白鳥のオブジェのような小さい氷山もあった（カラー写真47）。よくこんな形ができたものである。

ディナーが終わったとき、窓の外に巨大な氷山が見えた。

南極半島の絶景

「タイタニックだ」
冗談をいいながら、多くの人がカメラを持ってデッキに飛び出した。船より高い氷山である。船は氷山の周りを回ってくれた。そのうちに、地平の黒雲に隠れていた太陽が顔を出し、氷山の上部がピンクに染まった。

二月二一日。起きてみると真っ青な空が迎えてくれた。驚くべき天気運の航海だ。朝食後、すぐにピーターマン島に上陸した。なだらかに盛り上がった島は雪と氷に覆われている。私たちは巨大な雪のドームを登っていった。美しい景色の中を歩いていける幸せをかみしめた。

ドームの中腹に、雪が崩れて岩が露出しているところがある。その付近にアデリーペンギンが集まっていた。

引き返して小さな丘を越えて進むと、海峡の向こうに、南極半島が広がっていた。ごつごつした岩山、そこから延びる真っ白な氷河、そして氷河が海に落ちる切り立った断面。この景色がはるか右手にまで展開している。わずかばかりの氷が青い海峡に散らばっている。私たちは座り込んで景色に見入った。リンドブラッドのクルーズはカヤックをさせることも売りの一つにしている。岸近くにはカヤックの姿もあった。

乗客が帰ってくると、船はすぐ動き出しルメール海峡に向かった。私は上部デッキに上った。私たちにとってルメール海峡を通るのは二度目である。一昨日の夕暮時に通過したのだ。しかしその時はアナウンスを聞き違えて、近くのノイマイア海峡にいると

◀ルメール海峡出口の山々

思っていた。

ルメール海峡は南極半島で一番の景勝地とされている。海峡の長さは一一キロ、そのうち景色が特に良いところは七キロ、幅は最も狭いところで八〇〇メートルである。

薄い海氷に満ちた海を進んで、船は海峡の入り口に着いた。大きな岩山が両側に聳え、氷河が岸近くに迫っている。船は海峡に入り、ゆっくりと進んだ（カラー写真48）。晴れ渡った空の下、氷の白さはまばゆいほどだ。海面は鏡となり、岸の岩峰と氷河を映している。

両岸の岩山の傾斜はきつい。左手は六〇度、右手は四五度くらいの角度だろうか。岩峰の間から氷河が流れ落ちている。そしてすっぱりと深く切れて海に面する。あたりの海は崩れた氷塊でびっしりと埋められている。

景色は少しずつ変わっていった。山が低いと巨大に盛り上がるような氷河がある。岩峰の間を水平に埋める氷河もある。

また厳しい傾斜の岩山が続いた。雪崩落ちる氷河と海を覆う氷塊が繰り返された。振り返って見る景色も壮大だ（カラー写真49）。

海峡の幅が広くなった。出口が近づいたのだ。見覚えのある三本組の岩峰が現れた。そして双頭の岩山である。いずれも有名な景色なのであった。快晴のルメール海峡の絶景を昼間と夕暮れの二回も経験できたのは、想像を超えた幸運であった。

昼食後、ポート・ロックロイに上陸した。イギリスの基地を保存した博物館があり、土産物屋も併設されている。イギリスは

一九四四年に最初の基地をここに置き、一九六二年まで使用した。基地といっても貧弱な建物だ。使用済みの缶詰の缶が並んでいた。通信機器も真空管を使ったものである。

南極観測が始まる前から、捕鯨船がここを利用していた。基地の左手には大きなクジラの骨格が残っている。基地の周辺はジェンツーペンギンの巨大なコロニーだ。親を追っかけるヒナの姿が多い。早めに親に捨てられたのか、ぐったりしているヒナがあちこちにいた。

ポート・ロックロイも巨大な氷河に囲まれていた。氷河をバックに停泊しているナショナルジオグラフィック・エクスプローラーと比較すると、氷河の高さがよく分かった。

二月二二日。起きてみると快晴。まったく信じられない。船は南極半島沿いに北西に進んだ。南極半島はやはり氷に覆われ、岸近くにはたくさんの氷山がある。やがて船は南極半島の北端を回って南極海峡に入った。南極海峡を進むとウェッデル海に達する。ウェッデル海は、南極を象徴する卓状氷山が多いことで知られている。卓状氷山は南極海峡にもあふれ出てくるそうだ。たしかに進むにつれて卓状氷山が増えてきた。数個が集まっていることもある。

ポート・ロックロイ沖に停泊するナショナルジオグラフィック・エクスプローラー

◀卓状氷山に接近

沖に巨大な卓状氷山が見えた。船はこの氷山に向かった。アナウンスによると氷山の高さは三〇メートル、幅は九〇〇メートルである。ウェッデル海のラーセン棚氷が大崩壊したことがニュースになったことがある。この氷山は、そのラーセン棚氷に由来するらしい。

氷山が近づいてきた。氷山の上部は真っ平らである。氷の平原の末端が崖となって海に面しているようにも見える。氷山と接するところで海はコバルト色になっていた。

船は数メートルほどの距離まで氷山に接近し、ゆっくりと周囲を回った。素晴らしい操船技術である。日に照らされた氷山の面は白銀に輝いていた。日陰になると色合いは複雑で、しばしばブルーがかっていた。数羽の鳥が近くを飛び、氷山の面に黒い影を作った。

驚いたのは、ガラス細工のように精巧なツララがあちこちに下がっていることだ。光を受けるとキラキラと輝いている。青く開いた穴の下には束になって垂れ下がっていた。海面と接するあたりにも一面のツララがある。そしてツララの束が曲がって、絶妙な形を作っているところもある。巨大な氷山にこのような氷の芸術が施されているのだ。世界は細部に至るまで美しい。なぜなのだろうという感慨に襲われてしまう。

ウェッデル海への出口に向かうと海氷が増えてきた。全体にブルーがかった氷山もある。ついに航路は海氷に閉ざされた。ここで船は引き返し、南極半島北東端に近いブラウン・ブラフを目指した。高さ七四五メートルの火山性の幅広い山である。

上陸前にゾディアックで岸の棚氷を回った。海に接する面では、やはり、ツララが氷の芸術となっていた。

海にえぐられた部分が少し崩落した。見ていると今度は、その上の部分、全体が落ちた。すさまじい音がする。

「津波がくるぞ」

運転手は急いでゾディアックを沖に避難させた。

上陸すると元気なアデリーペンギンやジェンツーペンギンが迎えてくれた。楽しく写真を撮りながら浜を進んでいくと人だかりしているところがある。駆けつけてみると、ヒゲペンギンが一羽だけいた。本来、ここにはいない種類であり、迷ったらしい。頭と胸の境にきれいな黒い筋がついていて、可愛らしい。

船に帰ると夕方の海が穏やかであった。のびやかな氷床の上を雲の影が過ぎていった。

ディナーのときに、夕日にピンクに輝く氷山を見た。あわてて食事を終わり、日没直前ではあったが、なんとかピンクを帯びた氷山の写真を撮った。

二月二三日朝。エレファント島に到着した。サウスシェトランド諸島北端の島である。雪を帯びた岩山が海から鋭く立ち上がっていた。天気は曇り時々晴れで、雪もちらついた。少し南極らしくなってきた。

エレファント島はイギリスの探検家アーネスト・シャクルトン（一八七四〜一九二二）の冒険との関連で有名である。シャクルトンは南極点初制覇を目指し、一九〇九年にはわずか二〇〇キロメートル程度の地点にまで迫り、引き返している。一九一一年、アムンゼンが南極点に到着したので、シャクルトンは南極大陸横断を計画した。

サウスジョージア島のグリトビケンを一九一四年一二月に出発してウェッデル海に向かい氷を割って進んだが、一九一五年一月、船は海氷に捕まって動けなくなった。同年一一月、船は沈没。彼らは氷上にキャンプした。一九一六年四月、氷が緩んだので救命ボートに乗り移り、数日間氷海を航海して、このエレファント島に上陸したのだ。彼の名を不朽にした冒険の始まりである。今回のクルーズの後半はシャクルトンの足跡を辿るというテーマも持っている。

『ロンリープラネット』によればエレファント島への上陸は難しいそうだ。しかし、その日は条件が良いと、南端のルックアウト岬に上陸することになった。もっとも、アナウンスは

「波はかなり高いです。上陸は万人向きではありません」

といっていた。

たしかに、ゾディアックが波に揺られて激しく上下するので、船とゾディアックの間の移動には注意が必要だった。無事に上陸すると、浜には南極オットセイがたむろしていた。少し岩場を歩くと、ヒゲペンギンのコロニーがあった。コロニーの上部には氷河が迫っている。

ゾディアックで船に帰る途中、マカロニペンギンを見物した。海に張り出した岩場に十数羽が澄まして立っていた。頭についた金色の房のような毛が面白い。これがマカロニに似ているのだろうか。

船はエレファント島の南岸に沿って東へ進んだ。空は晴れてきた。海には時折、氷山が浮いていた。ほとんど全体がブルーの氷山もあった。昼には島の東端のバレンタイン岬を通過した。シャクルトンの一行が最初に上陸したのはこの岬である。しかし、ここは地形が険しく、シャクルトンたちは一五キロメートル離れたポイント・ワイルドに移った。

私たちの船もポイント・ワイルドを目指した。そこでゾディアッククルージングとなった。海に突き出した平らな土地に記念碑がある。ここにシャクルトンたちがキャンプしたのだ。そして、

助けを求めるため、シャクルトンら六名はサウスジョージア島を目指して一番大きい救命ボートに乗って出発した。残りの隊員はこの地で待った。

記念碑の近くにテントがあった。イギリスの調査グループが仕事をしているのである。

ポイント・ワイルドにはヒゲペンギンが多い。岩礁が海に面しているところに行くとペンギンの飛び込み台があった。ペンギンはここに集まり、ちょっとためらってから海に飛び込むのである。逆に海から飛び上がるペンギンもいた。一メートルくらいの高さを、海から発射されるロケットのような速度で飛ぶのである。

船に帰ると船は動き出した。しばらくするとセミクジラがいるというアナウンス。クジラは十分見ていると思ったがとりあえずブリッジに行ってみた。驚いたことに四頭のクジラが船の近くを泳いでいる。急いで上部デッキに駆け上がった。船はエンジンを切って静止した。一頭のクジラが船底を潜って左舷に姿を現した。巨大な上半身が船べりに見える。クジラは一度大きく潜ってから、また浮上した。今度は、ほとんど全身が見える。あまりに船に接近しているので、衝突しないか心配なほどである。つぎにクジラは船首に向かい、カメラを構えている人の眼前で潮を吹いた。クジラは、しばらく、こういった遊びを繰り返した。オーストラリアでザトウクジラの乱痴気騒ぎを見たときと似たような経験だ。

二月二四日。サウスジョージア島へ向けての二日間の航海である。エレファント島からの距離は一三〇〇キロメートル。幸いなことに波は高くなく、私たちは快適な航海を楽しめた。同じ道のりをシャクルトンたちは長さ六・九メートルの救命ボートで旅したのだ。

航海中の楽しみは食事と講演だ。食事は三食ともレベルの高いものだった。ディナーは三コースであるし、コーヒーなどはいつでも飲める。知り合った客の一人は、「私はフランスレストランにいる」と友人にメールしたそうだ。

会話した客のほとんどはアメリカ人だった。名簿で調べてみると、やはり、九割近くがそうだった。外国人でも英語国民が多く、違うのはイタリア人一人と私たち夫婦二人だけである。年齢的には、私たちに近い人が多い。引退して、世界旅行に凝っている年齢層である。

展望ラウンジは図書室も兼ねていて、ここもよく利用した。帰国してからのスケジュールが詰まっているので、旅行記を書き進めようとしたからだ。少し不明なことがあると、ここで資料を探すことができた。

二月二五日。航海の続きである。朝、ピーター・ヒラリーの講演があった。彼はすでに一度話をしているのだが、景色に見とれて逃していた。ピーターは、最初に、南極大陸最高峰のヴィンソン山に客たちを連れて行った話をした。

まず、雪山で一〇週間、週末にトレーニングした。雪洞を掘って生き延びることを重視した。いよいよ出発。飛行機で飛んだ。「突然、飛行機が上昇し、また降下した。そしてアナウンス。レディーズ・アンド・ジェントルメン」

ここでピーターは話を止め、一同を見渡してから、続けた。

「今、南極圏への線を乗り越えました」

皆、爆笑である。巧みな話術だ。

そして、スキー機に乗り換えて目的地に着いた。スキー機が小さな点となって去っていったとき、客の一人であるフランスの大企業の重役がポツンとつぶやいたそうだ。

「俺は正しい決断をしたのだろうか」

美しい写真と共に、登っていく様子が示された。悪天候に阻まれ、数日間は雪洞で過ごした。ピーターにはその時が、この登山では一番楽しかったそうだ。いろいろなエキスパートと深い話ができたのだ。ピーターの話は探検家の暮らしがよく分かるものだった。


彼はさらに、シャクルトンの足跡をたどって、サウスジョージア島を西から東に横断するコースをガイドした話もした。一九一六年四月二四日、エレファント島を出発したシャクルトンたち六名は五月一〇日サウスジョージア島に上陸した。ただし西海岸にである。救援を依頼できる捕鯨基地は東海岸にある。シャクルトンと二名の仲間は、不十分な装備のまま、氷河に満ちた未踏のコースを歩いたのだ。今日でもこのルートはやさしいものではない。

サウスジョージア島はホーン岬の西、約二〇〇〇キロメートルの位置にある細長い島である。その長さは一七〇キロメートル。島の半分は氷雪に覆われている。イギリス領であるが、定住者はいない。明日はサウスジョージア島に着くのだ。

サウスジョージア島とフォークランド諸島

二月二六日。サウスジョージア島のゴールド湾に上陸である。スケジュールは慌ただしい。朝四時一五分起床。四時三〇分から軽食。そして五時にはもうゾディアックに乗っていた。早朝のほうが、波が静かで上陸に適しているからである。今日のように晴天であれば浜での日の出も期待できる。

ここは南極オットセイの数が多いそうだ。噛まれないように気をつけろと注意があった。石を持ってたたき合わせると音がいやで逃げると聞いたので、これでしのごうと思った。

浜には恐れるほどのオットセイはいなかった。そしてキングペンギンが迎えてくれた。キングペンギンは身長九〇センチほどの大きなペンギンである。ここゴールド湾にはキングペンギンのつがいが二万五千いるというので、大群に出会うのを楽しみにしていた。浜にいるキングペンギンの数はそれほど多くはない。もう一つ、目についたのはゾウアザラシ。数頭が巨大な体を寄せ合っていた。

浜を上がって、左手に進んでいくとキングペンギンの数が増えてきた。浜が岩山と接する所で、待望の大群となった（カラー写真50）。キングペンギンが密集して、あたり一面を埋め尽くしている。群れの中を人が歩いているように見えるのは、口ばしを高く上げて、鳴きながら歩く鳥だ。クルルーという叫び声が、一帯に満ち溢れている。群れの背後の岩山は薄く雪を被り、山の上部からは氷河が垂れ下がっていた。全体として、目覚ましい景色である。

朝日が昇り、斜めの光が浜に射した。キングペンギンの色彩も鮮やかになった。背中とヒレは銀色に、そして口ばし、後頭部、胸はオレンジ色に輝いている。

海に向かうキングペンギンが増えてきた。私も波打ち際に移り、波や浜を背景にしたペンギンの写真を狙った（カラー写真51・52）。ペンギンがたくさんいる浜では、背景に目的としないペンギンが入ってしまい、構図が難しいからである。さらに場所を探して、青空や山を背景の写真も撮った（カラー写真53）。

朝食のため七時に船へ帰り、九時に再び上陸した。晴天で風もない好天が続いている。二度目のゆとりで、ゆっくりと観察した。

二羽が連れ立って歩いていることが多い。高い声で鳴くときもある。つがい形成のための儀式、コートシップだ。カップルのところに、もう一羽が押しかけるといった三角関係もある。

メスが誘うように座ったら、オスが乗っかった。交尾である。親の足元から顔を出しているヒナもいた。まだ小さく、首を伸ばして餌を貰っていた。

トムが卵を抱いているペンギンもいるといった。卵は隠しているのだが、時々、見えるのだそうだ。

「見つけてあげる」

と壽子。双眼鏡で探して

「いたわよ」

おかげで写真を撮ることができた。

昼食時、船に帰った私は満足しきっていた。晴天時のキングペンギンの群れを見る。その夢が実現したのだ。これがクライマックスだ。あとは安全に帰ろうと思った。

卵を見るキングペンギン

午後はGodthulへ行った。上陸してのハイキングは難易度によって分けられた。上級のハイキングをしても、たいしたものが見られそうもないので、私たちは中級を選択した。タソックグラスという、がっしりした草の茂る斜面を登り、丘の上から景色を眺めたのである。

二月二七日。前日のミーティングでセント・アンドリュース湾への上陸を予定していると告げられた。嬉しかった。ここには一五万つがいのキングペンギン、すなわち三〇万羽以上のキングペンギンがいる。究極の体験となるはずだ。しかし、セント・アンドリュース湾は外海に直接面している。そのため、波が高くて上陸できない時も多い。上陸予定であるということは、天候が期待できるということであろう。

昨日と同じスケジュールで四時一五分起床。予報は当たり、曇っているものの穏やかな日であった。私たちは何の苦労もなく上陸することができた。たくさんのキングペンギンが浜にいた。

浜に沿って歩いていくとキングペンギンの大群が見えてきた。行く手に小高い丘がある。そこへ上ると、想像を超えた景色が待っていた。向こうの山とこちらの丘の間に平野が広がり、入り江に面した浜に続いている。氷河の溶けた水を集めた小川が平野の中央を流れている。そして見渡す限りの平野と浜をキングペンギンが埋めているのだ。扇状に広がる浜から、平野の上部まで一八〇度にわたって広がる景色である。地球的景観だ。ペンギンの鳴き声は大交響楽となって満ち溢れている。

私は朝の光が強くなるのを待って、たくさんの写真を撮った。注意してみると、灰色のぬいぐるみのようなヒナが、しばしば親のそばにいる。ヒナはもう親の半分くらいの大きさに育っている。茶色の綿毛に覆われているものの、親と同じ大きさにまで育ったヒナもいる。親離れしたのか、浜をぶらついている。このように、キングペンギンの繁殖のさまざまなステージが見られるのだ。

トムが説明してくれた。キングペンギンの繁殖には早型と遅型がある。早型は春に産卵するが子育てには一年以上かかる。それで翌年は春に繁殖することができず、遅型となり夏に産卵するのだ。小さなヒナは遅型、中型のヒナは早型、そして大きくなったヒナは主に昨シーズンの遅型のものと考えられる。

浜を引き返す途中で、また、大量の写真を撮った。広い範囲にペンギンが散らばっているので適当なポーズのものが多いのである。

朝食後、また上陸した。上陸地点にはたくさんのペンギンがいる。壽子にじっとしていてもらった。予想は当たり、ペンギンが近づいてきた。首を伸ばして、つつこうとしているのもいる。少しすると、壽子はペンギンに取り囲まれてしまった。記念となる写真を撮ることができたが、説明をつけないと違法行為をしていると間違えられるだろう。ペンギンの営巣地からは一〇メートル以上離れる必要があり、またペンギンに無用に近づいてはいけないが、ペンギンがやってくるのは仕方がないというルールなのである。

営巣地を見下ろす丘に再び行ってみた。見物客の姿が少なく、風景の壮大さはさらに増していた（カラー写真54・55）。

午後はHercules湾へ。ゾディアッククルーズでマカロニペンギンの集団を見た。岸には大量のコンブがあり、波に揺れていた。

二月二八日。プライアン（Prion）島に上陸した。ここにワタリアホウドリの営巣地がある。最後のハイライトと期待していた。ネットの情報では、歩きにくい道を行くようだった。長靴は難しいだろうと、寒冷地用のウォーキングシューズを買い込み、リュックも一つ新調し、この日に備えていた。ところが、事前の説明では、木道ができていて、そこを行くだけだそうだ。情報が古かったのだ。

私たちは木道を登っていった。南極オットセイがここでも活躍していた。ここの子供は特に可愛い。生後一カ月だそうだ。

じきに頂上に着いた。ワタリアホウドリが八羽、じっと座っていた。卵かヒナを抱いているのだろう。近くに一羽いる。最大のアホウドリだけあって、さすがに大きい。白い頭と胴体、やさしい目、薄いピンクの口ばしが印象的だ。ナショナルジオグラフィックの写真家がいて注意してくれた。

「草むらだから、葉に焦点を絞らず、アホウドリに焦点を絞るように気をつけなさい」

といっても、草に半分隠れている。それで、望遠で遠くのアホウドリを狙った。塚のような巣の上におっとりと座っていて全体像がよく見えた。

この高貴なアホウドリの数は減少していたが、最近、それが止まり、回復の兆しがあるという。延縄漁で引っかかってしまう鳥が多かったので、漁の方法を変える国際協定が結ばれたためだ。素晴らしいことだ。

アホウドリを見終わって、浜に着くと、ガイドの一人が飛んできた。

「登山杖を貸してくれ」

あっけにとられている私に、彼が説明した。

「オットセイに噛まれた。遅れている人を連れに行くが、また噛まれないようにするのだ」

やはりオットセイは要注意だ。

午後はElsehulで過ごした。アホウドリの巣を見に行くハイキングが企画された。一昨日の上級ハイキングより、さらに難しいレベルだとの説明である。これは面白い。持ってきたウォーキングシューズも役に立つと参加することにした。

警告のためか、参加者は一五人だけだった。出発前に、南極オットセイが多いので登山杖を持っていくようにと注意された。本格的な冒険のようになってきた。

上陸すると、たしかに、たくさんのオットセイが浜で跳びはねていた。襲ってくるのがいないか気をつけながら、上陸用長靴からウォーキングシューズに履き替えた。ガイドしてくれるのはトム。斜面を登っていくが、オットセイの数は減らない。興味津々の顔で眺めていて、チャンスがあると駆け寄ってくる。丘の鞍部に着くと、やっとオットセイが目立たなくなった。外洋に面する浜が眼下に見える。たくさんの大人のオットセイがいる。

「この風景はキャプテン・クックがサウスジョージア島を発見したときと変わらないよ」

トムがいった。乱獲のため南極オットセイは絶滅の淵に追い込まれたが、捕獲を禁止すると、爆発的に数を増やしてきたのである。今の個体数は四〇〇万を超え、さらに増えているという。捕獲が始まる前の水準を回復したのだ。むしろ増えすぎることに問題があるかもしれない。

私たちは、鞍部から稜線に沿ってさらに登っていった。道がなく、タソックグラスの根がごつごつしていて歩きにくかったが、靴がしっかりしているので特に問題はなかった。海に切れ落ちている絶壁が近づいてきた。その向こう、狭い水路を隔てた対岸の山にたくさんのアホウドリが座り込んでいる。これが目的だろうか。

壽子がいった。

「ヒナがいるわ」

さすがに目が良いと思ったが、斜め下を見て驚いた。すぐ近くにヒナがいる。

トムに確認すると、ハイガシラアホウドリのヒナであった。ヒナはもうずいぶん育ってニワトリくらいの大きさである。足の水かきも発達している。でも、まだ綿毛に包まれている。ヒナは完全に寛いでいた。苦労してやってきて良かったなと思った。またもや至福の時である。私はシャッターを押し続けた。その甲斐があって、キョトンとこちらを見るヒナの写真を撮ることに成功した（カラー写真56）。

少し上に上ると、全体を見ることができた。ヒナは全部で四羽いた。しかし、さっきの位置のほうがヒナに接近していた。

帰り道、話しかけてきた男がいた。

「どうなるかと思ったけど、素晴らしいハイキングだったな」

ピーターである。探検家にとっても満足すべき歩きだったようだ。浜から船に帰る時、短くゾディアッククルーズ。オットセイが集まっていて水面が沸きかえっているところもあった。

夕方、ミーティングの時にナショナルジオグラフィックの写真家による説明があった。ワタリアホウドリの営巣地にいた男である。

「草が邪魔な時はカメラを持ち上げるのだ」

同じ場所で彼が撮った写真は、私の物とはまったく違っていた。やはり、プロは凄い。私にはカメラを持ち上げて、アホウドリを狙う芸当はできない。たとえ角度を変えて乱射しても。それに、身長も手の長さも違う。

二月二九日。船はFortuna湾に着いた。上級ハイキングはここからストロムネスを目指す。シャクルトンによるサウスジョージア島横断の最後の段階がこれである。私たちは昨日の歩きに満足して、これはパスした。

船もストロムネスに向かった。ここには捕鯨基地の廃墟がある。島を横断したシャクルトンは捕鯨基地に助けを求めた。そして、まず西海岸に残った三名を救助し、さらにエレファント島の仲間たちの救援に向かい、苦労の末、達成した。二二名の残った隊員、全員が無事であった。こうしてシャクルトンの英雄伝説が完結した。

船はさらに進んで、グリトビケンに着いた。ここがサウスジョージア島の中心地で、シャクルトンの墓もここにある。その後の探検で、彼は心臓発作を起こして、近くで亡くなったのだ。私たちはまずシャクルトンの墓に詣でた。ボスとよばれた彼に敬意を表してアイリッシュウイスキーで乾杯である。

そして、捕鯨基地の壮大な廃墟を見た。鯨油の貯蔵タンクは石油タンクのような大きさだ。クジラが絶滅の危機に追い込まれたのは欧米の責任である。それなのに、最後に乗り込んで、今も調査捕鯨とかでこだわっている日本の政策は愚かである。

つぎに博物館に入った。シャクルトンがエレファント島からの航海に使った救命ボートの複製があった。浸水しないようにキャンバスで開口部を覆っている。これを見て、彼らの航海の厳しさをさらに実感した。

夕食前のミーティングには、現地の環境保護担当の人がやってきた。そして、ネズミ駆除の大規模プログラムについて話した。ネズミの餌に毒物を入れ、ネズミを殺すのだ。島の鳥を保護するためである。私は感心して聞いていた。

ディナーのとき、同じテーブルの男がいった。

「俺は賛成しないね。ヘリコプターで大量の薬を撒くんだ。本当に他の生物に害がないかな。ＤＤＴの例だってある。キングペンギンが減ったら困るぜ」

鋭い指摘だ。私は、自分の批判精神が衰えたのを認識しながら、彼の職業を聞いた。同業者かもしれないと思ったからだ。答えはコンピューター技術者。シリコンバレーにいたというから、有用なソフトでも作ったのではないか。

三月一日。船はサウスジョージア島の西海岸を探索した。西海岸は、東海岸に比べて氷河が多く、より険しい印象である。最初にキングハーコン湾のペゴティ・ブラフに停泊した。ワタリアホウドリが二羽やってきたので、写真を撮ろうとデッキに出た。風がかなり強く、寒い。それでハイキングは参加しないことにして、アホウドリの写真撮影に熱中した。

午後、船は湾の入り口にあるロサ岬へ向かった。さらに風が強くなったのでゾディアッククルージングは船の上からの見物に切り替わった。船は岬に超接近してくれた。

シャクルトンたちは、最初にロサ岬に上陸し、つぎにペゴティ・ブラフに移り、そこから島の横断に出発したのである。これでシャクルトンの足跡を訪ねる旅は完成した。船は進路をフォークランド諸島に向けた。

三月二日。二日間の外洋航海である。海は比較的穏やかであった。講演を聞き、旅行記を書き、さらにワタリアホウドリの写真を撮って日が過ぎていった（カラー写真57）。

フォークランド諸島は、アルゼンチンの遥か東沖にある。緯度的にはウシュアイアより、かなり北である。イギリス領だが、アルゼンチンも領有権を主張し、三〇年前には戦争が起きている。ちょうど三〇年というので、再び緊張が高まっている。フォークランド諸島の歴史を聞き、事態の複雑さを理解した。

三月四日。フォークランド諸島のスタンリーに着いた。島の中心地だ。午前中はスタンリーの観光である。午後は郊外に出て、マゼランペンギンを見た。顔に黒い筋があるペンギンだ。南アフ

営巣地を飛ぶマユグロアホウドリ

リカのペンギンに似ているがピンク色が入っていない。

三月五日。フォークランド諸島の西側を観光する日である。午前中はCarcass島。住人の家を訪問し、とても美味しいクッキーやケーキをご馳走になった。浜にはマゼランペンギンがいた。

午後はニュー島。なだらかな草山を越えて、崖が切り立った岬に出た。岬の先端はすり鉢状に崩落し、海が入り込んで小さな入り江になっている。この崩落した崖に数十羽のマユグロアホウドリが巣を作っていた。私たちは崖の上から営巣地を見下ろした。崖の上にはイワトビペンギンの姿もあった。金色の毛が鉢巻のようについたペンギンである。

アホウドリのヒナはまだ灰色の羽毛をまとっていたが、親鳥ほどの大きさに育っていた。はばたいて、飛ぶ練習をしているヒナもいる。羽を広げるとびっくりするほど大きい。

親鳥が帰ってきた。マユグロアホウドリは眼のふちが黒く、りりしい顔立ちである。ヒナはまだ餌をもらっていた。

入り江の向こうの斜面には比べ物にならないくらい大きな営巣地があった。そして空にはたくさんのアホウドリが飛んでいた。

空は晴れ渡っている。しかし風は強い。ゴミが飛んできてカメラのレンズが汚れるほどである。私は強風に耐えながら、この壮大な景色に見入っていた。南極旅行の最後を飾るのにふさわしい景色である。

さらに、今度の旅でアホウドリとペンギンは完結したなと思った。ニュージーランドでアホウドリとペンギンを見てから二〇年近く経った。この二つの鳥はフラミンゴと共に私の最も好きな鳥となっている。今日までに、ペンギン一八種の中で一二種を見たのだ。アホウドリは二〇種以上いる。見たのは五種であるが、代表的なものは網羅した。そして、アホウドリやペンギンの繁殖サイクルの、ほぼすべてのステージも見たことにもなる。

夕方、船はウシュアイアへ向けて出発した。強風が吹き、海は荒れた。

三月六日。朝起きると波は穏やかになり、普通の外洋航海となった。

朝、ピーターの講演があった。フォークランド諸島に向かうときも彼の講演があり、やはり感銘を受けていた。

エベレストに登った時、衛星回線で電話が父親に繋がった。
「おめでとう。しっかり降りてこいよ。降りてこそ登ったことになる」
といわれたそうだ。

今日のピーターの話はさらに迫力があった。世界二位の高峰、K2を目指したときの話だ。数名の登山家が、楽しくK2の頂上に迫っていた。頂上直前、雲がやってきた。彼は突然、何かが間違っている気がした。俺はもう登れない。そう思って、登山家たちに別れを告げた。その後、嵐が襲い、ヒマラヤ登山史に残る悲劇となった。ピーター以外の全員が遭難死したのである。

自分の判断に頼ることの重要さを彼の話は示している。同時に、探検や冒険がいかに危険に満ちているかも。

「船がビーグル水道に向かっているからこの話ができるのだ」
とピーターは皆を笑わせた。

そういえば、少し前のトムの話もそうだ。トムは沈もうとするエクスプローラーの写真を示した。リンドブラッド社が南極観光用に作ったリンドブラッド・エクスプローラーは他の会社に売られて、エクスプローラーと改名され、南極旅行中に氷山に当たって沈没した。二〇〇七年のことである。幸い、乗客、乗員は全員無事救助された。真っ先に救援に駆けつけたのはリンドブラッドの船であった。私は、出発前に知っていたが、初めての人も多いだろう。だからトムは、旅の終わりにこの写真を出したのだ。

展望ラウンジに置いてある南極の本の中で最も詳しいのは『アンタークティカ』(ファイアフライ・ブックス、二〇〇八)である。この序文に次のような文章がある。
「南極は地球で最後の未開の地である。南極へのどの訪問も冒険である。そこへ行く恩恵を与えられた人にとっては」
この文を読んで、まったくそのとおりだと思った。

私たちは幸運に恵まれた。ピーターが、あり得ないというほどの。南極の美しさは神の領域に属するかのようであり、南極旅行は私たちにとって最上の旅の一つとなった。私たちは数々の思い出を抱いて、日常に帰ろうとしている。海が静まってきた。もうすぐビーグル水道に入るだろう。

ゴリラの森、クロマニョンの洞窟

ルワンダのマウンテンゴリラ

アフリカの中央部の山にマウンテンゴリラが棲んでいる。動物園で見られる西ローランドゴリラより大きく毛深い。このゴリラを見に行くゴリラトレッキング、あるいはゴリラトラッキングは究極の旅行体験の一つとされている。私たちも興味を持ったが、さまざまなリスクを考えて先延ばししていた。そのうちに老人というべき年齢になってしまった。ゴリラトレッキングは山道を長時間歩くので、体力がないと参加できない。もう、これ以上延ばせないのである。

二〇一一年の春、翌年に実施するつもりで情報を集めた。もちろん、日本のいくつかの信頼できる旅行会社がゴリラトレッキングツアーを企画している。しかし実施される回数は少ない。私たちのように二人ともに働いていて、旅行に出られる時が限られていると、なかなかスケジュールが合わない可能性がある。そこで海外の会社を検索した。その結果ウガンダに拠点があるヴォルケイノーズ・サファリズ（Volcanoes Safaris）が信用できると判断した。ネットで彼らのサイトを見るといろいろなプログラムが記してある。

マウンテンゴリラは九〇〇頭弱が生き残っている。ウガンダ、ルワンダ、コンゴの三カ国に分布しているが、コンゴは治安が悪いので、ゴリラトレッキングの行き先はウガンダとルワンダのどちらかになる。ウガンダのブウィンディ国立公園には四〇〇頭ほどの、そしてルワンダの火山国立公園には二五〇頭ほどのマウンテンゴリラがいる。ルワンダでのトレッキングのほうが少しばかり容易そうなので、ルワンダを選んだ。そして、八月二五日、ルワンダの首都キガリを出発する四日間のツアーが見つかった。スケジュール的にぴったりだ。ゴリラトレッキングは人気が高い。八月は休暇シーズンの上に乾季なので、すぐ売り切れになるかもしれない。これだと、一年以上前に予約してしまった。

キガリに入る飛行機の選択は厄介だ。常識的にはナイロビかアジスアベバ経由であろうがアフリカの航空会社の飛行機に長時間乗りたくない。KLMオランダ航空がアムステルダムから飛んでいるので、ヨーロッパ回りとして、ブルージュ、ボルドーさらにドルドーニュ地方のクロマニョンの洞窟も見るプランにした。二〇日間の、それらしい夏休み計画となった。

二〇一二年の旅は南極クルーズで始まった。ディナーの会話の一つは旅行先である。過去の話から次のプランとなる。夏の計画はと聞かれてルワンダと答えると必ずびっくりされた。リンドブラッドの客が行くところではないらしい。詳しく聞いてきた老婦人にはクロマニョンの洞窟も見に行くと付け加えた。なんとなくテーマ性があったので、ご婦人は

「素晴らしいですね。どこの会社のツアーですか」

と尋ねてきた。

ルワンダといえば、思い出されるのは一九九四年の大虐殺である。ルワンダはその傷跡から立ち直ってきているが、暗い印象は拭えない。さらにルワンダの周辺は紛争が多いところで、また疫病の発生も頻繁である。出発が迫ってくると何度もネットで情報をチェックした。

やはり事が起こっている。隣接するコンゴでゲリラが活躍して難民がウガンダやルワンダに流れ込んでいるのだ。しかし、これ以上悪化する兆候はなさそうだった。もう長い間アフリカ大戦争といわれる戦争が続き、飢餓などの間接的影響も含めると数百万人の犠牲者が出ている地帯なのである。

そして七月の末にはウガンダで、さらに八月にはコンゴでエボラ出血熱が発生した。これには驚いたが、どうやらウガンダでは封じ込めに成功したようであった。

行き先の心配をするより、自分たちの体調に注意する必要がある。南極から帰ってから二人とも忙しく、体を使うチャンスが少ない。これでは高地のジャングルを長時間歩けないと、八月に入ってから北アルプスの入り口に少しばかり出かけてトレーニングした。そして、風邪を引かないように気をつけた。風邪の症状があると、ゴリラに感染させるといけないのでトレッキングに参加できないのである。

二〇一二年八月一九日、成田を出発した。アムステルダムで一泊して、翌日ゲントを訪問し、ブルージュに達した。ゲントでは『神秘の子羊』を鑑賞し、鐘楼の上から古い町並みを眺めた。ブルージュには二泊。メムリングなどの絵画を堪能し、石造りの建物が並んだ風景を楽しんだ。運河クルーズや朝夕の散歩がことに素敵であった。ベルギービールも美味しく、チェリービールは病みつきになりそうだった。

前哨戦を終えて、八月二三日、キガリ行きの飛行機に乗った。キガリ経由でウガンダのエンテベに行く便である。昨年、予約したときには混んだ印象であったが、空席が目立った。やはりエボラ騒動で旅行を中止した人が多かったのであろう。

アムステルダムからの、この便は昼間の飛行である。ヨーロッパ大陸を縦断し、さらにアフリカの中央部まで飛ぶので、私は席を移動して機窓に張り付いた。

ドイツ平原が眼下に見えた。緑が多い、美しい田園風景である。

アルプスの末端を越えて、バルカン半島に入ると乾いた景色に変わった。禿山が多く、すさんだ印象である。ヨーロッパの経済危機の震源はアルプスの南の諸国であるが、その背後にこういった地力の違いがあるのかもしれない。

真っ青な地中海の向こうは白く輝く砂漠だ。ナイル川に近づいていくと、砂漠は茶色を帯びた。でも砂漠であることに変わりはない。単調な風景が続き、ナイル川が広がったナセル湖の上空に出た。アブシンベルが近いはずであるが、見つけられなかった。

さらに砂漠である。所々に岩山があるが、それ以外には、何の変化もない。またナイル川を横切った。岸近くにも緑はない。ナイル川がこの広大な砂漠に吸い取られてしまわないのが不思議であった。

やがて緑と砂漠が混じるようになった。ハルツームの近くだ。ナイル川が幅広く流れている。そして、少し進むと熱帯雨林が現れた。一面の緑で、林冠が盛り上がっているから、ボツボツとした小さな模様になっている。ナイル川は気ままに蛇行している。

夕方となってきた。機下の緑は変わらないが、ナイルの流れが直線状となった。源流域が近いのだろう。

ルワンダの首都キガリに着いたのは夜。迎えに来た車でキガリ・セレナ・ホテルに向かった。排気ガスのせいでのどが痛くなるし、町並みは貧弱でルワンダの第一印象は良くない。

ホテルに二泊した。ゴリラトレッキングの場所まで夜に移動することはできないので一泊は必須である。二泊にしたのは万一飛行機が飛ばなくても、一日余裕があれば何とかなると思ったからである。

キガリ・セレナ・ホテルは要人が利用するホテルだけあって、食事もちゃんとしていた。といっても果物やサラダは避けた。うっかり下痢でもしようものなら、トレッキングに参加できないし、途中で下痢になっても困る。目的地の火山国立公園の中では、大便は深く穴を掘ってしなければならない。何度も立ち止まって穴を掘っていたらヒンシュクものである。

ホテルの庭は花が咲き乱れて気分が良かった。私たちは観光に出ず、ホテルにこもって過ごした。ツアーの最終日に簡単な観光があるからそれを利用しようと考えていた。ルワンダは時々、手榴弾によるテロがある。市場など地元の人が集まる場所が標的である。人ごみの中に出かけて巻き添えになって、ゴリラトレッキングに参加できなくなってはかなわない。

八月二五日、一一時半。ヴォルケイノーズ・サファリズの車がやってきた。新しいトヨタ・ランドクルーザーである。ナイロビから空港に着いたばかりのアメリカ人カップルが乗っていた。彼らと行動を共にすることになる。

早速、ヴィルンガ・ロッジに向けて出発した。三時間のドライブである。キガリを出ると田園風景となるが、熱帯雨林が残っている場所は少なかった。山が削られ褐色になっているところも多い。ルワンダは人口密集地帯なのである。途中で見えた川について運転手が説明してくれた。大虐殺のとき、この川に死体が投げ込まれビクトリア湖に達したそうだ。

到着したヴィルンガ・ロッジはヴォルケイノーズ・サファリズ

が直営するロッジである。山の上にあって、眼下に湖が広がり、反対方向には標高三〇〇〇メートルから四〇〇〇メートル級のヴィルンガ火山群の姿が見える。ヴィルンガ火山群はコンゴとの国境を成している。やや霞がかかっていたが、ヴィルンガ火山群の麓が火山国立公園で、ここがゴリラトレッキングの舞台である。そしてよく見ると、山腹のかなり上部まで耕地が広がっていた。ルワンダでのゴリラの生息域は広くないのだ。

ロッジはそれぞれ独立棟の八つの部屋しかない、こじんまりしたものである。このロッジは地元の食材を使い、地元の人を雇い、そして太陽光発電で電気をまかなうというエコロッジの性格を持っている。素晴らしいことだし、部屋の内装も悪くない。ただし電池の充電のためには管理棟の事務室付近まで行かなければならない。

四時半、ロッジよりもさらに高い位置にある広場に行った。ヴィルンガ火山群を背景にして地元の少年少女たちが踊るのを鑑賞するためである。少年たちは長い毛を被って槍や盾を持って踊った。少女たちは頭につぼを載せたままで緩やかに舞った。

ロッジの標高は海抜二三〇〇メートル。夕方になると火が恋しくなり、多くの人はラウンジに集まって、暖炉の周りに座りワインを飲みながら談笑する。そして七時から夕食となる。

夕食は全員集まって食堂で摂る。宿泊客は一六人。ロンドンから六人家族がやってきていて、さらに私たち、そして現地の旅行業者が一人いたが、残りはすべてアメリカ人だった。一人旅のアメリカ人はコンゴでローランドゴリラを見てきたそうだ。

私の隣はサンフランシスコの弁護士。もう二回ゴリラトレッキングに行っていた。様子を聞くと

「素晴らしかったですよ。シルバーバックがすぐ近くを通りました。写真は撮らなかったけどね」

と答えた。想像以上に興奮すべきことが起こっていると私は感心した。そして

「人生において、本当にすごいことは、しばしば写真に撮れないですね」

と相槌を打った。過去のいくつかのシーンを思い出しながら。

八月二六日。いよいよトレッキングの日である。三時ごろ目覚めると遠く雷鳴が聞こえた。だんだん激しくなり、四時ごろには雷雨。近くに落雷している。この調子ではトレッキングどころではないと心配だった。それでもモーニングコールの五時には穏やかになってきた。五時半に朝食。そして六時にはランドクルーザーで出発だ。アメリカ人二人と私たちが組である。四〇分少しで国立公園の入り口に着いた。ここに七時までに着かないとゴリラトレッキングの許可証が無効になってしまう。

運転手は私たちのパスポートを預かって手続きに出かけた。火山国立公園にいるゴリラの群れで、訪問することができるのは一〇である。どの群れを訪問するかは当日決まる。

七時半ごろになって八人が呼び集められた。同じゴリラの群れを見に行く人たちである。グループのメンバーは当然、私より若い。私たち夫婦、五〇代後半の女性一人、四〇代のアメリカ人男

性。それ以外は三〇代がほとんどで、ひょっとしたら一人は二〇代である。

レンジャーの話が始まった。群れの名前はクリヤマという。なんだか日本語のようである。一四頭のゴリラが作る群れであり、シルバーバックが二頭いる。シルバーバックは成熟したオスのことで、背中の毛が白くなっているのでそう呼ばれる。

さらにゴリラの保護にも触れた。ゴリラ見物の許可証は一人一日で五〇〇ドルと高い。ごく最近、新しく予約する人は七五〇ドルへと値上げされた。しかし、このお金の多くがゴリラの保護に使われ、さらに五パーセントは直接地元に還元されているそうだ。

そしてゴリラトレッキングの注意事項が述べられた。参加者はあらかじめ知っているのであろうが確認である。トレッキング中に追加された注意もあるが、まとめると主なことは次のようになる。ゴリラの七メートル以内に、こちらからは近づかない。実際はゴリラが寄ってくる。ゴリラを指差さない。大声を出さない。万一ゴリラが脅してきても逃げない。そしてゴリラに向かって咳をしない。

説明が終わると出発だ。といってもまず車に乗る。四〇分ほどのドライブでトレッキングの出発点となる駐車場に着いた。ドライブの後半は四駆でなければ無理な道だった。駐車場にはポーターたちが待っていた。カメラとか水とか重たいので、当然ポーターを雇った。

八時三〇分、レンジャーに率いられて歩き始めた。時々ぱらついていた雨もやんだ。まずは畑の中の道を行く。ジャガイモや除虫菊が植わっている。所々に家もある。竹で骨組みを作り、そこに泥を塗って壁を作るという日本に似た作り方である。

畑といっても、山を切り開いて作っているから、結構、傾斜がきつい。歩きのペースは、日本でのハイキングより、やや速い。しかし、一五分ほど行ったらもう水飲み休憩となった。高度を上げていくと台形の山のシルエットが畑の向こうに鮮やかに浮かぶようになった。

一時間ほどで、国立公園との境界に着いた。はじめに結構飛ばしたので、もう息が上がった人もいる。私たちは何事もない。この調子なら何とかなりそうだ。気がつくと一人のトラッカーの姿があった。トラッカーは三人一組でゴリラを探す。朝早くから行動して、前日いたところからゴリラを追っていくのだ。残りの二人は森の中で活動しているのである。相互に連絡するためにトランシーバーを持っている。さらに銃も構えている。バッファローに備えてだと説明された。ルワンダでのゴリラトレッキングではゲリラや密猟者に遭遇した場合に撃退できるように兵士がつき従うという情報もあったが、兵士はいなかった、治安が安定化しているのであろう。

「最も重要な質問にお答えしましょう。これから歩く時間は最大一時間四〇分です。もっとずっと短いこともあります」

レンジャーがいった。その口調から一時間も歩けば大丈夫だと思った。

境界の石垣を越えて、熱帯雨林に足を踏み入れた。ちゃんと登山道ができていた。おまけに傾斜もゆるくなった。

原生林の景色は見事だ。緑色の塔のように突き上がったものがある。花の一種だろうか。幹が太くそして複雑に枝分かれした巨木が見える。ハゲニアだ。ここでゴリラの保護活動と研究を行ったダイアン・フォッシーが『霧の中のゴリラ』という本を著している。ハゲニアはその本で、ゴリラが寄生植物を好んで食べる木として描かれている。楽しく歩いていくこと四〇分ほどで、休憩となった。

「ゴリラは近くにいます」

待望のレンジャーの一言である。私たちは水を飲み、身支度を点検した。そして、カメラだけを持ってレンジャーに従った。ジャングルの中にトラッカーが切り開いてくれたルートができている。少し進むと、いた。

巨大なシルバーバックが藪の中に腰を下ろして食事中である。真剣で厳しい顔だ（カラー写真58）。シルバーバックは葉っぱだけでなく、へし折って引き裂いた小枝まで食べていた。別の方角には子供もいる。

しばらく写真を撮っていると、シルバーバックが動き出した。まっすぐ私たちのほうにやってくる。私は刺激しないようにカメラを下ろし、身をかがめた。シルバーバックは悠然と四足で歩いてきた。そして私の目の前、多分二メートルほどの場所を通り過ぎジャングルの中に入っていった。脊中の白い毛が誇らしげである。

近くで見るシルバーバックは本当に大きかった。体長一八〇センチに達し、体重二〇〇キロほどというのが実感できる。私はサンフランシスコの男にいった自分の言葉を思い出した。写真は撮らなかったけれど、脳裏に刻みこまれたこのシーンは一生覚えているだろう。

シルバーバックはまた姿を現した。そして近くにいたトラッカーにゆっくりと手を振った。手はトラッカーに当たったのか、トラッカーはころりと転がった。客たちは息を呑んだ。トラッカーが襲われたと思った人も多かった。私はゴリラがトラッカーと遊んだのだと思った。後で聞くとやはりそうであった。しかし、二〇〇キロほどのゴリラと友人になるのも大変である。

場所を変えて、採食中のメスを見に行った。ゴリラはアザミのような葉っぱの植物を引っこ抜いてムシャムシャと食べていた。ゆっくり味わって、嬉しそうだ（カラー写真59）。

また、場所を変わった。もう一頭のシルバーバックがいる。斜面の上から子供たちが駆け下りてきてシルバーバックにじゃれついた。近くにはメスもいる。どうやらこのシルバーバックが群れのボスらしい。シルバーバックは何か気に入らないことがあったのか、立ち上がってメスに腕を一振りした。ジェスチャーで、なぐってはいないようだ。そして四足になって、私たちの方へゆっくりと歩いてきた。さっきのシーンの再現である。私は再び目の前を通り過ぎるゴリラをじっと見ていた。

父親の近くで安心なのか、何頭かの子供たちが遊んでいた。一頭の子供はまっすぐ私の方にやってきたので、ぶつからないように道を譲った。今度は三頭のゴリラが私たちの近くを通って茂みの中に去った。こうして夢のような時間が過ぎていった。

「後、六分です」

歩き去るシルバーバック

レンジャーがいった。ゴリラと過ごせる時間は一時間と決められている。

私たちは満足しきって帰路についた。下りは速い。じきに公園の境界に着いた。ここで昼食である。エチケットに従って、ロッジが作ってくれたボックスランチや、持ってきたビスケットをポーターに分けた。

「あなたたちは日本でよくハイキングに行っているのでしょ。日本のハイキングに比べてどうですか」

息子を連れた五〇代後半のご婦人が話しかけてきた。

「そうですね。最初は少しペースが速かったけれど、全体として楽でしたよ。日本人でハイキングしている人は皆そういうでしょう」

と答えた。正直な感想だった。

急ぎ足に下って車に乗った。ロッジに着いてしばらくすると雨になった。トレッキング中に雨に遭わなかったのは幸運なことであった。

八月二七日。二回目のトレッキング

の日である。朝は晴れ。でも次第に雲が広がってきた。私は昨日で満足したので、今日はスケジュールだから参加するといった程度の意気込みであった。アメリカ人は
「赤ん坊がぞろぞろ出てきたらいいな」

とぜいたくなことをいっている。そういえば赤ん坊はまだ見ていないのだ。

今日訪れるゴリラの群れはウルガンバと決まった。一〇頭の群れで、シルバーバックは一頭だそうだ。トレッキングのメンバーは私たち夫婦、一緒のアメリカ人カップル、そしてオーストラリアからきた四人組である。オーストラリアの人たちはレンタカーでアフリカを回っている。運転している男は、このあたりの山で生きていけそうな相貌である。私たちとアメリカ人の男以外は全員三〇代。

「大丈夫かしら」

壽子が心配そうだ。

「大丈夫ですよ。昨日はしっかり歩いていたじゃないですか」

アメリカ人がフォローしてくれた。

昨日とは違う駐車場へドライブ。道がひどい状態で時間がかかり、歩き始めは八時五〇分。やはり一時間歩いて公園の入り口に着いた。ここからの熱帯雨林歩きは昨日より厳しいものだった。道ははっきりしているが、傾斜がきついところが多いのである。でも、日本の山よりは楽であった。少し難しいところがあるとポーターが手を貸してくれるからである。

しばらく進むと、ダイアン・フォッシーの研究所跡へ行く道との分岐点に達した。標高二七〇〇メートルを超えている。研究所跡はここから三〇分の位置にあるそうだ。この一帯をダイアン・フォッシーが歩き回ったのだ。あたりは開けた草地で、その脇の大木にはつる草がまといついて、黄色い花を咲かせていた。

「この先はコンゴです」

レンジャーが近くに見える山の頂上を指した。

公園入り口から歩くこと一時間。

「着きました。ゴリラは見えないけれどトラッカーが見えます」

とレンジャーがいった。

トラッカーが切り開いてくれた道を進んだ。ここのジャングルは昨日よりうっそうとしていた。細かいとげのついた木があり、つかむと手袋を通して刺してきた。

最初に出会ったのは赤ん坊連れの母親。赤ん坊は生後六カ月だと教わった。もっとも帰国して調べると九カ月の可能性が高い。

赤ん坊は母親の肩越しに私たちを見ていた。やがて地上に下り、ヨチヨチとこちらにやってきた。ふわふわ、もじゃもじゃした毛で覆われ、ぬいぐるみのようだ。つる草をつかもうとする動作はあどけなく、まったく可愛らしい。少しすると、母親が横になった。おねんねの時間かもしれない。赤ん坊は、まだ遊びたいらしい。母親にしがみついて、訴えるように見つめていた（カラー写真60）。ママ、もう寝ちゃったの、といっているようだ。

少し進むと、巨大なシルバーバックが寝ていた。全身が広がっているので、あらためて大きいと感じる。フサフサした毛も見事だ。やがてシルバーバックは目を覚まし大あくびをした。鋭い犬

マウンテンゴリラの赤ん坊と母親

歯がよく見える。そしてまた眠り込んだ。

メスや子供たちがシルバーバックの周りに集まってきた。赤ん坊はシルバーバックに体を押し付けている。とうとうシルバーバックは体を起こし、目を開いた。とたんに群れ全体がまとまって見える。赤ん坊は仲間の体によじ登って、つる草をつかんで嬉しそうだ（カラー写真61）。一度つるを離してしまったが、またつかまえた。登られているゴリラは苦しそうに口を開けていた。つぎに、赤ん坊はお父さんに抱っこ。神妙な顔をしている。

ゴリラ一家の団欒が続く。私たちは、皆、たくさんの写真を撮った。さらにゴリラの家族を背景にした記念撮影である。平和な時が流れていった。

二日間で、ゴリラトレッキングで期待できるすべてを経験してしまった。私たちは感謝の念を抱いて山を下りていった。ダイアン・フォッシーの研究所跡への分岐点で昼食。しかしレンジャーがいった。

「急ぎましょう。雨になるといけない」

実際、下っていく途中で小雨になった。幸いなことに雨は途中でやんだ。公園入り口のあたりまで引き返すと、なんと三匹のゴールデンモンキーがいた。背中が橙色の珍しいサルで、これだけを目的にしたトレッキングもあるのだ。

車に乗ってロッジに向かって走っていると、滝のような雨が降ってきた。トレッキング中にこの雨に遭ったら悲惨である。またもや、とても幸運な一日であった。

雨であると、トレッキングが難しくなり、写真撮影も不自由だ。さらにゴリラが茂みに移動してしまう。したがって、雨に遭う確率が低い乾季は特にトレッキングに適している。ここの一番の乾季は六月から九月初めとされている。もう八月も末なので天候が不安定になっているのであろう。

八月二八日。キガリへ帰る日である。車が同じアメリカ人のカップルは昼のナイロビ行きに乗る。その前にジェノサイド記念館を見るので出発は朝七時という。私たちはキガリ泊まりなので、もっとゆっくりしたかった。運転手に他の便はないかと聞いたが、都合がつかないとの返事だった。仕方なく、また早起きして出発した。

この運転手と車は信頼できるので、無理に取り替える必要はないという気もしていた。ルワンダの道は安全とはいえない。キガリへの道路は舗装がしっかりしているし、そんなに混んでもいない。それなのに帰り道では一台の車が路肩に突っ込んでいた。そして一台のトラックの車軸が折れてへたりこんでいた。

ジェノサイド記念館は虐殺の様子と背景を詳しく説明していた。大虐殺はフツ族がツチ族に対して行なった。記念館の説明によれば、フツ族中心の当時の政府による宣伝と準備が主な原因である。しかしそれだけだろうか。垣間見た現地の人々の暮らしは決して楽なものではない。行き場のない憤怒の感情が背後にあり、それが宣伝などで正当化されて爆発したのではなかろうか。むしろ、今、人々が平和に暮らしていることのほうが驚くべきことかもしれない。

私たちが見終わって外へ出ると入場停止になっていた。VIPが見学に来るので、一般の入場はしばらくお断りだそうだ。不承不承、早く来たことが幸いしたのである。

空港経由でキガリ・セレナ・ホテルに送ってもらった。KLMがこの日は飛んでいないので、仕方なくの一泊であったが、これは良かった。ホテルに入るなり天国に来た気がした。ヴィルンガ・ロッジは、いくら評判が良いといっても、アフリカの奥地の山の上にしてはというレベルである。私たちはキガリ・セレナで美味しい食事をし、ゆったりバスにつかり、そしてしっかりしたベッドに寝て疲れを回復できた。

八月二九日。夕方にホテルをタクシーで出発して空港に向かった。チェックインの前に身体検査や手荷物検査までされた。チェックインカウンターでもやたらに時間がかかった。そして、また身体検査、手荷物検査、出国検査とフルコースを経て、薄暗い待合室に入ることができた。少し遅れて到着したが、ＫＬＭの機体を見たときは嬉しかった。

アフリカらしい非能率さはこの国でも感じられる。そこでマウンテンゴリラが何とか守られているのは信じられないほど素晴らしいことである。空港の様子だけ見ていたら、現地の人に任せたら、マウンテンゴリラなどすぐいなくなる、といえそうだ。しかし、大虐殺の時期をゴリラたちは生き延びた。現地にいる善意の人々の努力が背後にあったのであろう。私は火山国立公園で出会ったレンジャー、トラッカー、ポーターたちの顔を思い出した。

クロマニョンの洞窟

現在の人間、考古学的には新人がアフリカに誕生したのは二〇万年前のことである。彼らは大移動を開始し、世界に広がっていった。ヨーロッパではクロマニョン人と呼ばれるようになる。三万年から一万五千年ほど前に、彼らはフランスの南部やスペインに見事な洞窟絵画を残した。その代表はアルタミラとラスコーである。両方とも一般公開されていない。多くの観光客が訪れた影響で損傷を受けたからである。近くに複製が作られ、観光客はそこを見物することになる。

先史時代の遺跡として、私はこれまでにストーンヘンジを訪れている。緑の草地の上に建てられた巨石遺跡は素晴らしかった。しかし、時代的にはエジプトの古代遺跡と大きく変わらない。クロマニョンの洞窟は、はるかに昔のものである。

ルワンダの後でボルドーに向かいワインシャトー巡りをするつもりだった。詳しく調べてみると、ラスコーはボルドーとそれほど離れていない。複製というので軽視していたのだが、この際ラスコーを見ておこうと思い、『ロンリープラネット』を読んだ。すると規模は小さいが、オリジナルな洞窟絵画がラスコー付近でいくつか一般公開されていることが分かった。

これらを個人で見て回るのは簡単ではない。レンタカーを使えば何とかなるかもしれないが、ミュンヘンからザルツブルグまで一気に飛ばしたのは遠い日だ。そこでネット検索をしまくって、Ophorus というフランスの会社にたどり着いた。英語の少人数ツアーを実施しているのである。これだと飛びついた。一般公開されている洞窟は人気が高く、相当前に予約しなければならないものもある。前年の一一月に予約を入れた。

八月三〇日。アムステルダムで乗り換えてパリに着いた。すぐにタクシーでクリヨンに向かった。パリで指折りの高級ホテルである。ここを旅の終点に選んでいた。そして、ルワンダで必要だった装備はすべて預けてしまう計画だ。

軽い昼食の後、出発。門番が聞いてきた。

「どちらへお出かけですか」

「ボルドーだよ」

「ぴったりの季節で結構ですね。ワインテイスティングで飲みすぎませんように」

モンパルナスの駅からTGVでボルドーへ。宿泊先はグランドホテル。市の中心部にあり、交通の便が良い。夕食はホテルのレストランで摂った。舌平目の巻物など、料理はとても冴えていた。二ツ星レストランと後で知った。

八月三一日。ボルドーワインに浸る日である。トランスネーションという会社が企画する日本語ツアーを予約していた。乗り合いの少人数ワインツアーのはずであったが、幸運にも客は私たちだけであった。

一日かけてシャトー・ミッシェル・オーブリオン、シャトー・ピション・ロングヴィル・バロン、シャトー・ブリュレ・リシーヌと三つの高級シャトーを回った。赤ワインの原料のカベルネ・ソーヴィニヨンやメルローが収穫目前で熟れきっていた。ワインテイスティングが次々にあり、クリヨンの門番が注意してくれたのは当然である。

私たちはそれまでブルゴーニュとシャンパーニュでワインツアーに参加している。それぞれ満足できるものだったが、このワインツアーが最高であった。ガイドがとても知的で説明のセンスが良かったのである。ワイン作りの工程を深く理解できた。そして、ラトゥール、ラフィット・ロートシルト、ムートン・ロートシルト、マルゴーといった名高いシャトーの外観を撮影することもできた。

九月一日。近くのサンテミリオンへの半日ツアー。土曜日でトランスネーションはお休みなのでOphorusのツアーを取った。参加者は再び私たちだけ。夏休みが終わりになってきたせいだろう。サンテミリオンでは岩山に掘られたモノリス教会やカタコンブとブドウ畑を見物して、またワインテイスティングとなった。

ツアーの後、急いでボルドーのサンタンドレ大聖堂を見学した。そしてサルラ行きの列車に乗った。この路線は完全なローカル線である。サルラとボルドー間は一五〇キロほどしかないはずであるが二時間半かかった。景色はとても良く、後半には蛇行するドルドーニュ川を何度も横切った。

終点のサルラに着いた。駅から市街地まで二キロほどある。タクシーが少ないかもしれないが、まだ五時前なので何とかなるだろうと思っていた。駅前にタクシーはいない。しかし、タクシー会社の電話番号は看板に書いてある。電話をかけると応答がなかったり、休みだといったりする。こちらのフランス語のせいも少しはあるかもしれないが、土曜日の市が立つ日で休んでいる運転手が多いようだ。困ってホテルに電話した。英語を話せる人が出てきた。

「あらかじめご連絡を頂いたほうがよかったですね。何とかタクシーを探します。三〇分ほどお待ちください」

との返事を貰った。どれだけ待つのかと思ったら、一〇分ほどで迎えが来た。やれやれである。

サルラはドルドーニュ川流域南部の中核となる町だ。フォアグラとトリュフの産地を控え、グルメの町とされている。また、古い街並みが保存されていることでも知られている。Ophorusのツアーはここから出発する。滞在したホテルはマドレーヌ。近代的な作りで便利な場所にあった。

九月二日。最初のツアーに参加した。ベンツのワゴン車を使った乗り合いツアーである。客は五人で、私たち以外はすべてオーストラリア人。オーストラリアドルが強くなったせいか、今回の旅ではやたらにオーストラリア人に出会った。

まず国立先史博物館に行った。近郊で発掘された旧石器時代の遺物が系統的に陳列されていて分かりやすい。マンモスの象牙の彫り物のあるところに来た。クマはすぐ分かるが、いびつな形のものは何だろう。私はじっと見て

「バイソンだ」

といった。

「そうです。ここの博物館で一番有名なものですよ」

ガイドが答えた。

その時ははっきりしなかったが、撮った写真を見て、後ろを向いて背中をなめていることが分かった。口の裂け目まで精巧に彫ってあるのだ。

博物館を後に、いよいよラスコーの複製、すなわちラスコーIIへ。一度に入場するのは五〇人ほどだ。英語で解説のグループである。混み合って肩越しに見るのはかなわないので位置取りに気をつけて、早めに洞窟に入ることができた。最初の部屋で目立つのは走って、すれ違っている二頭のバイソン。躍動しているし、彩りも良い。これが一万七千年から一万八千年前のデザインとは思えない。そこでの説明の後、長い洞窟に入った。

天井に大きな牛や跳躍しているバイソンの絵がある。そして両側の壁にびっしりとケダモノの絵が描かれている。目立つのは美しく彩られたウマの群れだ。私たちはほとんど先頭の位置で、じっくりと眺めながら歩いていった。ネットで何度も見た姿であるが、全空間に絵がある経験はやはり現場でしか得られない。色合いといい、動物の動きといい、ただうっとりする美しさだ。複製の違和感はまったくなかった。むしろ、色が褪せていないから、描かれたばかりの姿を見せているのではないか。ここで、また説明があった。隅に描かれた角の長いケダモノは実在しないので、仮装したシャーマンの可能性があるそうだ。洞窟の絵を一通り見てツアーは終わった。はるばるやってきて、本当に良かったと思った。

昼食の後にルフィニャック（Rouffignac）の洞窟へ向かった。巨大な洞窟でトロッコ電車に乗っての観光となる。ここの壁画は単色であるが、本物である。トロッコの運転手兼ガイドが力をこめて解説してくれた。フランス語であるが、私たちのガイドも同乗して小声でポイントを英語で教えてくれた。

洞窟の壁にマンモスの壁画がある。毛深い様子、長く曲がった牙とマンモスの特徴がよく捉えられている。最後に着いた大広間はなかなかのものであった。天井を線画が埋めているのである。マンモスの尻尾までちゃんと描いてあった。

九月三日。二回目のツアー。これは個人ツアーすなわち、私たち夫婦だけのものである。もっとも車もガイドも同一である。個人ツアーとなるのは、フォンドゴーム（Font-de-Gaume）の洞窟は人気が高く、団体ツアーに適さないからである。フォンドゴームの洞窟絵画は、この時代の多色の絵の中では、例外的に公開されているのだ。一日に入場できるのは九六人だけである。入場券はプラチナチケットで、相当前から予約するか、幸運を願って早朝から行列しないと手に入らないのである。

時間が早かったので、まずクロマニョンの岩陰に行った。張り出した石灰岩の岩棚で、この下でクロマニョン人の骨が発掘されたのである。クロマニョンとは、もともとここの地名である。

フォンドゴームの洞窟前で少し待った。他の三人の客が話していた。ショーヴェで二〇年ほど前に発見された三万二千年くらい前の洞窟絵画が話題になっていた。これは『Cave of Forgotten Dreams』という映画の題材となっている。私も昨年の秋、映画のＤＶＤを購入して観ている。ラスコーに比べると色彩は劣るが動きは同様に見事なものである。三人の客たちはさらにネアンデルタールがどうのこうのと話している。先史時代の考古学は急展開していて、アルタミラの洞窟などの絵の中でもっとも古いものは四万年ほど前に描かれたという論文がごく最近に発表されている。ネアンデルタール人の寄与も考える必要がでてきたのである。

一一時、英語解説の一二人ツアーが始まった。最初に見物するのは二頭のバイソン。岩の凹凸を巧みに使って立体感を出している。そして幾つかの線画を見た。一頭のトナカイが別のトナカイの頭をなめているのは有名なモチーフだ。一番の見ものは最後に登場した五頭ほどのバイソンである。一頭ずつ丁寧に描かれている。やや褪せているものの色彩豊かであり、体の充実感がしっかりと表現されている。案内のご婦人は、絵に光を当てる時間を惜しんでいた。それはそうだろう。いつ公開禁止になってもおかしくない代物である。私たちは、残っている色をじっと眺めた。一万五千年ほどの時を経たはずである。

昼食後、訪ねたのはコンバレル（Les Combarelles）。狭い洞窟で、壁に画がある。色はなくなっており、壁につけられた線だけが残っている。面白かったのはとてもリアルなライオンの横顔である。ここの線画は比較的新しく、一万年ほど前のものだそうだ。

最後にカップブラン。張り出した岩棚の下にウマが彫られている。ウマは二メートル程度の長さと巨大である。全部で五頭ほど。他にバイソンの顔なども彫られている。一番見事なのは中央のウマである。耳が立体的で、耳の中央には線まである。背中の質感も豊かだ。足の大部分は崩落しているがしかたがない。一万五千年くらい昔に彫られたのだから。ここの良いことは、ウマの像の近くに長くいられることである。

九月四日。三度目のツアー。今回は乗り合いのはずであるが、客が私たちだけで、個人ツアーと同じになった。ガイドも車も同じでお互いに慣れてきた。今日は長距離ドライブである。

まずペシュメルル（Pech Merle）の洞窟を訪ねた。しばらく待つと英語による説明を受けるグループの番となった。私たちのガイドが同行してくれ、おまけに日本語の説明文まで借りられたので、とてもよく様子が分かった。

ペシュメルルは巨大な鍾乳洞で、赤みを帯びた岩でできている。それだけで見応えがあり、上からの水で削られたという丸い石も面白い。そして、鍾乳石の向こうに浮かぶように、水玉模様の二頭のウマが現れた。神秘的である。

鍾乳洞を歩いて、ウマの絵に接近した。黒い色に混じって赤い色が使われている。一頭のウマの頭は、ウマの顔の形をした石の部分に描かれている。傑作である。私たちは絵の前にしばらく止まり、その姿をゆっくりと眺めることができた。

ガイドによれば、放射性炭素を測定した結果、ウマの絵は二万五千年前に描かれたと分かったそうだ。公開されているものの中では、特に古い可能性が高い絵を見ることができたのだ。

こうして、クロマニョンの洞窟巡りは完結した。人類文化初期段階の傑作を、あるべき場所で目の前に見ることができたのである。

このあと近くのサン・シル・ラポピーに行った。川面から崖が切り立ち、その上に小さな村が乗っている。特に教会が見事である。絵葉書のように美しい風景であった。

夜は Restaurant Rossignol で食事した。ロンリープラネットで紹介されているレストランの一つである。それまでも、ロンリープラネットを参考に食事し、ペリゴールの味を楽しんでいたが、このレストランは最高であった。ここは家族経営の小さなレストランで一六人程度しか入れない。飛び込んできた客が、次々に断られていた。私たちは二日前に予約して、やっと席を得ることができていた。

オードブルはフォアグラを選んだ。豊かな味のフォアグラが厚切りで出てきた。メインはカモの足。皮がこんがり焼けて香ばしく、肉はジューシーであった。さらにチーズ、デザート。これに加えて土地の赤ワインのハーフボトル、ペリエ二本。請求書は二人で七二ユーロ。安すぎるので計算間違いしていないかチェックした。チップを一〇ユーロ置いた。

九月五日。サルラ発の午前の列車は早朝しかない。ホテルを通して手配したので、今度は問題なくタクシーが迎えに来て駅まで送ってくれた。ボルドーで乗り換え、午後早くにパリに着き、クリヨンにチェックインして寛ぐことができた。明日は帰国便に乗る。

ホテルのレストランで夕食。旅の終わりを祝して、シャンパンの杯を挙げた。天井のシャンデリアがキラキラと輝いて、雰囲気を盛り上げていた。

ツンドラに集うホッキョクグマ

降り立ったチャーチルの町は寒かった。でもこれでよい。これからホッキョクグマに会うのだから。ホッキョクグマ、愛称シロクマは陸上にいる肉食獣としては最大である。白い毛皮や、やや細長い顔が美しい。

野生のホッキョクグマはずっと長い間、見たい動物であった。一九九四年、カトマイ国立公園でホッキョクグマについての本を買っていた。そしてカナダのハドソン湾に面する町、チャーチルの近くにホッキョクグマが集まってくると知った。一〇月上旬から一一月上旬にかけてであった。ここでハドソン湾が真っ先に凍るので、氷の上にアザラシ狩りに行くホッキョクグマが、急いで出発するならここだとやってくるのである。しかし、一〇月、一一月は仕事が白熱化し遊びに出かけるなど、とんでもない時期であった。

待っているうちに状況が変わってきた。地球温暖化のために、チャーチルの気温がなかなか下がらなくなったのである。

七〇歳を超えて、やっと義務が少なくなった。南極クルーズ、ゴリラトレッキングと旅行の予定は目白押しであるが、年齢に背中を押されて、ネットで最近の様子を調べた。得られた情報は錯綜していた。しかし、チャーチルのホッキョクグマシーズンは一〇月末から一一月中旬までになったというのが、ほぼ確かな結論のようだった。

ホッキョクグマを見に行くツアーを開催しているフロンティアズ・ノース・アドベンチャーズ（Frotiers North Adventures）のホームページに入ると、二〇一二年一〇月三一日から一一月二日の三日間、ツンドラの上でホッキョクグマを見るツアーがあることが分かった。スケジュール的に可能な時である。本当はシーズンの真っ只中である一一月一〇日前後のツアーがベストであろうが、今、都合がつくのはこれだと予約した。壽子は講義があるので、珍しく一人旅となった。

楽しみにしていると、チャーチルの天候が芳しくない。一〇月九日に雪が降った後、気温が上がり、一〇月下旬になっても下がらないのである。温暖化がさらに進んでいるのだろうか。気温が高いとクマがたくさん集まってこないし、やってきたクマもじっとしている。

出発が近づいた一〇月二四日に、やっと雪が降った。気温も下がりつつある。この天気が続くだろうか。


一〇月二六日。期待と不安を抱いてエアカナダに乗り、バンクーバーで乗り換えてウィニペグに着いた。ここでチャーチル行きの列車を待つことになる。チャーチルまで飛行機が飛んでいるのだが、このツアーは片道、列車を使うという凝ったものだった。

ウィニペグの気温は夜のせいかマイナス四度。これならチャーチルの気温も下がっているであろうと調べると、北風が吹いてマイナス七度。どうやら調子が出てきたようだ。翌日、外を見ると雪がうっすら積もっていた。ウィニペグまで冬が押し寄せてきたのだ。ホテルでネットにつなぎ、ナショナルジオグラフィックのサイトでチャーチルの実況を見た。何と海岸の近くが凍っている。そしてはっきりしないが遠くの氷の上にホッキョクグマがいるようだ。期待が高まってきた。

同時に心配なニュースもある。大西洋岸をサンディとかいうハリケーンが北上しているのである。進路をこれから西向きに変えてワシントンからニューヨークの間に上陸するというのだ。強さは中規模であるが、暴風域が広いと大騒ぎである。どのようになっていくのであろうか。もっとも、このハリケーンが北上したため、風向きが変わり、チャーチルに北風が吹くようになったのかもしれず、文句ばかりはいえないかもしれない。

一〇月二八日。ウィニペグの鉄道駅でツアーのメンバーが勢ぞろいした。サンディエゴの夫婦、ミシガンの夫婦、ドイツからの夫婦、一人旅のご婦人、地元のカップル、そしてガイドである。定員は二〇人だから人気はそれほどでもないツアーといえる。

自己紹介があった。ドイツ人はスッピツベルゲンとフランツジョセフ島でホッキョクグマを見ているというつわものたちである。一人旅のバーバラもすでにチャーチルに行ったことがあり、今度は列車を使うツアーを試すのだそうだ。そのほかの人たちは、ホッキョクグマ見物は初めてで期待に胸を膨らませている。地元のカップルは若者たち。それ以外の夫婦連れは、私よりわずかに若い層のようだ。

勇んで列車に乗り込んだ。出発は正午過ぎである。私には一人用の個室の寝台が手配されていた。寝台に寝転んで広い窓から景色を眺めることができる。

ディナーは食堂車で二交代制。五時半からの早番を選んだ。アナウンスがあってから腰を上げていくと食堂車はもう満員に近い盛況であった。空いている席に座ると相方はミズーリからの夫婦。アメリカ自動車協会（ＡＡＡ）のツアーで三八人が参加しているという。こちらは大人気である。

この鉄道の旅は一七〇〇キロほどの距離を行く。ウィニペグとチャーチルの直線距離は一〇〇〇キロ程度であるが、サスカチュワン州の側を回っていくので走行距離が伸びている。

朝、目覚めると針葉樹が多いところを走っていた。針葉樹はほどよく雪を被り、落葉樹の枝にも雪が取り付いている。典型的な雪景色だ。おまけに進むにつれて積雪の量が増えてきた。午後一一時に着いたGillamでは積もった雪の表面が、粉雪状態だった。この様子なら、チャーチルでも雪が迎えてくれるだろう。

Gillamからチャーチルの間に道路はない。永久凍土地帯を行くからだ。線路の状態も不安定になり、時々外洋をクルーズしているような揺れを感ずる。それでも、列車はゆっくり進むことになる。夜であるが外の景色は目覚しい。針葉樹は背が低く、張りも少なくなっている。時にはほとんど枯れて棒のようだ。進むにつれて木の生えていないツンドラ地帯が増えてくる。そしてツンドラのかなりの部分は白く雪に覆われているのだ。

また針葉樹の群れが現れ、大きな川を渡った。川の表面は完全に凍っていた。再び針葉樹がまばらになり、雪の白さが目立ってくる。荒涼とした風景はずっと見ていても見飽きない。時間はかかるけれど鉄道も悪くなかったと思った。

さらに進むと、ますますツンドラ地帯が増えてきた。巨大な白い湖のようなところもある。湖が凍ってその上に雪が積もったのだろうか。それともツンドラの上に深く雪が積もったのだろうか。

いよいよチャーチルが近づいてきた。外を見ていると黒いキツネが立っていた。りりしい姿なので写真を撮った。ガイドのダグに写真を見せるとギンギツネだといってくれた。これは拾い物である。

一〇月三〇日、午前八時過ぎにチャーチルに着いた。予定より早い到着だ。すぐに迎えの車に乗ってチャーチルの観光。メリー岬に向かうと、遠くに子連れのホッキョクグマがいると運転手がいった。私には見えない。銃を持った人たちが歩いている。州政府の管理官である。このあたりにホッキョクグマがいると住民に危険なので追っ払ったらしい。

「クマはチャーチル川を泳いで渡っているよ。子連れなのに可哀想だ、ほっておけばよいのに」

運転手は不満げである。私はあわてて双眼鏡とカメラを持って車を飛び降りた。クマが泳いでいるというあたりを一生懸命探したが何も見えなかった。氷片が漂っていて区別できないのだ。望遠レンズで撮影してさらに拡大しても分からない。残っていた管理官の人は、クマは上陸したといった。チャーチルの人達の視力は凄い。

ツアーは、町に迷い込んだホッキョクグマを捕まえる罠、捕まえたホッキョクグマをしばらく閉じ込めておく監獄、さらにハドソン湾に面して建つイヌクシュクと回った。イヌクシュクはイヌイットが作る大きな石のオブジェで、手を開いた人のイメージだそうだ。そして昼食と休憩。

エスキモー博物館を見物し、土産物屋を冷やかしたあとで、いよいよツンドラバギーに乗って、ツンドラバギーロッジに向かった。ツンドラバギーは巨大なバスに大きなタイヤをつけたものである。凍ったツンドラの上を安全に走ることができるのだ。四時半に出発、ロッジに着いたのは六時頃である。途中クマはまったく見えなかった。本当にたくさんのクマがいるのだろうか。

ロッジの周りに、やっとクマがいた。一頭がうろついていたのだが、もう暗くなっているので、ライトで照らすと一瞬見えたというレベルであった。

ツンドラバギーロッジはツンドラバギーを改装したものである。ベッドは二段となっている。うれしいことに一台のロッジが

◀ツンドラバギーに寄りかかるホッキョクグマ

このツアーに貸切になっていた。定員の半分の人数なので、私は上段に人がいない下段ベッドという恵まれた状態を提供された。ロッジは新装で、寝台の幅が広く、カーテンも二重になっている。これなら三晩を快適に過ごせそうである。ロッジは海岸に面して設置され、クマが現れやすい位置にある。

宿泊ロッジ以外にラウンジとダイニングの車がある。泊り客は全部で三〇人ほど。集まっての夕食となった。メインにブタのスペアリブが出てきた。ツンドラの只中とは思えない良い味である。おまけにワインも飲み放題。飲みすぎに気をつけないといけない。

一〇月三一日、朝四時。目が覚めて外を見て驚いた。ロッジの周りは雪が溶けていたはずなのだが、一面に白くなっている。雪が降ったのだ。雪を眺めていると十数メートル先に白く動くものがある。ホッキョクグマだろうか。見ていると、近づいてきてロッジの明かりで、はっきり分かるようになった。ホッキョクグマだ。クマは顔を前に突き出してゆったり、滑らかに歩いていた。闇の中から北国の使者が幻のように立ち現れたのだ。クマは左手に進みロッジに数メートルまで接近した。次に半円を描いて右手に向かった。私はただうっとりと眺めていた。写真を撮ろうとは思わなかった。カメラを取り出そうとする間にクマがいなくなるかもしれない。それに、窓越しの夜ではろくな写真にならないだろう。クマとの貴重な時間を大事にしたかった。やがてクマは夜の中に消えた。私は急いで支度してカメラを提げてロッジのデッキに出た。どこにもクマの姿はない。軽い吹雪になっていて小雪が吹き付けてくる。私の心は満足と感謝で一杯だった。いかにも北国らしい環境でホッキョクグマを見る。その願いが早くも実現したのである。

朝食のあといよいよツンドラバギーで出発。午前八時である。バギーの定員は四〇名。しかし価格設定が高いほうのツアーは二〇名だけが乗って、全員が窓側に座れるようになっている。私たちのツアーもそうだ。驚いたことに、このバギーは私たちのグループ一〇人の貸切にしてくれていた。とても気前がよい。こうなると自由に席を移動してクマのいる側に座ることができる。ストーブが燃えていてバギーの中は温かい。クマがいたら窓を開いて観察するのだ。さらにバギーの後部に観察用デッキもある。至れり尽くせりの設備といえるであろう。

ロッジから少し行くとダグが、クマが二頭いるといった。相変わらず私には見えない。しかし、バギーが進んでいくと、やっと分かった。二頭のクマが雪の中で寝ているのである。平和なものだ。私たちは喜んでたくさんの写真を撮った。運転手のボブはこのクマはスパーリングをするかもしれないから待つといった。

そのうちに一頭のクマが動いた。そして寝返りを打って足を伸ばした。どうやら目を覚ましたらしい。もう一頭のクマを小突くので、そちらも目を覚ました。起き上がったクマたちは、ブラブラ歩いたり、鼻を突き合わせたりしている。やがてクマたちはじゃれはじめ、そのうちに取っ組み合いだ。

ついに一頭が立ち上がった。もう一頭も続く。立ち上がっての取っ組み合いのうちに、離れて手で押し合うようになった。まさ

にボクシングのスパーリングの一場面である。クマたちは口を開いて笑っているようで、いかにも楽しそうだ。雪の積もった、凍った岸辺で場所も最高である。クマたちの足首まで雪に埋もれている。やがて一頭が四足になり、前足を一つ上げた。ちょっとタイムといっているようだ。

遠くに一頭のクマが現れた。こちらのクマは警戒するように首を伸ばした。向こうのクマは遠巻きにして去っていった。また一頭、大きなクマが現れた。クマはどんどん近づいてくる。今度は知り合いらしく、鼻をつき合わせた挨拶の後で、三頭とも寝転んだ。しばらくして二頭がスパーリングを始めた。スパーリングは長く続いた。体を離して構えあったり（カラー写真62）、じゃれて噛み付いたりとポーズも多彩である。こうしてホッキョクグマとの素晴らしい一日が始まった。

一頭のクマがツンドラバギーに近寄ってきた。見下ろすとクマは本当に大きい。そしてクマは立ち上がって、バギーに寄りかかって顔を伸ばした。ツンドラバギーの宣伝用の写真にそっくりなポーズだ。

しばらくして場所を変えることになった。砂浜をほじって何か食べているクマがいる。海藻らしいが、紛れ込んでいる動物を食べていることもあるそうだ。カラスが近寄ってくるとクマは怒ってカラスを追い払った。

今度は遠くから一頭のクマがまっすぐバギーのほうへやってきた。凍った渚を滑らかに動いてきて様になる。そうだ、あたりの景色は憧れていた景色そのものだ。渚のかなりの部分が凍っている。海にも氷片が漂っている。そして海岸に接して、浅い池や湿地があり、これは完全に凍結している。雪はいたるところにある。このような様子になると、ホッキョクグマシーズンの最盛期になるそうだ。今は、ハロウィーンの頃が目安になるらしい。今日は将にハロウィーンである。幸運にも、最盛期の始まりにめぐり合うことができたのだ。

スパーリングをしているクマがいるというのでまた場所を移動した。ひときわ大きなクマたちである。クマたちは何度もスパーリングをしてくれた。雪が降ってきたので、雪の中での格闘である。時にはダンスをしているようなポーズにもなった（カラー写真63）。

それから何頭ものクマに会った。雪の中に身を伏せてウトウトしているクマも多い。エネルギーの節約を図っているのだそうだ。昼食は寝ているクマを眺めながら、スープとサンドウィッチである。

十分にクマを見て満足した客を乗せてバギーはロッジに向かった。二頭のクマが寝ているところに止まって、またクマ観察。しばらくするとクマたちは体を起こした。そしてツンドラバギーの下までやってきた。あらためて、とても大きなクマだと感じる。一頭は上を向いて伸び上がり、見下ろす私たちのすぐ下まで顔を伸ばした。フーというクマの鼻息が聞こえる。このクマは私たちを美味しそうだなと思っているようだ。私は恐ろしくなって身を引いた。どうしても届かないと知って、クマは地面に降り、残念そうに下を向いて紫色の舌を出した。クマたちは、しばらくの間、ウロウロとバギーの周りを回っていた。

「完璧なフィナーレね」

誰かがいった。

「クマは何頭出ましたか」

私は克明にメモを取っているバーバラに聞いた。

「延べ二七頭よ。同じクマに何度か会っているでしょうけどね」

ダグの意見では一〇頭以上の違ったクマが出たはずである。もちろん、今シーズンでは最高の経験だそうだ。ロッジに着いたのは四時過ぎであった。

夕食後、急に風が強くなった。バギーの出入り口の扉を開閉するのに苦労するほどの勢いである。吹雪がやってきたらしい。

一一月一日。朝も吹雪。バギーで行くとロッジの近くにクマが一頭いた。後ろ足を前に出した固まったポーズである。吹雪に対抗しているのだろう。しばらくすると起き上がってバギーのほうにやってきた。

次に親離れしたばかりと思われる小さなクマが登場。このクマは遠くで私たちのバギーを見つけると二本足で立ち上がって様子を見た。そして好奇心満々の様子で歩いてきた。しばらく私たちのバギーの周りを回ってから、近くに停車したもう一つのバギー

あれは何だろう

の下にもぐって装置を点検していた。

　次第に雪は小降りになってきたが、強風は続いた。うっすらと雪が積もった、凍った池の上でスパーリングが始まった。やはりクマたちは楽しんでいるようで、顔が笑っている。スパーリングは長く続いた。腰から崩れ落ちている時もある。氷の上で滑りやすいのだろうか。スパーリングの経過もよく分かった。もみ合っていて、一方が押しつぶそうと立ち上がり、もう一方がこれに応えて立ち上がるとスパーリングになるのである。一方が気が乗らないと中断され、鼻で押し合っている。すこしずつ場所を変わってスパーリングは繰り返された（カラー写真64）。


　海岸に行くと海の凍結はさらに一歩進んだようだ。氷片が集まって層になっているところがあちこちにあった。こういったところから、沖に向かって凍結していくのだろうか。この荒涼とした海岸をクマが歩いていた。強風に耐えるため姿勢を低くし目を細めていた。

　雪を帯びたブッシュの中を単純に歩いているクマも美しい。やや黄色味を帯びた毛皮はふわふわして、雪が続くせいか、汚れがなくきれいになっている（カラー写真65）。

　凍った池では、氷の上をヒタヒタとこちらに迫

氷の上を走るクマ

ってくるクマの姿があった。ホッキョクグマも氷の風景も美しい。両方が一緒になった姿はこの上もない。

子連れの母グマが残されたハイライトであろうが、めぐり合うことはなかった。母グマはオスグマを恐れるので、シーズンの後半によく姿を見せるのだとダグはいっていた。

ロッジに向かう途中、三頭のクマが氷の上を去っていった。クマのシルエットが氷の上にできていた。今日のフィナーレも見事である。バーバラによれば、この日のクマは延べ三二頭。

一一月二日。風が弱くなったが、寒さは続いている。ロッジの周りに三頭のクマがいた。バギーは出発しても、しばらくはこのクマたちを見物である。少し進むと、明らかにバギーに興味を持ったクマが小走りにやってきた。凍った池の上なのに平気で走ってくるのである。

ダグが真っ白な鳥が群れているのを見つけた。雷鳥のようである。歩き方も似ている。ただ、飛ぶこともできるので不思議であった。こんどは、黒っぽいイタチのような動物が現れた。ミンクだそうだ。

海岸に近づくと、スパーリングしているクマが二頭。凍った池の岸辺で、雪もたくさんある。遊ぶのには良い場所だ。クマたちは特に楽しそうだった。休んでは遊び、場所を少し変わっては遊んでいた。しかしだんだん真剣になってきて、牙をむき出した顔を押し付けあった（カラー写真66）。一歩間違うと怪我をしてしまう。

大きな湖の湖岸で二頭のクマが休んでいた。凍ったばかりの湖面は美しい。うっすらと積もる雪が複雑な模様を作っている。ギザギザとした盛り上がりもある。波がそのまま凍ったのだろうか。その湖面を一頭のクマが歩いてきた。もう一頭も続く。岸辺のクマは、いつのまにか三頭になっていた。視野の中に五頭のクマがいるのである。

海岸の浜辺にキツネがいた。右手にはクマがいるのに、皆、クマを放り出してキツネの撮影に熱中しだした。クマに飽きてきたらしい。私はクマに失礼だと思っていたが、よく見ると綺麗なキツネである。足や尻尾は黒くなっている。私もキツネ撮影会に参加してしまった。

ツンドラバギーとホッキョクグマ

海の凍結は昨日よりも、さらに進んでいた。岸辺にはたくさんの氷が打ち上げられている。波間に漂う氷も増えてきた。天気が回復してきて、太陽が現れた。三日間で初めてである。

陽光を浴びて氷がキラキラと光った。この美しい世界にクマがいた。海藻をほじって食べている。やがてクマは歩き出した。氷をバックにしたクマは、まさにホッキョクグマである（カラー写真67）。

海と氷とクマを眺めながら昼食。全員が寛いでいて会話が弾んだ。

「ダグ、どうしてもっと遅くまでツアーをやらないんだい。温暖化が進んでいるのだろう」

「いや、遅いツアーはリスクが多い。俺は昨年一一月二一日から二四日のツアーをガイドしたのだが、海氷が発達したのでクマの多くが海氷の上に出てしまった。クマはいるのだが遥か遠くにということがほとんどだったよ。その後、氷が溶けてまたクマは陸に戻ったけれどね。ベストな時期は一一月の第一週と第二週だと思う」

バーバラは昨年、このツアーより一週間遅いツアーに参加している。三日間で六七頭のクマが出て、コグマも活躍していた。しかし、雪は積もっていず、スパーリングするクマはいなかった。年によって、様子は違うのだ。たまたま都合のつく時に出かけて、これだけの経験をできた私は、とても幸運だったのである。

海岸沿いに車を進めていくと大きなアゴヒゲアザラシが氷に囲まれた岩の上に寝ていた。干潮になったのに気がつかず取り残されたらしい。空腹のホッキョクグマがやってくるかと車を止めてしばらく待った。そのうちにアザラシも状況の深刻さに気がついて、岩を飛び降り、氷の上をのたうって海に向かった。

楽しい時も終わりに近づいた。四時半にはツアーバスに乗り換えて空港に向かわなければならない。クマを見つつ氷雪の風景の中を引き返していった。

「バギーを運転したい人」

突然ボブがいった。若者とご婦人たちが喜んで手を上げ、陽気な騒ぎになった。いかにも北米らしい。これがフィナーレだろうか。私はやれやれと騒ぎを見ていた。しかし、次にはタカシ、タカシとのコールになってしまった。こうなれば期待に応えなければならない。ゆっくり、難しくないところを行けばバギーの運転は簡単である。しばらく走らせて手を上げて喝采に応えた。


サンディエゴの夫婦が叫んだ。

「あれはなんだろう」

ほっそりした針葉樹の先端に丸いものが載っている。ダグが双眼鏡でしばらく見ていった。

「やったね、シロフクロウだ」

シロフクロウはほとんど真っ白な巨大な鳥である。双眼鏡でやっと分かるレベルであったが、全員、満足した。これでちゃんとしたフィナーレになった。

さらに二、三頭のホッキョクグマに会って、ツアーバスとの乗り換え地点に達した。皆の要望に応えてバーバラがいった。

「今日のクマは二九頭。三日間で八八頭よ」

驚くべき数である。前回のツアーでバーバラが遭遇したクマより多い。しかし、前回、彼女はホテル泊まりを選択していて、ホテルとの往復に余分な時間をかけている。前回も、今回も同じようにたくさんのクマが出たというのが妥当な結論だ。


バスの運転手は三〇日のときと同じであった。たくさんのクマと出会ったことを喜び合いながら空港に向かった。空港にはウィニペグ行きのチャーター機が待っていた。やや古ぼけたプロペラ機であったが、チャーター機は滑らかに離陸した。眼下には蛇行した川や、無秩序に延び広がった湖が氷結していた。ヨーロッパ便でシベリア北部の上空を行くとき見下ろす風景と同じである。こんなところを旅することができるとは、とても思えない様子のところである。じきに雲がこの景色を覆ってしまい、ホッキョクグマの王国は遠い世界のものとなった。


帰国してから調べると、一〇月二八日に最高気温が氷点下一〇度という寒波が来ていたと分かった。その後少し温かくなったが、最低気温は氷点下数度。そして一一月一日、二日はまた寒くなり、最高気温が氷点下数度、最低気温が氷点下一〇度以下となっていた。温暖化の影響を受けない頃の平均的なチャーチルの天候に、ほぼ戻っていたといえよう。そして一一月上旬のホッキョクグマの活動は、ここ数年では最高のレベルと報告されていた。

さらに、一一月一三日にはチャーチル付近の海がほぼ完全に凍結し、ホッキョクグマの群れの大半が凍った海に去ってしまう展開となった。今年は特別な年であったのだ。

東カリブ海クルーズ

カリブ海といえばエメラルドの海と白いビーチにリゾートがマッチした楽園のイメージがある。ことにニューヨークで新婚生活を始めた私たちには。

「金婚旅行はカリブ海クルーズにしましょうよ」

壽子は時々いった。私たちの新婚旅行先はフロリダだった。大学院を卒業した私は、ニューヨークの大学に研究員として勤めることになった。壽子は大学院の二年生なので、彼女を残して私は出発した。そして給料を貯金して、やってくる壽子を待った。半年後に再会して、じきにフロリダへ旅立った。マイアミ、フロリダキーズ、エヴァーグレーズと回ったが、世界が明るく輝いていたのは、いうまでもない。

金婚旅行にカリブ海もよいが、それまで二人ともに健康であろうか。カリブ海のことを話題にしているうちに、興味のある所は早めに行ったほうがよいということになった。そして壽子はカリブ海クルーズに、自分の退職金から出資したいといった。私が第二の勤めも退職して、引退生活に入っていくのを記念してくれるそうだ。


カリブ海のクルーズについて調べると、いろいろなコースがある。その中で、特に興味を持ったのは東カリブ海の小島を回ることに力点を置いたものである。二月二六日出航と、二人ともに都合がつく時にもある。運行するのはリージェントセブンシーズである。リージェントセブンシーズはクリスタル、シルバーシー、シーボーンと並んで、最高級のクルーズ船を運行する会社として知られている。これまで、こういった船には乗ったことがない。このさい高級クルーズ船はどのようなものか経験しようということになった。

高級クルーズ船といっても馬鹿高いものではない。リーマンショック以来の倹約ムードに応えて、割引価格で提供されているのだ。リージェントはことにすごい。オールインクルーシブと称して、食事だけでなくアルコール、上陸してのツアー、チップ、さらに前泊のホテル一泊まですべて料金に含まれているのだ。そしてアメリカンエキスプレスを通して予約したら、船内でお使いくださいと三〇〇ドルのクレジットまでついてきた。一〇泊のクルーズに対して料金は一人五〇万円以下であった。円高の恩恵も大きいであろう。
私たちの取った部屋はペントハウスC。このクラスでは、上陸してのツアーは半年前から予約できるようになる。早めに選択して希望のものが取れるようにする必要があるが、カリブ海の小島についての情報は、日本語の本にはあまり載っていない。そこでツアーの説明を頼りに決めた。出発の直前に『ロンリープラネット』のカリブ海を入手して確認すると、私の選んだツアーはベストでないものもあるようだった。それでも、ロンリープラネットの情報に基づいて現地での自由行動を企画することによって、納得の行く旅程となった。

二〇一三年二月二四日、成田発、JALでニューヨークへ向かった。運よくマイレージで二人分のビジネスクラスのチケットを頂けたのである。JALのビジネス席は新しく、食事もよく、スチュアーデスの態度はさすが日本のサービスというものだった。私たちはJALが見事に再生したことを祝った。

私にとって、JALには良い思い出が多い。最初にニューヨークに行ったときに乗ったのももちろんJALだ。荒涼としたアメリカ西部の砂漠を呆然と見下ろしていた。新妻を残して、国際競争の場へ行くというセンチメンタルな気持ちもあったかもしれない。すると「お客様、大丈夫ですか」とスチュアーデスが声をかけてくれた。ニューヨークで暮らしているとき、サンフランシスコ湾にJALが不時着し、一人の犠牲者も出さなかった。『ニューヨークタイムズ』に出た「鶴は静かに舞い降りた」という記事を見て日本人の誇りを感じた。

帰国してしばらくして、研究室を持ったばかりの一九八二年、コールドスプリングハーバーでの会議に演者として招待されて出張した。当時、航空券は普通料金だったが、旅行会社が手配したノースウェスト航空では、傲慢なスチュアードがシッダウンと客に命令していた。すっかり嫌気がさし、帰りの便はJALに変えた。良い席をご用意しますといわれ、ビジネスクラスというものの存在を知ったのだ。

JALは順調にニューヨークに着いた。例によって人間扱いされずに乗り換えるかと思ったら、円滑に進み、無事にマイアミに到着できた。リージェントの係員が看板を掲げていた。この出迎えも料金の中に入っている。そして送ってもらったビルトモアホテルに二泊した。このホテルはヨーロッパ調の建物に壮大なプールがマッチした豪華なものだった。朝食のビュッフェではブラックベリー、ブルーベリー、ラスプベリーが山積みになっていた。

二月二六日。リージェントが仕立てたバスで港へ向かった。リージェントセブンシーズ・ナビゲーターが停泊している。二万八〇〇〇トンと最近のクルーズ船の中ではむしろ小型である。乗客定員は四九〇人。行き届いたサービスができる人数である。乗り込むとシャンパンのグラスが待っていた。そして、部屋に入ると歓迎の印とシャンパンのボトル。さすがに驚いたが、初日から飲み狂うのはどうかと、飲むのは後に延ばした。

部屋はベランダつきで広い。床はじゅうたんで敷き詰められている。バスもある。最近、改装されたので部屋は真新しい。これはすごいと喜んだ。すぐにバトラーがやってきた。そして、冷蔵庫の中のソフトドリンクや夕方の軽食まで彼が持ってくるものを説明した。このほかにいろいろな用事を頼めるという。驚くべきサービスである。

夕食はメインのレストランであるコンパスローズで摂った。選択の多いコースディナーで、ヨーロッパのちゃんとしたレストランと同様の味を提供している。ワインは白、赤ともに納得のいくもので、どんどん注いでくれる。

二月二七日。バハマのナッソーに着いた。ツアーでは市内観光とビーチを選択していた。参加したのは一八人。出発するとガイドの問いに答えて「結婚四三年の記念よ」という人がいた。私たちより短いと思ったら四六年というカップルが手を上げた。「おお」というどよめきに続いて、五九年という声がした。枯れ木のようにやせてきているが、骨格は頑丈そうな夫婦だった。皆、敬服した。

英国調というのか、低層のすっきりした建物が並ぶ町を通って城壁に行き、町を見下ろした。かつてカリブ海は海賊や諸国の海軍に満ちていて、防御のための城塞は重要だったのである。つぎにケーブルビーチを先端まで走った。赤い屋根の家が数軒並ぶリゾートがあった。滑らかな砂の浜を歩いて海に入った。のんびりしたプログラムだった。

夜は船長の歓迎パーティー。シャンパンが振舞われた。そして、ディナーの前菜ではキャビアを選択できた。出てきたのは確かに本物のキャビアである。この船の豪華さは腰が据わっている。メインはロブスターにした。

二月二八日。外洋航海の日である。運動不足にならないようジムに行きウォーキングマシーンで汗を流した。夜はプライムセブンというスペシャリティー・レストランに行った。ステーキとシーフードが売りでここだけは予約が必要である。あらかじめこの日に予約していた。二人ともにメイン州のロブスターを注文した。特大のロブスターが一匹ずつ出てきた。

三月一日。プエルトリコのサンファンに入港した。港の入り口や市の中心に立派な城壁があった。熱帯雨林で知られるエル・ユンケへのツアーに参加した。ビジターセンターのあたりのジンジャーの花がきれいだった。赤い房状の花がたくさん繋がっているのである。そして歩いていくと赤い大きな蕾が、いくつか立ち上がっていた。一カ所咲いていたので近寄ると、橙色のユリのような花が集まったものだった。そのほかにも、ベコニアなどの花があった。

三月二日。いよいよクルーズの核心部分に入ってきた。遠くに複雑に盛り上がった島が見える。目的地のサン・バルテルミーで、英語の略称はセントバーツだ。近くに大きく広がる島はセントマーチン。そして右側にも三つの島がかすんで見える。運行状況を示すテレビで見て、サバ、シントユースタティウス、セントキッツと確認した。

セントバーツに近づくと急な斜面に赤い屋根の家がいくつか建

セントバーツのビーチ

っているのが見えてきた。ここはフランス領で高級な保養地として知られている。

グスタヴィアで下船して潜水艇ツアーに参加した。最初は沈船の周りを探った。チョウチョウウオがたくさんいる。黄色い筋の大きめのサカナも群れでやってくる。一瞬、大きなバラクーダが横切った。サメも三匹ばかり。真っ青なブダイやフグもいる。ガイドのフランス人が説明した。

「フグはとても危険なサカナです。食べてはいけません」

「美味しいサカナだよ。私たちは毎年食べているよ」

と合いの手を入れたら、すっかりうけてしまって、それからはフグが現れるたびに
「あなたは見てはいけません。食べたくなる」

といわれた。

つぎに磯に移った。褐色の柔らかなウミウチワや、ゆれる熊手状のヤギがあり、さらにきれいな円筒状のカイメンが集まっていた。カリブ海の水中風景はたしかに太平洋とは違っている。

最後に砂地に行った。カメを見るのだという。何頭ものアオウミガメが集まっていて、海草をバリバリと食べていた。これは見ものであった。


ロンリープラネットによれば、セントバーツのGouverneurビーチはカリブ海のビーチの中でも屈指のものである。これは見ておかなければとタクシーを雇った。タクシーは急な坂道を登っていった。丘の上から見下ろす景色は絶品であった。青い海、岸近くのコバルト色、そして赤い瓦のコッテイジ。まったく見事な配

色である。下りついたビーチで三〇分待ってもらった。ビーチは両側に険しい崖が迫り、砂はパウダー状、そして沖に島影が見えるという、さすがのものだった。私たちは裸足になって、砂と水の感触を確かめた。

三月三日。日曜日の朝なので、リージェント恒例の行事があると期待した。その通りで、ウェイターがキャビアを盛り付けたオードブルを作ってくれた。半透明の黄褐色の立派なキャビアである。そしてシャンパンはいかがですかと聞かれた。もちろんと注文した。

朝食後、アンティグアのセントジョンズに上陸して、双胴船に案内された。売り物のツアーに参加したのである。船は帆船だが、今日は帆を張らずモーター運行である。といってもゆっくり進むので、海岸をヨットで行く気分になれる。しばらく進んでディープ・ベイに入った。ビーチがきれいである。ここで一時間の休憩。私はシュノーケルとマスクでビーチの端の岩場に向かった。少し進むと立派なソフトコーラルの林があった。昨日見た熊手状のヤギがマスク越しに揺れていたのである。こぎれいなウミウチワもあった。

再び出発。クルーザーはアンティグアの西海岸をゆっくり回っていった。海の色は、多くの部分が明るい青で、まさにカリビアンブルーだ。深い青の部分もある。ヨットやクルーザーがあちこちにいる。遠くには島影。セントキッツだろうか。ビーチとリゾートを通り過ぎてゆく。リゾートの多くは急な斜面を上手く使ったものである。カリビアンとビートルズのバックグランドミュージックを聴きながら船は進んでいった。

ランチは大きなロブスターの半身を焼いたもので食べ甲斐がある。そしてシャンパンのボトルがやってきた。飲み放題で、不足したテーブルの人はバーに取りに行く。食事が終わっても一〇本以上のシャンパンがボックスに残っていた。今日の客たちはおとなしかったのかもしれない。午後の海は、より明るくなった。グラデーションがなくなり、岸近くは一面のカリビアンブルーであった。

三月四日朝。船はセントルシアに着いた。今回のクルーズで最南端の地点である。もう南カリブ海の領域に入っている。緑豊かな島で、赤い屋根の家が目立った。八時二〇分にはバスに乗った。七時間のツアーである。四時出航だから、いっぱいに時間を使っている。しばらく行ってマリゴ湾を見下ろす地点で、写真休憩。細長い入り江にたくさんのヨットが停泊していた。さらに進むと二つの円錐形の山が見えてきた。セントルシアを代表する景観のピトンである。これは世界遺産にもなっている。ピトンと海、そして美しい町並みが見えるところで、また写真休憩となった。

スフレの町で熱帯植物園に入った。ジンジャーの花が咲き誇っていた。赤い花が多いがピンクのもある。そして燈台のような、こった形のもある。ヘリコニアもたくさん咲いている。ゴクラクチョウの花というのもその仲間だ。赤いネコの尻尾という花もあった。

Morne Coubaril Estate で植民地時代の暮らしを見学した。とてもちゃちな家は奴隷の家なのだろうか。ココアの実を取って中身

双頭の山、ピトン

を見せてくれた。白い繊維に包まれて褐色の種がある。繊維の部分は甘酸っぱいが、種はほろ苦い。この種からチョコレートを作るのだ。乾燥した種をすりつぶすところを実演してくれた。

昼食後、双胴船に案内された。すぐに出航。二つのピトンが大きい。そして、Anse Cochon で泳ぎの時間。三〇分と短かったが、がんばって磯のところまで泳いでいった。潜水艇で見たチョウチョウウオ、青いブダイ、黄色い筋のサカナがすべていた。さらに橙色のカイメンのパイプが、澄み切った水の中で陽光に光り輝いていた。

マリゴ湾を海側から見て、音楽をかけながら帰った。ダンスが始まり、何人かのご婦人たちが踊った。壽子も誘われて踊り、嬉しそうだ。

私たちが帰船すると、じきに船は出港し、やがてマルティニークの沖を進んだ。マルティニークは大きな島だ。中央部が低いのか二つの島のように見える。淡くピンクに染まった空にマルティニークの山々が突き上げていた。

三月五日。今日の寄港地はセントマーチンである。セントマーチンはオランダ領とフランス領の二つに区分される。船が目指しているのはオランダ領のフィリップスバーグである。セントバーツの島が近く、沖に聳えているのはサバ、そして遠くにシントユースタティウスが見える。

　セントマーチンは東カリブ海の交通の要地で停泊しているクルーズ船が多い。一五万トン級のノルウェージャン・エピックとロイヤルカリビアン・インディペンデンス・オブ・ザ・シーズ、一二万トン級のセレブリティー・レフレクションさらに五万トン級のマースダムが顔をそろえているのだから壮観である。


　今日のツアーも船による観光である。双胴船のゴールデンイーグル号に乗り込むと帆を揚げた。でも基本的にはゆっくりとエンジンで動いていくようだ。岸沿いに東に進み、空港を過ぎ、フランス側に入った。ここのロングビーチがシュノーケリングによいのだそうだが、今日は波が高いので引き返して、空港に臨むビーチでシュノーケリング。近くの岩場に泳いで行ってみた。五〇センチほどの黄色い筋のサカナがいた。サンゴも少しばかり。飛行機を見ながらサンゴを見られるとは思わなかった。そしてビールやラムパンチを飲みながらのサンドウィッチ昼食。音楽をかけながらの帰り道、シャンパンが抜かれた。

　同じツアーを取っている顔馴染みも増えてきた。同年代のカップルが目につく。話をしてみた人の中には、大金持ちはいなかった。地道に働いて平安を得たという人たちがほとんどのようだ。

「長い苦労だったのよ」

　同じ年頃のご婦人がいった。

「良い人生だ」

　より高齢の人がつぶやいていた。

「みんな甲板で踊ろうぜ」

　港が近づくとクルーが呼びかけた。陽気な騒ぎとなり、壽子も参加した。私は甲板に出られなくて手だけ出してポーズした。上陸してのアクティビティーはこれで終わりなので、全員で名残を惜しんだ。

　船を下りたら、水上タクシーに飛び乗って、フィリップスバーグの中心に行った。もちろんお土産を買うためである。あちこちの店を眺めて、それなりの物を手に入れた。

　出航してしばらくすると、軽度だけど、船が揺れ始めた。寒冷前線と遭遇しているのだそうだ。天気は曇りとなり、風も強い。


　三月六日。これから二日間かけてマイアミに帰る。天気は晴れ。軽いうねりはあるものの、揺れも収まって順調な航海である。プールグリルでシーフード祭りの昼食となった。タラバガニの脚とハサミが山と積まれ、氷の彫刻作りも披露された。

　夕食前に、船長のお別れパーティー。再びシャンパンが出てきた。そして船のスタッフたちが様々な芸を披露した。フィナーレは全員でのＹＭＣＡの合唱である。

　パーティーが終わったら、急いでレストランに駆けつけた。窓側の席に座るためだ。バトラーに頼んで、部屋にあったシャンパンをレストランに運んでもらっていた。旅の終わりと私の退職を祝してボトルを開ける計画だったのである。

　船長のお別れパーティーの後だけあって、オードブルにまたキャビア、メインにロブスターを選択できた。キャビアを運んできたウェイターがいった。

「シャンパンをお飲みですか。キャビアに合っていますね」

壽子は第二の勤めがあと二年続くが、もう一月もしない間に私は退職する。グラスを傾けながら二人でこれまでの年月を振り返った。私たちは手を携えて多くの時と場所を旅してきたのだ。今は違うけれど、長い間、仕事のパートナーでもあった。

平均年齢七〇歳を越えるときまで、二人ともに健康で仕事をし、多くの休暇旅行までできたのは、本当に信じられないように素晴らしいことだった。私たちは国際競争が激しい領域で働いていた。六〇代半ばまでは、私も旅行に出ないときは自由な時間をわずかしか持てなかった。論文書きや、講演の準備で夜遅くまで仕事をするのが当たり前で、テレビを見る時間もほとんどなかった。何人かの仲間が襲われた病気などの不幸に見舞われず、無事に退職の時を迎えられたのは、思い切って夏休みを取ったためだろうか。いや、単に幸運だっただけだろう。

三月七日。船はバハマ沖を進んだ。平らなサンゴ礁の島が遠くに見えた。

三月八日。下船し、ニューヨークに飛んだ。投宿したホテルでは三八階の部屋をくれた。摩天楼とイーストリバーの眺めがきれいだった。

初めて渡米したとき、エンパイアステートビルに上った。ちょうど夕暮れ時で摩天楼の景色は衝撃的だった。それから過ごした四年間でアメリカの良いところも悪いところも知った。しかし、国際舞台で活動できる人間に仕上げてくれたのは、やはりニューヨークだった。

帰国したら仕事を再開しなければならない。退職後も仕事の予定が入っている。それが終わったら、引退生活を楽しめるようになるだろう。ニューヨークの夜景と朝の風景は、行く手に思いを馳せるのにふさわしいものだった。

Nature Travel

across Seven Continents

おわりに

この本は、私たちの休暇旅行の旅行記を取りまとめたものである。休暇旅行も回を重ねると七大陸すべてを回ることができた。そして野生動物の観察、ダイビング、釣りなど多くの経験をした。素晴らしい時を過ごした際に、忘れてしまわないために現地で作成したメモが本書の基本となっている。

旅行記のいくつかは、名古屋で発刊されていたタウン誌「シーガル」に掲載した。その時に用いた「大自然の休日」というタイトルは、自前のホームページである Beautiful Nature (http://www.beautiful-nature.net/) の旅行記部分に引き続いて、今回も使用した。旅行記の一部は 4 Travel にも載せている (http://4travel.jp/traveler/tmuramatsu/)。七二歳で引退するのを機会に、多くの未発表部分を加え、全体を統一して出版しようと考えて、本書を企画した。

本書でも、状況を示す写真を随所に示すことにした。本文中に組み込んだ写真は黒白としたが、カラーが似合うものは巻頭にまとめて示した。それでも出版という性格上、多くの写真を割愛せざるを得なかった。興味のある方は前述のネットもご参照いただきたい。

私の写真撮影は、旅の記録の補助といったレベルであった。しかし、父のお下がりのカメラで撮影したカトマイ国立公園のヒグマの写真をアメリカンエクスプレスのフォトエッセイに応募したら、思いがけず特別賞を頂けドイツワイン半ダースを味わうことができ、少しは、やる気が出たのであった。整理してみると、やはり最近の写真に掲載したいものが多い。機材が進歩した影響も大きいのであろう。

最近、エコツーリズムあるいはそれにのっとったエコツアーの人気が高まっている。エコツーリズムとは自然や文化遺産を観光し、同時にその保全に貢献する旅行形態である。多様なスタイルがあり、その代表例は野生動物の観察である。

気が付いてみると、私たちの旅のかなりの部分はエコツアーの範囲に入るものであった。エコツアーは自然が相手の旅のことが多く、不確実性が高い。実際に出かけると、どの程度の経験ができるかについては、旅行者の旅行記が最大の情報源となる。

二〇年以上にわたる旅行経験を可能な限り正確に記載しようとした本書が、エコツアーを企画される時に、少しでも参考になればと願っている。むろん年月とともに環境も変わり、経験できる内容も変化する。したがって、一〇年以上前の旅行情報には現状とずれたものも多いであろう。最新の情報と比較され、変化した部分は今後のさらなる変化を推測する材料として頂ければ幸いである。さらに、ある程度の時を経た後では、本書の記録が、この時代のエコツアーの状況を示す資料の一つとなることも期待している。

出版にあたって、この企てを可能にしてくださった多くの人に深く感謝したい。とりわけ出版社「あるむ」の方々、ことに鈴木忠弘氏と中村衛氏は斬新なアイディアを出され、真心こめて取り組んで下さった。「あるむ」の方々のご援助がなければ、この本は大きく違ったものとなったであろう。

著者紹介

村松 喬 …………………………………… Takashi MURAMATSU

1941年鹿児島市生まれ、名古屋市出身。東京大学理学部卒。アルバートアインシュタイン医科大学研究員、パスツール研究所客員研究員などを経て、鹿児島大学、名古屋大学、愛知学院大学の教授を歴任した。著書に「細胞分化」、「Cell Surface and Differentiation」、共編著に「トランスジェニックバイオロジー」、「わかりやすい分子生物学」などがある。今回は専門を離れた、趣味の旅行についての出版である。

大自然の休日

Nature Travel across Seven Continents

2013年7月26日　発行

著者　村松 喬

発行　株式会社あるむ
〒460-0012 名古屋市中区千代田三丁目1-12第三記念橋ビル
TEL.052-332-0861 FAX.052-332-0862
http://www.arm-p.co.jp/　E-mail: arm@a.email.ne.jp

印刷　精版印刷　　製本　渋谷文泉閣

ISBN978-4-86333-070-2　C0026